齋河
木汝
洪研
究

이근호 | 충남대학교 국사학과 교수
우인수 | 경북대학교 역사교육과 명예교수
이경동 | 고려대학교 글로벌인문학연구원 연구교수
신항수 | 한국교육과정평가원 연구위원
도현철 | 연세대학교 사학과 교수
박인호 | 국립금오공과대학교 교양학부 명예교수
홍원식 | 계명대학교 철학과 명예교수
김근호 | 청주교육대학교 윤리교육과 교수
전재동 | 충북대 우암연구소 연구교수
양승호 | 경북대학교 한문학과 강사
최금자 | 부산대학교 한문학과 강사

조선시대사학회
연구총서　23

목재 홍여하 연구
木齋 洪汝河 硏究

이근호·우인수·이경동·신항수
도현철·박인호·홍원식·김근호
전재동·양승호·최금자

민속원

책머리에

　이 책은 홍여하洪汝河(1620~1674)에 대한 지금까지의 주요 성과를 모은 것이다. 홍여하가 생존했던 17세기 조선 사회는 정치적으로 광해군의 '폐정廢政'을 정상화한다는 명분 아래 반정反正이라는 격변을 경험하였다. 이어지는 두 차례의 호란은 국가와 사회를 혼돈 속에 빠트렸다. 그토록 믿고 따르던 중화中華 문명의 담지자인 명나라의 멸망은 새로운 국제 질서의 도래를 예고하였다. 이런 상황에서 조선은 북벌北伐을 표방하며 국가와 사회의 재건을 추진하였다. 당대 지식인들은 이 같은 국가적 요구 속에서 책무의식責務意識을 가질 수밖에 없었으며, 각자 처지에서 다양한 내용으로 그 대안을 제시하였다. 17세기 중반에 활동하였던 홍여하는 그 중 한 명이다.
　홍여하는 호란의 참상과 이후 혼란스러운 사회상을 직접 목도하며, 단순한 지식인의 경지를 넘어 현실을 바로잡기 위한 치열한 문제의식을 느꼈던 인물이다. 홍여하의 학문적 스펙트럼은 경학을 기반으로 한문학이나 철학, 역사학 등으로 확대되었다. 그리고 학문적 성과가 저술에 응축되어 나타났는데, 저술 곳곳에서는 당대의 시대정신과 역사 인식, 그리고 인간 본연의 도리에 대한 깊은 고뇌가 면면히 흐르고 있다.
　이 책은 홍여하의 연구 중 현실 인식과 역사관, 성리설과 문학관 등의 성과를 집성한 것이다. 홍여하의 학문적 스펙트럼은 폭이 넓고 다양하기에 일찍부터 역사학 이외에도 한문학, 성리학 등 여러 학문 분과에서 연구되었다. 그러던 차에 조선시대사학회에서는 2022년 7월 홍여하 연구에 대한 종합적인 연구를 위한 학술회의를 진행하였다. 이때의 학술회의를 통해 고정된 학문 분과의 벽을 넘어 역사학, 성리학, 한문학 연구자들이 모여 연구를 종합하고 참신한 시각을 정립하는 시간을 가질 수 있었으며, 이 모임이 계기가 되어 이 책의 출간까지 이르게 되었다. 원고의 수록을 기꺼이 허락해 주신 연구자 선생님들께 감사드리며, 연구 지원과 학술회의를 후원해주신 부림홍씨 문중과 고려대 홍후조 교수님께도 감사의 말씀을 전합니다. 원고를 깔끔하게 정리해 주시고 마무리해 주신 민속원의 홍종화 사장님과 편집부 여러분들께도 감사의 말씀을 드린다. 이 책의 출간을 계기로, 홍여하를 포함해 당대 지식인으로서 현실의 무게를 헤쳐 나갔던 인물, 그리고 사상 등에 관한 연구가 보다 활성화되기를 기대해 본다.

2025. 11
조선시대사학회

목차
Contents

책머리에 • 4

제1부
홍여하의 현실 인식과 역사관

홍여하의 정치 활동과 정치운영론 | 이근호　　　　　11

홍여하의 현실인식과 대응 | 우인수　　　　　51

홍여하의 현실인식과 경세론 | 이경동　　　　　77

홍여하의 전제인식 | 신항수　　　　　109

홍여하의 역사서 편찬과 고려사 인식 | 도현철　　　　　133

『동국통감제강』에 나타난 홍여하의 역사인식 | 박인호　　　　　165

제2부

홍여하의 성리설과 문학관

홍여하의 생애와 성리설 | 홍원식   217

홍여하의 경학관과 성리설 | 김근호   243

홍여하의 경서 해석과 그 의미 | 전재동   273

홍여하의 전원시에 나다난 정서지향과 표현양상 | 양승호   311

홍여하의 한시를 통해 본 교유양상 | 최금자   349

찾아보기 • 393

1부

홍여하의 현실 인식과 역사관

홍여하의
정치 활동과 정치운영론*

이근호
충남대학교 국사학과 교수

1. 머리말

조선은 임진왜란이라는 미증유의 전쟁을 경험한 뒤 17세기를 맞이하였다. 17세기 조선 사회는 정치적으로 광해군의 '폐정廢政'을 정상화한다는 명분 아래 반정反正이라는 격변을 경험하였다. 이어지는 두 차례의 호란은 국가와 사회를 혼돈 속에 빠트렸다. 그토록 믿고 따르던 중화中華 문명의 담지자擔持者인 명나라의 멸망은 새로운 국제 질서의 도래를 예고하였다. 이런 상황에서 조선은 북벌北伐을 표방하며 국가와 사회의 재건을 추진하였다. 당대 지식인들은 이 같은 국가적 요구 속에서 책무의식責務意識을 가질 수밖에 없었으며, 각자 처지에서 다양한 내용으로 그 대안을 제시하였다. 아래에서는 17세기 중반에 활동하였던 홍여하洪汝河(1620~1674)의 정치론을 중심으로 대강의 방향성을 추적해보고자 한다.

홍여하에 대한 연구는 1980년대 그의 저술인 『휘찬여사』와 『동국통감

---

* 이 글은 2023년 『朝鮮時代史學報』 104집에 게재된 「17세기 중반 洪汝河의 정치 활동과 정치 운영론」을 수정·보완한 것임.

제강』의 사학사적 검토에서 본격적으로 시작되었다. 이어 역사학계나 한문학계, 철학계에서도 관련 성과가 제출되었다. 역사학계 연구는 홍여하가 찬술한 사서史書에 대한 검토가 주를 이루는 가운데, 그의 정치, 사회, 경제에 대한 현실 인식이나 대응 논리가 검토되었다. 홍여하의 사학史學은 대개 성리학적 역사관에 입각한 것이라는 전제하에, 한영우는 주자朱子의 강목법綱目法과 정통론正統論을 받아들여 한당유학적漢唐儒學的 · 공리적 사상 요소를 배제하고 의리와 명분을 존중하는 사학이었음을 강조하였다.[1] 이런 시각은 이후 대부분의 연구에서 채용되었는데, 도현철은 북벌운동을 반대하고 왕권 강화를 지지한 인식이라고 지적하였다.[2] 홍여하의 저술인 『휘찬여사』나 『동국통감제강』을 각각 추적한 박인호도 이상과 크게 다르지 않아, 조선문화에 대한 자부심이나 엄격한 도덕론을 적용한 것이라 평가하였다.[3] 한편 신항수는 홍여하의 정전제나 부세 제도에 대한 이해와 현실 인식 및 개혁론의 검토를 통해, 정전난행론井田難行論을 주장하며 균분이 어렵다는 현실 인식 속에서 토지를 중심으로 하는 부세 제도 개혁을 주장했음을 지적하였다.[4] 우인수는 홍여하를 영남 남인 출신의 관료이자 학자로 규정하고, 현실에 대한 대응 논리를 집권 서인 비판, 복제 예론, 부세제도 개혁안 등으로 나누어 고찰한 바 있다.[5] 이 같은 역사학계의 성과 이외에도 한문학계에서는 김영택이 홍여하의 역사 인식을 조선중화주의로 정의하였으며, 남인계의 왕권강화론을 대변하는 것으로 이

---

1   한영우, 「17세기 중엽 남인 홍여하의 역사서술 - 『휘찬여사』와 『동국통감제강』」, 『조선후기사학사연구』, 일지사, 1989.
2   도현철, 「목재 홍여하의 역사서 편찬과 고려사 인식」, 『한국사상사학』 43, 2013.
3   박인호, 「『동국통감제강』에 나타난 홍여하의 역사인식」, 『퇴계학과 유교문화』 54, 2014; 박인호, 「『휘찬여사』 「열전」에 나타난 홍여하의 역사인식」, 『장서각』 31, 2014.
4   신항수, 「17세기 중반 홍여하의 전제인식」, 『한국사상사학』 8, 1997.
5   우인수, 「목재 홍여하의 현실인식과 대응」, 『한국사상사학』 43, 2013(『조선후기 영남 남인 연구』, 경인문화사, 2015에 재수록).

해하였다.6 그밖에도 홍여하의 산문 이론이나 시세계 등에 대한 검토가 진행되었으며,7 철학 부분에서는 그의 경학관經學觀이나 경서 해석 및 양명학을 비판한 내용 등이 소개되었다.8

이상 연구를 통해 우리는 홍여하의 정국에 대한 인식이나 대응 논리 등을 짐작할 수 있다. 단, 이 글의 주제와 관련해 선행 연구에서는 홍여하의 정치적 지향을 왕권 강화로 설명하고 있으나, 이런 설명은 충분히 검증된 것은 아니다.9 나아가 홍여하의 정치론에 대해서는 본격적인 이해나 분석은 충분히 이루어지지 않았다고 판단된다. 이에 아래에서는 선행 연구를 참고하면서 먼저 홍여하의 정치 활동을 간략히 정리하고자 한다. 이 과정에서 홍여하가 포함된 영남 남인의 동향도 함께 검토될 것이다. 이어 그의 정치 활동을 뒷받침하였거나 혹은 구상한 정치론에 대해서 해명하고자 한다. 이 같은 연구는 홍여하 개인에 대한 이해를 구하는 것이자 동시

---

6   김영택, 「목재 홍여하의 역사의식과 문학관 연구」, 안동대학교 한문학과 석사학위논문, 2005.
7   권진옥, 「목재 홍여하의 산문비평 일고」, 『Journal of Korean Culture』, 2011; 전재동, 「독서시를 통해 본 홍여하의 경서 해석」, 『대동한문학회지』 35, 2011; 전재동, 「홍여하의 시세계 연구 - 문학론과 작시 양상 분석을 중심으로 - 」, 『대동한문학회지』 37, 2012; 최금자, 「목재 홍여하의 한시 연구」, 동국대학교 석사논문, 2017; 정성운, 「목재 홍여하의 문장론 연구」, 경북대학교 석사논문, 2017; 최금자, 「목재 홍여하의 「述懷」 시에 반영된 사회현실」, 『영남학』 73, 2020; 양승호, 「목재 홍여하의 한시 창작양상」, 『동방한문학』 83, 2020; 최금자, 「목재 홍여하의 교유 양상 연구 - 교유시를 중심으로 - 」, 『동양한문학연구』 59, 2021; 양승호, 「목재 홍여하의 田園詩에 나타난 정서지향과 표현양상」, 『국학연구』 46, 2021.
8   홍원식, 「목재 홍여하의 생애와 성리설」, 『한국사상사학』 43, 2013; 전재동, 「목재 홍여하의 경학관과 경서 해석」, 『영남학』 23, 2013; 추제협, 「17세기 영남 퇴계학파의 등장과 목재 홍여하」, 『동아인문학』 27, 2014; 김희영, 「목재 홍여하의 양명학 비판 양상 일고」, 『한문고전연구』 39, 2019.
9   예를 들어 김영택은 홍여하의 정치적 지향을 왕권강화론으로 정의하였는데, 이 논의의 출발은 "君弱臣強 而君臣之道缺 三綱淪 九法斁 而禮之大本亡焉"(홍여하, 『목재집』 권10, 잡저, 「禮志論」)이라는 구절이다. 그런데 이는 고려시대에 대한 홍여하의 인식이므로 논의의 전제에 대한 재고가 필요하다.

기 영남 남인의 정치 활동이나 정치론에 대한 이해를 구하는 과정이기도 하다.

2. 출처出處와 정치 활동

홍여하의 본관은 부림缶林이고, 자는 백원百源이며, 호는 목재木齋, 대박산인大朴山人이다. 조선 사회에서 홍여하가 속한 부림홍씨가 주목받기 시작한 것은 홍귀달洪貴達(1438~1504) 때부터이다. 홍귀달이 "한미寒微한데서 자립하여 일어났다"[10]는 표현을 통해서 15세기 말까지 부림홍씨의 위상을 알 수 있다. 홍귀달은 의정부 좌참찬이나 대제학 등을 역임하며 재상의 지위까지 올랐으나, 갑자사화 당시 폐비윤씨 폐위 때 승지였다는 이유로 경원에 유배되었다가 사망하였다. 이때 아들 홍언충洪彦忠은 외방에 출송되었고,[11] 홍언국洪彦國도 평안도 곽산 → 거제 등지로 유배되었다. 홍언충은 문과에 급제하였고, 홍언국은 생원시에 입격하였다. 이후 홍여하의 증조인 홍경참洪景參, 조부인 홍덕록洪德祿 때까지 "연달아 2세가 덕을 숨기고 불사不仕"하였다.[12]

부림홍씨는 홍여하의 부친인 홍호洪鎬(1586~1646) 때에 와서 다시 출사하였다.[13] 홍호는 "사람들의 기대"와 "스스로 자임한 것이 적지 않았"[14]던 인물로, "남쪽 고을의 선비 중에는 겨룰만한 자가 없었다"고 한다. 홍호는

---

10 『연산군일기』 권54, 연산군 10년 6월 16일 을해.
11 『연산군일기』 권53, 연산군 10년 5월 27일 병진.
12 李玄逸, 『葛庵集』 卷26, 行狀, 「通訓大夫司諫院司諫木齋先生洪公行狀」.
13 홍호에 대해서는 이인복, 「홍호(1586~1646)의 생애와 현실대응」, 『국학연구』 47, 2022의 연구가 참고된다.
14 趙絅, 『龍洲遺稿』 권16, 墓碣, 「右承旨洪公墓碣銘」.

〈표 1〉 부림홍씨 세계도 초략[15]

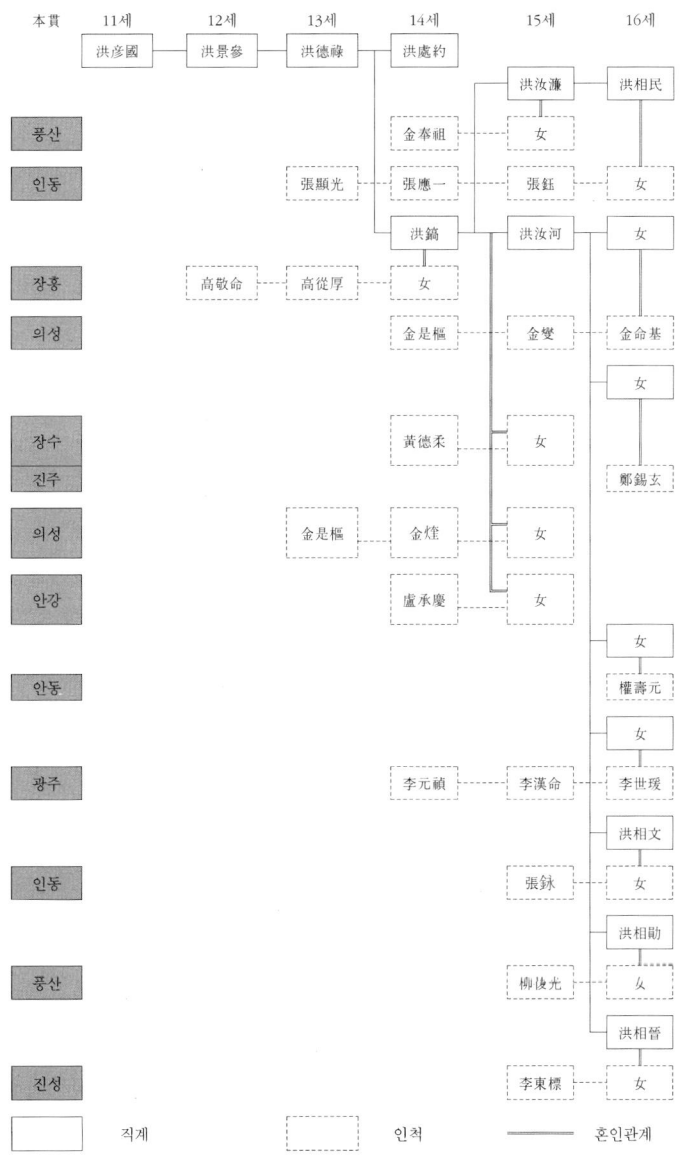

---

15 『부림홍씨세보』, 2004를 참고함.

1606년(선조 39) 식년시에 급제한 뒤, 승문원 박사를 시작으로 광해군대에는 전적에 제수되기도 하였으나, "시사時事"를 할 수 없다는 판단 아래 안동부 제독으로 나갔다가 태백산으로 들어갔다.[16] 태백산에 들어가서는 승려들과 결사結社하여 생활하였다.[17] 인조반정 이후 홍호는 정경세鄭經世의 권유[18] 등으로 다시 출사하여, 1624년(인조 2) 이괄李适의 난이 일어나 정경세가 검찰사檢察使가 되어 영남에 파견되었을 때[19] 종사관으로서 수행하였다. 검찰사는 국왕이 삼남에 거둥할 때 필요한 공돈供頓에 관한 일을 조치하고 사민士民을 위유慰諭하려는 목적에서 파견되었는데, 이괄의 난이 진압된 뒤에는 모은 양식을 조운을 통해 서울로 가져와 국용에 보충하기 위해 홍호는 당분간 영남에 머물렀다.[20]

홍호는 조정에 복귀한 뒤 예조의 관직을 거쳐 같은 해 6월 사간원 정언에 제수되었는데, 이때 이조전랑으로 재직하던 이식李植의 추천이 있었다.[21] 전랑의 통청권通淸權이 작동된 것으로 보인다. 이식이 홍호를 정언으로 통청한 이유나 배경은 알 수 없으나, 이후 홍호가 정치적으로 위기에 처했을 때 이식은 그를 변호하는 등 정치적 후원자 역할을 하였다. 그 하나의

---

16 홍여하,『목재집』권8, 行狀「先考通政大夫司諫院大司諫府君家狀」, "癸丑陞典籍 尋轉監察 先君度時事不可爲 求除安東府提督 安爲室人母家 因住焉 庚申買田于太白山中而居之 柳氏素勸以恬退 故先君益安焉". 이하『목재집』은 김영옥·전재동 역,『목재집』, 동방출판사, 2013~2015를 함께 참고하였다.
17 趙絅,『龍洲遺稿』권16, 墓碣,「右承旨洪公墓碣銘」. 추정컨대 홍호가 안동 제독관으로 나가고 태백산으로 들어가는 시기에 즈음하여 안동 지역에 재지 기반을 마련하였던 것으로 판단된다. 이와 관련해서 정경세는 "聞盡室東行 爲久居計 從此便是福州人矣 …(중략)… 況福之與商 只是隣邑 而交親布滿 可與晤言 安知不更勝於居商耶"(鄭經世,『愚伏集』권12, 書,「與洪叔京 鎬」)라고 표현하였다. 홍여하는 안동을 "吾鄕"이라고 표현한 바 있다(홍여하,『목재집』권2, 시,「到安東 洪鼎卿 柱三 已歸醴泉 吟贈成子許 后高」).
18 洪汝河,『木齋集』권8, 行狀「先考通政大夫司諫院大司諫府君家狀」.
19 『인조실록』권4, 인조 2년 2월 8일 임진.
20 『인조실록』권5, 인조 2년 3월 1일 을묘.
21 『인조실록』권6, 인조 2년 7월 16일 무진.

예가 인조반정 뒤 박승종朴承宗의 재산을 적몰籍沒하는 문제로 논란이 있었을 때 이식이 홍호를 신구한 것이다. 광해군 때 삼창三昌(유희분, 이이첨, 박승종) 중 한 명인 박승종은 인조반정이 성공한 뒤 자살하였다. 반정 세력은 이후 박승종의 재산을 적몰하려 하였는데, 이때 홍호가 부당하다고 문제를 제기하였다.[22] 그러자 김류金瑬 등이 홍호를 탄핵하였는데, 이때 이식이 홍호를 신구伸救하였다.[23] 이런 관계 때문인지 홍여하에게 이식은 "감개感慨를 일으키는"[24] 인물로, 홍여하가 약관의 나이였을 때 이식은 시를 지어 보내 격려하기도 하였다.[25] 홍호는 이후 승지와 대사간 등을 역임하였다.

홍호는 상주 지역을 중심으로 문파를 이루고 있던 정경세鄭經世의 문하에서 수학하였다. 홍호를 시작으로 부림홍씨가 퇴계학파, 그중에서도 서애 학맥에 편입되었다. 홍호는 동문同門 내 지도적인 위치에서 사문의 강학 활동을 위한 서당 건립 등을 추진하기도 하였다.[26] 홍여하의 경우도, 부친을 따라 정경세를 만나고 『중용中庸』에 대한 질문을 받기도 하는 등, 류성룡 - 정경세로 이어지는 학맥으로 활동하였다. 홍여하는 류성룡을 "주자와 짝을 이룬"[27] 퇴계의 정맥正脈이라 평가하기도 하였다.[28]

홍호를 시작으로 부림홍씨는 광주 출신의 장흥고씨[29] 이외에도 당대 영

---

22 洪鎬, 『無住逸稿』 권3, 啓, 「論朴承宗籍沒啓」. 홍호의 박승종 재산 적몰과 관련한 논란에 대해서는 이인복, 앞의 논문, 2022, 239~246쪽 참조.
23 宋時烈, 『宋子大全』 권203, 諡狀, 「澤堂李公諡狀」.
24 洪汝河, 『木齋集』 권1, 詩, 「奉呈李澤堂 植○乙酉」.
25 洪汝河, 『木齋集』 권11, 부록, 「贈通政大夫弘文館副提學 知製教兼經筵參贊官 春秋館修撰官 行通訓大夫司諫院司諫府君行狀(洪大龜 撰)」.
26 鄭經世, 『愚伏集』 권10, 書, 「答李叔平」; 같은 책, 권12, 書, 「答金恭甫 基」. 이와 관련해서는 김학수, 「17세기 영남학파 연구」, 한국학중앙연구원 한국학대학원 박사학위논문, 2007, 178~179쪽 참조.
27 洪汝河, 『木齋集』 권6, 贊, 「退陶先生贊」.
28 洪汝河, 『木齋集』 권6, 贊, 「西厓先生贊」.

남의 주요 사족들과 혼인을 맺었다. 홍호의 1자인 홍여렴의 처부는 풍산김씨 김봉조金奉祖이다. 김봉조는 이웃에 거주하던 권두문權斗文을 시작으로 18세부터 서애 류성룡의 문하에서 수업하였으며, 형제간인 김영조와 김응조 등도 역시 류성룡의 문인이다. 류성룡 사후에는 정경세를 사사하였다. 김봉조는 1611년(광해군 3) 정인홍의 이른바 회퇴변척소晦退辨斥疏가 제출되자 영남 사류를 대동하고 이를 변무하는 상소를 제출하였다.[30] 또한, 김봉조는 병산서원 창건을 주재하였고, 『서애집』의 교정에도 참여하였으며, 여강서원에 류성룡과 김성일의 배향을 주도한 바 있다. 김봉조는 당시 남중사류南中士流 중 영수로 꼽히던 인물이다.[31]

홍여하의 처부는 장수황씨 황덕유黃德柔, 의성김씨 김규金煃 등이다. 장수황씨는 상주 지역 출신으로, 황덕유의 부친 황유黃紐, 그리고 황덕유 등이 정경세의 문인이다. 이런 까닭으로 황덕유의 조부 황준원黃俊元의 묘지문을 정경세에게 청하여 받기도 하였다. 홍여하의 처부 중 한 명인 의성김씨 김규는 김성일의 증손자이다. 김규의 부친 김시추는 수암修巖 류진柳袗을 비롯해 홍여하의 부친 홍호와 도의지교로 교류하던 인물이다.[32] 부친 홍호의 안동 이전과 의성김씨와의 혼인 등은 기존 상주 지역에 제한된 부림홍씨의 활동 영역이 안동 지역으로까지 확대되는 과정이었다.

이외에도 인동장씨, 광주이씨, 풍산류씨, 진성이씨 등과의 혼맥도 주목

---

29 홍호의 처부는 장흥고씨 高從厚이다. 고종후의 세거지는 光州이지만, 임란 때 起義하여 출전하면서 서신으로 "두 아들은 호남 사람에게 장가보내고, 딸은 영남 사람에게 시집보내라"고 하였다.
30 김봉조의 문집인 『학호집』에 수록된 상소 6편 중 5편이 변무 상소로, 「晦齋退溪兩先生辨誣疏」라는 이름으로 1611년 6월 4일, 6월 6일, 6월 8일, 6월 10일, 6월 14일 등에 제출되었다.
31 김봉조에 대해서는 金奉祖, 『학호집』 연보가 참조되며, 김학수, 위의 논문, 2007, 177~178쪽; 김형수, 「17세기 초 안동지역 사회의 재편과 서애학단의 활동」, 『영남학』 31, 2016, 162쪽 등이 참고된다.
32 柳元之, 『拙齋集』 권14, 행장, 「外舅義禁府經歷金公遺事」, "所交遊 皆一時名流 與我季父修巖公及東洛洪公尤親厚 以道義相勵切".

된다. 인동장씨의 경우 홍여하의 조카가 되는 홍상민의 처부가 장옥張鈺이고, 홍여하의 아들 홍상문의 처부가 장영張鍈이다. 장옥과 장영은 장현광의 손자로서, 부친은 장응일이다. 인동장씨와의 혼인은 부림홍씨가 장현광張顯光 학맥과의 접점을 가지게 된 것으로 이해될 수 있다. 홍여하의 사위 중 한 명인 광주이씨 이세원李世瑗은, 이한명李漢命의 아들로 이원정李元禎의 손자가 된다. 이세원이 속한 칠곡의 광주이씨는 한강寒岡 학맥의 적전인 이윤우를 시작으로 이후 이도장과 이원정, 이담명·이한명 등이 중앙 정치에 참여하면서 영남 남인을 대표하는 가문이었다.[33]

이밖에도 홍여하의 아들 중 한 명인 홍상훈의 처부가 류후광柳後光이고, 또 다른 아들인 홍상진의 처부가 진성이씨 이동표이다. 류후광은 류운룡柳雲龍의 현손으로, 서애학맥을 이으면서도 17세기 후반에는 갈암 이현일의 문인으로 입록되었다.[34] 진성이씨 이동표는, 숙종 연간 출사한 뒤에는 세인들에게 "소퇴계小退溪"라 평해졌다.[35] 이상과 같이 부림홍씨는 홍호 때에 정경세의 문하로 들어가며 퇴계학파에 편입되었고 이를 계기로 서애학맥, 여헌학맥이나 한강학맥, 그리고 17세기 후반에는 갈암학맥과도 연결되는 모습이 확인되고 있다.

홍여하를 포함한 남인은 선조대 중반 이후 모습을 드러낸 붕당으로서, 광해군대에 대북 중심의 정국 운영 속에서 정치적으로 소외되었다. 인조반정 이후 서인 세력은 정권 안정을 목적으로 남인들 일부를 발탁하였다. 이원익李元翼이나 이성구李聖求를 비롯해 영남의 정경세鄭經世와 장현광張

---

[33] 이근호, 「석전 광주이씨 가문과 근기 남인의 제휴」, 『조선후기 낙중학의 전개와 한려학파』, 계명대출판부, 2018.
[34] 류후광을 비롯해 우복과 여헌 학맥이 갈암 학맥으로 넘어가는 과정에 대해서는, 김학수, 「한려학맥의 전승」, 『조선후기 낙중학의 전개와 한려학파』, 계명대출판부, 2018이 참고된다.
[35] 채제공, 『번암집』 권44, 신도비, 「贈資憲大夫吏曹判書行通政大夫承政院右副承旨兼經筵參贊官春秋館修撰官懶隱李公神道碑銘」.

顯光 등을 진용한 것이 그 예이다. 인조대 중앙 정치에 진출한 영남 남인으로 정경세는 상주 지역, 장현광은 인동 지역 출신이고, 홍여하의 부친인 홍호도 정경세의 문인으로, 문경 출신이다. 반면 안동이나 예안 지역 출신 출사자는 별반 확인되지 않는다. 이는 인조반정에 대한 인식에서 연유한 것이었다. 안동이나 예안 지역의 인사들은 반정에 대해 부정적으로 인식했기에 출사를 거부하였다. 이에 비해 정경세는 반정을 통해 들어선 인조와 서인 세력이 집권하는 시기를 "중흥하는 시대"라 평하며, 출사하였던 것이다.[36]

영남 출신의 남인은 정치적 약세에서도 "동도회同道會"라는 이름으로 계회를 열어 결속을 다졌다. "동도회"는 영남 출신으로서 서울에서 사환을 하는 인물들이 모여 결성한 계회이다. 1601년 장악원 신청사에서 열린 동도회 계회첩의 서문에서 이호민李好閔은 "우리 영남인으로 서울에서 사환을 하는 사람이 모여 동도회를 만들었다"고 한다.[37] 현재 기록으로 확인되는 최초 동도회는 1593년(선조 26) 5월 훈련원에서 있었던 모임으로, 김륵金玏을 비롯해 이호민, 조정趙靖, 이준李埈 등 38명이 참석하였다.[38] 이후 1601년 7월에 장악원 신청사에서 36명이 참석한 동도회가 열렸고, 1634년(인조 12)에는 장원서에서 35명이 참석한 동도회가 열렸다.[39] 1654년(효종 4)에는 삼청동에서 관직자 15명, 유생 11명이 참석한 도회가 열렸고,[40] 1656

---

36 이근호, 「『溪巖日錄』을 통해 본 金玲의 정치 활동과 정세 인식」, 『역사와 실학』 54, 2014 참고.
37 李好閔, 「題嶺南同道會題名卷」, "我嶺南人臣遊于京者 作同道會于掌樂院新廨 至者三十六人". 한편 서문이 포함된 이 계회첩은 『영남동도회』라는 이름으로 전해진다. 해당 자료는 한국국학진흥원의 나영훈선생으로부터 도움을 받았다. 이 자리를 빌려서 감사의 말씀을 전한다. 동도회는 '嶺南道會'라는 이름으로 열리기도 하였다. 동도회에 대해서는 별도 연구가 필요하겠다.
38 金玏, 『栢巖集』 「栢巖先生年譜」, 만력 32년(갑진).
39 河溍, 『台溪集』 附錄 권1, 年譜, 숭정 7년(갑술); 姜大遂, 『寒沙集』 卷5, 序, 「同道會帖序」; 「1634년 慶尙道 同道會帖」,(한국고문서자료관, http://archive.aks.ac.kr/)

년(효종 7)에도 종남산終南山 아래 사인 이진李袗의 집에서 11명이 참석한 동도회가 열렸다.[41] 해당 동도회의 성격은 추가적인 검토가 필요하겠으나, 일단은 이를 통해서 영남 출신 인사를 중심으로 결속을 강화하고 있음을 짐작할 수 있겠다.

남인의 경우 인조대에 소수세력으로서, 정치적 움직임을 보여 주목된다. 그 하나의 예가 이이와 성혼의 문묘 종사에 반대하는 움직임이었다. 1635년(인조 13) 관학 유생 송시형宋時瀅 등 270여 명이 연명으로 상소하여 이이와 성혼의 문묘 종사를 요청하자, 이에 반발해 남인계 유생 채진후蔡振後가 소두疏頭가 되어 이를 반대하는 상소를 제출하였다.[42] 유생 채진후의 주도 아래 오부학당 가운데 동학東學에 모여 이 사안에 대한 반대의견을 담은 소장을 올렸다. 연명 상소에는 남인 유생 57여 명이 참여하였다. 연명 상소를 제출한 채진후 등에게는 정거停擧 처분이 내려졌는데, 이로 인해 성균관에서 분란이 발생하자 지성균관사 최명길崔鳴吉이 주도하여 일부 유생의 정거를 해제하는 등 설득하였다. 그런데 소두疏頭인 채진후 등 일부 유생에 대한 정거가 풀리지 않자 권적權勣이 주도하여 다시 상소해서 우牛·율栗을 비난하였다. 배후에는 이민구李敏求가 있었던 것으로 알려졌다.[43]

이이와 성혼의 문묘종사는 이후 계속해 조야에서 논란이 되며 양측의 공방이 계속되었고, 논의는 효종대로 이어졌다. 효종이 즉위하던 해인 1649년(효종 즉위) 11월 서인 측 태학생 홍위洪葳 등 수백 명이 다시 이 문제를 제기하자, 다음 해인 1650년(효종 1) 2월 경상도 유생 유직柳稷 등 900여

40　洪汝河, 『木齋集』 卷5, 序, 「嶺南道會契帖圖序」. 홍여하는 1654년(효종 4) 동도회 모임에 참석할 기회가 있었으나, "余時病臥京邸"하여 참석하지 못했다.
41　宋挺濂, 『存養齋集』 附錄 권1, 연보, 병신년조.
42　이근호, 「채제공 가계에 대한 검토」, 『성호학보』 2, 2006 참조.
43　趙翼, 『浦渚集』, 「浦渚年譜」 卷1, 毅宗皇帝8年.

명이 연명으로 반대하는 상소를 올렸다. 유직 등이 올린 상소는 이원정李元禎이 주도한 것으로 알려져 있다.⁴⁴ 이처럼 17세기 중반까지 남인들은 정치적 약세 속에서 자체 결속을 다지는 한편 서인 계열에서 시도하는 이이·성혼의 문묘종사에 대항하는 정치적 움직임을 보였다.

이 같은 상황에서 홍여하는 1654년(효종 5) 문과에 급제, 권지승문원부정자를 시작으로 사환을 시작하였다. 홍여하가 사환을 시작한 시기, 남인에게 불리한 정치적 상황이 전개되었다. 홍우원洪宇遠의 상소로 인한 정치적 여파가 이어지던 상황이었다. 홍우원은 1654년(효종 5) 부수찬에 제수되면서 상장喪葬 등으로 인해 조정을 떠나 있다가 다시 조정에 들어왔다. 이때 홍우원은 조정에 파란을 일으키는 상소를 제출하였다. 그가 상소에서 제기한 문제는 대략 두 가지로, 하나는 인조의 후궁 조귀인이 생산한 숭선군崇善君 징澂과 낙선군樂善君 숙潚의 방면이었고, 다른 하나는 유배 중인 소현세자의 아들에 대한 방면을 요청한 것이다.⁴⁵ 홍우원의 상소에 대한 논란은 그가 체직되면서 일단락되었으나, 그가 상소에서 제시한 내용은 이후 이경여李敬輿나 김홍욱金弘郁 등이 논의를 제기하는 등 그 여파는 계속 이어졌다.⁴⁶

이런 상황에서 홍여하는 한천록翰薦錄에 이름을 올린 뒤⁴⁷ 검열, 대교와 봉교 등을 거쳤다. 봉교 재직시에는 한천翰薦, 즉 사천史薦을 둘러싸고 논란이 있었다.⁴⁸ 홍여하가 이상진李象震과 이원정李元禎을 추천하자, 하번下番인 서인 송규렴宋奎濂이 이를 막고 나선 것이었다. 사관 후보자의 추천은

---

44 이근호, 앞의 논문, 2018 참고.
45 『효종실록』 권12, 효종 5년 6월 17일 을해.
46 이와 관련해서는 이근호, 「인조 말-숙종 초 洪宇遠의 정치 활동」, 『韓國史學報』 67, 2017 참고된다.
47 『승정원일기』 135책, 효종 6년 4월 5일 기미.
48 『승정원일기』 137책, 효종 6년 12월 26일 병자.

하번이 주관하는 것이 일반적인 관행이었다.⁴⁹ 홍여하의 표현에 따르면, "상진은 선정先正 덕형德馨의 손자이고, 원정은 그 아버지·할아버지가 모두 사국史局을 역임했으며, 두 사람의 문사文詞와 지조志操는 대대로 집안의 명성을 이었기에 그 사람됨과 지위가 모두 이 선발에 들기에 충분"⁵⁰하다는 판단에서 천거한 것이었다. 당초 홍여하가 이상진을 추천하였으나 송규렴이 이리저리 미루고 결정하지 못하자, 다시 홍여하가 이상진을 대신해 이원정을 추천하였다. 송규렴이 이상진의 추천을 거부한 것은 "사론士論에 죄를 얻었고 공의公議에 비난받았"기 때문이었다.⁵¹ 이는 이상진이 이이와 성혼의 문묘 종사를 반대한 상소에 참여하였기 때문이었다. 송규렴은 홍여하가 새로 추천한 이원정에 동의하면서 자신도 여성제呂聖齊를 추천하였다. 양자를 둘러싼 논란이 계속되었으나, 결국 홍여하가 추천한 이원정, 송규렴이 추천한 여성제와 이행도李行道가 한천翰薦의 명단에 올랐다.⁵² 이같이 사천史薦을 둘러싼 논란이 제기된 것은 사관史官이 차지하는 위상과 관련된다. 사관은 비록 하위직이지만 기록을 담당할 뿐 아니라 임금을 호종하거나 명령을 전달하는 청직이며, 조정의 정보를 1차적으로 흡수한다는 측면에서 정치적 위상이 적지 않다. 또한, 해당 관직을 거치고 나서도 계속 자신들의 후임을 직접 뽑는 인사행위에 관여할 수 있어 정치적 영향력을 확대할 수 있었다.⁵³

이후 홍여하는 설서와 전적, 그리고 사헌부 감찰과 사간원 정언 등을 거쳐 고산찰방으로 나가서는 10여 가지 내용으로 진언한 뒤에 집으로 돌아

---

49 김선영, 「17세기 예문관의 翰薦制 운영」, 『한국 역사상 관료제 운영시스템에 관한 연구』, 국민대 출판부, 2010, 318쪽.
50 홍여하, 『목재집』 권3, 疏, 「上番疏」(丙申正月).
51 宋奎濂, 『霽月堂集』 권4, 疏, 「陳辨史薦事 仍乞解職疏」.
52 『翰薦錄』(국립중앙박물관 古朝57).
53 김선영, 앞의 논문, 2010, 314쪽.

갔다. 1658년(효종 9) 7월 경성판관에 제수되어 활동하다가 1659년(효종 10) 윤3월 구언응지소를 제출하였다. 해당 상소에서 홍여하는 경성부의 폐단을 바로잡기 위한 방안 등과 함께 군주, 붕당 등 다양한 내용으로 여러 가지 사안에 대해서 의견을 개진하는 한편 이후원李厚源과 전선銓選의 문제점을 지적하였다. 이후원은 "의론이 편벽되고 자기 견해를 고집하는 등 나라를 망치게 한다"는 것이었다. 전선의 문제점에 대한 지적은 이조판서 송시열宋時烈에 대한 비판이었다.

홍여하의 상소가 제출되자 이후원과 송시열, 그리고 이조참판 이일상李一相, 이조참의 조복양趙復陽 등은 사직을 청하였고,[54] 정태화, 정유성, 이시백 등은 이후원과 송시열을 옹호하고 나섰다. 특히 홍여하의 상소에서 이후원에 대한 공격은 주목되는데, 이는 당시 이후원이 차지하는 정치적 위상 때문이었다. 이후원은 김장생金長生의 문인으로 1623년(인조 1) 정사공신靖社功臣 3등에 녹훈된 인물이다. 특히 그는 서인들 사이에서는 "선류종주善類宗主"라 칭해졌으며, 효종 연간에는 처남인 김익희金益熙와 함께 송시열이나 송준길 등을 지원하였다. 1657년(효종 8) 9월 이후원은 우의정에 임명된 뒤, 송시열을 이조판서에[55] 송준길을 병조판서에 발탁하였다.[56] 송시열 등 전관銓官에 대한 비난은 이상李翔을 자의諮議에 발탁하였기 때문이었다. 홍여하는 이후원이나 송시열에 대한 공격을 통해 남인 내에서 이들에 대해 공격의 포문을 연 지사로 인식되며, 정치적 위상이 높아져 갔다.[57]

이 일로 홍여하는 충청도 황간의 신풍역에 정배되었다가 1660년(현종 1) 사유赦宥를 받아 고향인 율리로 돌아왔다. "귀양에서 돌아와 집에 거처한

---

54 『현종실록』 권1, 현종 즉위년 6월 4일 계사.
55 『효종실록』 권20, 효종 9년 9월 18일 임자.
56 『효종실록』 권21, 효종 10년 3월 8일 기해.
57 우인수, 앞의 책, 2015, 99~100쪽.

지 15년 동안 세상 일을 잊으며" 지냈다. 생일날 황덕승黃德承, 정도응鄭道應, 전익구全翼耇 등이 모여 우의를 다지거나,[58] 직지사直指寺[59]와 두타사頭陀寺[60] 등에 모여 친교를 다졌다. 또한 거창居昌과 합천陝川 등지를 순회하며 동계桐溪 정온鄭蘊의 묘를 지나면서는 정온의 후손으로 추정되는 정형鄭兄에게 시를 전하기도 하였다.[61] 이 과정에서 율리 이외에도 예천의 복천福泉,[62] 영주의 노계老溪[63] 등지에서 우거寓居하면서, 퇴계退溪의 시에 차운次韻하거나,[64] 도산서원의 청리장青藜杖을 보며 퇴계를 떠올렸고,[65] 강당을 중수한 도남서원道南書院과 우복당愚伏堂을 방문하거나 모임을 예정하였다.[66] 이밖에도 사천목씨 목겸선睦兼善,[67] 목행선睦行善,[68] 목래선睦來善,[69] 이당규李堂揆,[70] 조경趙絅[71] 등에게 시를 보내거나 해당 인물의 제문, 만사 등을 작성하였다.

율리에서는 『동국통감제강』 편찬을 마무리 지었으며, 『해동성원海東姓苑』 등을 찬술하였다. 1666년(현종 7) 이른바 '기해예송己亥禮訟'과 관련한

58 　洪汝河, 『木齋集』 卷1, 詩, 「初度日 黃以坤德承 鄭鳳輝道應 全明叟翼耇 諸公 不期而會 各賦一詩 仍及去年孤寂之意 四月十日 即初度也」.
59 　洪汝河, 『木齋集』 卷1, 詩, 「重陽日 會話直指寺」.
60 　洪汝河, 『木齋集』 卷1, 詩, 「從張聖源泉 郭興叔 黃遠甫 黃以坤諸公 會話頭陀寺」.
61 　洪汝河, 『木齋集』 卷1, 詩, 「過桐溪鄭先生墓 次金伯剛千鎰 韻」; 「憶搜勝滌愁兩臺 寄呈鄭兄」.
62 　洪汝河, 『木齋集』 卷1, 詩, 「福泉僑居」.
63 　洪汝河, 『木齋集』 卷2, 詩, 「老澤寓居」.
64 　洪汝河, 『木齋集』 卷1, 詩, 「次退陶先生和東坡韻」.
65 　洪汝河, 『木齋集』 卷1, 詩, 「陶山院青藜杖歌」.
66 　洪汝河, 『木齋集』 卷1, 詩, 「愚伏堂」; 같은 책 卷2, 「與黃遠甫柳子強千之 鄭鳳輝李善鳴英甲 全明老諸人 約會于愚伏堂 余病未赴 黃丈寄詩 謹次」.
67 　洪汝河, 『木齋集』 卷1, 詩, 「寄贈睦達夫兼善」.
68 　洪汝河, 『木齋集』 卷1, 詩, 「送別睦尚州行之行善令公」.
69 　洪汝河, 『木齋集』 卷1, 詩, 「評易詩史法 寄睦來之來善 李士徵元禎 二學士」.
70 　洪汝河, 『木齋集』 卷1, 詩, 「輓李義城堂揆 室內」.
71 　洪汝河, 『木齋集』 卷1, 詩, 「賀龍洲壽辰」; 같은 책, 卷2, 「輓龍洲趙先生 三首」.

예송소禮訟疏의 소초疏草를 작성한 바 있다. 당시는 기해예송이 일단락된 뒤 1666년 3월 류세철柳世哲을 소두疏頭로 영남 유생의 집단 상소가 제출되었다. 영남 유생의 상소는 류원지柳元之, 홍여하, 이현일李玄逸 등 3인의 소초를 바탕으로 작성되어 제출된 것이었다. 특히 홍여하의 소초는 집단 상소에 상당 부분 반영되었다.[72] 이어 예송이 마무리되자 병조 정랑에 제수되었고, 특지特旨로 사간司諫에 임명되었으나, 병으로 출사하지 못하였으며, 1674년(현종 15) 12월 사망하였다.

3. 정치운영론

1) 성학론聖學論과 군주의 형상권刑賞權 운용

성리학자들은 "존군론자尊君論者" 또는 "충군론자忠君論者"라 칭해질 정도로 제왕의 권위를 수호하려고 하였다. 다만, 절대적인 권력을 가진 군주가 권력을 잘못 사용하여 나라를 망치고 백성을 해칠 수 있는 것을 경계하기도 하였다.[73] 이런 이유로 군주는 성인이 되어야 하며 이를 위한 성학聖學이 군주학 혹은 제왕학이라는 이름으로 일찍부터 제기되었다. 조선시대 성리학의 전개 과정은 "성학론聖學論의 흐름"[74]으로 말해질 정도였다. 17세기 중반 송시열宋時烈은, 국가와 사회의 실제 문제가 오로지 심술心術

---

72 정명수, 「기해예송과 1666년 영남 남인의 상소 - 류원지, 홍여하, 유세철, 이현일의 상소문을 중심으로」, 『퇴계학논집』 21, 2017 참조. 이밖에도 1666년 영남 남인의 유생 상소에 대해서는 설석규, 「현종 7년 영남유림의 議禮疏 捧入 顚末」, 『사학연구』 50, 1995; 우인수, 앞의 책, 2015 등이 참고된다.
73 류쩌화 저, 장현근 옮김, 『중국정치사상사』 3, 글항아리, 2019, 739~744쪽.
74 김준석, 「송시열의 세도재상론과 부세제도이정책」, 『조선후기정치사상사연구』, 지식산업사, 2003, 247쪽.

에 직결되므로 군주는 일심一心의 정도正道를 가도록 수행 과정을 밟아야 한다고 하면서 격치성정지학格致誠正之學에 힘쓸 것을 강조하였다. 군주는 격군심格君心이라는 수행 과정을 통해 요순이나 주공과 같은 성현을 체현體現해야 하는 당위성이 있었다.[75]

    이렇게 정치의 출발을 군주의 수양을 들고 있는 점은 홍여하 역시 마찬가지이다. 홍여하는 먼저 국왕의 마음 수양[養心]이 제대로 되지 않고 있음을 지적하였다. 홍여하는, 군자는 말을 내거나 침묵할 때 조심해야 한다고 하면서, 국왕은 더욱 조심해야함을 강조하였다. "한마디 말이 법이 되기" 때문이었다. 그런데도 국왕이 요즘 대신들에게 내린 비답을 보면 억양이 중도를 잃었다. 이는 그가 1656년(효종 7)에 제출한 사직소에서 지적한 것인데, 홍여하가 구체적으로 어떤 사실을 들어 지적한 것인지 단정할 수는 없겠으나 실제로 당대 대신大臣에 대한 비답을 둘러싸고 논란이 있어 주목된다. 즉 1656년 9월 영돈녕부사 김육金堉이 차자를 올려 대간으로부터 탄핵을 받은 사실과 약방의 책임자로서 국왕에게 병을 나도록 한 사실 등을 들어 죄를 다스려주기를 청한 바 있었다. 그러자 효종은 "지금 여러 신하가 나를 임금으로 삼고 있으니 또한 수치스럽고도 욕되지 않겠는가?. 이것이 내가 감히 다시 군림할 뜻이 없는 까닭이다"라는 등 본인을 자책하는 투의 비답을 내린 바 있다.[76] 해당 발언에 대해 며칠 뒤 정태화는 김육의 차자에 대한 비답이 너무 준엄하다는 등 발언이 나오기도 하였다.[77] 홍여하는 이 같은 중도를 잃은 국왕의 발언은 결국 사관史官의 기록을 통해서 사방으로 전파될 것이므로 문제가 된다고 하였다. 국왕이 중도를 잃은 비답이나 발언을 통해서 한때의 분노를 풀 수 있지만, "권위를 어그러뜨리고

---

75 위의 글, 246~266쪽.
76 『효종실록』 권17, 효종 7년 9월 19일 갑자.
77 『효종실록』 권17, 효종 7년 9월 24일 기사.

중重함을 훼손한다"고 경고하였다. 즉 마음 수양이 제대로 되지 않으면 결과적으로 군주의 권위를 떨어뜨리게 된다는 것이었다.

그리고 이렇게 된 이유는 평일 함양의 공부[涵養之功]가 미진하기 때문임을 지적하였다.[78] 이는 국왕의 마음 수양이 제대로 되지 않았다는 것을 비판한 것이었다. 마음 수양이 제대로 되지 않음으로써 "희노실절喜怒失節"[79] 하고, 혈기가 순탄하지 않아 병이 생길 수도 있었다. 따라서 홍여하는 마음 수양[養心]이 필요하다고 하면서, 마음 수양[養心]의 방법으로 "이치를 밝힘[明理]"을 제시하였다. 즉, "옛사람들이 학문을 논함에 마음 수양을 주로 했으니, 마음 수양의 방법은 이치를 밝히는 것뿐"[80]이라 하였다. 이치에 밝으면 "마음이 허虛해져 복잡한 일이 없어지고, 일을 만나면 저절로 동요되지 않고, 일마다 저절로 이치에 합치"된다는 것이다.

이렇게 마음의 수양을 위한 이치를 밝힘을 우선시하지 않고 정치를 한다면 제대로 될 수가 없었다. 즉 이치 밝힘을 우선하지 않고 정치에 힘을 다하기에 "밖으로는 만 가지 일에 수고롭고 안으로는 백 가지 생각이 모여들기" 때문에 "본심지체本心之體"가 일에 부림을 받아 조금도 쉴 수 없었다. 더욱 "남을 이기기 좋아하는 마음을 끼고 용맹하게 나아가려는 기운을 도우면 마음이 가려지고 고질화함은 날로 더욱 심해져 허虛하고 침정沈靜한 본연지체가 끝내 드러나지 않을 것"이라고 하였다. 따라서 "명리明理"가 되지 않으면, "시조施措가 어그러지고 정령政令이 문란"해져 결국에는 위태로움을 편안하게 여기고 망함을 즐거워하며 길을 잃어도 돌아올 줄 모를 것이라고 경고하였다.

따라서 군주에게 일단은 함양 공부에 우선하기를 강조하였다.

---

78 홍여하, 『목재집』 권3, 疏, 「辭職疏 同年十一月 拜正言」.
79 위와 같은 글.
80 위와 같은 글, "昔人論學 以養心爲主 養心之法 明乎理而已".

삼가 바라건대, 전하께서는 학문은 이치 밝힘을 위주로 하고, 마음 지킴은 거경居敬을 요체로 삼아 익히고 생각하는 겨를에 정신을 모아 고요하게 묵상하십시오. 우선 사무事務의 득실, 아랫사람들의 시시비비, 일체의 대응하는 일에 모든 간섭을 멈추고, 이미 놓쳐 버린 마음을 거두어 밝고 드넓은 근원의 경지로 정신을 모으십시오. 이처럼 하기를 열흘이 지나도 되지 않더라도, 나태해지지 말고 더욱 공을 기울여 열흘을 더하십시오. 그래도 되지 않아 또 열흘을 더하면, 본심지체本心之體를 거의 징험할 수 있어 동정動靜이 서로 닦여지고, 안팎이 융합되어 함양涵養 공부에 착수처가 있을 것입니다.[81]

즉 "명리明理"와 "거경居敬"을 요체로 삼기를 바라면서, 일단은 사무事務의 득실得失과 군하群下의 시비是非 등을 간섭하지 말고 드넓은 근원의 경지로 정신을 모으도록 권하고 있다. 그리고 이렇게 된다면 "본심지체"를 징험할 수 있어 동정이 서로 닦여지고 안팎이 융합되어 함양 공부의 착수처가 될 것이라고 하였다. 함양 공부에 대한 강조는 국왕에게 요순堯舜 및 탕왕과 무왕이 되기를 권하는 것으로 이어졌다. 『맹자』의 "요순은 성품을 타고났고 탕왕과 무왕은 몸에 익혔다"라는 구절을 인용하여 요순을 모범으로 삼고 탕·무와 같게 되기를 생각하라고 권하였다.

그러면서 강학講學의 중요성과 함께 강학을 통해 "체험지실體驗之實"을 얻기를 강조하였다. 홍여하가 제시한 "체험지실"이란 "강학講學하며 본심本心에서 체험"[82]함을 말한다. 즉 모든 일의 강령은 마음에 있는데, 사욕私

---

[81] 위와 같은 글, "伏願殿下爲學 以明理爲主 操心 以居敬爲要 溫繹之暇 凝神靜默 姑將事務之得失 群下之是非 一切酬應 都休照管 收拾已放之心 遊神昭曠之原 如是者十日而未有得焉 則不懈而益致其功 加十日焉 猶未也 則又加十日焉 本心之體 庶幾可驗 而動靜交修 表裏渾融 涵養之功 方有下手處矣".
[82] 홍여하, 『목재집』 권3, 疏, 「應求言敎疏 己亥五月呈政院因國恤還出給」, "夫所謂體驗之實者 何謂也 講學而驗諸本心之謂也".

慾이 싹트면 사물의 변화에 응할 수 없었다. 따라서 예전의 성왕聖王들은 배우는 것에 주력하였는데, 그때 배움은 치지致知를 우선하고 거경居敬을 요체로 삼았다는 것이다. 명리정심明理正心을 함으로써 모든 일의 강령이 수립되고, 강령이 서고 심체心體가 탁연하면 시끄럽고 소란스러운 가운데서 마음이 고요해지고 아무도 없어 자신 마음대로 할 수 있는 곳에 거처하더라도 항상 마음을 보존하면서도 깨닫게 되었다. 결국 "고요하여 드러나지 않을 때는 온갖 이치가 갖추어지며, 느껴서 통하면 사물에 응함에 어긋남"이 없는 것, 이것이 "체험지실"이었다.[83]

이상과 같이 홍여하는 정치의 출발을 군주의 마음 수양[養心]에 두고, 이를 통해 격물치지格物致知 혹은 명리明理, 거경居敬을 요체로 해야 하는 것을 강조하였다. 이 같은 사고방식은 이미 주자가 수양법에서 제시한 것으로, 주자 역시 인심人心을 바로 잡고 도심道心을 회복하는 방법으로 격물과 거경을 강조했다.[84] 이런 점은 학파를 떠나 다수가 강조하였다. 예를 들어 홍여하와 동시대 인물인 송시열도, 효종과 독대獨對에서 궁리와 거경 등을 제시하고 이를 통해 인욕人慾의 사私를 버리고 천리天理의 공公으로 돌아가길 권하였다.[85]

이 같은 성학聖學을 완성하기 위해서는 경연經筵이 중요해진다. 홍여하는 효종이 강학에 임하는 자세에 대해서, "전하께서는 날마다 경연經筵에 나아가 서책을 토론하며, 비록 지독한 추위와 심한 더위에도 그만두지 않는다"라고 하며 부지런하게 경연에 임하는 자세를 긍정적으로 파악하였다. 다만, 경연에 열심히 임하지만, "독서의 과정에 그칠 뿐 격물치지의 경지에 이르지는 못"한다고 하였다. 이는 효종이 경연에 임하는 자세가 "강

---

83 위와 같은 글.
84 권연웅 · 설석규, 「16세기 퇴계학파의 군주성학론」, 『대구사학』 67, 2002 참고.
85 김준석, 앞의 책, 2003, 252~256쪽.

송강송講誦만을 책무로 하기" 때문이었다.[86] 효종이 경연에 임하는 자세에 대해서는 당대에 많은 논자가 비판한 바 있다. 일례로, 1653년(효종 4) 3월 홍문관이 제출한 차자에서도, "전하께서 날마다 경연을 여시니 학문에 부지런하지 않은 것이 아닙니다만, 글을 보고 강독할 때 장구章句를 어기지 않는 것에 불과할 뿐 덕을 증진하고 정치에 적용하는 실상은 없다"[87]고 비판한 바 있다. 홍여하는 결국 경연에서 문의文義와 구독句讀를 벗어나지 않고 강송하며 응문應文의 숫자만을 채우지 말고 "본심에서 구하여 격물치지格物致知의 경지에 공부를 더 하고 동정動靜의 즈음에서 체험하여 만사萬事의 강령을 세울 것"을 강조하였다.

홍여하가 제시한 성학론은 당대 대부분 논자가 제시한 것과 크게 다르지 않다. 다만, 여기서 함께 주목해야 할 것이『서경』에서 제시한 홍범구주洪範九疇 중 6조 삼덕三德을 강조하고 있는 점이다. 홍범구주의 1조는 오행五行, 2조는 경용오사敬用五事, 3조는 농용팔정農用八政, 4조는 협용오기協用五紀, 5조는 건용황극建用皇極, 6조는 예용삼덕乂用三德, 7조는 명용계의明用稽疑, 8조는 염용서징念用庶徵, 9조는 향용오복嚮用五福, 위용육극威用六極이다. 홍범은『서경書經』의 한 편명으로, 일찍부터 정치 규범 혹은 대경대법大經大法이라는 인식 하에 많은 지식인들이 거론하였다. 조선에서도 이미 건국 직후인 1394년(태조 3) 간관諫官 전백영全伯英 등이 상소에서, 홍범을 "기자箕子가 말한 것으로 제왕帝王의 모범"[88]이라며 군주 정치의 모범으로 삼기를 권하였다. 조선에서는 특히 17세기 이후 홍법에 대한 관심과 그 연장선상에서 관련 연구가 두드러지기 시작하였으며, 홍범만을 다룬 별도 저술이 등장하였다.[89] 특정 학파에 국한되지 않고 많은 인물들에 의

---

86 홍여하,『목재집』권3, 疏,「應求言敎疏 己亥五月呈政院因國恤還出給」.
87 『효종실록』권10, 효종 4년 3월 4일 경오.
88 『태조실록』권6, 태조 3년 8월 2일 기사.

해 홍범에 대한 논의가 이루어졌는데, 대표적으로 장유張維나 허목許穆, 윤휴尹鑴 등의 저술과 함께 박세채의 『범학전편』, 이휘일李徽逸 · 이현일李玄逸 공동 저작으로 알려진 『홍범연의洪範衍義』 등이 있다.

이런 흐름에서 홍여하는 삼덕에 대한 논의를 제기하였다.[90] 삼덕은 황극을 세운 임금이 권한을 작동하는 방식을 설명한 것으로, "정직 · 강함 · 부드러움[正直剛柔]"을 거론한 것이다. 홍여하는 삼덕에 대해서 다음과 같이 설명하였다.

> 사람을 다스리는 덕 세 가지를 말하자면 '정직 · 강함 · 부드러움[正直剛柔]'이고, 스스로를 다스리는 덕에도 또한 세 가지가 있으니 '정직 · 강함 · 부드러움'뿐이다. 왕이 된 자가 평안할 때에는 그 다스림은 정직正直을 써야 한다. 만약 강포하거나 교화되지 못한 백성이 있으면 군대를 보내 꾸짖고 토벌해야 하니, 그 쓰임이 지나치게 강剛하지만 마땅함을 얻는다. 만약 교화를 잘 따르고 복종하면 부드러움으로 화합함을 조정해야 한다. 군자가 학문함은 먼저 자기 본성의 후박厚薄 · 강함과 부드러움을 살펴 치우치지 않도록 해야 하니, 그 학문은 정직함을 지켜야 한다. 침잠하여 낮추고 물러나되 힘쓰기를 강하고 굳셈

---

89 김정철, 「남계 박세채의 《범학전편(範學全篇)》 연구」, 한국학중앙연구원 한국학대학원 박사논문, 2021, 5쪽.
90 17세기 이후 홍범 연구가 활성화된 데에는 정치 환경의 변화, 그리고 이에 대한 代案을 구축하려는 의지의 발현이라 볼 수 있다. 이와 관련해서 이민정은 "군주의 권위가 정치적으로 논의"되는 환경에서 皇極, 그리고 이를 포함한 洪範의 논의가 활성화되었음을 지적한 바 있다(이민정, 「朴世采의 '皇極' 인식과 君主像」, 『韓國史論』 57, 서울대 국사학과, 2011). 타당한 지적이지만, 역사적인 조망이 추가적으로 필요해 보인다. 홍범에 대한 인식이나 논의는 군주의 위상 변화와 함께 정치 환경의 변화를 포함해 사회 경제적인 변화가 함축적으로 표현된 것으로 이해된다. 이를 해명하는 작업은 조선후기 정치사상사를 설명하는 중요한 단서가 될 것으로 판단되는데, 이 글에 한정해서 진행될 성격은 아니다. 이에 대한 본격적인 분석은 차후로 넘기고, 여기서는 일단 홍여하의 홍범에 대한 지적, 특히 삼덕에 대한 논의를 소개하도록 한다.

으로 하고, 고명하고 자부하고 엄격히 하되 바로잡기를 부드러움과 겸손함으로 해야 한다.[91]

임금이 정직·강함·부드러움을 이용해 권한 행사를 해야 한다는 점을 강조한 것이다. 정직강유正直剛柔를 통해 사람을 쓰거나 꾸짖고 토벌할 수 있다는 것이다. 이와 관련해서 홍여하는 고려의 형정刑政 운영에 대해, "형정이 일절 경중輕重을 논하지 않고 오로지 자인慈仁에 마음을 두었다"[92]고 하였다. 그리고 이로 인해 폭악暴惡에 너그럽고 은혜로워 기강을 떨치지 못하고 법이 무너져 나라가 망하기에 이르렀다고 하였다. 즉 군주는 부드러움[柔]과 함께 정직·강함을 같이 구사하여야 하였다.

이런 차원에서 홍여하는 군주의 형상권刑賞權 작동을 강조하였다. 형상刑賞은 군주의 대권으로, 예전 현왕賢王은 "형刑을 줄였지만, 장물을 취득한 탐관오리에게는 매우 준엄하였고, 상賞은 넉넉하면서도 청렴결백한 이를 우선시했다"라고 하며 사용함에 요령이 있어야 한다고 하였다.[93] 그러나 당대에는 "애민愛民을 마음에 두면서도 자목字牧을 고르는 데 힘쓰지 않아 잘 다스리는 효과가 있어도 요예要譽로 의심하며, 장물을 받음이 분명한데도 오히려 은유恩宥를 베풀"고 있으며, 공의公議가 위, 아래로 막히는데도 국왕이 듣지 않고 유사有司도 바로 잡을 수 없게 되었다.

홍여하는 군주의 형상권이 작동되지 않는 구체적인 실례로, 전 황해병사 민진익閔震益의 사례를 제시하였다. 1656년(효종 7) 3월 황해감사가 민진익의 부정을 보고하였다. 보고 내용은, 민진익이 관아를 짓는다는 것을 감영에 보고하지도 않고, 금송禁松을 어겼으며 사적으로 노비를 보내 목

---

91 홍여하, 『목재집』 권9, 讀書箚記, 「書傳」, 洪範六三德.
92 홍여하, 『목재집』 권10, 잡저, 「刑法志」.
93 홍여하, 『목재집』 권3, 疏, 「應求言敎疏 己亥五月呈政院因國恤還出給」.

재를 판매하였다는 것이다.[94] 관찬 기록에서는 더이상 구체적으로 드러나지는 않지만 홍여하가 조사를 하였는데, 장물贓物이 낭자했다는 것이다. 민진익은 한년정배限年定配의 처벌을 받았는데, 이에 대해 홍여하는 사형까지도 가능했을 것이라고 하였다. 아울러 청렴하고 치적을 남긴 관리에 대해서도 승서陞敍는 제한하고 준직準職만 준다고 하였다. 더욱 문제는 승서와 준직의 권한도 군주에게 있지 않고 전조銓曹에 있어서, "청탁이 있으면 혹 시행되다가 없으면 폐기"되는 문제점이 있었다. 결국 홍여하는 군주의 대권인 형상권刑賞權의 운용을 통해 공의公議가 구현되기를 요청하였다. 아울러 제대로 된 형상권의 운용은 신료의 절의節義를 드러낼 수가 있는 것으로 보았다.[95]

2) 기강紀綱의 진작振作과 대신예우론大臣禮遇論

권력 구조와 관련해서 홍여하는, 국왕이 권강權綱을 총람할 것을 강조하였다. 권강을 총람 한다는 것은 "법령을 엄하게 시행하고 군공群工을 누차 장려함을 보여주며, 해이하고 게으른 자들에게 감독의 책임을 미치도록 해야"하는 것이었다.[96] 홍여하는 사학史學에 정통한바, 고려시대에 대해서도 평가하였다. 이에 따르면, "고려高麗 일대一代의 제도는 부녀자의 행실이 바르지 않아 부부의 윤리가 무너졌고, 임금은 약하고 신하는 강하여 군신의 도리가 이지러졌으며, 삼강三綱이 혼탁해지고 구법九法은 무너지고 문란해져 예의 큰 근본이 없어졌다"[97]고 하였다. 즉 정치적으로 군약

---

94 『승정원일기』 138책, 효종 7년 3월 14일 계사.
95 이와 관련해서는 부친 홍호가 인조대에 제기했던 박승종 재산 적몰의 불가에 대한 입장을 伸辨하면서 진술하였다(홍여하, 『목재집』 권4, 書, 「與金僉正 念祖○甲申」).
96 홍여하, 『목재집』 권3, 疏, 「應求言敎疏 己亥五月呈政院因國恤還出給」, "臣伏覩殿下摠攬權綱 法行令肅 獎勵屢形於群工 董責必及於弛慢".

신강君弱臣强의 시대로 삼강三綱도 혼탁해지고 구법九法, 즉 홍범구주가 무너졌던 것이었다. 홍여하의 표현대로라면 국왕이 권강을 총람 하지 못하였기 때문이었다.

홍여하는 국왕이 권강을 총람 하는 것이 중요하며, 이를 위해서는 기강紀綱 진작이 필요함을 강조하였다. 흔히 기강은 윤리적인 차원의 의미도 내포하기는 하지만,[98] 권력 구조 측면에서 이해되기도 하였다. 조선 사회에서 기강의 확립은 자주 거론되었다. 이 중 선조대 이이李珥는 나라의 기강이 없어 어떻게 해 볼 수가 없으며 만약 이대로 지속한다면 다시는 가망이 없다고 하였다. 그리고 기강의 확립은 법령이나 형벌로 하기보다는 조정에서 권선징악을 행하면 기강이 자연스럽게 확립될 것이라고 하였다.[99]

홍여하 역시 기강을 권력의 구조적인 차원에서 이해하였다. 홍여하가 지적한 기강紀綱이란, "높음으로 낮음을 통솔하고, 간략함으로 번거로움을 제어하며, 대강大綱을 들면 세목細目도 자연히 명백하게 되며, 정제하여 문란하지 않음"[100]이었다. 기강을 스스로 진작시킬 수 없으면 진작하기 위해 스스로 요령을 터득해야 한다고 하였다. 이 같은 기강 진작의 선결 조건이 대신을 예우하는 것이었다. "대신이 중후하면 조정이 존엄하면서 기강이 확립되고, 대신이 경박하면 체면이 손상되고 기강도 무너지는 것"이었다. 홍여하는 "예전의 대신들은 모든 관원이 우러러보며 공경했"지만 지금은 서민들도 업신여기므로 관원을 감독하고 법도를 정비하려고 하지

---

[97] 홍여하, 『목재집』 권10, 잡저, 「禮志論」, "然高麗一代之制 閨門不正而夫婦之倫乖 君弱臣强 而君臣之道缺 三綱淪 九法斁 而禮之大本亡焉".
[98] "紀綱"이라는 용어는 三綱五倫과 같은 윤리적인 측면을 의미하는 경우도 있겠으나, 현실 정치와 관련되어 사용될 때는 권력 구조적인 측면을 지칭한다고 파악하였다.
[99] 『선조수정실록』 권7, 선조 6년 9월 무인.
[100] 홍여하, 『목재집』 권3, 소, 「應求言教疏 己亥五月呈政院因國恤還出給」, "夫所謂紀綱者 何也 尊以統卑 簡以制煩 綱擧目張 整而不紊之謂也".

만 그럴 수 없다고 하여 대신의 위상이 추락하였음을 지적하였다.

대신 위상의 추락 문제는 이미 여러 논자가 지적한 바였다. 다만 논자에 따라서 지향성에는 차이가 있다. 인조 연간 최명길崔鳴吉은 의정부의 서사지법署事之法 폐지 이후 삼공三公이 국정을 논의할 곳이 없게 되었다며 대신의 위상이 추락하였음을 지적하였다.[101] 송시열도 대신을 포함한 재상의 역할을 강조하였다. 즉 재상은 임금을 보필하고 백관을 통솔함으로써 군덕君德의 득실과 인물의 정사正邪 일체를 살피고 헤아리지 않는 것은 없는 직임으로, 천하의 모든 일은 재상을 경유한 다음에 수행하여야 했다. 그러면서 재상이 세도世道를 운영하는 주체로 설명하였다. 이는 세도재상世道宰相을 제안한 것이었다.[102] 윤휴도 재상을 전제군주를 보좌하여 만물을 다스리고 정무를 관장하는 존재로 인식하며 의정부의 복구를 통해 재상을 중심으로 중앙관료구조를 재구성하고 정병政柄을 단일화하며 당론에 좌우되지 않은 일사불란한 정책 결정과 집행을 가능하게 하자고 제안하였다. 지향점이 송시열과는 다르지만, 역시 재상의 위상 강화를 지적하였다.[103]

이처럼 17세기 이래로 대신 및 재상의 역할을 강화하자는 주장이 제기되는 가운데 홍여하도 대신의 위상 문제를 거론하였다. 홍여하는 대신의 위상이 추락한 이유에 대해서는 자초한 점도 있지만, "조정에서 대신에게 예모禮貌를 다하지 못했기 때문"[104]이라 하였다. 홍여하의 판단에, 대신에

---

101 최명길,『遲川集』권7, 疏箚,「論官制箚」. 한편 최명길의 관제 개혁론에 대해서는, 이기남,「최명길의 정치활동과 권력구조 개편론」,『택와허선도선생정년기념 한국사학논총』, 일조각, 1992; 이재철,「지천 최명길의 경세관과 관제변통론」,『조선사연구』1, 1992이 참고된다.
102 김준석, 앞의 책, 2003, 272~283쪽.
103 정호훈,『조선후기 정치사상 연구』, 혜안, 2004, 309~311쪽.
104 홍여하,『목재집』권3, 疏,「應求言敎疏 己亥五月呈政院因國恤還出給」, "夫大臣之所以見輕 於今日者 固未免有自取之道 而朝家之所以禮貌大臣者 亦有所未至也".

대한 예모는 노비, 녹봉, 종자從子 등에 대한 충분한 지급이었다. 그는 조정에서 대신을 예모 하지 않게 된 것을 전란 이후로 규정하였다. 국초에는 제도로 대신을 존례尊禮하였으나, 전란 이후부터는 "대신의 체면이 깎이고 노비들도 없어지고 월봉月俸도 줄고 종자從子들도 겨우 당하관에 견주며, 항상 받던 녹록도 겨우 대경代耕을 충족할" 정도에 그쳤다.[105] 홍여하는 『중용』의 "관성임사官盛任使 소이권대신야所以勸大臣也"를 인용하면서 예전부터 군주가 대신을 대우하는 것이 오늘날처럼 "박략薄略"함이 없었음을 지적하였다. 따라서 적절한 사람이 아니면 체면遞免하지만 적절한 사람인데 이렇게 대우를 하면 "조정을 두텁게 하면서도 상하의 체통을 엄하게 하지 못하다[非所以重朝廷而嚴上下之體也]"라고 하였다.

계속해서 홍여하는 녹록이 충분하지 못한 문제를 지적하였다. 이와 관련해서는 다음과 같이 지적하였다.

> 무릇 녹록을 '천록天祿'이라 하고, 직직을 '천직天職'이라 하면서 덕을 숭상하고 지위를 높이며 녹봉을 박하게 하지 않음이 예전의 제도입니다. 이 때문에 중국의 법法은 위로 공경公卿에서 아래로 주현州縣에 이르기까지 각각 그 녹록을 일컫는 정해진 제도가 있었습니다. 그러나 우리나라는 그렇지 않아 외방外方의 큰 고을은 천 석의 풍요를 누리지만 삼공三公의 높은 품계로도 백 석石을 채우지 못하며, 재신宰臣은 시종侍從의 반열에 있어 가난을 근심하지만, 부府의 사서史胥들은 공후公侯에 견줄 만큼 부유하니, 어찌 '정해진 제도가 없다.'라고 하는 것이 아니겠습니까.[106]

---

[105] 위와 같은 글, "國初立制 尊禮大臣 使之不親庶務 所以權在銓部 喪亂以來 損削體面 皂隸旣罷 月俸亦省 騶從僅比於省郞 常祿纔足以代耕".
[106] 위와 같은 글, "夫祿曰天祿 職曰天職 德崇位尊 能鮮祿薄 古之制也 是以中國之法 上自公卿 下至州縣 各稱其祿 皆有定制 而我國則不然 外方大州 享千石之饒 而三公崇品 未滿百石 宰列侍從 有貧窶之患 而府史胥徒 富擬公侯 豈非所謂無制之甚乎".

위에서 홍여하는 녹祿을 천녹天祿, 직職을 천직天職으로 규정한 뒤, 중국에서 위로는 공경公卿에서부터 아래로 주현州縣까지 녹祿이 일정하게 정해졌다고 하면서 우리의 경우는 그렇지 못하여 삼공 혹은 대신이 외방의 큰 고을에 미치지 못하고, 재상은 부府의 이서배인 사서史胥에 미치지 못한다고 하였다. 선행 연구에 따르면, 홍여하의 지적처럼 조선 전기에 비해 17세기 관원의 녹봉은 상당수 축소되었다. 실제로 1647년(인조 23) 당시 녹봉 수준은 『경국대전』에 비해 최소 2배 이상 축소되었다고 한다.[107]

이렇게 홍여하가 대신에 대한 예우 문제를 특히 녹봉과 관련하여 지적한 부분은 당시로써는 이례적이다. 앞서 언급한 바와 같이 대부분 대신(재상 포함)이 국정 논의에 배제된 것을 지적하였다. 이경여李敬輿의 경우도 1655년(효종 6)에 제출한 상소에서, 대신은 국왕의 고굉股肱인 점을 상기시키면서 "대신이 입시하였을 때 주상께서 대단히 노한 기색으로 말을 준엄하게 하여 마치 꾸짖어 물리치는 것"처럼 한 것은 대신을 경시한 것이라 지적한 바 있다. 대신이 경시당하는 것은 조정이 존중되지 않는 것이며, 조정이 존중되지 않음으로써 사방의 본보기가 될 수 없다고 하였다.[108]

홍여하가 대신 예우 차원에서 녹봉의 중요성을 제기한 이유에 대해, 『서경書經』홍범의 "부유하게 살아야 착하게 행동한다[既富方穀]"를 언급하면서 "녹을 두텁게 해 청렴을 기른다[厚祿養廉]"라고 하였다. 즉 녹을 두터이 하여 청렴할 수 있게 해야 한다는 것이었다. 녹봉이 박하기에 관혼상제의 물품을 댈 수가 없고, 자급할 수 없으므로 필시 뇌물이나 청탁이 있을 수밖에 없다고 하였다. "이는 대신이 국가의 창고에선 청렴하지만, 변방 관리들에게 취하며, 국가가 말과 되[升斗]에는 인색해도 민간에서 새는 것이니, 무슨 이익이 있겠습니까"라며 반문하였다.[109] 이러한 지적은 대신이 경제

---

107 임성수,「조선후기 녹봉제 연구」,『동방학지』169, 2015, 119쪽.
108 『효종실록』권15, 효종 6년 7월 28일 경술.

적 안정이 되지 않음으로써, 각종 뇌물이나 청탁에 휘둘리게 되어 직무 수행이 어렵게 될 것이라는 점을 경고한 것이다.

대신에 대한 예우의 부실함은 결국 기강의 해이해짐으로 이어졌다.

> 기강이 해이해짐은 실로 여기서 나옵니다. 백사百司에서 대부분 적절한 사람을 얻지 못해 서무庶務를 이속吏屬에게 맡기니, 전곡錢穀을 맡은 아전들은 교만하고 참람됨이 날로 심해지며, 각사各司의 서도胥徒는 악을 쌓으면서도 권세가에 빌붙어 국가의 명령을 거머쥡니다. 외방 진헌進獻의 진퇴와 형옥刑獄 문서의 출납 모두를 몰래 그들이 권력으로 조종하니, 비록 금지하려 해도 형세상 시행할 수 없습니다. 아, 국초에는 권력이 대신에게 있었다가, 중고中古 이래로 권력이 대각臺閣에 있었으며, 곧장 오늘날에 이르러서 권력이 胥吏들의 손으로 옮겨갔으니, 어찌 통탄하지 않겠습니까.[110]

즉 권력이 서리의 손으로 넘어갔다고 하면서, 전곡錢穀을 맡은 아전들은 교만하고 참람됨이 날로 심해지며, 각사各司의 서도는 악을 쌓으면서도 권세가에 빌붙어 국가의 명령을 거머쥐고 있다고 비판하였다. 또한, 외방 진헌進獻의 진퇴와 형옥刑獄 문서의 출납 모두를 몰래 그들이 권력으로 조종하니, 비록 금지하려 해도 형세상 시행할 수 없음을 지적하였다.

결국, 이상의 문제 해결을 위해서는 대신을 예우함에 지위를 높이고 녹을 후하게 해 청탁을 막아 백관들의 모범이 되게 하며, 퇴폐頹弊한 관습을

---

[109] 홍여하, 『목재집』 권3, 疏, 「應求言教疏 己亥五月呈政院因國恤還出給」, "是則大臣廉於國廩 而取於藩閫 國家吝於升斗 而泄於尾閭 奚益之有哉 況乎身居糾率 自毁廉隅 則汚吏之縱恣 何以禁之 名流之苟取 何以勵之".

[110] 위와 같은 글, "紀綱頹弛 實出於此 至於百司 多不得人 庶務悉委吏屬 錢穀之吏 驕僭日甚 各司胥徒 猶且稔惡 締結權要 實執國命 外方進獻之進退 刑獄文書之出納 實皆陰操其權 雖欲禁而勢不行也 噫 國初 權在於大臣 中古以來 權在於臺閣 直到今日 權移於胥吏之手 豈不痛哉".

징치하고, 조정의 체통을 엄하게 할 것을 제기하였다. 서리배들의 폐단에 대해선 특별히 엄한 교지를 내려 간범干犯이 더욱 심한 자는 죽임의 형벌을 더하고, 조금이라도 염치를 보존한 자는 실직實職으로 선발하자고 하였다. 중국에서 시행했던 각부各部에 조마照磨를 설치한 예를 따라 별도로 방외方外에서 선발하여 채운다면, 서무庶務는 모두 다스려지고 기강도 진작될 것이라고 하였다. 여기서 조마照磨란 감찰직監察職의 일종이다.[111] 즉 대신의 지위를 높이고 이들에 대해 대우를 후하게 함으로써 직무 수행을 안정적으로 행할 수 있도록 하고, 이를 통해 관료 사회의 기강을 진작하자고 제안한 것이었다.

3) 붕당朋黨에 대한 경계와 탕평蕩平 제시

홍여하는 군주나 대신의 문제 이외에도 당대의 현안으로 관리의 기강이 무너진 것과 형상刑賞이 멋대로 시행되며, 언로가 막히고 시비가 불분명하다는 점을 지적하였다. 그리고 이 문제는 인재가 공정하게 등용되고 공도公道가 시행되면 해결된다고 하였다. 그런데 이를 행하고자 해도, 막고 있는 것이 있었다. 즉 "당론黨論" 또는 "붕당지화朋黨之禍"가 이를 막고 있다는 것이다. 당론으로 인해 인재 등용이 제한적이라는 것이다. 우리나라의 경우 인재를 가문으로 제한하며, 여기에 더해 당론이 생긴 뒤에는 "서너 당파로 나뉘어 그 한쪽에 있는 이를 등용하면 차지할 자리는 더욱 좁아지"며 "가장자리 한 곳에 있는 사람을 등용해도 또한 형세가 두루 미치기 어려워 반드시 친하면서도 오래 아는 사람을 추천"[112]한다는 것이다.

---

111 『元史』志 58권, 권85 지35, 百官1, 中書省掾屬 "大德元年置 照磨一員 正八品 掌磨勘左右司錢穀出納營繕料例凡數計文牘簿籍之事"(http://hanchi.ihp.sinica.edu.tw).
112 홍여하, 『목재집』 권3, 疏, 「應求言敎疏 己亥五月呈政院因國恤還出給」, "夫天之降才 不限貴

이와 관련해서 당시 자의諮議의 제수를 둘러싼 논란을 소개하였다. 자의는 인조 연간 세자시강원에 산림직山林職으로 설치된 관직이었다. 자의와 같은 춘방직春坊職의 설치는 세자의 보도輔導를 위한 것이므로 문관으로 아망雅望이 있는 사람을 제수하여야 하는데, 이에 미치지 못하는 인물을 제수하였다는 것이다. 특히 홍여하는 제수된 인물이 신진新進으로서 처신할 줄 모르므로 보기에도 좋지 않을 뿐 아니라 "현자를 우대하고 선비를 사랑하며 겸손과 후덕을 배양하는 풍속[優賢愛士培養謙厚之俗]"에도 배치된다고 하였다.[113] 이런 지적은 당시 이조판서를 맡고 있던 송시열에 대한 비난인 것인데, 1658년(효종 9) 12월 이상李翔을 자의에 제수한 것을 말한다.[114] 인사가 잘못되는 것은 결국은 당론의 피해였다는 것이다.

홍여하는 붕당의 화가 등장하게 된 배경을 역사적으로 설명하였다. 먼저 일반론으로 창업 이후 법을 확립한 뒤에 오래되면 반드시 폐단이 생긴다고 전제하였다. 그러면서 고려의 경우는 정치를 대신에 위임하고 예우하여 과실이 있어도 용서함으로써 권력이 중신에 모였다고 하였다. 반면 조선에서는 법률을 엄하게 세워 중신들의 힘을 덜면서도 중신의 체면을 높이면서 권력을 빼앗았으나 권력이 하료下僚로 옮겨가면서[以權移於下僚] 붕당의 화가 있게 되었다고 하였다. "권력이 하료로 옮겨간" 것으로는 "하료下僚의 보거保擧"를 지적하였다.

> 국초엔 법제로 참하參下 문관文官을 통청通淸하는 권력을 낭묘廊廟에 두었는데, 한명회韓明澮의 용사用事 이래 대신들이 멋대로 했다가 청의淸議가 분격을 이기지 못해 들고 일어나자 하료下僚들에게 귀속시켰습니다. 그들은 자신

賤 而我國之制 以門地爲限 揀其萬分之一 則所採不廣 黨論之後 分爲三四 而用其一邊 則所占尤狹 就其一邊之中 度亦勢難遍及".
113 위와 같은 글.
114 『효종실록』 권20, 효종 9년 12월 1일 계해.

을 보거保擧했기에 권력이 아래로 옮겨가고 다투어 경쟁함이 습관이 되었습니다. 이로 말미암아 점점 붕당의 조짐을 아뢰게 되니, 이것이 바로 병을 얻게 된 근원이자 필연적인 이치입니다. …(중략)… 모두들 붕당의 틈이 김효원金孝元, 심의겸沈義謙의 싸움에서 일어난 줄은 알지만, 하급 관료들의 보거保擧에서 시작되었음은 알지 못합니다.[115]

위에서 홍여하는 붕당이 발생한 원인으로 한명회가 용사한 것에 대한 반발로, 하급 관료들에게 용사用事, 특히 보거保擧의 권한이 주어졌기 때문이라고 하고 있다. 하료에 보거의 권한이 주어짐으로써 결국 붕당이 생겼다는 것이다. 여기서 "하료에게 보거가 주어졌다"라는 것은 우리가 통상적으로 이야기하는 이조전랑의 자대제를 비롯해 통청권의 행사를 지적한 것으로 이해된다.[116] 낭관권으로 통칭될 수 있는 이 같은 정치운영에 대한 비판은 앞서 최명길도 지적한 바 있다. 최명길도 낭관권을 당론의 뿌리라 인식하며 이를 없애지 않으면 당론이 그치지 않을 것이며 조정이 편할 날이 없을 것이라고 하였다.[117]

이렇게 붕당의 화가 등장한 후 80~90년 동안 이어졌다고 하였다. 이 같은 붕당의 화는 권신의 화보다 강렬하여 제거하기 어렵다고 한다. "권신은 부귀에 탐닉하고 붕당은 자신들의 견해에 빠져 있으니, 부귀에 탐닉하는 자들은 하루아침에 모조리 제거할 수 있지만, 자신의 견해에 빠진 자들은

---

[115] 홍여하,『목재집』권3, 疏,「應求言教疏 己亥五月呈政院因國恤還出給」, "國初立制 參下文官 通淸之柄 悉關於廊廟 自韓明澮用事以來 大臣恣行己意 淸議不勝憤激 擧而屬之下僚 使自保擧 而權柄移于下 奔競成習 由是 漸啓朋黨之釁 則此乃受病之源 而必至之理也 …(중략)… 皆知朋黨之隙侻於金孝元沈義謙之相鬨 而不知其自下僚保擧而權興也".
[116] 17세기 전랑의 자대제와 통청권 운영 양상에 대해서는 김현정,「17~18세기 전랑제 운영과 1741년 전랑법 개정의 의미」,『조선시대사학보』101, 2022가 참고된다.
[117] 최명길에 대해서는, 이기남, 앞의 논문, 497쪽.

사람마다 갑자기 깨우치기 어렵"[118]기 때문이었다. 중국도 학술의 분열이 되어 "자신의 견해가 빠"진 것이 가정嘉靖과 융경隆慶 이후 100년을 경과했으나 조정의 화가 되지 않았는데, 이는 "중국 사대부들은 식견이 조금 높고 도량이 약간 넓어 '논의論議도 한 가지 일이고, 국사國事도 한 가지 일.'이라고 여겨 서로 간섭하지 않았기 때문"이었다. 반면 조선은 그렇지 않아, "의견에 따라 기치를 세우지만, 마음의 결정은 명리名利를 따르기에 속으로는 이동異同을 재고 겉으로는 응원을 보태기" 때문이었다. 이로 인해 경박한 무리는 용기를 뽐내며 먼저 기어오르고, 편협한 무리는 죽음을 각오하길 더욱 굳건히 하니 풍류가 넘쳐나는 가운데 서로 자랑하다가 오늘에 이르러서는 고질이 되고 당혹감에 젖어 멋대로 행동한다고 하였다. 군부君父의 안위와 종묘사직의 존망은 도외시한 행동이었다고 하였다.[119]

17세기 중반 상당수 논자가 붕당의 운영상 폐단 문제를 지적하였다. 다만, 붕당을 바라보는 인식에서는 차이를 보였다. 국왕이나 측근 세력들은 붕당 자체를 대단히 부정적으로 인식하였다. 인조는, 정인군자正人君子는 반드시 당黨이 있을 수 없으며, 주자가 지적한 인군위당설人君爲黨說은 실언이라고까지 비난하였다. 그리고 대부분 관료 역시 우리나라 붕당의 특수성을 지적하면서 붕당이 수반하는 폐단을 문제 삼아 긍정적으로 인식하지 않았다. 이런 인식을 바탕으로 조정론調停論이나 조제론調劑論을 제기하였다. 이들과는 달리 김상헌이나 송준길, 송시열 등 붕당을 긍정하며 이른바 군자소인론을 제시하였다.[120]

홍여하의 경우 붕당에 대해 부정적 인식을 보인다는 점에서 앞서 언급

---

118 홍여하, 『목재집』 권3, 疏, 「應求言教疏 己亥五月呈政院因國恤還出給」.
119 위와 같은 글.
120 17세기의 붕당론에 대해서는 정만조, 「조선시대 붕당론의 전개와 그 성격」, 『조선후기 당쟁의 종합적 검토』, 한국정신문화연구원, 1992, 128~141쪽.

한 조정론이나 조제론과 유사하다. 다만. 홍여하는 "피차가 모두 사류[彼此俱是士流]"라고 하여 조선의 붕당이 기본적으로 사류로 구성되었다는 점에서 이를 무조건 부정적으로 인식한 것은 아니었다. 즉 피차가 사류이므로 인정상 서로 멀리 떨어져 있지 않으며, 이들 가운데서도 "조금의 식견이 있는 자[稍有識見者]"와 "군주의 은혜에 감격해 보답을 생각하는 자[感恩思報者]"가 있을 수 있다고 하였다. 따라서 이 문제를 해결하기가 난망한 것은 아니었다.

홍여하는 붕당의 폐단을 극복하기 위한 방안을 제시하였다. 그것은 다름 아닌 군주의 명변明辨에 대한 강조이다. 즉 피차 사류로 구성된 붕당에서도 식견이 있거나 나라에 보답하려는 자가 있지만, 이들이 류속流俗에 빠져 스스로 빠져나오지를 못한다고 하였다. 이들은 군주의 명변明辨 여하에 따라 충분히 구제될 수 있었다. 군주의 분변이 밝은지 어두운지에 달려 있다고 하였다. 아울러 건국 초기 법을 모방하여 "여러 신하 중 공충직량公忠直諒으로 이름난 자들을 가려서 바로잡는 임무를 맡"기고 군주는 이들의 발탁을 공정하게 인도하여 보살피면 해소될 수 있는 것이라고 하였다. 붕당이 피차 사류라는 점을 인정한다는 점에서는 붕당을 긍정하는 것이라고 할 수 있으나, 궁극적으로는 군주 명변을 강조하면서 파붕당으로 나아가는 길을 구상한 것으로 판단된다.

이렇게 군주의 명변을 강조하는 견해는, 이어 『서경』에서 제시한 탕평에 대한 지적으로 이어졌다. 주지하듯이 탕평의 이론적 원류는 『서경』의 홍범편洪範篇으로, 홍여하는 홍범편의 황극조에서 제시한 "무릇 서민庶民이 음붕淫朋이 없고 지위에 있는 사람들이 아비阿比함이 없음은 임금이 극極이 되기 때문이다"라는 구절과 "편벽됨이 없고 편당함이 없으면 왕도王道가 탕탕蕩蕩하며, 편당함이 없고 편벽됨이 없으면 왕도가 평평平平하며, 상도常道에 위배됨이 없고 기욺이 없으면 왕도가 정직正直할 것이니, 그 극極에 모여 그 극極에 돌아올 것이다."라는 구절을 인용하였다. 그리고는 이어서 군주가 극極을 세우면 저절로 편벽됨과 편당되는 풍습이 이루어질 것이라고 하였다. 군주의 건극을 지적한 것이다. 군주의 건극을 통해, "신하들을 권면해 함께 힘쓰도록 하고, 구습을 말끔히 씻는다면, 공도公道가 시행되고 인재들을 얻을 수 있을 것"이며, "기강은 이로 말미암아 진작되고 언로言路가 이로부터 열리게 될 것"이라고 하였다.[121]

4. 맺음말

이상에서 17세기 중반 정치에 참여했던 홍여하의 활동과 정치론을 추적하였다. 홍여하를 포함한 부림홍씨는 홍호 때에 정경세의 문하로 들어가며 퇴계학파에 편입되었고 이를 계기로 서애학맥, 여헌학맥이나 한강학맥, 그리고 17세기 후반에는 갈암학맥과도 연결되는 모습이 확인된다. 홍여하가 정치에 진출하던 시기 남인은 홍우원의 상소로 인한 파장으로 여건이 좋지는 않았다. 관직 진출 후 사관을 거치는 과정에서 사천史薦을 둘러싼 논란에 휩싸였다. 그는 이후 여러 관직을 역임하는 가운데 1659년 구언응지소를 통해서 서인계의 대표적인 인물인 이후원과 송시열 등을 비난한 것이 문제가 되어 체직되었으나, 이를 통해서 남인 내 정치적 위상을 높였다.

홍여하는 당대 정치 운영과 관련한 몇 편의 논설을 제출한 바 있다. 이를 통해서 확인되는 정치운영론은 군주의 성학론과 형상권刑賞權의 운용을 비롯해 신료 집단에 대해서는 기강 진작과 대신예우론, 붕당의 경계와 탕평 등을 제시하였다. 조선시대 성리학은 성학론의 전개라고 할 정도로 많은 논자들이 성학론을 제기하였다. 홍여하의 경우도 격물치지와 거경 등

---

[121] 홍여하, 『목재집』 권3, 疏, 「應求言敎疏 己亥五月呈政院因國恤還出給」.

을 제시하며 성학론을 제기하였는데, 여기에 더하여 홍범편의 삼덕三德 문제를 지적하면서 군주의 형상권刑賞權 운용을 제기한 점이 주목된다. 정치에서 군주의 권강 총람이 중요하며, 이를 위해서 기강 진작을 거론하였다. 그리고 기강 진작을 위해서는 대신을 예우하는 것이 필요하다고 하였는데, 대신에 대한 예우가 부족하다는 점을 녹봉이 제대로 지급되지 않고 있는 문제에서 찾고 있는 점이 주목된다. 이는 청탁이나 뇌물에 휘둘리지 않고 안정적으로 직무를 수행하는 데 필요한 조건이었다. 홍여하는 당론黨論 혹은 붕당지화朋黨之禍라는 표현을 통해서 당시 붕당 폐단을 지적하였다. 다만 붕당 피차가 사류로 구성되었다는 점에서는 부정적 인식이라고 할 수만은 없으나, 군주의 명변을 강조하고 탕평을 제기하고 있는 점에서 본다면 결국은 파붕당을 구상한 것이라 판단된다.

이상 홍여하가 제시한 정치론은 방향성에서 그가 속한 영남남인의 정치적 지향점과 맥락을 같이한다. 군주에게 성학론을 강조하거나, 대신권大臣權을 강조한 점, 붕당에 대한 부정적 인식 등이 그러하다.[122] 다만, 각론에서 형상권刑賞權 운용을 강조하거나, 대신권의 강조를 주장하기 위해 녹봉의 중요성 등을 제기한 점은 차이가 있다. 다만, 이 같은 주장이 영남남인 내에서 어떤 위치로 규정지을 수 있을지는 좀 더 검토가 필요해 보인다. 물론 지금까지 다수 인물이 제시한 정치론에 대해서 검토되었다. 그러나 개별 인물 위주로 연구가 진행되다 보니 각각의 논의가 갖는 위치를 점검하는 데는 한계가 있다. 글을 맺으면서, 성학론, 붕당론 등과 같이 주제별 연구가 심층적으로 이루어지기를 기대해 본다.

---

122 영남남인의 정치론에 대해서는 우인수, 「영남 남인의 정치 사상」, 『조선후기 영남 남인 연구』, 경인문화사, 2015를 참고하였다.

| 참고문헌 |

『연산군일기』, 『선조수정실록』, 『효종실록』, 『현종실록』, 『승정원일기』
『元史』(http://hanchi.ihp.sinica.edu.tw)
『葛庵集』, 『木齋集』, 『栢巖集』, 『樊巖集』, 『宋子大全』, 『龍洲遺稿』, 『愚伏集』, 『霽月堂集』, 『存養齋集』,
『拙齋集』, 『遲川集』, 『台溪集』, 『浦渚集』, 『鶴湖集』
『翰薦錄』(국립중앙박물관 古朝57), 『부림홍씨세보』(2004)

김영옥·전재동 역, 『목재집』, 동방출판사, 2013~2015.
류쩌화 저, 장현근 옮김, 『중국정치사상사』 3, 글항아리, 2019.
정호훈, 『조선후기 정치사상 연구』, 혜안, 2004.

권연웅·설석규, 「16세기 퇴계학파의 군주성학론」, 『대구사학』 67, 2002.
김선영, 「17세기 예문관의 翰薦制 운영」, 『한국 역사상 관료제 운영시스템에 관한 연구』, 국민대 출판부, 2010.
김영택, 「목재 홍여하의 역사의식과 문학관 연구」, 안동대학교 한문학과 석사학위논문, 2005.
김준석, 「송시열의 세도재상론과 부세제도이정책」, 『조선후기정치사상사연구』, 지식산업사, 2003.
김학수, 「17세기 영남학파 연구」, 한국학중앙연구원 한국학대학원 박사학위논문, 2007.
_____, 「한려학맥의 전승」, 『조선후기 낙중학의 전개와 한려학파』, 계명대출판부, 2018.
김현정, 「17~18세기 전랑제 운영과 1741년 전랑법 개정의 의미」, 『조선시대사학보』 101, 2022.
김형수, 「17세기 초 안동지역 사회의 재편과 서애학단의 활동」, 『영남학』 31, 2016.
설석규, 「현종 7년 영남유림의 議禮疏 捧入 顚末」, 『사학연구』 50, 1995.
우인수, 「목재 홍여하의 현실인식과 대응」, 『한국사상사학』 43, 2013(『조선후기 영남 남인 연구』, 경인문화사, 2015에 재수록).
이근호, 「채제공 가계에 대한 검토」, 『성호학보』 2, 2006.
_____, 「『溪巖日錄』을 통해 본 金坽의 정치 활동과 정세 인식」, 『역사와 실학』 54, 2014.
_____, 「인조 말~숙종 초 洪宇遠의 정치 활동」, 『韓國史學報』 67, 2017.
_____, 「석전 광주이씨 가문과 근기 남인의 제휴」, 『조선후기 낙중학의 전개와 한려학파』, 계명대출판부, 2018.
이기남, 「최명길의 정치활동과 권력구조 개편론」, 『택와허선도선생정년기념 한국사학논총』, 일조각, 1992.
이민정, 「朴世采의 '皇極' 인식과 君主像」, 『韓國史論』 57, 2011.
이인복, 「홍호(1586~1646)의 생애와 현실대응」, 『국학연구』 47, 2022.
이재철, 「지천 최명길의 경세관과 관제변통론」, 『조선사연구』 1, 1992.
임성수, 「조선후기 녹봉제 연구」, 『동방학지』 169, 2015.

정만조, 「조선시대 붕당론의 전개와 그 성격」, 『조선후기 당쟁의 종합적 검토』, 한국정신문화연구원, 1992.

정명수, 「기해예송과 1666년 영남 남인의 상소 - 류원지, 홍여하, 유세철, 이현일의 상소문을 중심으로」, 『퇴계학논집』 21, 2017.

홍여하의
현실인식과 대응*

우인수
경북대학교 역사교육과 명예교수

1. 머리말

목재 홍여하[1620(광해군 12)~1674(숙종 즉위)]는 영남 남인 출신의 관료이자 학자였다. 본관은 부계缶溪로 성종대의 명신인 귀달貴達의 5대손이다. 고조는 생원 언국彦國이고, 증조는 경삼景參, 조는 무관인 덕록德祿이다. 아버지 호鎬는 문과에 급제하여 벼슬이 대사간에 이른 강직한 인물이었다. 어머니는 고경명高敬命의 손녀로 고종후高從厚의 딸이다. 그의 선대는 군위에 거주하였으나 5대조 귀달대에 상주 율곡리[1]로 이거한 후 그의 가문은 이곳을 세거지로 삼았다.

그는 서애 류성룡을 퇴계 문하의 정맥으로 간주하였으며,[2] '애우지문厓愚之門'이라는 표현으로 우복 정경세鄭經世를 류성룡의 학문적 적전이라는

---

* 이 글은 『한국사상사학』 43(한국사상사학회, 2013)에 같은 제목으로 수록된 논문을 전재한 것이다.
1 근대 이후 몇 차례의 행정구역 개편으로 인해 현재는 문경시 영순면에 속한다.
2 홍여하, 『木齋集』 권6, 西厓先生贊.

인식을 가지고 있었다.³ 그리하여 퇴계 이황 - 서애 류성룡 - 우복 정경세로 이어지는 뚜렷한 학맥의 줄기 속에 자신을 위치 지웠다. 자신의 아버지 호가 정경세를 스승으로 삼았고, 자신도 어렸을 때 정경세로부터 칭찬을 들은 바 있다는 인연을 내세웠다. 특히 정경세 집안과는 대를 이어 학문적 인연이 이어진 점을 강조하였는데, 정경세의 아들 심杺이 홍호에게 공부를 배운 사실을 상기시켰다. 홍여하는 위와 같은 두 집안의 인연으로 인해 비슷한 연배였던 심의 아들인 도응道應과 어렸을 때부터 각별한 도의를 나누면서 성장하였음을 술회한 바 있다.⁴

한편 그는 학봉 김성일金誠一 계열과도 일정한 인연을 가지고 있었다. 그는 김성일의 증손서이기도 하였다.⁵ 그리고 학봉의 학통을 이은 것으로 간주되던 경당 장흥효張興孝의 묘지명을 쓴 바 있었으며, 장흥효의 외손인 존재 이휘일李徽逸과 교유한 인연으로 그의 묘지명을 쓰기도 하였다. 이로써 훗날 갈암 이현일李玄逸로부터는 영남 사류들의 영수라는 인정을 받기도 하였다.⁶ 결국 홍여하는 서애 - 우복으로 이어지는 학문적 분위기 속에서 성장하였으되, 학봉 계열을 잇는 학자들과도 일정한 인연을 가지고 활발히 교유하던 인물로서 한 때 영남 사류를 대표하는 중심적 위치에 있던 인물이었다.

그는 1654년(효종 5) 35세 때 진사에 급제하고 연이어 그 해 식년문과에

---

3 『목재집』 권5, 送李士徵令公序.
4 『목재집』 권7, 祭鄭鳳輝文. 그 외 류성룡의 아들인 수암 류진과도 어렸을 때 일정한 인연을 가지고 있었고, 류성룡의 생질로 용궁에 거주하던 이찬·이환 형제에게 어렸을 때 공부를 배운 바 있었다.(『목재집』 권7, 湖憂李公墓誌)
5 평소 퇴계와 서애의 친필 글씨는 구하여 가지고 있었는데, 학봉의 친필 글씨는 가지고 있지 못하여 못내 아쉬워하던 중 처가인 금계에 갔을 때 학봉이 소장하였던 주자대전을 보다가 그 속에서 학봉이 시 한 구절을 쓴 종이를 우연히 발견하여 결국 소장하게 된 기쁨을 기록으로 남긴 바도 있다.(『목재집』 권6, 題鶴峰先生筆蹟後)
6 『숙종실록』 권21, 숙종 15년 10월 5일 무진.

급제하였다. 예문관과 사간원의 청직을 역임하면서 엘리트 관료로의 길을 걸었다. 하지만 당파 간의 견제와 갈등으로 인해 그의 관직생활은 순탄하지 않았다. 약 5년 동안의 출사기에 두 번의 응지상소를 올렸는데, 상대 당인 서인으로부터 강한 반발을 받아 유배되는 것으로 귀결되었다. 1660년(현종 1) 41세에 곧 풀려나기는 했으나 서인이 집권하는 동안 다시는 벼슬길에 나가지 못하였다. 향촌에 은거한지 15년후 2차 예송으로 인해 서인이 실각하고 남인이 집권하게 된 1674년(숙종 즉위년) 다시 등용되어 사간에 임명되었으나 미처 부임하지 못하고 55세를 일기로 사망하였다.

학계에서는 홍여하에 대해 일찍 관심을 가졌다. 그가 저술한 역사서인 『휘찬여사彙纂麗史』와 『동사제강東史提綱』은 17세기 남인의 역사 인식을 보여주는 주요한 사서로 인정되어 많은 연구의 대상이 되었다.[7] 그리고 그가 짧은 관직생활과 긴 칩거생활 속에서 다듬고 구상한 경세론도 주목받은 바 있다.[8]

그는 영남 남인의 젊은 관료로서 서인 비판에 있어 깊은 인상을 남기면서 강한 존재감을 드러낸 바 있었지만 이에 대해서는 구체적으로 조망된 적은 없다. 이에 이 글에서는 서인과 남인이 대립한 당쟁 속에서 그가 보인 남인으로서의 현실에 대응한 모습에 대해 살펴보고자 한다. 서인이 주도하는 정국 운영에 대한 남인으로서의 인식과 대응, 서인 예론에 대한 인식과 대응, 그리고 부세제도 개혁론을 차례로 살펴 그의 현실대응인식과 자

---

[7] 한영우, 「17세기 중엽 영남남인의 역사서술 - 홍여하의 휘찬여사와 동국통감제강 - 」, 『변태섭화갑기념사학논총』, 1985(한영우, 『조선후기 사학사연구』, 일지사, 1989 재수록); 김선화, 「홍여하의 역사인식」, 한양대 석사학위논문, 1987; 장윤석, 「17세기 영남 남인 오운과 홍여하의 역사인식」, 경북대 석사학위논문, 2007; S. O, Kurbanov, 「『목재가숙휘찬여사』의 유학전」, 『규장각』 32, 2008.

[8] 신항수, 「17세기 후반 영남 남인학파의 경세론」, 고려대 석사학위논문, 1993; 신항수, 「17세기 중반 홍여하의 전제인식」, 『한국사상사학』 8, 1997; 우인수, 「조선후기 남인의 정치사상」, 『한국유학사상사대계』 4(정치사상편), 한국국학진흥원, 2007.

세를 드러내고자 한다.

2. 집권 서인 비판

홍여하는 영남 지역 남인의 집안에서 태어나서 남인으로 살았던 인물이다. 북인은 이미 인조반정으로 그 설 자리를 잃어버린 상태였기 때문에 그가 활동할 당시의 주된 상대당은 서인이었다. 서인에 대한 그의 대응을 직접적으로 보여준 시기는 관직생활 기간이었다. 그는 35세에 문과에 급제하여 이듬해 관계에 발을 디딘 후 40세에 유배에 처해지기 전까지 약 5년간 관직생활을 하였다. 이 시기는 효종 5년에서 효종 10년에 해당하는 시기였다.

효종은 인조의 둘째 아들로서 왕위에 오른 인물이었다. 인조의 왕위계승권자였던 첫째 아들 소현세자가 급서한 후 세자로 책봉되어 왕위에 올랐던 것이다. 소현세자가 사망할 당시 아들을 세 명이나 두고 있었기 때문에 정상적인 왕위계승원칙이 적용되었다면 효종이 세자로 책봉되기 어려웠다. 그러나 인조는 '나라에 장성한 군주가 있는 것이 복'이라는 명분을 내세워 둘째 아들인 봉림대군을 세자로 책봉하였던 것이다.[9]

효종은 즉위한 이후 북벌을 정책의 제일 목표로 내걸고 추진하였다.[10] 그가 북벌을 내세운 근저에는 병자호란으로 당한 국가적 치욕, 청의 볼모생활에서 비롯된 반감, 그리고 비정상적 왕위계승에 따른 부담감 등이 작용하고 있었다고 본다. 정상적인 왕위계승원칙이 적용된 승계가 아닌 점

---

9 『인조실록』 권46, 인조 23년 윤6월 2일 임오. 이러한 왕위계승원칙에 어긋난 효종의 등극은 훗날 그의 사후 정국에 일대 파란을 일으키는 원인을 제공하게 되었다.
10 우인수, 「조선 효종대 북벌정책과 산림」, 『역사교육논집』 15, 1990.

이 제약으로 작용하였기 때문에 인조대 국정운영의 틀과 원칙을 시대 상황에 맞게 탄력적으로 변용하기도 어려웠다. 오히려 인조대를 교조적으로 계승하는 모습을 보여줄 가능성이 컸다. 이것이 북벌로 나타난 것이다.

효종대 정국을 주도하던 붕당은 인조대에 이어 서인이었다. 반정을 주도한 서인이 정권을 장악한 이래 인조대 내내 주도 붕당이 바뀔만한 여지는 없었다. 그 인조정권을 이어받은 것이 효종이었다. 중앙 정계에서 남인은 겨우 명맥을 유지하고 있는 상태였으며, 남인의 정권 장악 가능성은 점점 줄어들고 있었다. 이런 상태가 좀 더 지속되면 붕당으로서의 존재 의미까지 희미해지게 될 것이고, 곧 역사의 뒤안길로 사라질 지도 모를 위기감마저 도는 상황이었다고 해도 과언이 아니었다.

홍여하는 남인의 위기 상황에서 관직생활을 시작하였다. 1654년(효종 5) 35세 때 문과에 급제한 그는 36세에 예문관에서 관직생활의 첫발을 디뎠다. 예문관은 나라의 문한을 담당하는 관서로서 젊고 유능한 문과출신자들이 임명되던 곳이었다. 이 관서의 정 9품 검열, 정 8품 대교, 정 7품 봉교를 차례로 역임하면서 춘추관 기사관 즉 사관도 겸하였다. 출발은 청직으로 순조롭게 시작한 셈이었다.

이후 약 5년간에 걸친 짧은 관료생활에서 홍여하는 두 차례에 걸쳐 응지상소應旨上疏를 올렸다. 앞의 것은 조금 경미하여 좌천에 그쳤지만, 뒤의 것은 유배로 귀착되었다. 그가 남인의 촉망받는 중앙 관료로서 상대당인 서인이 핵심 실세를 공척한 것은 응지상소를 이용한 것이었다고 하더라도 대단히 위험한 행위였다. 그만큼 자신의 한 몸을 내던질 각오와 남다른 용기가 필요한 것이었다.

1656년(효종 7) 사간원의 정 6품 정언으로 재직시에 시사時事를 논하는 응지상소를 처음으로 올렸다.[11] 이 상소는 대신들에게 분노를 거칠게 드러낸 효종의 성정을 지적하면서 마음 수양하기를 곡진하게 아뢴 것이었다.[12] 효종이 영돈녕부사 김육이 올린 차자로 인해 대신들을 인견한 자리에서 차마 군주로서 입에 담아서는 안 될 말들을 마구 내뱉은 적이 있었다.[13] 효종이 북벌을 위한 목적으로 추진한 일련의 정책들로 인해 곳곳에서 물의가 일어나고 있던 차에 마침 천재지변과 사고들이 겹쳐 일어나게 되었다. 이에 김육이 재해에 대한 경계의 상소를 올려 효종이 의욕적으로 추진한 각종 정책의 잘못을 지적하면서 그 시정을 촉구한 것이었다. 효종은 자신의 정책들이 뜻대로 잘 수행이 되지 않던 차에 엎친 데 덮친 격으로 재해까지 일어났고, 이를 기화로 자신이 추진한 정책에 대한 반발이 들어오자 몹시 기분이 불편하였던 것이다. 그래서 김육의 상소에 대해서도 평상심으로 대하지 않았고, 이를 거론하는 대신들과의 인견 자리에서도 "오늘날에는 임금 노릇하기도 어렵다."라고 한다든지, "나의 행동 모두가 사람들에게서 비난을 당하니 이 뒤로 어떻게 감히 다시 대궐문 밖에 한 걸음이라도 나가겠는가."라고 하면서 쌓인 불만을 직설적으로 토해내었던 것이다.[14]

홍여하는 사간원 정언으로 있으면서 바로 위와 같은 부적절한 언행을 한 효종의 마음 수양을 청한 것이었다. 효종에 대해서 불손한 언사가 있었던 것도 아니고, 서인을 공척하는 내용도 아니었다. 따라서 효종도 진언한 정성을 가상하게 생각한다는 정도의 상투적인 비답을 내렸으며, 서인도 이에 대해 직접적인 반응을 보이지는 않았다. 하지만 직언을 한 홍여하는 서인 당국자의 견제를 받아 외직인 함경도 고산찰방으로 좌천되었다.[15] 그를 시종신으로 그대로 두었다가는 자신들에게 거추장스러운 존재가 될 것을 우려한 때문이었다.[16]

---

11 『효종실록』 권17, 효종 7년 12월 4일 정축.
12 『효종실록』 권17, 효종 7년 12월 4일 정축.
13 『효종실록』 권17, 효종 7년 9월 15일 경신.
14 『효종실록』 권17, 효종 7년 9월 24일 기사.
15 『승정원일기』 144책, 효종 8년 2월 13일 병술.

1658년(효종 9) 39세 때는 함경도 경성판관에 임명되어 다시 관직에 나아갔다. 재직 중이던 이듬해 1659년(효종 10) 4월 효종의 구언求言에 응하는 상소를 올렸다. 응지상소가 절차를 밟아 서울에 도착하였을 때는 이미 효종이 위독한 상태였기 때문에 전달되지 못하였다. 상소는 얼마 뒤 새로 즉위한 현종에게 전달되었다.[17] 이 상소는 조정에 엄청난 파란을 일으켰다.

장문의 상소에서 홍여하는 크게 네 가지 점을 시급히 해결해야 할 폐단으로 들었다.[18] 변방문제 해결이나 정책 수립과 관련한 기강의 해이, 상과 벌이 바르게 행해지지 않는 것, 정직한 언로가 막힌 것, 시비가 명확하게 분별되지 않는 것 등을 지적하였다. 그리고 이 폐단들의 원활한 해결을 위한 방안으로 현명한 인재의 등용과 공도의 회복 두 가지를 제시하였다. 현실 문제에 관심을 가진 인물이라면 누구나 수긍할 수 있는 요목들이라고 할 수 있다.

그런데 문제가 된 것은 시비의 분별을 주장하는 대목에서는 우의정 이후원의 실명을 거론하면서 오국誤國의 책임을 추궁하였을 뿐 아니라, 인재 등용을 주장하는 대목에서는 세자시강원 자의諮議 임명을 예로 들면서 그 부당성을 지적함으로써 이조판서 송시열을 겨냥한 직격탄을 날렸기 때문이다. 이후원과 송시열은 모두 사계 김장생의 문인으로 서인의 핵심 인물이었다. 이후원은 인조반정의 3등 공신으로 지방관을 몇 차례 역임하다가 문과에 급제한 이후 중앙의 요직을 두루 거쳐 효종 8년에는 우의정에 오른 인물이었다.[19] 정계에서 사계학파의 든든한 버팀목 역할을 하고 있

---

16 『木齋集』12, 附錄, 碣銘(權愈 撰), 국립중앙도서관 소장본.
17 『현종실록』 권1, 현종 즉위년 6월 2일 신묘.
18 『목재집』 3, 應求言敎疏.
19 서인 사신은 이후원을 평가하기를 "당시 부귀에 탐닉하지 않은 勳臣과 貴戚이 드물었건만 후원만은 청렴하고 절약하는 생활을 고수하면서 끝까지 아름다운 이름을 잃지 않았으며, 故事를 익히 알고 사리를 분명하게 따지는 점에 있어서는 조정의 신하들 가운데 비견할

었다. 송시열은 김장생의 적통을 이은 산림으로서 서인의 정신적인 지주라고 할 수 있던 인물이었다. 당시 효종으로부터 북벌을 포함한 모든 국정을 위임받은 상태로 이조판서를 맡고 있었다. 산림으로서의 위상에다가 효종의 전폭적인 신임까지 더해짐으로써 최고의 전성기를 구가하고 있던 터였다.

홍여하는 상소문에서 이후원을 '까다롭고 고집이 세어 남의 말을 듣지 않고 자기 뜻대로 하는 편벽되고 음흉한' 인물로 지목하였으며, 우뚝한 산이 연해 있는 모양을 가리키는 '즉력岉岏'이란 두 글자를 통해 이후원, 송시열, 송준길 등 사계학파 여러 인사들의 편당 짓기를 공척하였다. 자의 벼슬은 산림만이 추천되고 임명될 수 있도록 세자시강원에 찬선贊善, 진선進善과 함께 새로 만들어진 산림직이었다.[20] 이 산림직은 시험절차를 거치지 않고 천거에 의해 임명되기 때문에 부정이 개입될 위험성은 항시 존재하는 것이었다. 홍여하는 실제 함량 미달로 판단되는 인사가 천거되었다고 보았기 때문에 그 부당성을 지적한 것이었는데, 대개 송기후와 이상을 겨냥하고 있었다.[21] 서인의 입장에서 볼 때 송기후의 경우는 송시열의

만한 자가 흔치 않았다."라고 하였다.『현종개수실록』2, 1년 2월 4일 기축. 이후원의 정치 운영과 활동에 대해서는 다음 논고들을 참고하라. 정호훈,「16・7세기『경민편』간행의 추이와 그 성격」,『한국사상사학』26, 2006; 지두환,「우재 이후원의 생애와 정치활동」,『한국학논총』30, 2008.
20 산림과 산림직에 대해서는 다음의 저서를 참고하라. 우인수,『조선후기 산림세력 연구』, 일조각, 1999.
21 사신은 홍여하의 지적에 전적으로 공감하면서 다음과 같은 구체적인 사신평을 하였다. "非常한 직책은 반드시 비상한 사람에게 맡기기 위해 설치한 것이다. 그런데 송시열이 전조를 맡았을 때 賢愚를 묻지도 않고 오직 자기의 당류만 존중하고 키웠는데, 욕심 많고 야비하고 의리 없는 宋基厚・李翔 같은 무리들을 함부로 諮議에 추천하고 금방 대각에다 올려놓았으니, 못난 망아지에게 비단옷을 입힌 것으로도 그가 저지른 참람한 짓을 비유할 수 없다. 홍여하가 상소 내용에다 언급했던 것이 지나친 일이 아니었는데, 그는 뉘우치거나 깨닫는 빛이 없이, 물어 아뢰라고 한 이날을 당하여 도리어 공론에 죄를 얻어 선왕의 밝으신 식감을 상하였다는 말로 마치 자기가 자기 탓을 하는 양하였으나, 사실은 분하고

종질로서 처음 윤휴의 문하에 들어갔다가 나중에 빠져나온 것으로 인해 미움을 산 것으로 간주되었고,[22] 이상은 송시열의 제자로서 자질을 문제 삼은 것으로 인식되었다.[23]

홍여하는 서인의 실세인 이후원에 대해서는 나라를 망친 죄로 공격하였고, 송시열에 대해서는 전형銓衡을 맡아 인재를 잘못 등용한 것으로 논박하였다. 이는 상대당의 상징적 인물에 대해 비록 사안은 달랐지만 한 발 앞서서 공척한 의미가 있었다. 곧 이어 일어난 예송에서 남인인 윤휴, 허목, 윤선도 등은 송시열로 대표되는 서인의 복제 예론에 대한 대대적인 비판의 공세를 이어가게 되었다. 이 때문에 홍여하는 송시열 공격의 포문을 연 인물로 자리매김 되었다.[24]

마침내 홍여하는 충청도 황간黃澗의 신풍역新豊驛에 유배되었다.[25] 응지상소로 인해 처벌을 받은 것이 아니라 상관인 북병사 권우權堣의 장계로 인해 처벌을 받은 것이었다. 권우는 홍여하가 술주정한 실상을 낱낱이 열거하여 조정에 알렸던 것이다. 이러한 권우의 행위에 대해 남인 사신은 송시열 일파의 입김이 작용한 결과로 파악하였고,[26] 서인 사신은 서인과의 관련성을 부인하는 상반된 입장을 피력한 바 있다.[27] 얼마 뒤 유배에서 풀렸지만 그는 벼슬을 단념하고 고향에 돌아가 칩거하게 되었다. 이후 그는

화가 나서 한 말인 것이다."(『현종실록』 권1, 현종 즉위년 11월 4일 신유)
22 송시열, 『송자대전』 권50, 서, 이계주에게 보냄 "從姪 基厚가 일찍이 잘못 윤휴의 문하에 들어갔었는데 그때 일번인이 현명하다고 극력 칭찬하였네. 그러나 이 종질이 잘못을 깨닫고 진로를 바꾸자 도리어 일번인에게 미움을 사서 홍여하의 상소에 언급되기에 이르렀네."
23 『현종개수실록』 권1, 현종 즉위년 7월 12일 신미.
24 『승정원일기』 552책, 경종 3년 3월 25일 갑진, 곽진위 상소, "噫 當己亥大喪之初 汝河首進排軋之疏 而向來陰懷不平之徒 所以爲計者 靡不用極 而俄而 議禮之訟 作矣."
25 『현종실록』 권2, 현종 1년 1월 28일 갑신.
26 위와 같음.
27 『현종개수실록』 권2, 현종 1년 1월 28일 갑신.

더 이상 살아서 관직에 오를 수 없었다.

서인의 입장에서 볼 때 홍여하는 선정인 송시열을 모함한 인물이었지만 남인 입장에서는 송시열 공격의 포문을 연 지사로 인식되었다. 그는 송시열을 논박하다가 서인으로부터 정치적 핍박을 받은 희생자로 간주되면서 남인 내부에서 그의 위상은 높아져갔다. 결국 홍여하는 남들이 자신에게 기대한 바대로 스스로를 서인 공격수로 자임하면서 그것을 실천한 인물이었다고 하겠다.

3. 복제예론에 대한 대응

홍여하가 응지상소로 인해 서인으로부터 강력한 반발을 받던 중 상관인 북병사 권우로부터 고발을 당하였다. 다소 억울함이야 있었겠지만 어쨌든 국왕의 명령에 의해 유배에 처해졌으며, 또 이듬해에 해배되었다고 하더라도 근신하는 것이 신하의 도리였다. 따라서 이즈음 중앙정계에서는 소위 예송禮訟으로 인해 서인과 남인이 격돌하고 있었으나, 그는 바로 개입할 처지가 아니었다.

주지하듯이 예송은 효종이 사거한 뒤 계모인 조대비가 죽은 아들을 위해 어떤 상복을 입어야 하는가를 두고 일어났다.[28] 장성한 첫째 아들이 죽고 난 후 둘째 아들이 왕위에 올라 재임하다가 사망하였을 때, 살아있는 그 어머니가 아들을 위해 입어야 하는 상복이었다. 이 경우의 상복이 예서에 규정되어 있지 않은 것은 물론이거니와 지금까지 중국이나 우리나라의

---

[28] 황원구, 「기해복제논안 시말」, 『연세논총』 2, 1963; 지두환, 「조선후기 예송연구」, 『부대사학』 11, 1987; 정옥자, 「17세기 사상계의 재편과 예론」, 『한국문화』 10, 1989; 이영춘, 「제일차 예송과 윤선도의 예론」, 『청계사학』 6, 1989.

역사에서 동일한 사례가 없었다. 따라서 처음 발생한 새로운 사례에 접한 예학자들은 가장 합당한 복제 기준에 의거한 상복을 제시하여야 하였다.

의례에 대한 해석을 두고 견해의 차이가 나타났다. 문제의 초점은 두 가지였다. 하나는 효종을 차자로 인정하는 것과 차장자로 인정하는 것의 차이였다. 다른 하나는 『의례주소儀禮注疏』에 나오는 예문의 해석 문제인데, 부모가 장자를 위해 3년복을 입을 수 없는 네 가지 단서 조항[29] 중의 하나인 소위 '체이부정體而不正'에 해당되는 '서자庶子'를 중자衆子로 이해하는 것과 첩자妾子로 이해하는 것의 차이였다.[30]

송시열을 위시한 서인들은 효종을 차자로 간주하였으며 근거한 예문에 나오는 서자는 중자를 가리킨다는 입장에서 기년복을 주장하였다. 이에 대해 허목을 위시한 남인들은 효종을 장자로 인정하여 삼년복을 주장하는 가운데 예문상의 서자는 첩자를 가리키는 것으로 보았기 때문에 효종의 경우에 쓸 수 있는 예문이 아니라고 주장하였다.

서인과 남인 학자들이 격돌하는 가운데 조정에서는 결정을 쉽게 내리지 못하였다. 그리하여 대신들은 두 쪽의 견해를 모두 따르지 않고 『경국대전』의 규정에 따라 기년복으로 결정하였다.[31] 『경국대전』의 규정에 따르면 어머니는 장자와 차자의 구별없이 아들의 상에 기년복을 입는 것으로 되어 있었다.[32] 조정의 결정 논거에도 불구하고 결과적으로는 기년복으로 되었기 때문에 많은 사람들의 머릿속에는 서인 학자의 주장이 받아들여진 것으로 인식되고 있었다.

---

29 『儀禮注疏』11, 喪服. "父爲長子 傳曰 何以三年也[……雖承重 不得三年有四種 一則正體不得傳重 謂嫡子有廢疾 不堪主宗廟也 二則傳重非正體 庶孫爲後是也 三則體而不正 立庶子爲後是也 四則正而不體 立嫡孫爲後是也……]."
30 『현종실록』권2, 현종 1년 3월 16일 신미, 허목의 상소. 4월 16일 경자, 송시열의 주장.
31 『현종실록』권1, 현종 즉위년 5월 5일 을축. 『같은 책』2, 1년 5월 3일 정사.
32 『경국대전』권3, 「예전」, 五服.

이런 가운데 시간이 흘러 조대비의 복상 기간이 끝나버리자 이 문제는 더 이상 논란의 수면 위로 떠오르기 어려웠다. 하지만 실제 복상 기간은 끝났다고 하더라도 예법상의 모든 문제가 말끔하게 해결된 것은 아니었다. 장자로 인정할 것인가 차자로 인정할 것인가는 여전히 해결을 보지 못한 채 잠복되어 있었던 것이다. 현종도 자신의 아버지인 효종이 차자로 인정되었다고는 생각하지 않고 있었다.

한편 영남 유림에서는 이 복제 문제를 공식적으로 거론하려는 움직임이 있었다. 현종 7년 류세철을 소두로 하여 1,000여 명이 연명하고 400여 명이 직접 상경하여 올린 의례소議禮疏가 그것이다.[33] 이 상소로 인해 소두 류세철이 부황付黃되고, 6명이 삭적削籍되는 처분을 받았으며, 기해예론을 뒤집지도 못하였다. 그러나 국왕인 현종에게 남인예론의 차별성과 비교 우위를 환기시키는 데는 성공한 것으로 평가되었다.

이 영남 유림의 복제 상소 움직임에 홍여하는 표면에 나서지는 않았지만 막후에서 지원하는 역할을 수행하였다. 먼저 그는 복제 상소의 시기적 적절성에 대해서 분명한 입장을 표명하면서 상소의 타당성을 천명하였다. 복상 기간도 이미 끝나버린 상태였기 때문에 뒤 늦게 다시 이 문제를 거론하는 것 자체가 과연 적절한 일인가에 대해 확신을 가지지 못한 사람들이 있었기 때문이다. 홍여하는 이 복제론은 지금에라도 얼마든지 제기할 수 있고 또 반드시 제기해야 되는 시의성 있는 문제임을 상기시키면서 상소 추진을 확정짓는 데 일익을 담당하였다.[34] 그는 의례상소의 적시성과

---

33 의례소의 작성과 봉입 과정에 대해서는 다음의 논고를 참고하라. 설석규, 「현종 7년 영남 유림의 의례소 봉입 전말」, 『사학연구』 50, 1995.

34 『木齋集』12, 附錄, 碣銘,(權愈 撰), "後八年 嶺中多士 欲上疏論之 或曰 久矣無及也 公曰 宗統壞亂 久而後言之 猶可以開後來之惑 何論早晚 議遂決 請公製疏 旣屬草 見者謂討論不少宛言 恐禍起 革草疏以進 當路者艴然欲陷敗 多士人蕩恐 公笑曰 無恐 此天下大是非 藉令諸君受枉 其言立於後 何恐爲 後九年 而禮始正 其剛毅自立如此."

타당성을 강조함으로써 영남사족들의 결집에 힘을 불어넣었던 것이다.

나아가 홍여하는 상소 작성 과정에도 깊숙이 관여하였다. 이 때 영남 유림들은 상소문의 작성을 몇 명의 명망가에게 부탁한 후 그 중에서 가장 적절한 것을 선택하였던 듯하다. 이는 소두였던 류세철이 남긴 소청일기疏廳日記에 상소문이 세 곳에서 도착하였다는 기록이 있어 그 점을 분명히 해준다.[35] 세 곳에서 도착하였다는 것은 아마 세 명에게 부탁한 상소문이 도착하였다는 의미일 것이다. 소청일기에는 세 곳이 어디의 누구를 가리키는지 구체적으로 밝히고 있지는 않다.[36] 문집에 남아있는 기록들을 통하여 유추할 때 그 세 명은 홍여하(47세)와 졸재 류원지(69세), 그리고 갈암 이현일(40세)이 분명하다. 세 사람 모두 당시 영남을 대표하는 학자들이며, 그들의 문집에 영남 유생들을 대신하여 지었다는 의례소가 실려 있기 때문이다.

홍여하의 문집인 『목재집』의 일부 판본에는 의례소議禮疏와 의례경전상복고증儀禮經傳喪服考證이 수록되어 있다. 의례소는 송시열의 기년설을 비판하고 허목의 3년설을 지지하는 관점에서 복제 논의의 핵심을 적서의 구별에 두고 효종은 서자가 아니라 적자이기 때문에 기년복제의 개정을 요구하는 상소였다. 그리고 의례경전상복고증은 의례소에서 개진한 예설의 예학적 근거를 예서에서 발췌하고 해석을 덧붙인 다음 송시열의 복제론에 대해서 조목별로 나누어 비판한 것이다.

현존하는 『목재집』은 총 3가지 종류가 있는데 그 중 총 13권으로 구성된 두 가지 판본에는 복제예론 상소가 제 4권으로 하여 실려 있으나 총 12권

---

35 류세철, 『회당집』 권2, 잡저, 「소청일기」, 병오년(인조 7, 1666) 2월 22일조.
36 설석규는 영남 의례소를 다룬 논고에서 상소문의 원작성자일 가능성이 큰 인물로 류원지를 지목하였고, 그 외 허적, 허목, 승지 민희, 형조판서 오정일, 홍우원의 가능성도 열어두었다.(설석규, 앞의 「현종 7년 영남유림의 의례소 봉입 전말」, 322쪽) 그러나 홍여하와 이현일은 추정의 대상에도 포함되지 않았다.

으로 구성된 나머지 한 판본에는 위 제 4권에 해당하는 부분이 빠져있다.[37] 의례소에는 '병오대본도유생작丙午代本道儒生作'이라고 부기되어 있어 홍여하가 영남 유생을 대신하여 상소를 작성하였음을 밝히고 있다. 또한 홍여하의 행장과 묘갈명에는 영남 유생들의 청을 받아 의례소의 초본을 작성하였으나 그 상소문 내의 표현이 너무 직절直切하여 채택되지는 못하였다고 되어 있다.[38] 비록 채택되지는 못하였지만 홍여하가 쓴 의례소도 영남 유생들에게 읽히면서 일정한 영향을 주었을 것이다.

한편 류원지의 문집인 『졸재집』에도 도내의례소道內議禮疏(丙午代儒生作)와 상복고증喪服考證 상하편上下篇이 실려 있다.[39] 류원지의 의례소는 홍여하의 의례소와는 완전히 다르며, 상복고증은 비슷한 부분도 있지만 체제가 다르다. 류세철을 소두로 한 영남 유생들은 류원지의 것을 저본으로 하여 약간의 자구 수정이나 첨삭을 하고 조정에 올렸던 것이다. 『현종실록』에 실려 있는 류세철의 상소는 『졸재집』에 수록된 것과 거의 일치한다.[40]

그리고 이현일의 문집인 『갈암집』에도 의논대왕대비복제소擬論大王大妃服制疏(丙午)가 실려 있다.[41] 바로 영남 유림을 위해 대신 지었으나 실제로 조정에 올리지는 못한 상소인 것이다. 이현일은 송시열 예론의 잘못을 다섯 가지 측면에서 드러내서 비판하는 한편, 아울러 핵심을 제대로 짚어내

---

37 『목재집』은 세 가지 異本이 전하고 있는데, 13권 7책의 규장각 소장본(규6281), 13권 7책의 국립중앙도서관 소장본(한-46-가1720), 12권 6책의 민족문화추진위원회 간행본(『한국문집총간』124)이다. 민족문화추진위원회 간행본에는 다른 판본의 권 4에 해당하는 議禮疏와 儀禮經傳喪服考證이 누락되어 있다. 그리고 규장각 소장본과 국립중앙도서관 소장본은 권 11의 讀書箚記 부분에 약간의 차이가 있다.

38 『木齋集』권12, 附錄, 行狀(洪大龜 撰), "先是 孝廟之喪 宋時烈獻議 定行大王大妃趙氏服朞年 許穆尹善道爭之不得 丙午 嶺儒將叫閽 遂屬府君草疏 諸議以疏語切直 不用 識者恨之."

39 류원지, 『拙齋集』권3, 「疏」, 道內議禮疏 및 喪服考證上·下篇.

40 『현종실록』권12, 현종 7년 3월 23일 계묘.

41 이현일, 『葛庵集』권2, 「疏」, 擬論大王大妃服制疏(丙午).

면서 공척하지 못한 윤선도와 허목의 불철저함도 지적하였다. 이 상소를 접한 홍여하는 "문장의 아건雅健함과 증거의 정박精博함은 기왕의 잘못을 바로잡고 후세의 의혹을 해소해 주기에 충분하다."고 평하였다고 한다.[42]

이상에서와 같이 홍여하는 의례상소의 움직임이 있던 초기 단계부터 상소문 작성에 이르기까지 적극 관여하였다. 그러한 점들이 인정되어 현종말 숙종초 2차예송에서 서인이 몰락하고 남인이 집권하게 되자 먼저 관직에 제수되는 은전을 입을 수 있었다. 그리고 후일 권유가 홍여하의 증직을 청하면서 공적으로 든 것도 바로 복제 예론이었다.[43] 이를 명분이 없는 곤란한 일로 여겼던 허적과 이원정 같은 이는 그의 예론이 사우간에 오간 것일 뿐 조정에 공식적으로 올라온 것이 없기 때문에 명분이 부족하다고 지적한 바 있다. 이로 미루어볼 때 허적과 이원정 같은 조정의 중신들도 영남유림의 의례소에 홍여하가 간접적으로 관여한 사실만은 분명히 알고 있었던 것이다. 비록 이 때의 증직 요청은 받아들여지지 않았으나,[44] 그를 기억하는 이들은 그의 공적으로 먼저 예론을 꼽은 것은 분명한 사실이라고 하겠다.

영남 유소는 이후 갑인예송 때 경상도 유생 도신징의 상소로 이어졌다. 현종 15년 효종비가 사망하자 어머니 조대비의 상복이 다시 문제가 되었던 것이다. 이 때 서인 관료들은 15년 전 기해예송 때 조대비의 상복이 기년복이었던 것은 효종을 둘째아들로 간주한 것으로 이해하고 있었기 때문에 이번에는 효종비를 둘째며느리로 인정한 대공복을 주장하였다. 이의 부당성을 지적하고 첫째 며느리의 상복인 기년복을 주장한 도신징의 상소는

---

42 『葛庵集』, 부록, 「年譜」, 현종 7년(40세).
43 『숙종실록』 권8, 숙종 5년 12월 28일 기축.
44 이후 홍여하는 『휘찬여사』 저술의 공을 내세워 증직을 요청한 이현일의 건의로 부제학에 추증되었다. 『숙종실록』 권21, 숙종 15년 10월 5일 무진.

서인을 실각시키고 남인 정권을 수립하는 데 결정적으로 기여하였다.[45]

예송은 마지막에는 남인의 승리로 귀결되었다. 여기에 류세철을 소두로 한 영남 유림의 복제 상소가 일익을 담당하였다. 그리고 영남 유림의 복제 상소 뒤에는 홍여하가 있었던 것이다. 서·남인 간의 당쟁에서 홍여하가 가진 역사적 의미이다.

4. 부세제도 개혁론

홍여하는 관료이자 지식인으로서 세상을 다스리는 경세經世의 큰 틀에 대해서도 관심을 가지고 방안을 연구하였다.[46] 그는 당시 세제 운용상의 폐단과 관련하여서는 세금 징수 일선에서의 담당자인 서리의 문제를 지적한 바 있다.[47] 특히 임진왜란을 거친 이후 간사한 서리들이 국가 전체 토지의 3분의 1정도에 해당하는 토지를 은점隱占하고 있을 정도로 전정田政이 크게 허물어졌다고 개탄하기도 하였다.[48] 이렇게 서리가 부세 징수 과정에서 농간을 부릴 수 있는 것은 부세 운영 자체가 번잡하기 때문이라고 진단하였다. 따라서 운영 자체를 간소하게 할 수 있다면 그만큼 농간이 개입될 소지를 줄일 수 있다고 보았다.

홍여하는 현실에서 느낀 이러한 부세제도를 둘러싼 모순을 해결하는 방안을 마련하기 위해 부세제도의 근본에 대해 다각도로 검토할 필요성을

---

45 이영춘, 「복제예송과 정국변동 - 제이차 예송을 중심으로 -」, 『국사관논총』 22, 1991; 이재철, 「조선후기 죽헌 도신징의 의례소와 국정변통론」, 『조선시대사학보』 33, 2005.
46 홍여하의 전제 인식과 그에 입각한 부세제도 개혁론에 대해서는 신항수의 선행 연구 (1997, 앞의 논문)에 힘입은 바 크다.
47 『목재집』 권3, 應求言敎疏.
48 『목재집』 권5, 送嶺伯李國賓(觀徵)序.

느꼈다. 그의 문집 잡저 부분의 여러 항목에는 그 고민의 흔적이 고스란히 담겨있다. 전결田結, 부세賦稅, 조용조租庸調, 호구지부戶口之賦, 파조용조罷租庸調, 수전授田, 전세田稅 등 여러 제목의 짧은 논설을 통해 자신의 구상을 정리해서 밝히고 있다.[49] 그의 주된 관심은 세금 부과에 있어 가장 합당한 기준을 제시하는 것이었다. 세금 부과의 기준을 정하는 문제는 자연스럽게 토지제도와도 일정한 연관을 가질 수밖에 없는 문제이기도 하였다.

홍여하는 역대 중국 세제의 특징과 득실에 대한 비교 검토를 통하여 현재 조선 사회에 가장 적합한 부세제를 제시하고자 하였다. 입론의 근거로 제시하고 있는 것은 거의 중국의 사례들이고, 가끔 우리나라의 사례가 첨가되는 형태였다. 그는 중국 역대 부세 제도의 기본 틀이 크게 네 번 변하여 지금에 이르고 있다고 이해하였다. 그가 파악한 중국 역대 왕조별 부세제도의 내용과 특징을 제시하면 다음 표와 같이 정리된다.[50]

시기	기간	부세제도	내용	구조적 특징	운영가능자
三代	수천년	井田	授民以田 而稅其十一	密	聖人
秦漢	460년	-	隨田之在民者稅之 而不復問其多寡者	簡	성인 및 衆人
唐	200년	租庸調	授民田而收其租 計丁而收庸 計戶而收調	密	성인
唐末~明	천년	兩稅	隨民之有田者稅之 而不復計其丁戶 斂以夏秋	簡	성인 및 중인

그는 역대 중국의 부세제도의 득실과 특징을 논하는 기준으로 주로 세 가지 점을 고려하였다. 첫째는 국가의 토지 지급 여부이고, 둘째는 세금 징수의 기준을 토지에만 설정할 것인가 아니면 토지와 정호 모두에 설정할 것인가의 문제이다. 셋째는 세제 운용상의 조밀함과 간소함을 따지는

---

49 『목재집』 권10, 「雜著」.
50 『목재집』 권10, 「잡저」, 賦稅·戶口之賦.

것이었다. 아무리 좋은 제도라도 조밀하여 번잡하면 곧 폐단이 발생하기 쉽기 때문이었다. 이 세 가지 점을 종합적으로 고려하여야 제도의 득실에 대한 가늠을 할 수 있다고 본 것이다. 위의 관점에서 중국의 역대 왕조와 고려의 토지제도와 부세제도를 다음과 같이 이해하고 평가하였다.[51]

먼저 삼대의 정전제이다. 토지를 나누어 주었고, 기본적으로 토지에 근거하여 조를 거두었다. 그러나 인정人丁에 따른 역도 부과하였다. 과세의 기준은 토지와 인정이었다. 세제 자체는 조밀한 편이었다. 하지만 토지를 나누어준 위에 부세제도의 운영도 성인聖人이 잘 담당하였기 때문에 수천 년동안 별 문제가 없이 운영되었다고 보았다. 이론상으로는 가장 이상적인 시대로 평가하였다.

진한대에는 토지를 나누어주지는 못하였지만 기존에 가지고 있던 토지소유권은 인정하여주었다. 구체적인 부세제도 내용은 잘 모르지만 과세의 기준은 토지에만 있었고, 세제 자체는 간소한 편이었다고 파악하였다.

당대는 균전제하 조용조제였다. 토지를 나누어주었으며, 과세의 기준이 된 것은 토지, 인정, 가호 등이었다. 세제는 조밀한데 비해 운영을 담당하는 사람들이 성인이 아니었기 때문에 오래가지 못하고 200년만에 무너졌다고 분석하였다.

당말이후 명대까지는 양세제였다. 토지를 나누어주지는 못하였고, 다만 기존에 가지고 있던 토지 소유권은 인정하였다. 과세의 기준은 기본적으로 토지에 두었다. 인정도 시기에 따라 어느 정도 과세의 기준이 되었다. 세제가 간소하였기 때문에 중인衆人이 운영하였더라도 1000년간 지속되고 있다고 파악하였다.

한편 고려는 토지를 나누어주고 조용조를 거두었는데, 세제는 조밀한

---

51 『목재집』 권10, 「잡저」, 賦稅.

편이었다. 얼마 못가서 권세가가 양질의 토지를 모두 차지하게 되었다. 권세가들이 무단으로 점거하였고, 한번 지급된 토지는 회수되지 않아서 국가에서 더 이상 지급할 토지가 없게 되었다. 이에 따라 하나의 토지에 여러 명의 전주가 있기도 하여 힘없는 전객은 여러 전주에게 모두 조를 바쳐야 하는 일이 발생하게 되었다고 이해하였다.[52]

이상과 같은 분석 연구의 결과 홍여하는 부세제도의 기본 틀이 조용조租庸調와 양세兩稅 둘로 대별된다고 파악하였다. 정전도 결국 조용조와 세목이 다를 바 없다고 보았다. 조용조와 양세의 차이점은 전자는 인정을 기본으로 한 세제이고, 후자는 토지를 기본으로 한 세제라는 점이다. 그런데 인정은 때에 따라 성하거나 쇠하거나 하여 일정하지 않기 때문에 인정에 기본하여 세금을 거두는 것은 계산하기가 어렵다. 이에 비해 토지는 고정되어 바뀌지 않는 것이기에 조사하기가 쉽다고 보았다.[53] 조용조는 성인聖人이라야 제대로 운영할 수 있는 조밀한 제도이기 때문에 겨우 200년간 존속했을 뿐이지만, 양세는 중인衆人도 운영할 수 있는 간편한 제도이기 때문에 지금까지 1000년 동안 시행되어오고 있다고 하였다. 결국 양세법이 조용조보다 더 적절한 부세제도임을 중국의 역사적 경험 분석을 통해 드러내고자 하였다.

결국 홍여하가 조선의 현실에 가장 적합한 경세의 방안으로 주장한 것은 지주제라는 현실을 인정한 위에서 양세제에 입각한 부세제도의 개혁이었다. 즉 현재 상황에서 국가가 토지를 분급해주는 것은 이상적이기는 하지만 비현실적이어서 불가능한 일로 보았다. 그런 점에서 토지소유제도 자체의 개혁을 주장한 사람들과는 인식을 달리하고 있었다. 그렇다면

---

52 『목재집』 권10, 「잡저」, 授田.
53 『목재집』 권10, 「잡저」, 租庸調, "租庸調 以人丁爲本 兩稅 以田產爲本 土地一定而不易 丁口有時而盛衰 定稅以丁 稽考爲難 定稅以田 按籍爲易."

부세제도를 개혁할 수밖에 없는데, 오로지 토지를 과세 부과의 기준으로 삼아 세제 자체를 단순하게 만들어야 한다고 하였다. 그래야 운용상에 나타날 수 있는 각종 폐단을 원천적으로 줄일 수 있다는 것이었다. 그는 자신이 제시한 부세제도 개혁안도 전적으로 이로운 것이라고 보지는 않았다. 그는 세상 이치상 전적으로 이로운 것은 없다는 전제하에서 상대적으로 이로움이 해로움보다 많은 것을 택할 수밖에 없다는 입장을 견지하고 있었다.[54]

토지를 부세 부과의 기준으로 삼아야 한다는 점은 같은 시기 반계 유형원柳馨遠에 의해서도 강력하게 주장되었던 원칙이기도 하였다.[55] 그리고 조선후기에 공납제도를 대동법으로 개혁할 당시 핵심 내용 중의 하나가 토지를 과세 부과의 기준으로 법제화한 것이었는데,[56] 이 점 역시 홍여하의 주장과 일맥상통할 수 있는 부분이다. 여기에 홍여하 주장의 역사적 의미가 있다고 하겠다.

다만 그의 부세 제도 개혁론은 논리적인 근거에 바탕하여 큰 틀을 제시하는 데 주목적이 있었기 때문에 세부적인 절목까지를 논리적으로 제시하지는 않았다. 이는 시행의 큰 방침이 결정된 후에 논의하여도 될 부차적인 문제라고 판단하였기 때문일 것이다.

---

54 『목재집』 권10, 「잡저」, 罷租庸調.
55 신항수, 앞의 논문, 1997, 70쪽; 이정철, 『대동법, 조선 최고의 개혁』, 역사비평사, 2010, 335~338쪽. 다만 유형원은 토지 분급의 시행을 긍정적으로 생각하여 적극적인 방안을 제시한 반면 홍여하는 토지 분급은 현실적으로 불가능한 것으로 보았다.
56 이정철, 앞의 책, 339~340쪽.

5. 맺음말

　홍여하는 이황 - 류성룡 - 정경세로 이어지는 학통의 분위기 속에서 성장한 영남 남인 출신의 관료이자 학자였다. 한때 영남남인을 대표하는 위상을 가지고 있었다. 홍여하가 활동하던 때는 서·남인간의 당쟁의 시기였다. 정국의 주도권은 인조반정이래 서인이 장악한 가운데 남인이 비판의 날을 세우던 때였다.

　홍여하는 서인의 국정 운영에 대한 비판의 포문을 열었다. 효종 말 이조판서로서 국정 전반에 대해 강한 영향력을 행사하고 있던 서인의 핵심인물인 송시열을 공척하였다. 이로 인해 송시열은 일시적으로 체직되었고, 자신은 유배를 가는 처지가 되었다. 곧 이은 효종의 사망으로 인해 발생한 기해예송 때 남인의 서인에 대한 대대적인 공세에 앞선 비판이었다는 점에서 영남 남인의 기개를 보여준 의미가 있었다.

　그리고 기해예송이 서인측의 의견에 따라 마무리 된 이후 영남의 유림 1,000여 명이 연명하여 복제에 대해 논하는 의례소를 올릴 때 막후에서 추동하는 역할을 수행하였다. 그는 상소의 시의성과 타당성에 대한 의미를 설파함으로써 영남 유림의 단결과 동참을 이끌어내었으며, 복제 상소의 초본을 작성하는 세 사람 중의 한 사람으로 활약하기도 하였다. 그의 상소 초본이 너무 직절한 까닭에 비록 채택되지는 않았지만 초본을 작성하는 사람으로 추천된 것 자체가 그의 영남 남인 내부에서 차지한 높은 위상과 신망의 정도를 짐작케 한다.

　그는 문과에 급제한 후 5년간의 관직생활과 15년간의 칩거생활을 하면서 국정과 관련한 현실 문제에 대한 해결 방안을 구상하는 지식인으로서의 역할에도 소홀하지 않았다. 그는 당시 백성들의 가장 큰 고통과 그 고통을 해소할 현실적인 방안을 모색하였다. 그 결과 그는 부세문제의 개혁을 통한 경세안을 제시하였다. 중국과 우리나라의 역사 속에서 부세제도의 큰 흐름을 파악한 다음 토지를 부세의 기준으로 잡아 기준 자체를 단순화할 것을 주장하였다. 제도 운영의 복잡함 속에 서리들의 농간이 개입될 여지가 많았기 때문이다.

홍여하는 영남 남인 관료이자 학자로서 자신이 처한 시대적 과제의 해결에 앞장섰고, 또 민생을 걱정하면서 고뇌하는 지식인으로서의 모습을 보여준 인물이었다.

| 참고문헌 |

1. 사료

『인조실록』,『효종실록』,『현종실록』,『현종개수실록』,『숙종실록』,『승정원일기』,『경국대전』,『의례주소』,
『목재집』,『졸재집』,『회당집』,『갈암집』,『송자대전』

2. 저서

우인수,『조선후기 산림세력 연구』, 일조각, 1999.
이병휴 외,『한국유학사상사대계』4(정치사상편), 한국국학진흥원, 2007.
이정철,『대동법, 조선 최고의 개혁』, 역사비평사, 2010.
홍여하 저, 김현영 외 역,『국역 휘찬여사』, 민속원, 2012.

3. 논문

김선화,「홍여하의 역사인식」, 한양대 석사학위논문, 1987.
김영택,「목재 홍여하의 역사인식과 문학관연구」, 안동대 석사학위논문, 2005.
설석규,「현종 7년 영남유림의 의례소 봉입 전말」,『사학연구』50, 1995.
신항수,「17세기 후반 영남 남인학파의 경세론」, 고려대 석사학위논문, 1993.
_____,「17세기 중반 홍여하의 전제인식」,『한국사상사학』8, 1997.
우인수,「조선 효종대 북벌정책과 산림」,『역사교육논집』15, 1990.
_____,「조선후기 남인의 정치사상」,『한국유학사상사대계』4(정치사상편), 한국국학진흥원, 2007.
이영춘,「제일차예송과 윤선도의 예론」,『청계사학』6, 1989.
_____,「복제예송과 정국변동 - 제이차 예송을 중심으로 -」,『국사관논총』22, 1991.
이재철,「조선후기 죽헌 도신징의 의례소와 국정변통론」,『조선시대사학보』33, 2005.
장윤석,「17세기 영남 남인 오운과 홍여하의 역사인식」, 경북대 석사학위논문, 2007.
전재동,「독서시를 통해본 홍여하의 경서 해석」,『대동한문학』35, 2011.
정옥자,「17세기 사상계의 재편과 예론」,『한국문화』10, 1989.
정행렬,「16-17세기 조선 성리학자의 기자에 대한 인식 변천」, 성균관대 석사학위논문, 2001.
전효흠,「16·7세기『경민편』간행의 주이와 그 성격」,『한국사상사학』26, 2006.
지두환,「조선후기 예송연구」,『부대사학』11, 1987.
_____,「우재 이후원의 생애와 정치활동」,『한국학논총』30, 2008.
하우봉,「17세기 지식인의 일본관」,『동아연구』17, 서강대 동아연구소, 1989.
한영우,「17세기 중엽 영남남인의 역사서술 - 홍여하의 휘찬여사와 동국통감제강 -」,『변태섭화갑기
     념사학논총』, 1985(한영우,『조선후기 사학사연구』, 일지사, 1989 재수록).
허태용,「17세기 중후반 중화회복의식의 전개와 역사인식의 변화」,『한국사연구』134, 2006.
황원구,「기해복제논안시말」,『연세논총』2, 1963.
S. O, Kurbanov,「『목재가숙휘찬여사』의 유학전」,『규장각』32, 2008.

3

홍여하의 현실인식과 경세론*

이경동
고려대학교 글로벌인문학연구원 연구교수

1. 머리말

　목재木齋 홍여하洪汝河(1620~1674)가 활동했던 17세기 중반은 조선사회의 다양한 변화가 모색되었던 시기였다. 명청교체로 인한 대외관계의 질서가 재편되었으며, 대동법 실시를 비롯한 부세제도의 전반적인 변화들도 이 시기에 발생했던 역사적 현상의 하나였다. 이러한 시대적 상황에 부응하여 조정에서 활동한 관료들뿐만 아니라, 재야의 지식인들도 다양한 견해들을 제시하며 현실사회의 문제를 해결하고자 하였다.[1]
　홍여하 또한 17세기 현실에 조응하며 각종 저술을 통해 자신의 경세론을 밝혔다. 그의 문집인 『목재집木齋集』에 수록된 상소上疏와 잡저류雜著類 등에서 경세론을 확인할 수 있는데, 주요 검토 분야는 관료제官僚制, 전제

---

*　이 글은 2023년 『朝鮮時代史學報』 104집에 게재된 「목재 홍여하의 현실인식과 경세론」을 수정·보완한 것임.
1　김용섭, 「朝鮮後期 土地改革論의 推移」, 『東方學志』 65, 1989; 김준석, 『朝鮮後期 政治思想史 硏究 - 國家再造論의 擡頭와 展開 - 』, 지식산업사, 2003.

田制, 요역제徭役制, 교육론敎育論에 이르기까지 다양하다. 특히 홍여하는 역사적 사례들을 바탕으로 경세론을 구상하였다는 특징을 보인다.

경세론자로서 홍여하에 대한 평가는 조선후기 지식인들의 견해들에서 확인할 수 있다. 권유權愈(1633~1704)가 작성한 『목재집木齋集』 서문序文의 평가가 대표적인데 그에 대해 '치세지문治世之文을 배우고자 하였으며, 이를 평생의 과업으로 여긴 인물'로 여겼다.[2] 안정복安鼎福(1712~1791)은 『동국통감제강東國通鑑提綱』 서문序文에서 홍여하를 '고명한 학문으로 경세經世의 재주를 지닌 인물'로 규정하였다.[3] 후대 인물들의 평가에서 경세론은 홍여하의 학문적 성향을 나타내는 특징의 하나였음을 알 수 있다.

기존 연구에서 홍여하의 경세론은 전제 개혁론을 중심으로 검토되기 시작하였으며,[4] 이후 역사 인식과 문학관에 기반한 경세론의 특징,[5] 현실 인식에 따른 홍여하의 대응이 분석되었다.[6] 이를 통해 홍여하 경세론의 특징을 대략적으로 확인할 수 있었다. 다만 홍여하의 경세론을 이해하는 데 있어 전제 개혁 등 단일 주제나 단일 저작을 중심으로 이해함에 따라 경세론의 전체적인 구조까지는 분석되지 못한 한계가 있다. 또한 유형원柳馨遠(1622~1673)을 비롯한 동시기 경세론을 펼쳤던 인물들과의 비교는 본격적으로 분석되지 않았다.

이 글에서는 홍여하의 현실인식과 이에 기반한 경세론의 구조를 탐구

---

[2] 『木齋集』「序」"木齋洪公嘗語余曰 我未之能也 我所願則學治世之文也 乃今讀其集 豈不誠學治世之文者也 治世之文者 卽若云通明道德而發之言者也 學治世之文者 卽若云首嚮正學 篤信先師 言足以達其心 文足以達其言者也."

[3] 『順菴集』卷18, 序,「東國通鑑提綱序(丙午)」"先生以高明之學 負經濟之才 雖不能大施於世 而以道之全體大用 付之平生之所著述 以遺後學 此實斯文之幸 而豈不爲不朽之盛事也哉."

[4] 신항수, 「17세기 중반 洪汝河의 田制認識」, 『韓國思想史學』 8, 1997.

[5] 김영택, 「木齋 洪汝河의 歷史意識과 文學觀 硏究」, 안동대학교 석사학위논문, 2004.

[6] 우인수, 「목재(木齋) 홍여하(洪汝河)의 현실인식과 대응」, 『韓國思想史學』 43, 2013; 『朝鮮後期 嶺南 南人 硏究』, 경인문화사, 2015.

해 보고자 한다. 이를 통해 17세기 지식인들의 경세론과 홍여하의 학문적 위상을 동시에 검토할 것이다. 이와 더불어 동시기 경세론들과의 비교를 통해 홍여하 경세론의 사상사적 위상을 위치지울 수 있기를 기대한다.

2. 경세론經世論의 원칙 - 수기치인修己治人과 인시순속因時順俗

홍여하의 경세론은 그의 생애기간 동안 경험한 사회현실과 역사 및 성리학 연구를 통해서 형성된 것으로 이해된다. 그는 1654년(효종 5) 예문관藝文館 검열檢閱로 시작하여 고산찰방高山察訪, 경성판관鏡城判官 등을 역임하였으며, 1660년(현종 1) 황간黃澗에 유배되는 과정에서 백성들의 현실을 직접 경험할 수 있었다. 또한 대부분의 생애를 고향인 율리栗里 근방에서 보냈기 때문에 향촌사회에서 경험한 내용들이 현실인식의 주요한 내용을 차지하고 있었다.[7]

유성룡·김성일 등과 같이 다양한 관료 경험을 통해 국가 운영에 관한 견해들을 조정에서 밝히거나 유형원의 『반계수록磻溪隨錄』과 같이 경세론을 집대성한 저서를 가지고 있지는 않았지만, 홍여하는 중국과 동국東國의 역사를 중심으로 현재의 문제를 분석하는 방식으로 자신의 경세관을 밝혔다. 『휘찬여사彙纂麗史』와 『동국통감제강東國通鑑提綱』 등의 저서뿐만 아니라 문집 내에 산견된 다양한 저술 등에는 역사적 사례를 현실문제에 적용하고자 했던 홍여하의 시각을 엿볼 수 있다.[8] 이러한 역사에 대

---

[7] 홍여하의 생애에 대해서는 우인수, 위의 논문, 2013; 김현영 외, 『우암 홍언충과 목재 홍여하의 생애와 사상』, 문경시·근암서원운영위원회, 2016 참조.
[8] 도현철, 「목재 홍여하의 역사서 편찬과 고려사 인식」, 『韓國思想史學』 43, 2013; 박인호, 「『동국통감제강』에 나타난 홍여하의 역사인식」, 『퇴계학과 유교문화』 54, 2014.

한 홍여하의 관심은 경세론과 밀접한 관련이 있다.[9]

홍여하 경세론의 전반적인 구조는 1659년(현종 즉위년) 작성한 「응구언교소應求言敎疏」를 통해 확인된다.[10] 「응구언교소」는 현종의 즉위 직후 당면한 현실문제에 대한 의견을 구하는 구언求言에 따라 제출된 것이다. 당시 홍여하는 경성판관으로 재직하고 있었는데, 「응구언교소」를 통해 현실인식을 토대로 형성된 경세론을 살펴볼 수 있다.

「응구언교소」에서 경세론의 기본 구조는 '선수기先修己 - 후치인後治人'으로 요약되는 성리학적 경세론과 맥락을 같이한다. 성리학에서 경세론의 본질은 수기치인에 근거하며, 이는 『대학』에서 격물치지格物致知와 성의정심誠意正心을 강령으로 하는 수신修身 · 제가齊家 · 치국治國 · 평천하平天下의 형태로 구체화되었다.[11] 「응구언교소」의 구조도 이와 유사하다는 점에서 홍여하의 경세론은 성리학적 경세론의 틀 속에서 이해할 수 있다.

홍여하는 국가운영에 있어서 군주가 취해야 할 태도로 '체험하는 실제[體驗之實]'와 '실정에 알맞은 조치[施措之宜]'라는 두 가지 측면에 주목했다.[12] '체험하는 실제'란 수기修己의 영역으로 경전 학습에만 그치지 않고 이를 본심本心으로 체화하여 '만사의 벼리를 세우는[立萬事之綱]' 것에까지 도달하는 것을 의미한다. 군주는 경연經筵을 통해 성학聖學을 학습했으며, 이는 성학군주론聖學君主論의 기본적인 토대가 된다.[13] 홍여하는 군주

---

9   일반적으로 성리학적 사유에서 經과 史의 관계는 '以理說史 以事考經'으로 알려져 있듯이 體用의 관계로서 이해된다(오항녕, 「經史 역사를 읽는다 : 경험과 성찰」, 『조선 유학의 개념들』, 예문서원, 2002, 404~409쪽). 역사는 과거의 사례로서 현재의 문제점을 반추하는 '鑑戒'의 성격을 가지고 있다는 점에서 현실적인 경험과 함께 주요한 경세론의 기반이 된다고 여겨지며, 홍여하 경세관 형성에 중요한 토대가 되었다.
10 『木齋集』卷3, 疏, 「應求言敎疏(己亥五月呈政院因國恤還出給)」.
11 이상익, 「주자(朱子)와 율곡(栗谷)의 경세론(經世論)」, 『율곡학연구』 11, 2005.
12 『木齋集』卷3, 疏, 「應求言敎疏(己亥五月呈政院因國恤還出給)」.
13 정재훈, 「경연(經筵) · 서연(書筵)과 조선의 군주학」, 『복현사림』 30, 2012; 권연웅, 『경연

가 경연經筵을 비롯한 강학에 열성적으로 참여하는 것은 긍정적으로 평가했다. 다만, 경연을 단순히 문의文意나 구독句讀만을 탐구하는 것에서 그쳐서는 안된다고 여겼다. 강학은 본심本心에서 체험하는 실제를 통해 최종적인 효과가 드러나야 했다. 본심本心에서 출발하여 만사의 벼리[萬事之綱]를 세워서 실제 국정운영에 반영되는 것이 경연을 비롯한 성학 학습의 최종 목표였다.[14]

'체험하는 실제'의 결과는 '실정에 알맞은 조치[施措之宜]'를 통해서 완성되어야 했다. '실정에 알맞은 조치'란 시기에 적절하고[因其時], 풍속을 따르며[順其俗], 민심을 어기지 않는 것[不咈於民心]을 의미했다.[15] 홍여하는 시의성과 풍속과 민심에 부합하는 국정운영을 지향하였다.

치인治人에 해당되는 '실정에 알맞은 조치'의 범주에서 홍여하는 시의성과 풍속 및 민심에 부합한 국정운영을 중시했다. 특히 풍속 및 민심에 따른 국정운영은 중주中主 즉 평범한 군주라도 가능하지만, 인위적으로 풍속을 변화시키는 것은 상지上智라도 어렵다고 보았다.[16] 국정운영을 올바르게 추진하기 위해서는 시의성과 풍속, 민심이라는 세 가지 측면에 부합해야 했다. 이는 군주 자신의 결정보다는 풍속과 인심으로 대표되는 사회적 합의와 관련된다.[17]

과 성군 담론』, 지식산업사, 2021.
14 『木齋集』卷3, 疏, 「應求言敎疏(己亥五月呈政院因國恤還出給)」.
15 『木齋集』卷3, 疏, 「應求言敎疏(己亥五月呈政院因國恤還出給)」.
16 『木齋集』卷3, 疏, 「應求言敎疏(己亥五月呈政院因國恤還出給)」.
17 홍여하의 이와 같은 시각은 '因時順俗'을 동일하게 지향했던 정약용과 비교해볼 수 있다. 정약용의 인시순속은 당시의 현실에 부합하게 향촌 사회의 정착된 관행을 존중하는 방향을 의미하며, 이것을 제도론적 차원으로 완성하는 것을 최종적인 목적으로 하였다. 이러한 점에서 홍여하의 시각은 정약용과의 유사하다. 다만, 홍여하도 제도론의 차원에서 경세론을 접근하고는 있지만, 간략한 형태의 제도 운영을 지향했다는 점에서는 제도의 구체적인 마련을 통한 순속을 지향했던 정약용의 인시순속과는 차이가 있다. 정약용의 인시순속적 경세론에 대해서는 송양섭, 『목민심서』에 나타난 다산 정약용의 '인시순속(因時順

국정운영에 대한 홍여하의 인식은 법제에 대한 관점에서 구체적으로 확인된다. 홍여하는 법제와 관련한 세 가지 경우를 다음과 같이 규정하였다. ①법을 창제하고 제도를 수립하여 만세에 드리움에 시행하여 폐단이 없고 운용하여 궁함이 없는 경우, ②수백년간 유지하여 폐단이 없다가 형세가 궁하면 바꾸는 경우, ③눈앞만 미봉하는 경우이다.[18] 이 중에서 홍여하는 두 번째에 해당되는 법제가 시의성에 따라 변화하여야 한다는 점에 주목하였다. '세도世道는 강물의 흐름과 같아 법제도 따라서 변해야 한다고 한다'는 견해에서 홍여하의 법제 인식을 엿볼 수 있다.[19]

> 성인이 법을 만듦에 또한 세월이 오래되면 변하지 않는 것은 없다. 대개 천하의 형세形勢는 다스림에 전부 이로운 것은 없으며, 이로움이 있으면 반드시 해害가 있다. 이로움이 많고 해가 적으면 이것은 좋은 법이고, 해가 많고 이로움이 적으면 끝내 시행할 수 없다. 아, 이해의 형세形勢는 끊임없이 서로 이어지기에 진실로 지극히 명철하지 못하면 다 살피기 어렵다. 세상에 이로움을 좋아하는 선비가 한 사람의 보잘것없는 지혜로 망녕되게 법을 만들고 제도를 세워 백성들에게 화를 끼치는 것을 이루 말로 다 하겠는가.[20]

홍여하는 법제가 시대에 따라 변통해야 한다는 입장을 가졌다. 성인聖人이 제정한 법이라 할지라도 세월이 오래되면 폐단이 발생할 수 밖에 없으며, 영원불변하는 법은 존재할 수 없다고 보았다. 결국 '인시因時' 즉 현실에 부합한 법제의 제정을 통해 순속順俗·순민심順民心을 토대로 현재의

　　俗)'적 지방재정 운영론」,『다산과현대』7, 2014 참조.
18 『木齋集』卷5, 說,「法制說」.
19 『木齋集』卷9, 雜著,「罷租庸調」.
20 『木齋集』卷9, 雜著,「罷租庸調」.

문제점을 개선하는 것이 곧 선치善治의 본질이었다.

시의성에 부합한 경세의 기본 방향은 군권을 중심으로 한 상하의 기강 紀綱이 확립된 국정운영을 통해 뒷받침되어야 했다. 군주가 강력한 기강을 장악하고 법령을 엄하게 시행하여 질서정연한 사회적 이상을 구축할 필요가 있었다. 홍여하가 생각한 기강의 정의는 신분이 높음으로 낮음을 통솔하고, 간략함으로 번거로움을 제어하며, 대강大綱을 들면 세목細目도 자연히 명백하게 되며, 정제整齊하되 아끼지 않음을 의미했다.[21] 이는 강력한 군주권을 기반으로 상하의 질서가 확립된 관료조직을 운영함으로써 가능했다. 다만, 무조건적인 군권의 행사가 아닌 대간 등이 제기하는 간언 諫言에 대한 수용이 전제되어야 했다.[22] 홍여하의 시각은 군주의 절대성을 인정하되, 동시에 군주의 독단을 방지하고자 했던 영남 남인계 지식인들의 군주론과 유사하다.[23]

군권과 함께 홍여하가 주목한 것은 대신大臣의 권한이었다. 홍여하는 국초國初와 달리 대신의 권한이 약화되었으며 이후 순차적으로 대각臺閣, 서리書吏로 권력이 이전되었던 것을 기강 확립의 장애물로 인식했다. 16세기를 대각臺閣의 권한이 강화된 시기로, 17세기를 서리書吏가 조정의 권한을 좌지우지하는 시기로 규정했다.[24] 홍여하는 대각과 서리가 아닌 대신을 중심으로 한 관료 운영을 주장했는데, 대신에게 권한을 주기 위해서는 그에 맞는 예우와 합당한 녹봉을 지급해야 한다고 보았다.[25] 군권과 그 아래 위계로 설정한 대신에게 정치적 권한과 혜택을 동시에 배려하면서 관료제의 기강을 확립하고 이에 기반한 국정운영을 지향했다.

---

21 『木齋集』 卷3, 疏, 「應求言敎疏(己亥五月呈政院因國恤還出給)」.
22 『木齋集』 卷5, 說, 「諫說(下)」.
23 우인수, 「영남 남인의 정치사상」, 『朝鮮後期 嶺南 南人 硏究』, 경인문화사, 2015, 52~59쪽.
24 『木齋集』 卷3, 疏, 「應求言敎疏(己亥五月呈政院因國恤還出給)」.
25 『木齋集』 卷3, 疏, 「應求言敎疏(己亥五月呈政院因國恤還出給)」.

대신에 대한 홍여하의 시각은 16세기 후반 조제보합調劑保合의 관점에서 동서분당을 비판했던 이이가 주장했던 대신권의 강화와 유사성을 가진다. 이이는 동서분당의 과정에서 대신의 권위를 기반으로 한 정치질서의 안정을 추구했다. 이이에게 대신은 국왕의 종속적 존재라기 보다는 국왕을 보좌하면서도 비판할 수 있는 관료 집단의 최정점에 위치한 존재로서, 동인과 서인 사이의 조제 주체로 보았다.[26]

정치운영의 측면에서 홍여하는 붕당을 비판적으로 인식했다는 점은 조제보합의 주체로 대신을 설정했던 이이와는 차이가 있다. 특히 홍여하가 주로 활동했던 효종대의 현실은 우율문묘종사를 비롯하여 서인과 남인의 갈등이 점차 증폭되던 시기였다.[27] 홍여하는 우율문묘종사와 예송논쟁 등에서 남인의 입장을 대변하는 활동을 하기는 했지만, 원칙적으로 붕당에 대해서는 비판적인 시각을 가졌다. 홍여하는 역사적 사실을 거론하며 붕당간의 갈등 상황에서는 공도公道가 시행되기 어려우며, 이와 관련한 부정적 사항들이 발생한 것으로 진단했다. 이에 현재 시점에서 붕당은 유지보다는 폐지되어야 한다고 여겼다.[28]

대신권의 강화는 조정자로서 대신의 입장을 강화함과 동시에 특정 붕당의 여론에 국가운영이 이루어지는 것이 아닌 관료제의 틀 속에서 관료집단의 기강 확립에 근거한 국정운영을 긍정적으로 인식한 점과 관련된

---

26 김경래,「栗谷 李珥의 大臣論과 위기의식 -『經筵日記』를 중심으로 - 」,『朝鮮時代史學報』88, 2019.
27 우율 문묘종사문제와 관련해서는 김상오,「黨爭史의 立場에서 본 李珥의 文廟從祀 問題」,『全北史學』4, 1980; 허권수,『朝鮮後期 南人과 西人의 學問의 對立』, 법인문화사, 1993; 설석규,「朝鮮時代 儒生의 文廟從祀 운동과 그 性格」,『朝鮮史硏究』3, 1994 참조.
28 『木齋集』卷3, 疏,「應求言敎疏(己亥五月呈政院因國恤還出給)」. 이러한 점에서 홍여하는 調劑論보다는 調整論 혹은 罷朋黨論에 가까운 성격을 가지고 있다. 붕당에 대한 조선후기 인식에 대해서는 정만조,「朝鮮時代 朋黨論의 展開와 그 性格」,『朝鮮後期 黨爭의 綜合的 檢討』, 韓國精神文化硏究院, 1992 참조.

다. 대신권의 강화는 유수원 등 관료제 개혁론과 관련된 언급들에서 공통적으로 제기된다는 점에서 홍여하의 견해의 대한 일정한 공감대를 확인할 수 있다.[29]

홍여하의 대신론은 남인계에 해당되는 이현일의 군신공치론君臣共治論이나 허목·윤휴·유형원 등의 존군비신론尊君卑臣論과 차이가 있다. 당시 남인계 지식인들이 '공치公治', '존비尊卑', '효치孝治' 등의 개념을 통해 군주와 신하의 관계 설정에 대해서 주목했던 것에 비해 홍여하는 관료 중에서도 대신의 권한과 대우에 주목했다.[30] 홍여하의 대신론은 송시열 등 서인계에서 주장하는 군주가 아닌 대신이 정치를 주도하는 세도재상론世道宰相論과도 차이가 있다.[31] 홍여하의 시각에서 대신은 군주와 신료 사이를 매개하는 핵심적인 관료이면서도 강력한 군주권 하에서 관료로서의 역할을 수행한다는 점에서 이중적인 특징을 보인다.

대신권 강화와 달리 국가 행정의 말단에 해당되는 서리는 부정적인 존재로 인식했다. 홍여하는 기강이 해이해짐에 따라 서리의 농간이 한층 강화되었다고 보았다. 백사百司에 적절한 인물이 기용되지 못하면서 서무庶務가 이속吏屬에게 전가되면서 전곡錢穀 뿐만 아니라 외방 진헌進獻, 형옥刑獄 문서의 출납 등을 서리들이 전횡할 수 있는 구조적 조건이 마련되었다고 이해했다.[32] 그 결과 관료제의 전반적인 기강이 구조적으로 약화될 수밖에 없었고, 그것이 현재 관료조직의 문제로 인식했다. 다소 과장된 것으로 이해되기는 하지만 조선 전세의 대부분이 '서리의 식읍食邑'이 되었

29　김경래, 「농암 유수원의 官制 개혁안과 大臣論」, 『한국실학연구』 36, 2018.
30　우인수, 「영남 남인의 정치사상과 개혁론」, 『朝鮮後期 嶺南 南人 硏究』, 경인문화사, 2015, 49~56쪽.
31　송시열의 세도정치론은 김준석, 「宋時烈의 世道政治論과 賦稅制度釐正策」, 『조선후기 정치사상사 연구』, 지식산업사, 2003 참조.
32　『木齋集』 卷3, 疏, 「應求言敎疏(己亥五月呈政院因國恤還出給)」.

다는 표현은 당시 전세제도를 비롯한 대부분의 부세 문제와 그에 대한 해결방안의 중심에 있었음을 보여준다.[33]

이와 같은 인식은 16세기 조식과 이이의 서리에 대한 입장과 유사성을 보인다. 조식은 서리가 국가를 전횡하고 있으며, 공납의 문제를 포함한 대부분의 부세수취 문제는 '간리奸吏' 즉 서리의 전횡에 달려 있다고 이해했다.[34] 이이 또한 서리의 민간 침탈 문제에 대해서 주목했는데, 전횡에 대한 비판에 그치지 않고 이들에게 급료를 지급하여 이들이 구조적으로 민간을 침탈하지 않도록 제도적으로 보완할 필요성이 있음을 주장하기도 하였다.[35]

홍여하는 몇 가지 방향에서 서리 문제를 접근했다. 우선 이들을 조사하여 간범干犯을 처벌하고, 염치를 보존한 자에게 실직實職을 제수하도록 하였다. 또한 중조中朝에서 각부各部에 조마照磨를 설치한 사례에 따라 방외方外에서 선발하여 채우도록 하여 서리의 문제를 해결하고자 했다.[36] 홍여하는 서리들에게 실직에 합당한 급료를 제공하여 이들의 전횡을 차단할 수 있다고 보았다.

실직과 이에 상응하는 급료를 제공하자는 시각은 16세기 이이, 조헌 등에서도 확인되며, 17세기 서리의 녹봉제를 제안한 유형원의 시각과 동일하다. 유형원은 녹봉제의 운영에 있어 서리를 포함한 개선안을 제시했다. 유형원은 고제古制의 취지에 따라 이예吏隷에 해당하는 녹사・서리・조예・서사의 직임별 정원과 임무를 구체적으로 규정하고 이들에 대한 보수체계를 마련하였다. 보수는 녹봉과 공전수전액으로 구분되어 지급되었으

---

33 『木齋集』卷4, 書, 「答金方伯(徽)」 "八道之內 國家失其三道也 以祖宗櫛風沐雨之地 爲書員之食邑."
34 『南冥集』卷2, 疏類, 「戊辰封事」.
35 『栗谷全書』卷15, 雜著, 「東湖問答」.
36 『木齋集』卷3, 疏, 「應求言敎疏(己亥五月呈政院因國恤還出給)」.

며, 이를 통해 이예의 책임감과 업무효율을 높이기 위한 목적을 달성하고자 하였다.37 홍여하는 관료제 내에서 기강의 확립을 중시했지만, 서리의 경우 도덕성의 강화와 달리 실직에 기반한 급료제를 도입하고자 했다. 홍여하의 견해가 유형원에 비해 원론적이기는 하지만, 16세기부터 17세기까지 제시된 서리를 녹봉제로 운영하여야 한다는 견해들 사이의 유사성을 확인할 수 있다.

홍여하의 관료제 구상은 '수기치인修己治人'의 성리학적 경세론과 더불어서 '인시因時'와 '순속順俗'이라는 현실론에 입각한 관점이 결합된 형태로 구현되었다. 또한 이는 당시 예송논쟁, 문묘종사 등 서인과 남인간의 갈등 국면 속에서 붕당의 폐해를 극복하고 군주와 대신을 중심으로 한 국정운영의 현실화 혹은 정상화에 대한 기대에서 출발했음도 확인할 수 있다.

3. 전세田稅를 중심으로 한 세제稅制의 간소화

17세기 사회개혁론과 관련하여 중심적인 주제는 전제田制를 중심으로 한 토지개혁에 대한 것이었다. 조세 수취가 점차적으로 토지를 중심으로 부과되는 경향과 함께, 양전을 비롯한 사회경제정책의 경향도 이러한 관심을 촉발했을 것으로 추정된다. 이 시기 전제개혁과 관련한 일반적인 관심사는 정전제井田制를 탐구하고 이것을 조선사회에 적용하기 위한 방법론에 대한 것이었다. 정전제 시행의 가능성에서 출발하여, 현재 상황에서 적용 가능한 토지제도, 부세제도 이정에 대한 견해들이 다양하게 제시되었다.38

---

37 송양섭, 「반계 유형원의 관제개편 구상」, 『朝鮮時代史學報』 86, 2018; 송양섭, 「반계 유형원의 국가재정 개혁구상과 녹봉제 실시론」, 『韓國實學研究』 36, 2018.

전제 개혁에 대한 관심은 홍여하에게서도 확인된다. 홍여하는 역사적인 사실을 검토하며 전제 개혁에 대한 이해를 심화시켰다. 우선 맹자孟子와 주희朱熹의 견해를 토대로 전제에 대한 중요성을 인식하고 있었다.[39] 아울러 조용조租庸調를 비롯한 부세제도에 대한 역사적인 사실을 검토하고, 조선에서는 전세田稅에 해당하는 조租가 가장 부담이 많은 것으로 이해했다. 잡색雜色과 관련된 조세나 땔감, 꼴, 얼음, 숯 등도 모두 전세田稅로 충당된다는 점에서 전세가 농민에게 가장 많은 부담이 됨을 밝혔다.[40] 홍여하가 파악한 전세의 범위는 결당 부과되는 전세뿐만 아니라 17세기 이후로 공납貢納을 비롯한 다양한 수취 방식들이 전결田結을 중심으로 부과된 현상을 반영한 것으로 여겨진다.

홍여하는 삼대三代의 정전제井田制에서 출발하여 진한대秦漢代의 전제田制, 당唐의 조용조租庸調, 그리고 당唐 후기後期부터 명대明代까지 운영되었던 양세법兩稅法을 종합적으로 검토하였다. 법의 세밀함으로는 정전제井田制와 조용조租庸調를 들었고, 양세법은 간략한 법으로 이해했다. 정전제는 수전授田 즉 백성에게 토지를 분급해주고 공전公田에 수취를 취한다는 측면에서 가장 이상적인 제도였으나, 현실적으로 시행하기가 불가능하다고 보았다. 조용조 또한 당의 균전제均田制를 바탕으로 토지를 분급해주고 이에 기반으로 한 수취 체제를 유지했다는 점에서 긍정적으로 평가했으나, 토지에 대한 사적 소유의 심화 등으로 17세기 조선사회에서는 시행되기 어렵다고 보았다.[41]

홍여하는 현실적으로 가장 적합한 제도로 양세법兩稅法을 들었다. 양세

---

38 김용섭, 「朝鮮後期 土地改革論의 推移」, 『東方學志』 65, 1989; 김준석, 『朝鮮後期 政治思想史 硏究 - 國家再造論의 擡頭와 展開 - 』, 지식산업사, 2003.
39 『木齋集』 卷5, 序, 「送嶺伯李國賓(觀徵)序(○癸丑)」.
40 『木齋集』 卷9, 雜著, 「租庸調」.
41 『木齋集』 卷9, 雜著, 「租庸調」.

법은 당唐 후기後期 조용조租庸調 제도를 폐기하고 거지취세據地取稅의 원칙을 바탕으로 하세夏稅와 동세冬稅의 두 차례만 납부하도록 하여 수취 방식을 간소화한 제도였다. 양세법의 취지는 당唐 전기前期에 운영되었던 균전제에 입각한 조용조 체제가 객호客戶의 증가, 부호富戶에 의한 토지겸병 등으로 본래의 조용조 체제를 유지하기가 어렵게 되었다는 데에서 연유한 것으로서, 세수 부족을 보완하고 수취 구조의 효율성을 기하기 위한 목적을 가지고 있었다.[42] 홍여하는 양세법이 전지田地를 수세의 기준으로 삼고 있다는 점을 주목했다.[43] 홍여하는 전세로 수취방식을 일원화하고 과외수취를 지양하는 방향으로 세제가 통일되어야 한다고 여겼다.

이와 같은 시각은 부세 수취방식를 간략하게 하는 것이 바람직하다는 인식에서 출발한 것이다. 홍여하는 법을 번거롭게 하면 백성들이 곤궁해진다는 점을 언급하며, 아무리 좋은 법을 세우더라도 법을 복잡하게 세우면 백성들에게 부담이 가중된다고 보았다.[44] 법제의 간소화를 통해 수취를 가볍게 하고 절용을 통해 세출의 합리화를 이끌고자 했다.[45]

양세법을 근거로 세입의 일원화를 제시했던 홍여하의 견해는 당시 지식인들의 토지개혁론이 정전제井田制를 토대로 소유관계에 주목한 것과는 차이가 있다. 유형원을 비롯한 이 시기 토지개혁론을 주장했던 대다수의 지식인들은 정전제를 이상적인 제도로 규정했다.[46] 정전제와 관련한

---

[42] 양세법에 대해서는 박근칠, 「당 후기 양세법 운영과 지세의 관계」, 『한성사학』 18, 2004 ; 古賀登, 『兩稅法成立史の硏究』, 雄山閣, 2012 참조.

[43] 『木齋集』 卷9, 雜著, 「賦稅」.

[44] 『木齋集』 卷10, 「食貨志」 "蓋聞國之興也 法簡而事省 故其取諸民也輕 取諸民也輕 則民生遂 田野闢 而財不可勝用矣 則不可勝用 而用之有節 則其國日富 上下俱給 禮俗興行 及其旣富也 …… 事不可省 則設爲法 多方以取諸民 法愈繁而民愈困 愈困愈極 則國勢不可支持 以至於亡焉 斯乃有天下國家者之通患也 夫如是則立法善 而繼之以不善 況於始之立法有未善者乎 中國尙然 況於小邦乎."

[45] 신항수, 「17세기 중반 洪汝河의 田制認識」, 『韓國思想史學』 8, 1997 ; 도현철, 「목재 홍여하의 역사서 편찬과 고려사 인식」, 『韓國思想史學』 43, 2013, 59쪽.

대체적인 견해들은 『맹자孟子』에서 언급된 정전제에 대한 이론적 검토를 통해 조선사회의 현실을 진단하고, 농자득전農者得田이라는 이상적 원칙을 통해 민인民人의 안정적 경제활동과 수취체제를 확립하는 것이었다.[47]

홍여하 또한 정전제가 이상적인 토지제도라는 사실은 인정하고 있었다. 홍여하는 『동국통감제강東國通鑑提綱』에서 기자가 제정한 팔조법八條法과 전제田制를 집중적으로 검토하였다.[48] 『동국통감제강』에서 정전제는 한백겸의 「기전유제설箕田遺制說」를 인용하며 『맹자孟子』와 평양에 존재하는 기전箕田의 차이가 존재하였다는 점을 확인하였다. 『맹자』는 주대周代의 제도를 인용한 것이고, 기전箕田은 은대殷代의 제도였기 때문이다.[49] 한백겸의 견해를 인용한 것은 홍여하 또한 정전제에 대한 긍정적인 인식을 보여준다. 그럼에도 불구하고 홍여하는 시의성時宜性에 입각한 전제 개혁을 지향하였다. 정전제는 성인聖人이어야 실행할 수 있으며, 양세가 현재로서는 현실적인 수취제도로 이해했다. 반면 정전제·조용조는 효과보다는 폐단이 높다고 인식했다.[50] 전제에 대한 홍여하의 관점은 영구불변한 제도란 존재할 수 없으며, 현재의 상황에 따라 변화가 가능하다는 시각에서 출발한 것이었다.[51]

---

46 이정철, 「반계 유형원의 전제개혁론(田制改革論)과 그 함의」, 『역사와 현실』 74, 2009; 최윤오, 「반계 유형원의 봉건·군현론과 공전제」, 『동방학지』 161, 2013; 윤석호, 「『孟子』를 척도로 본 조선후기 공전(公田) 담론의 경세학적 층차」, 『學林』 48, 2021.
47 이영호, 「유교의 民本사상과 조선의 井田制 수용」, 『퇴계학논총』 15, 2009.
48 『東國通鑑提綱』 卷1, 朝鮮紀上, 「殷太師」.
49 『久菴遺稿』 上, 「箕田遺制說」.
50 『木齋集』 卷10, 雜著, 「食貨志」 "蓋聞國之興也 法簡而事省 故其取諸民也輕 取諸民也輕 則民生遂 …… 其國必貧 國貧則弱 綱紀未振 而先王之法壞 內而權豪 蠹竊潛蝕 外而隣敵 侵暴噬齧 百弊俱興 其端無窮 而不可勝杜 於是乎事不可省 事不可省 則設爲法 多方以取諸民 法愈繁而民愈困 愈困愈極 則國勢不可支持 以至於亡焉."
51 『木齋集』 卷5, 說, 「法制說」. 이러한 점은 정전제를 이상적인 토지제도로 이해하고 있음에도 현실적으로는 적용되기 어려우며 이를 限田制를 통해 해결하고자 했던 영남 남인계 학자였던 이현일의 견해와도 비교해 볼 수 있다(김성윤, 「『홍범연의』의 토지개혁론과 상

홍여하가 양세법을 주목했던 것은 당시의 조선 사회의 변화된 현상을 반영하고 있다. 16세기부터 제기된 공납제 개혁안은 17세기를 거쳐 공납의 현물을 전세로 대체하는 대동법으로 전환되어가고 있었다.[52] 조선사회에서 공납제를 포함한 수취제도 개혁의 방향은 토지로 수세를 집중하는 방향으로 전개되었다. 홍여하의 견해는 이와 같은 경향과 궤를 같이한다.

양세법과 더불어 홍여하는 토지 측량방식인 양전에 주목했다. 양전 방식은 중국과 조선이 차이가 있었다. 중국에서 시행되는 동적이세同積異稅의 경무법과 조선에서 시행되는 이적동세異積同稅의 결부법의 비교를 통해 상호간의 차이를 검토하였다. 중국의 양전 방식을 정井과 경頃으로 구분하였다. 정井은 황제에서 시작되어 주대周代까지 이어졌으며, 경頃은 우왕禹王이 창안한 후 한대漢代에 사용되기 시작하여 현재까지 중국의 보편적인 토지 측량 방식으로 정착되었다고 보았다. 홍여하는 1경이 대략 2.5결로 환산할 수 있다고 판단했다.[53]

홍여하는 17세기 중반 조선의 전체 전결을 70만 결로 보았으며, 이 중에서 호남이 18만여 결, 영남이 19만여 결로 전국의 4/7에 해당되는 규모로 이해했다.[54] 전세 수취와 관련하여 홍여하는 『대학연의보大學衍義補』에서 구준丘濬이 절강浙江의 세금을 경감하고 순무대신巡撫大臣을 파견하여 지역을 다스려야 한다는 견해를 인용하여 경세輕稅 즉 세금의 비율을 줄이고, 대신大臣에 해당되는 인물을 도백道伯으로 선발하여 영남 및 호남을 다

업론 - 갈암 이현일의 경세사상과 그 성격」,『퇴계학보』119, 2006, 82~84쪽). 한전제는 지주제를 부정하는 것은 아니지만, 대토지 소유제를 개혁한다는 점에서 향촌사회의 안정을 지향했다는 특징이 있다.

52 대동법의 논의와 전개과정은 이정철, 『대동법 최고의 개혁』, 역사비평사, 2010 참조.
53 『木齋集』卷9, 雜著, 「田結」.
54 『木齋集』卷9, 雜著, 「田稅」. 해당 수치는 『磻溪隨錄』과 『仁祖實錄』에서 1635년(인조 13)을 기준으로 파악된 수치와 대략적으로 일치한다(임성수, 「癸卯・甲戌量田의 시행과 田稅 운영 변화」, 『진단학보』132, 2019, 157쪽).

스리는 것이 바람직하다고 보았다.[55] 아울러 중앙에서 관원을 별도로 차송하여 각 고을의 문제를 조사하도록 하여 서리의 전횡을 방지하는 방식을 주장하였다.[56]

수취방식과 더불어 홍여하는 기전起田・진전陳田이 규정에 따라 운영되지 않는다고 이해했다.[57] 균일화된 평가가 이루어지지 않는 것은 서리를 중심으로 한 부세수취체계에 대한 비판적인 시각과 연관되어 있다. 부세제도의 문제점과 관련하여 감사였던 김휘에게 보낸 편지를 통해 짐작할 수 있다.

  도내道內 전정田政의 대란은 근읍近邑이 더욱 심한 듯합니다. 문안文案을 근거로 따져보겠습니다. 재해를 입은 것을 제외하면 1,000결結은 으레 수백 결, 혹은 100여 결로 줄어드는데, 문안文案을 따져보면 크게 감소하는 것은 아니지만 나머지 결복結卜은 대부분 거짓으로 늘어난 것입니다. 간특한 서리들이 수가인受價人의 전결을 몰수하여 그 복수卜數를 부수가인不受價人에게 멋대로 배분하기에 수십 복卜은 으레 7~8복 증가하고, 10복은 으레 3~4복 증가해, 문서의 혼란을 상고할 길이 없습니다. 그중에서 세력이 없는 자는 이미 이쪽 면面에 결복結卜을 내고, 다시 다른 면에 거듭 내니, 이것이 원수元數는 크게 감소하지 않는 듯하지만, 백성들의 곤궁은 날로 심하게 되는 원인입니다. 부유한 백성들은 대금이 넉넉하기 때문에 전수全數를 면제받을 수 있습니다. 공공연히 복호復戶를 허락받은 가난한 백성들에게 무가無價로 공급하면, 그들만 유독 그 중첩된 세금을 감당해야 합니다. 부자들은 세금이 없지만, 가난한 자들은 두 번 징수되니, 이것이 원수元數는 크게 감소하지 않는 듯하지만, 백성들의

---

55 『木齋集』 卷9, 雜著, 「田稅」.
56 『木齋集』 卷5, 說, 「送嶺伯李國賓」.
57 『木齋集』 卷9, 雜著, 「田結」.

곤궁이 날로 심하게 되는 원인입니다. 시생侍生은 겨우 중첩된 역역役을 면제받았지만, 노복奴僕이나 이웃들은 모두 흩어질 마음을 품고 있습니다. 이웃에 사는 한 백성을 목도하니, 서리書吏에게 값을 치르고 다른 면면面에서 도로 값을 돌려받습니다. 공세貢稅가 지나가고 난 이후 그 호戶에 와서 비로소 값을 징수하기에, 10복卜의 전세田稅로 거의 10여 필疋을 징수합니다. …(중략)… 한 도道의 전결田結은 으레 10의 3~4를 잃어버리니, 팔도 안에선 국가가 세 도道를 잃는 셈입니다. 조종조祖宗朝에서 갖은 고초를 겪으며 후대에 물려준 땅이 서리의 식읍食邑이 되었으니, 어찌 애통하지 않겠습니까. 자고로 국가의 토지가 적국에 분할된 경우는 있었겠지만, 어찌 서리에게 분할된 나라가 있었겠습니까. 생각이 여기에 이르니 저도 모르는 사이에 애통한 마음이 들어 잠도 편치 않고 입맛도 없습니다. 엎드려 바라건대, 태장台丈께서 이르시는 곳마다 이익과 병통을 자문하시면, 반드시 일을 잘 알아 계책을 세우는 자가 있을 것입니다. 혹 관문關文을 발급해 엄하게 다스리고, 그중에서 심한 자를 감사하고 적발해 효시梟示로 징계하려고 하면, 조금씩 경계하는 마음이 일어날 것입니다.[58]

홍여하는 전정田政의 문란을 서리의 농간으로 규정했으며 서리에게 뇌물을 지급하는 여부에 따라 수가인受價人과 부수가인不受價人으로 나누어 임의로 전세를 배분하면서 장부상 전세 총액의 문제는 발생하지 않지만, 빈농에게 전세가 전가되는 현상이 만연하고 있음을 밝혔다. 이에 따라 균질한 전세수취가 이루어지는 것이 아닌 일상적으로 편법이 발생하면서 민간의 피해가 급증하는 것을 알 수 있다. 이에 대해 홍여하는 감사가 직접적인 관리감독을 통해 이러한 문제를 해결해야 한다고 보았다. 결국 재결災結의 올바른 파악과 서리의 농간 방지를 위해서 감사를 중심으로 한 전

---

58 『木齋集』卷4, 書, 「答金方伯(徽)」.

세 수취제도의 안정을 기대하였다.

홍여하의 이와 같은 시각은 영정법永定法의 시행에 따른 전세 수취의 변화에 따른 현실을 반영하고 있다. 영정법의 시행으로 전세가 하지중下之中・하지하下之下로 하향 평준화되면서 중요한 것은 군현별 재상전災傷田을 처리하는 방식이었다. 현장에서 재결災結로 인정받기 위해서는 실무자인 서리의 역할이 중요했으며, 그 사이에 서리에 의해 자의적으로 재결災結이 배정될 가능성이 상존하고 있었다.[59] 홍여하가 제시한 전정田政 문제는 이와 연결되어 있으며, 감사의 적극적인 관리를 요구하였다.

4. 규정에 따른 요역徭役 운영과 신공身貢 축소

조선의 조세 체계는 조용조租庸調 체제를 준용하여 운영되었다. 조租는 전세田稅, 용庸은 요역徭役・군역軍役, 조調는 공납貢納・진상進上 등으로 구분되었다. 16세기까지 조선의 부세 운영에서 전세는 점차 하향 평준화되었다. 이에 반해 공납은 부산공물不産貢物, 인납引納 등의 문제가 대두되고 있었고, 역제는 군역과 요역의 기피 현상이 심화되었다.[60] 17세기 전세는 영정법으로 공납은 대동법으로 변화하면서 조세 수취에서 토지에 대한 집중화 경향이 강화되었으며, 요역 및 군역 또한 납포화되었다.

홍여하는 용庸에 해당하는 요역 문제에 대해 법제에 부합한 운영을 지향하였다. 『경국대전經國大典』에서 규정된 요역의 대상과 일수는 8결당 1부夫

---

59 영정법 전후로 변화된 전세 수취 방식과 災結 운영과 관련해서는 박종수,「16・17세기 田稅의 定額化 과정」,『韓國史論』30, 1993; 임성수,「조선후기 戶曹의 田稅 부과와 給災 운영 변화」,『한국문화』78, 2017; 임성수,「癸卯・甲戌量田의 시행과 田稅 운영 변화」,『진단학보』132, 2019 참조.
60 김성우,『조선중기 국가와 사족』, 역사비평사, 2001, 471~480쪽.

이며, 연간 6일을 초과하지 않도록 하였다.[61] 그러나 실제로 해당 규정을 초과하여 요역이 이루어지는 경우가 일상적이었으며, 요역에 따라 필요한 식량 등은 자비自備하여야 했다.[62] 이는 요역 뿐만 아니라 군역에서도 유사하다.

홍여하는 요역에 있어 사전에 필요한 인원과 소요기간을 계산하여 운용해야 된다고 보았다. 요역의 대표적인 사례로 축성築城에 따른 요역 운영을 들었다. 요역에 있어 중요한 것은 채석採石과 벌목伐木 등으로 동원되는 기간을 정확하게 계산하고, 계획에 비해 50정丁이 늘어나거나 기한이 20일 이상 증가될 경우 해당 관원에게 중벌重罰을 내어야 한다고 여겼다.[63] 또한 축성이 발생하여 인원을 징발하게 되면 해당 지역의 조세를 10년간 면제해 주어야 하고, 요역 기간에 발생하는 식량은 관에서 지공支供해야 한다고 주장하였다.[64] 이는 일반 백성의 요역으로 인한 피해는 최소화하고, 무분별한 요역의 시행으로 실질적 효과를 거두지 못하는 것을 지양하는 것이었다.

요역제의 연장선에서 홍여하는 역사적으로 호구戶口에 부과되는 부세에 대해 살펴보았다. 삼대三代 이후로는 토지를 중심으로 수세가 이루어졌으며, 호구별 부과는 상앙商鞅 이후로 시행된 것으로 이후 점차 호구에 부과되는 수세의 액수가 증가했다고 평가했다.[65] 홍여하는 호구 즉 인정에 직접적으로 부과되는 수세보다는 토지로 일원화되는 수세 방식을 긍정적으로 평가했다. 역사적 변화 양상과 더불어 홍여하는 명대에서 시행했던 이갑제里甲制에 주목했다.[66] 이갑제에 대해 호구마다 대오를 편성하

---

61 『經國大典』卷2, 戶典, 「徭賦」.
62 윤용출, 『조선후기 요역제와 고용노동』, 서울대학교출판부, 1998, 19~40쪽.
63 『木齋集』卷9, 雜著, 「築城」.
64 『木齋集』卷9, 雜著, 「築城」.
65 『木齋集』卷9, 雜著, 「戶口之賦」.

여 10년에 한 차례 돌려가며 차정하는 것으로 이해했으며, 요역에 가장 현실적인 방식이라고 보았다.[67] 요역에 대한 현실적인 원칙을 확립하고 백성의 부담을 줄이는 것이 타당하다고 여겼다.

양인良人의 요역과 더불어 공사천公私賤의 신공身貢도 용용의 일부로 규정하고, 현재에 비해서 경감될 필요가 있다고 여겼다. 『경국대전經國大典』에 의하면 공노비들은 16세부터 60세까지 신공身貢의 의무가 있었다.[68] 개인·문중·향교·서원 등에 소속된 사노비 또한 일정한 신공을 납부하였다.[69] 홍여하는 공사노비의 신공에 해당되는 것을 용용의 일종으로 규정했으며, 그에 대한 인식은 다음에서 살펴볼 수 있다.

> 나라 안에서 공사천公私賤이 5/10을 차지하는데, 공천公賤은 베를 관청에 납부하고 사천私賤은 개인에게 납부하는데 이른바 용용이다…(중략)…. 혹자가 말하기를 "사천私賤의 공납貢納은 국가로 들어가지 않으니 용용이라 할 수 있는가?"라고 했다. 내가 대답하기를 "관청이 비록 이익을 얻지는 못하지만 사천은 이미 혁파할 수 없다. 납부하는 곳이 관청인지 개인인지는 비록 다르지만 백성들에게서 나오는 것은 똑같으니, 어찌 용용이라 하지 않으랴."라고 했다. 당나라 제도는 한 사람이 1년에 20일 동안 역역을 수행하는데, 역을

---

66 明淸代 이갑제의 운영과 변화에 대해서는 송정수, 「明淸時代 鄕村社會와 鄕村支配 - 響約·保甲制의 形成과 施行過程을 중심으로 -」, 『전북사학』 21·22, 1999; 최정연·이범학, 「明末淸初 稅役制度改革과 紳士의 存在形態」, 『歷史學報』 114, 1987; 김종박, 「명말청초기 이갑제의 폐지와 보갑제의 시행」, 『中國史硏究』 19, 2002; 권인용, 「『명주오씨가기(茗洲吳氏家記)』를 통해 본 명중기(明中期) 휘주(徽州)의 이갑제(里甲制)」, 『명청사연구』 30, 2008 참조.
67 『木齋集』 卷9, 雜著, 「戶口之賦」.
68 『經國大典』 卷2, 戶典, 「徭賦」.
69 박진철, 「17세기 조선 長興 鄕校의 校奴婢 實態」, 『지역과역사』 30, 2012; 이병훈, 「17~18세기 문경 근암서원의 운영 실태」, 『嶺南學』 73, 2020; 김영나, 「17~18세기 소수서원 노비의 혼인과 가족」, 『嶺南學』 73, 2020; 김영나, 「17~19세기 병산서원 노비의 존재 양상」, 『大東漢文學』 67, 2020; 김영나, 「18세기 옥산서원 노비의 양상」, 『民族文化論叢』 79, 2021.

수행하지 않는 자는 용庸을 바쳐야 한다. 이는 남자는 해당되고 여자는 해당되지 않는다. 또 중국은 예전과 지금에도 여자에게 용庸의 의무를 지운다는 말을 듣지 못했는데, 우리나라의 여자 중 용庸의 의무가 없는 자는 사대부와 양민良民의 집안뿐이다. 이로 말미암아 보건대, 우리나라의 용庸은 조租에 비해 비록 가볍지만 당唐의 용庸에 비한다면 10배가 될 뿐만이 아니니, 매우 한탄스럽다.[70]

홍여하는 전체 인구대비 약 50%를 공사천公私賤으로 규정했다.[71] 그리고 이들이 납부하는 대상을 가리지 않고 신공身貢의 성격을 가지고 있는 것을 모두 용庸으로 이해했다. 홍여하는 현실적으로 용 즉 신공을 폐지하기는 어렵다고 보았다. 다만, 중국의 사례와 비교하여 여자인 비婢에게까지 신공을 부과하는 것은 과도하다고 여겼다. 용庸의 대상을 비婢에게까지 확대하면 그로 인한 신공의 부담이 증가하기 때문이었다.

노비 신공에 대해 현실적으로 인정하면서 비婢는 제외해야한다는 견해가 일견 신공의 부담을 줄여준다는 측면에서 진일보한 것으로 평가할 수 있지만, 노비제 자체에 대한 비판적인 인식은 아니었다는 점에서 한계가 있다. 이는 동시기 노비제에 대한 비판적인 시각을 가지고 있던 유형원과 비교해 볼 수 있다. 유형원은 노비제의 폐지를 주장했으며 이에 대한 대안으로 공노비의 경우 보수의 지급과 고립제의 시행을 통해 해결하고자 했

---

70 『木齋集』卷9, 雜著, 「租庸調」.
71 모든 군현의 신분별 분포 현상이 동일하다고 단정지을 수는 없으나, 단성의 경우 호적대장에 기재된 인구대비 노비의 비율은 1678년 62%에서 시작하여 18세기 전반까지 40~50% 사이로 변화되는 것이 확인된다(김건태, 「朝鮮後期 私奴婢 파악방식」, 『역사학보』 181, 2004, 105쪽). 호적이 모든 인구를 등재하지는 않지만, 일정부분 현실을 반영하고 있다는 점에서 신분별 인구구조의 추이를 추정해 볼 수 있다. 공사천의 비율과 관련된 홍여하의 견해 또한 선험적이거나 과장된 표현이라기보다는 자신이 거주한 지역의 신분 분포를 일정부분 반영하고 있다고 여겨진다.

다. 사노비는 종모법을 통해 전체 노비를 감소시키는 방향과 더불어 이를 대체할 고공제를 도입하는 것이 타당하다고 여겼다.[72] 이에 비해 홍여하의 노비신공에 대한 이해는 노비제에 대한 비판적인 시각보다는 비婢의 신공만을 제외하자는 것으로 한계가 있다.

홍여하가 노비 신공을 용庸으로 규정했다는 사실은 노비신공이 부세화되는 경향과 궤를 같이한다. 노비는 신분적 속성을 본질적으로 가지고 있었지만, 결과적으로 그것이 부세화되면서 나타나는 현상들이 존재했다. 18세기 이후 노비 신공이 비총제로 운영되었다는 사실은 홍여하의 시각이 현실을 반영했음을 보여준다.[73]

한편 용庸의 주요한 범주에 해당되는 군역에 관해 홍여하는 특별한 언급이 나타나지 않는다. 대체로 군역에 대한 홍여하의 시각은 백성들이 전쟁이 발생할 경우 성에 입보入保하는 것을 이롭게 해야 된다는 원칙론적 입장만이 확인된다.[74] 이러한 경향은 유계兪棨 등 당시 국정운영에 참여했던 관료들이 호포론戶布論을 비롯한 다양한 군정개혁론을 제기한 것과는 차이가 있다.[75] 요역에 대한 견해는 양세법을 근거로 세제稅制를 전제田制로 일원화하고자 했던 시각과는 차이가 있다. 조용조를 폐지하고 양세법

---

72 송양섭, 「반계 유형원의 奴婢論」, 『한국인물사연구』 19, 2013.
73 도주경, 「18세기 내시노비 비총제의 시행과 운영」, 『朝鮮時代史學報』 88, 2019.
74 『木齋集』 卷5, 說, 「城池說」.
75 17세기 군역에 대해서는 국정운영 과정에서 핵심적 개혁논의로 다루어졌으며, 戶布論을 비롯하여 군역에 대한 다양한 입장들이 확인된다(정만조, 「朝鮮 後期 良役變通論議에 對한 檢討 - 均役法 成立의 背景 - 」, 『동대논총』 7, 1977; 정만조, 「肅宗朝 良役變通論의 展開와 良役對策」, 『國史館論叢』 17, 1990; 정연식, 『영조대의 양역정책과 균역법』, 한국학중앙연구원, 2015; 이경동, 「시남(市南) 유계(俞棨)의 현실 인식과 경세론 - 「강거문답(江居問答)」을 중심으로 - 」, 『韓國史硏究』 190, 2020). 홍여하가 軍役에 대해서 구체적인 언급이 없는 것은 한계로 지적할 수 있다. 양역의 폐단을 외면하는 홍여하의 견해에 대해 班常의 구분을 강조하는 보수적인 것으로 평가하고 있기도 하다(신항수, 「17세기 중반 洪汝河의 田制認識」, 『韓國思想史學』 8, 1997, 65쪽).

에 근거한 전세로의 일원화를 주장했던 것과 달리 요역이나 신공을 지속하는 차원에서 접근한 시각은 한계로 지적할 수 있다.

5. 강학講學 중심의 향촌사회 교육 회복

조선시대 향교를 중심으로 운영되었던 향촌사회의 교육은 16세기 중반 사림들에 의해 서원書院이 건립되면서 변모되었다. 서원의 등장 배경은 사림의 성장과 이를 뒷받침하는 교육기관의 필요성이라고 할 수 있는데, 서원은 향약과 함께 향촌 자치의 중요한 토대로 작용하기 시작하였다.[76] 이후 서원은 존현尊賢과 양사養士의 양대 기능을 수행하며 향촌사회의 교육 기관으로 정착되었다.

초기 서원들은 양사養士를 중시하여 강학을 위한 강당講堂과 재사齋舍를 중심으로 건립되었으며, 실제 운영도 강학을 중심으로 이루어졌다. 이황의 주도로 건립된 이산서원伊山書院이나 이이의 강학처였던 은병정사隱屛精舍는 건립 당시에 선현을 배향하는 사우祠宇가 없었으며, 강학을 중심으로 한 운영을 지향하였던 것에서 이 시기의 경향을 확인할 수 있다.[77] 16세

---

[76] 자발성에 기초한 '士' 집단의 결속력은 서원에서 講學을 토대로 한 학문 네트워크 구축과 향약을 통한 상호의무와 연대라는 측면에서 朱熹 및 송대 이학자들에 의해 기획되었다(Peter.K.Bol, 김영민 옮김, 『역사 속의 성리학』, 예문서원, 2010, 392~403쪽). 16세기 士林의 성장과 함께 서원과 향약이 향촌사회에서 보급되기 시작한 것은 주희에 의해 기획된 향촌 사회 운영에 대한 학습을 통해 이루어진 것으로 이해된다(최완기, 「朝鮮朝 書院 成立의 諸問題」, 『韓國史論』 8, 1980; 고승제, 「鄕約導入의 歷史的 背景」, 『韓國史論』 8, 1980; 김정신, 「16세기 朝鮮의 朱子學 鄕政論 수용과 鄕約 - 鄕約의 시행 방식과 성격의 分岐를 중심으로 -」, 『東方學志』 185, 2018). 결과적으로 서원과 향약이 16세기 이후에 활성화 된 것은 성리학 이해의 심화와 연결지어 분석될 필요가 있다.
[77] 정만조, 「退溪 李滉의 書院論 - 그의 敎化論과 관련하여」, 『朝鮮時代書院硏究』, 집문당, 1997; 이경동, 「조선시대 해주 소현서원의 운영과 위상」, 『韓國思想史學』 61, 2019.

기에 건립된 서원들은 위기지학爲己之學과 도학 중심적 교육론을 바탕으로 유학 교육기관으로서 원규를 비롯한 다양한 제도를 운영하였으며, 이는 이후 건립되는 서원들의 전범典範으로 정착되어갔다.[78]

이와 같은 양상은 점차 제향祭享이 중심적인 기능을 수행하고 강학이 보조적인 기능으로 전환되면서 서원의 본연적인 기능이 변화하였다. 이는 붕당정치가 활발하게 전개되기 시작한 17세기 이후부터 보편화되기 시작하였는데, 붕당별로 학문적·정치적 종장을 배향하는 서원을 경쟁적으로 건립하게 되면서 서원이 교육적 기능보다는 붕당의 입지를 강화하고 유소儒疏를 비롯한 공론장으로 활용되었던 것이 주원인이었다.[79]

홍여하는 서원이 양사養士 즉 강학을 중심으로 운영되어야 한다고 주장하였다.

> 대저 서원을 왜 설립하였습니까. 강학講學과 선비 양성을 위함이지, 선현을 향사享祀하기 위해 설립한 것은 아닙니다. …(중략)… 후세에 학궁學宮에 제사의 희생을 둔 것은 의義로써 새로 만든 것이지, 선왕이 제정한 예는 아닙니다. 이 때문에 중국의 서원은 오히려 이런 뜻을 본받아 명유名儒들을 초빙하고 학도學徒를 모아 그 속에서 밤낮으로 강송합니다. 혹 서원을 건립하여 책을 모으기도 하지만 여기에 향사享祀는 없으며, 혹 향사를 마치고 강송하기도 하지만 모두 제한하는 법규를 정해둡니다. 우리나라는 그렇지 않아 모든 곳의 서원은 대부분 제향祭享을 중히 여기며, 선비 양성과 권학勸學을 두 번째 일로 여깁니다. 봄·가을로 모여 제사를 드릴 뿐이며, 사생師生이 강송講誦하는 규정을 둔 곳은 온 나라를 통틀어 없습니다. 혹 기거하면서 공부 하려는 자가

---

78 이경동, 「16세기~17세기 초 영남지역 서원 원규의 구조와 변화」, 『중앙사론』 55, 2022.
79 정만조, 「17~18세기의 書院·祠宇에 관한 試論」, 『朝鮮時代 書院研究』, 집문당, 1997, 141~148쪽.

있어도 유사有司가 비용을 아까워하면서 막습니다. 심한 경우엔 친구들을 불러 모아 한바탕 한담閑談을 나누다 끝내기도 합니다. 이에 우리나라 서원은 단지 선현을 위한 사당祠堂이며 후학들의 잔치 모임 장소일 뿐, 선비의 양성과 강학의 실재를 볼 수 없습니다. 국가에서 文을 높이는 뜻과 퇴계가 서원의 건립을 제정함이 어찌 결단코 그렇게 하려고 한 것이겠습니까. 서원을 지어서 이와 같다면, 서원이 없는 것이 더 낫습니다.[80]

홍여하는 서원의 본질적 기능은 강학講學을 중심으로 한 양사養士이며, 제향은 부수적인 기능으로 이해하였다. 이와 같은 시각은 현재의 서원들이 강학보다는 제향을 위주로 운영되는 것에 대한 비판적인 인식을 반영하고 있다. 제향 위주의 서원 운영에 대해 홍여하는 서원 자체의 무용론을 제기하며 강학을 중심으로 하는 서원의 본원적 기능을 수행해야 한다는 입장을 밝혔다. 특히 이와 같은 주장의 근거로 중국 서원의 사례를 제시하였다.

17세기 이후로 제향을 중심으로 서원들이 운영된 배경은 서원의 재정이 강학을 운영하기에 현실적으로 풍족하지 않았던 데에도 원인이 있었다. 초기 서원들의 교육은 정기 강학講學과 기숙학습인 거재居齋로 운영되었다. 문제는 운영 과정에서 교육에 따른 비용이 필요한 관계로 서원 내에서 소요 경비를 자체적으로 충당하기에는 한계가 있었다는 점이다. 사액 서원들의 경우 재정적 사정은 다른 서원에 비해 나은 편이었지만, 극소수의 서원을 제외하고는 정기 강학과 거재를 활발하게 시행하는 경우는 매우 드물었다. 홍여하가 언급한 바와 같이 재정을 담당하는 유사들은 거재하는 유생을 거부할 정도로 사정이 원활하지 않았다.

---

80 『木齋集』卷5, 說, 「咸寧書院立約文」.

그럼에도 불구하고 교육 기능이 저하된 서원 운영은 바람직하지 않으며 본원적인 기능으로 돌아가야 한다는 것이 홍여하의 기본 입장이었다. 또한 그 근거로 노선생老先生 즉 이황의 서원관을 제시하였다.[81] 이황은 서원에서 향사보다는 강학을 위주로 운영되어야 한다고 여겼다.[82] 이러한 시각에서 홍여하 또한 이황의 서원관을 계승하는 관점에서 서원 교육을 강조하였다.

홍여하는 서원의 교육을 강화하기 위해 강규講規를 제정하여 강학의 본원적 기능을 강화할 필요가 있음을 역설하였다. 강규에서 중요한 점은 한 텍스트에만 집중하지 않고 다양한 주석서를 습득하여 지식을 향상시키는 것이었다. 또한 구법句法을 강조하였는데, 문의를 깨닫기 위해서는 이러한 방식이 타당하다고 여겼다.[83] 원규院規와 별도로 강규講規를 마련하는 것이 18세기 서원에 이르러서야 보편화되는 양상을 유추해보면, 이와 같은 이해는 이른 시기에 나타난 서원 운영에 대한 개선책으로 이해할 수 있다.

서원에 대한 홍여하의 견해는 서원을 폐지하고 관학 중심으로 교육제도를 개편하려고 했던 유형원과 차이를 보인다. 유형원은 관학을 중심으로 한 교육제도를 구축하고 이를 관료 선발에 연계하려는 교선론敎選論의 입장에서 교육 개혁을 추구했다.[84] 관학인 읍학邑學 - 영학營學 - 태학太學을 중

---

81 『木齋集』卷4, 書,「答權子韜(銃○甲寅)」 "近日嶺中 由立祠一事 到底紛紛 專尙鬪爭 毋論得失 邪正 俱非老先生當日設祠院淑世道之本意也 君子尊賢之道 要在尊其道而服行之正 不必汲汲 爲立祠享祀等擧力戰角立之論 以自託於尊賢之義也"

82 김자운,「퇴계의 서원관과 조선후기 소수서원 講學의 변화」,『퇴계학논집』18, 2016. 한편 퇴계는 서원의 기능에 있어 제향도 중요한 요소로 이해하기도 한다(김형찬,「퇴계(退溪)의 서원관(書院觀)에 대한 철학적 해명」,『退溪學報』136, 2014).

83 句法의 중시는 朱熹의 性理說을 보다 온전하게 이해하기 위한 목적으로 이해하기도 한다 (전재동,「木齋 洪汝河의 經學觀과 經書 解釋」,『嶺南學』23, 2013, 102~107쪽).

84 James.B.Palais, 김범 옮김,『유교적 경세론과 조선의 제도들 - 유형원과 조선후기』1, 산처럼, 2008, 235~241쪽; 송양섭,「반계 유형원의 敎選論과 貢擧制 구상」,『韓國史硏究』182, 2018.

심으로 교육 정책을 추진하고, 관료의 선발은 이를 중심으로 한 공거제貢擧制를 통해 구현하고자 하였다. 유형원은 서원의 발생으로 관학 교육이 과거를 중심으로 운영되면서 교육의 본질이 훼손되었으며, 국가가 관학 교육을 올바른 방향으로 진작한다면 서원의 필요성이 없어질 것이라고 보았다.[85] 유형원은 학교 제도를 관학으로 일원화하면서 현재의 교육과 인재등용의 폐단을 개선한다는 면에서 서원의 필요성을 인정하지 않았다.

홍여하의 서원에 대한 시각은 교육기관으로서 성격을 인정하면서 현재의 제향 위주의 운영 방식을 본래의 목적인 강학과 인재양성으로 회복하자는 것으로 유형원과는 차이가 있다. 이는 홍여하와 유형원이 거주한 지역과 향학 활동의 차이로 이해할 수 있다. 홍여하가 활동한 영남 지역은 전국적으로 가장 많은 서원이 건립되었을 뿐만 아니라, 홍여하 스스로 서원 운영에 관련한 교육에 적극적으로 참여하고 있었다. 홍여하가 주목한 것은 서원의 유무가 아닌 서원이 운영되는 본질적인 기능을 확대하자는 방향으로 이해할 수 있다.

6. 맺음말

17세기는 조선사회에서 다양한 경세론들이 발현되던 시기였다. 정치운영, 부세, 군역, 교육, 향촌운영 등에 이르기까지 경세론의 범위는 포괄적이었으며, 학파 혹은 개인별로 현실인식 및 사상의 기저에 따라 경세론의 방식은 공통점과 차이점이 있다. 국정운영을 담당했던 관료뿐만 아니라

---

[85] 『磻溪隨錄』卷9, 敎選之制, 「學校事目」 "今之書院 古所未有 蓋後世敎失 州縣學校止爲科擧聲利之場 有志之士 不得已於閑僻處別立精舍 以爲講業之所 此書院之所以興也 若國家所以敎者 旣復其正 而邑學鄕庠 皆已修擧 則無所事於書院矣."

재야 지식인들에 이르기까지 경세론들이 다양하게 나타난 것도 이 시기를 관통했던 경향의 하나로 이해할 수 있다.

홍여하의 경세론은 자신의 현실인식과 더불어 중국 및 동국의 역사를 종합적으로 검토하는 과정에서 과거의 사실의 내용을 파악하고, 이에 대한 해결방안을 현실 가능성의 유무로 접근했다는 사실에서 동시기 지식인들과 차별되는 특징이 있다. 그의 경세론은 수기치인修己治人이라는 성리학적 경세론을 기본 전제로 하지만, 제도의 변화와 시의성에 주목하였다. 수양론을 중심으로 한 성학론聖學論의 이해를 넘어서 당대에 부합하는 법제의 개혁을 통해 현재의 문제점이 개선될 수 있다고 보았다.

홍여하는 전제田制, 요역徭役, 교육敎育 등에 이르기까지 경세의 주제를 세분화하여 분석하였다. 특히 홍여하가 선택한 방식은 역사적인 고찰을 통해 자신의 입론을 강화하는 것이었다. 전제田制에 있어서는 조용조租庸調, 양세법兩稅法 등 중국에서 시행되었던 세제를 종합적으로 검토하였으며, 요역과 교육에서는 중국과 조선의 현재를 비교한 인식에 기초하여 개선안을 제시하기도 하였다. 이와 같은 홍여하 경세론의 특징은 제도의 간소화와 규정에 따른 준수로 요약할 수 있다. 복잡한 방식의 제도운영은 폐단을 지속적으로 야기할 뿐이며, 이를 최소화하는 것이 폐단의 발생을 방지할 수 있는 것이라 여겼다. 이는 조선후기 부세제도의 변화 양상에서도 주목되는 부분이다. 아울러 원칙적인 운영도 강조하였는데, 모든 폐단의 발생은 규정에 따르지 않는 데에서 발생한다고 보았다.

끝으로 이 글에서는 홍여하의 경세론과 동시기 지식인들의 경세론을 단편적으로 비교하는 데 그쳤다. 영남 지식인들의 경세론과 홍여하의 경세론을 비교하는 것은 학문과 시대인식을 공유하였던 인물들 사이의 사상사적 지형을 이해하는 데 필수적인 과제라고 생각한다. 이러한 분석이 이루어진다면 17세기 영남 지식인의 사상적 특징과 홍여하 경세론의 위상을 보다 다채롭게 이해할 수 있을 것이다.

| 참고문헌 |

1. 사료

『朝鮮王朝實錄』『經國大典』
『久菴遺稿』『南冥集』『木齋集』『磻溪隨錄』『順菴集』『栗谷全書』
『東國通鑑提綱』

2. 단행본

김준석, 『朝鮮後期 政治思想史 硏究 - 國家再造論의 擡頭와 展開 - 』, 지식산업사, 2003.
김성우, 『조선중기 국가와 사족』, 역사비평사, 2001.
김현영 외, 『우암 홍언충과 목재 홍여하의 생애와 사상』, 문경시·근암서원운영위원회, 2016.
우인수, 『朝鮮後期 嶺南 南人 硏究』, 경인문화사, 2015.
윤용출, 『조선후기 요역제와 고용노동』, 서울대학교출판부, 1998.
이정철, 『대동법 조선 최고의 개혁』, 역사비평사, 2010.
정연식, 『영조대의 양역정책과 균역법』, 한국학중앙연구원, 2015.
James.B.Palais, 김범 옮김, 『유교적 경세론과 조선의 제도들 - 유형원과 조선후기』, 산처럼, 2008.
Peter.K.Bol, 김영민 옮김, 『역사 속의 성리학』, 예문서원, 2010.

3. 논문

고승제, 「鄕約導入의 歷史的 背景」, 『韓國史論』 8, 1980.
김건태, 「朝鮮後期 私奴婢 파악방식」, 『역사학보』 181, 2004.
김경래, 「농암 유수원의 官制 개혁안과 大臣論」, 『한국실학연구』 36, 2018.
_____, 「栗谷 李珥의 大臣論과 위기의식 - 『經筵日記』를 중심으로 - 」, 『朝鮮時代史學報』 88, 2019.
김성윤, 「『홍범연의』의 토지개혁론과 상업론 - 갈암 이현일의 경세사상과 그 성격」, 『퇴계학보』 119, 2006.
김영택, 「木齋 洪汝河의 歷史意識과 文學觀 硏究」, 안동대학교 석사학위논문, 2004.
김용섭, 「朝鮮後期 土地改革論의 推移」, 『東方學志』 65, 1989.
김자운, 「퇴계의 서원관과 조선후기 소수서원 講學의 변화」, 『퇴계학논집』 18, 2016.
김정신, 「16세기 朝鮮의 朱子學 鄕政論 수용과 鄕約」, 『東方學志』 185, 2018.
김형찬, 「퇴계(退溪)의 서원관(書院觀)에 대한 철학적 해명」, 『退溪學報』 136, 2014.
도주경, 「18세기 내시노비 비총제의 시행과 운영」, 『朝鮮時代史學報』 88, 2019.
도현철, 「목재 홍여하의 역사서 편찬과 고려사 인식」, 『韓國思想史學』 43, 2013.
박근칠, 「당 후기 양세법 운영과 지세의 관계」, 『한성사학』 18, 2004.
박인호, 「『동국통감제강』에 나타난 홍여하의 역사인식」, 『퇴계학과 유교문화』 54, 2014.
박종수, 「16·17세기 田稅의 定額化 과정」, 『韓國史論』 30, 1993.

박진철, 「17세기 조선 長興 鄕校의 校奴婢 實態」, 『지역과역사』 30, 2012.
설석규, 「朝鮮時代 儒生의 文廟從祀 운동과 그 性格」, 『朝鮮史研究』 3, 1994.
송양섭, 「반계 유형원의 奴婢論」, 『한국인물사연구』 19, 2013.
_____, 「반계 유형원의 관제개편 구상」, 『朝鮮時代史學報』 86, 2018.
_____, 「반계 유형원의 국가재정 개혁구상과 녹봉제 실시론」, 『韓國實學研究』 36, 2018.
_____, 「반계 유형원의 敎選論과 貢擧制 구상」, 『韓國史研究』 182, 2018.
신항수, 「17세기 중반 洪汝河의 田制認識」, 『韓國思想史學』 8, 1997.
우인수, 「목재(木齋) 홍여하(洪汝河)의 현실인식과 대응」, 『韓國思想史學』 43, 2013.
윤석호, 「『孟子』를 척도로 본 조선후기 공전(公田) 담론의 경세학적 층차」, 『學林』 48, 2021.
이경동, 「시남(市南) 유계(俞棨)의 현실 인식과 경세론」, 『韓國史研究』 190, 2020.
_____, 「16세기~17세기 초 영남지역 서원 원규의 구조와 변화」, 『중앙사론』 55, 2022.
이병훈, 「17~18세기 문경 근암서원의 운영 실태」, 『嶺南學』 73, 2020.
이상익, 「주자(朱子)와 율곡(栗谷)의 경세론(經世論)」, 『율곡학연구』 11, 2005.
이영호, 「유교의 民本사상과 조선의 井田制 수용」, 『퇴계학논총』 15, 2009.
이정철, 「반계 유형원의 전제개혁론(田制改革論)과 그 함의」, 『역사와 현실』 74, 2009.
임성수, 「조선후기 戶曹의 田稅 부과와 給災 운영 변화」, 『한국문화』 78, 2017.
_____, 「癸卯·甲戌量田의 시행과 田稅 운영 변화」, 『진단학보』 132, 2019.
정만조, 「朝鮮 後期 良役變通論議에 對한 檢討 - 均役法 成立의 背景 -」, 『동대논총』 7, 1977.
_____, 「肅宗朝 良役變通論의 展開와 良役對策」, 『國史館論叢』 17, 1990.
정재훈, 「경연(經筵)·서연(書筵)과 조선의 군주학」, 『복현사림』 30, 2012.
최윤오, 「반계 유형원의 봉건·군현론과 공전제」, 『동방학지』 161, 2013.

4

홍여하의 전제인식*

신항수
한국교육과정평가원 연구위원

1. 머리말

전제田制는 기본적으로 농업사회였던 조선사회에서는 핵심적인 문제였으며, 지주적 토지경영이 확산되고 있던 17세기 이후에는 더욱 중요한 문제로 대두되고 있었다. 농민층의 분해와 그에 따르는 국가의 수취체제 붕괴 속에서 전제를 개혁하자는 의견은 당시의 다양한 계층에서 제기되었다. 이러한 문제제기는 결국 경서에 나타난 유교사회의 이상적 제도인 고제古制와 사서를 통해 알고 있었던 중국과 조선의 많은 경험을 어떻게 해석 할 것인가에 귀결되는 문제였다. 조선시대의 유학자들이 가장 핵심적으로 바라보았던 고제古制는 정전제井田制였다. 『맹자孟子』나 『주례周禮』

---

* 이 글은 1997년에 한국사상사학보에 발표한 글을 일부 윤문한 것이다. 30년 가까운 시차가 있는 만큼 이 글을 쓸 때와 현재 사이에 필자의 생각은 많이 바뀌었다. 현재의 입장이라면 이 글을 많이 고쳐 썼으리라 생각되며, 다시 읽다보니 민망한 부분도 많다. 하지만 홍여하가 균전제와 조용조적 인식을 버리고 토지를 중심으로 하는 부세 제도를 주장한 것이 의미 있다는 생각은 변하지 않았다. 이러한 점에서 원래 글을 윤문하고, 잘못된 인용을 고치는 정도만 수정하였다.

등의 경서經書에 원론적으로 기술되었던 정전제는 소중화 의식의 확산과 함께 평양에서 기전箕田의 유지遺地를 찾으면서 더욱 관심을 끌고 있었다. 기전의 실재에 대한 믿음은 정전제의 실재에 대한 믿음으로 이어졌다. 그리고 중국 고전 및 역사에서 나타난 각종 제도는 조선의 당대 제도의 원형으로 인식되었다.

조선 후기의 전제 이해에 대한 기존의 연구는 주로 실학자들의 저술을 분석하면서 진행되었다. 많은 연구자들이 유형원이나 이익, 정약용 등의 토지 개혁론을 분석하면서 그 이론적 틀이 되었던 정전제에 대해 주목하였다. 이러한 관점에서 정전제를 긍정하는가 여부에 따라 각 유학자들의 성향을 규정하는 논문이 나오기도 하였으며[1], 정약용의 정전론을 분석하여 그것이 토지개혁이기보다는 부세제도 개혁에 목적이 있었다는 연구가 나오기도 하였다.[2]

한편 정전제 또는 균전제는 고려 말 이래 500여 년간, 혹은 중국의 역사를 포함하여 2000년 가까이 문제 해결의 방안으로 제시되고 있었던 것도 사실이다. 특히 전정의 문란이라는 상황에서 정전제 또는 균전제를 근거로 사회문제를 해결하고자 하였던 경향은 조선 건국기의 신진 사대부로부터, 중종대의 사림파나 양란 이후의 많은 유학자들, 심지어는 18세기의 여항문학가, 구한말 활빈당의 지도부, 보수적 유학자인 이항로 등에게서도 나타난 생각이었다.[3] 결국 정전으로 표현되는 토지 균분 사상이 유학의 이상사회로 경전에 수록되어 있는 이상, 정전제적 혹은 균전제적 사회개혁이나 사회운영 논의는 포기할 수 없는 것이었다. 그렇다면 정전제나 균

---

1 金容燮,「朱子의 土地論과 朝鮮後期 儒者」,『延世論叢』21, 1985.
2 李榮薰,「丁若鏞의 井制論의 構造와 歷史的 意義」,『東洋學 學術會議 論文集』4, 1990.
3 李景植,「朝鮮後期의 土地改革論議」,『韓國史研究』61·62 합집, 1988; 裵亢燮,「동학농민전쟁에 나타난 토지개혁 구상」,『史叢』43, 1994; 강명관,「朝鮮後期 閭巷文學研究」, 성균관대학교 박사학위논문, 1991.

전제를 제기하였다는 사실만을 강조하거나, 그것에 회의를 가졌다는 사실을 비판하기 보다는 그것이 어떤 맥락으로 제기되는가를 파악하는 것이 선결되어야 하리라고 생각한다. 즉 당대의 학자들이 전제에 대한 자료를 읽을 때 염두에 두었던 사회상 혹은 역대 전제에 대한 이해를 통해 해결하고자 했던 사회상이 무엇인지 먼저 파악되어야 할 것이다.

이를 위해 이 글에서는 17세기 중엽의 유학자인 홍여하가 정전제와 이후의 제도에 대해서 어떻게 이해하였으며, 그것은 현실문제와 어떻게 이어지는가에 대해 살펴보겠다. 홍여하는 이황과 유성룡의 학통을 이은 영남 남인으로 효종에서 현종에 이르는 정국에 참여하였고, 영남 남인의 역사인식에 큰 영향을 미친『휘찬여사彙纂麗史』와『동국통감제강東國通鑑提綱』등의 역사서술을 남긴 유학자이다.[4] 각종의 제도에 대한 인식이 결국 당시에 파악하고 있던 역사적 사실 내지는 역사 인식에서 기인한다고 할 때, 영남 남인의 대표적 역사서술을 남긴 홍여하의 생각은 의미 있을 것이다. 이 글에서는 그가 바라본 정전제와 이후의 제도, 그리고 주장하였던 제도 개혁의 방향 등을 살피고자 한다. 이를 통해 당시 성리학자들이 가지고 있던 현실 의식과 역사 의식의 일단에 접근할 수 있을 것이다.

2. 정전제와 역대 전제田制에 대한 홍여하의 이해

유학에서는 인정仁政을 통한 민생의 안정이 계속 강조되었으며, 그를 위한 구체적 방법은 맹자 이래 정전제井田制로 이해하고 있었다. 정전제를

---

[4] 韓永愚,「17세기 중엽 嶺南南人의 歷史敍述 - 洪汝河의 彙纂麗史와 東國通鑑提綱」,『邊太燮博士華甲紀念 史學論叢』, 1985; 고영진,「홍여하」,『한국의 역사가와 역사학』, 창작과 비평사, 1994.

통한 균산均產의 실현은 전제와 관련된 논의가 있을 때마다 계속 부각되고 있었다. 한나라 이래 계속 논의되었던 한전限田이나 균전均田 역시 정전제적 발상에서 비롯된 것이었다.[5] 조선 시대의 유학자들도 정전제 혹은 한전이나 균전 등에 대한 논의를 통해서 당대 제기되었던 토지 문제 혹은 민생 문제를 해결하고자 하고 있었다. 이 장에서는 홍여하가 정전제 이래의 제도를 어떻게 이해하고 있었는가를 살펴보겠다.

(1) 역대 토지제도의 고찰과 균전적 개혁의 부정

홍여하는 평양의 '기전유지箕田遺趾'를 통해서 정전의 실재를 확신하고 있었다. 그는 평양에 부임하는 남후南垕에게 보낸 시에서 진나라의 법을 따라 밭두둑을 허문 후 '삼대三代의 예기禮器'가 남아있는 곳은 오직 동방일 뿐이라고 한 뒤, 평양에 도착하거든 명승지만 구경하지 말고 기전의 유적을 찾아가 그림으로 그려서 보내줄 것을 당부하였다.[6] 이 시에서 그는 '기전유지'가 정전의 모양을 간직 한 것으로 파악하고 삼대의 옛 제도가 흔적이나마 남아있다는 사실에 대해 강한 자부심을 보였다. 이러한 측면은 그의 『동국통감제강東國通鑑提綱』 서술에서도 나타나, 은태사조殷太師條에서 기자의 팔조지교八條之敎와 함께 정전제 시행을 강조하였으며, 한백겸의 기전유제설箕田遺制說을 상세하게 전재하였다.[7] 홍여하 역시 당시의 다른 유학자들과 같이 정전제를 삼대의 미법으로 보고 있었으며, 그것이 기자에 의해 조선에서 시행되었다는 점을 강조하고 있었다.

정전제의 원칙은 국가에서 토지를 민에게 균등하게 나누어주고 그에 따라 각종의 부세를 균등하게 수취하는 것이었다. 홍여하가 정전제를 어

---

5 양필승, 「중국사회에 있어서 토지사유제의 출현과 성장」, 『建大史學』 8, 1988.
6 『木齋集』 卷2, 詩 古井田歌送大同丞南載元 垕 爲別.
7 『東國通鑑提綱』 卷1, 朝鮮紀上 殷太師.

떻게 이해하고 있었는가를 파악하기 위하여 먼저 국가에서 토지를 나누어주는 문제 즉 수전授田에 대해 어떻게 생각했는가를 확인해 볼 필요가 있다. 그는 중국에서 국가가 토지를 나누어준 사례를 삼대의 정전법과 당의 균전제에서 찾고 있었다. 그런데 삼대의 정전제는 진秦을 거치며 소멸되었고, 당의 균전제는 불과 200년이 못가서 없어지는 것이 역사적 경험이었다. 홍여하는 당에서 토지를 주는 제도는 오래가지 못했다고 언급하면서 균전제의 비현실성을 강조하였다. 토지를 나누어준 사례는 자국사에서도 찾을 수 있었다. 그는 고려가 삼대의 제도를 모방하여 토지를 분급하였지만, 끝내 호강한 자들에게 토지가 돌아가고 민생은 파탄에 이르렀으며 각종 폐단이 나타났다고 보고 있었다.[8]

균전제와 조용조의 실패는 홍여하에게 큰 영향을 주었던 것으로 보인다. 이러한 상황 탓인지 홍여하는 정전제이나 균전제를 시행하자는 주장을 하지 않았다. 균전제와 연결되는 부세 방법이었던 조용조의 혁파를 고찰하면서, 그는 다음과 같은 언급으로 정전제를 다시 시행할 수 없는 상황임을 암시하였다.

> 세도는 강물이 흐르는 것과 같으니 법제는 그에 따라 변한다. 성인이 만든 법이라도 역시 오랫동안 폐가 없을 수 없다. 대개 천하의 흐름에 전적으로 이로

---

[8] 『木齋集』卷9, 授田. 唐初 行之而不能久 高麗略倣三代之制 上自公卿 下及軍民 皆授以田 及其弊也 中外良田 悉歸私門 權要之家 據占制外 無勢之家 有位無田 以致公田日蹙 國用日耗 須資厚斂 民不聊生 又有權勢子弟 爭占膏腴 互相攘奪 詞訟日繁 冒制行私 曾不憚畏 勢均力敵 訟久不決.
고려의 토지제도에 부정적인 홍여하의 입장은 그것을 긍정적으로 바라본 비슷한 시기의 유형원과 대조된다. 이는 홍여하가 '授田'에 부정적이었고 유형원은 적극적으로 균전제를 시행하고자 하였던 사실에서 기인한 것으로 생각된다. 유형원의 고려 전제에 대한 평가는 그의 『隨錄』高麗田制에 상세하다. 유형원의 인식은 고려말 신진사대부 이래 조선시대 유학자들에게 일반적인 것이었다.(김기섭,「고려말 鄭道傳의 토지문제 인식과 전제개혁론」,『역사와 경계』101, 2016)

운 이치는 없다. 그 이익이 있으면 반드시 그 해로움도 있으니 이익이 많고 해로움이 적으면 좋은 법이오, 해로움이 많고 이로움이 적으면 끝내는 시행할 수 없다.[9]

이는 이미 시세가 변하여 토지를 나누어주는 정전제적 또는 균전제적인 정책은 시행될 수 없다는 언급이었다. 즉 그는 조선 전기의 사림파나 당시의 유형원 등의 유학자들과는 달리 고제에 나타난 토지의 분급은 실현할 수 없는 시세로 파악하고 있었다. 그는 같은 글에서 개혁의 어려움을 다음과 같이 피력하였다.

> 무릇 이해의 형상은 변하고 변해 서로 이어진다. 구차하게 지극히 잘 알지 못하는 자는 완벽히 살피기 어렵다. 세상의 이익을 좋아하는 선비가 한 사람의 지혜로 망령스럽게 창건하여, 백성에게 화를 끼치는 것을 이루 말할 수 있을 것인가?[10]

위의 언급은 정전법을 혁파하고 양세법을 시행하는 과정의 논의를 정리한 뒤 나온 것이었다. 뒤에서 살펴보겠지만 그는 조용조의 폐단을 해결하기 위해 나온 양세법을 높이 평가하고 있었다. 그렇다면 그의 언급은 균전을 전제로 하는 조용조의 시행을 반대하였던 중국의 학자들과, 균전적 이상을 계속 강조하던 조선의 유학자들에 대한 비판으로 해석할 수 있을 것이다.

9　『木齋集』卷9, 罷租庸調. 世道如江河之運 而法制隨之以變 聖人作法 亦未有久而不弊者 蓋天下之勢 理無全利 有其利則必有其害 利多害少斯爲良法 害多利少終不可行.

10　『木齋集』卷9, 罷租庸調. 嗟夫 利害之形 輾轉相仍 苟非至明 有難盡察 世之好利之士 以一人之智 妄有創建 貽禍生民者 可勝道哉.

홍여하의 인식은 그만의 독자적인 것이라기보다는 당시의 시대적 경향이 반영된 것으로 생각된다. 이는 중앙 정계에서 논의되었던 균전의 내용을 파악할 때 잘 드러난다. 조선 전기에 논의되었던 균전은 당나라에서 시행된 균전제, 즉 토지의 균분을 내용으로 하고 있었다. 그런데 17세기 대동법의 시행을 앞두면서는 균전의 의미가 양전으로 바뀌게 된다. 이미 17세기 이후에는 적어도 중앙 정부 차원에서 논의된 균전의 의미는 토지 소유를 균등히 한다는 의미보다는 부세를 공평히 부과한다는 의미로 바뀌게 된 것이다. 명목상으로는 양전과는 달리 공평한 부세를 부과하기 위한 균전의 시행이라는 논리를 사용하고 있지만, 내용은 양전量田에 다름이 없었다. 실제 현종대에 대동법의 시행을 앞두고 균전청이 설치되어 경기지역의 양전을 시행하였으며, 그 뒤에도 균전의 이름으로 토지 보유를 실측하는 작업이 계속 이루어지고 있었다. 심지어 현종대에는 전품을 채우지 못한다는 이유로 해당 읍의 수령들에게 결장決杖을 해야 한다는 주장이 나오기도 하였다.[11] 토지를 균등히 나누어주고 그를 근거로 수취한다는 원론에서 실제 가지고 있는 토지에 따라 수취한다는 현실론으로 균전의 의미는 바뀌고 있는 것이다. 홍여하의 균전적 이상에 대한 부정은 조선 후기에 나타난 이와 같은 균전에 대한 인식 변화와 연관있는 것이다.

(2) 부세제도를 중심으로 하는 고제 이해

이상에서 살펴본 바와 같이 홍여하는 정전법이나 균전제 등 토지 분급은 고제나 경전에 그 근거가 있음에도 불구하고 당대에의 시행 가능성을 부정하고 있었다. 그렇다면 그가 고제와 중국의 역대 제도에서 강조하고 있었던 것은 무엇이었을까?

---

11 『顯宗實錄』卷6, 4년 2월 癸亥.

홍여하는 부세제도의 이정을 당면한 문제로 생각하고 있었다. 이를 위해 그는 먼저 중국의 부세제도 변화를 파악하였다. 홍여하는 마단림馬端林의 언급을 인용하여 역대 중국의 부세제도에는 네 번의 변화가 있었다고 파악하였다. 구체적으로 토지를 주고 소출의 십분의 일을 받는 정전제, 민이 가지고 있는 토지에 따라 과세하되 토지의 많고 적음은 문제 삼지 않는 진秦과 한漢의 제도, 민에게 전田을 주고 조租를 수취하며 호구를 헤아려 조調를 수취하고, 인정에게서 용庸을 수취하는 당의 조용조, 민이 소유한 전에 따라 세를 부과하고 인정과 호구는 헤아리지 않는 당말에서 당시까지의 양세법兩稅法을 네 가지 중요한 부세제도로 파악하고 있었다.[12]

그는 이러한 각종의 부세 제도를 먼저 정밀함을 위주로 하는 제도와 간략함을 위주로 하는 제도로 나누었다. 그는 정전제와 조용조를 정밀함을 위주로 하는 제도로, 진과 한의 법제와 양세법을 간략함을 위주로 하는 제도로 각각 파악한 후, 각 제도의 득실을 논하였다. 조용조와 정전제는 모두 국가에서 토지를 나누어주고 이를 근거로 부세를 부과하는 공통점을 가진 제도였다. 그는 정전제에서의 부세부과가 다음과 같이 이루어졌다고 보았다.

옛날에는 정으로 민에게 토지를 나누어주었다. 인정이 많으면 토지도 많았으며, 토지가 많으면 인정도 많았다. 그 생산의 풍족함과 적음, 인정의 많고 적음이 토지에 비례되었다. 그러므로 토지에 의거하여 부세를 정하면 그 역이 스스로 공평했다.[13]

---

12 『木齋集』卷9, 雜著, 賦稅. 中國賦稅之法 蓋四變 授民以田 而稅其十一 曰井田者 三代之制也 隨田之在民者稅之 而不復問其多寡者 秦漢之制也 授民田而收其租 計戶而收調 計丁而收庸 曰租庸調者 唐制也 隨民之有田者稅之 而不復計其丁戶 斂以夏 秋曰兩稅者 自唐季至今之制也.
13 『木齋集』卷9, 雜著, 租庸調. 古者 井授民田 丁多則田多 丁少則田少 其產之豐約 丁之多寡 視田爲比 故據田定賦 而其役自均.

중국의 부세제도의 변화를 파악하면서 그가 정전제의 핵심으로 파악하였던 것은 농민에게 토지를 주고 10분의 1세를 받는 것이었다. 그리고 그렇게 부여한 토지는은 인정人丁의 숫자와 비례해서, 인정이 많으면 토지도 많고, 인정이 적으면 토지도 적게 되는 구조였다. 그러므로 각종의 부세나 부역이 토지의 다과와 인정의 다과에 비례되어 부과되었다. 이 중에서도 그는 특히 부세가 토지에 의거하여 부과된다는 점을 가장 핵심으로 삼고 있었다.

홍여하는 정전제가 붕괴한 뒤 인정과 토지의 다과가 일치하지 않게 된 상황을 타개하기 위해서 나온 제도가 조용조였다고 보았다. 정전제라는 성인이 만든 법을 되살렸다는 측면에서 그는 조용조를 족히 한때의 아름다운 법이라고 할만하다고 생각했다. 그러나 결론적으로 조용조는 인정과 토지의 다과를 일치시키지 못했다는 점에서 정전제와 같을 수 없었다. 조용조의 시행에서 나타난 문제점을 그는 다음과 같이 요약하였다.

> 그러나 당나라 초기에 토지를 주는 제도를 대충 시행하였다. 그래서 인정의 다과를 실제 셈함에 폐단에 미치게 되었다. 토지를 줄 때 인정이 많고 적은 실제를 파악하기 어려워, 근거 없이 쌓이게 되었다. 그러니 부역이 어찌 스스로 균등하겠으며, 민생이 어찌 자라날 수 있겠는가?[14]

홍여하가 생각한 정밀함은 결국 토지와 인정을 일치시켜 나누어 주는 것이었다. 그리고 그는 정밀한 법은 오직 성인만이 시행할 수 있으며, 성인이 아닌 중인衆人은 간략한 법을 시행해야 한다고 보았다.[15] 이러한 생각

---

14 『木齋集』卷9, 雜著, 租庸調. 然唐始略行授田之制 故得驗丁口之多寡 及其弊也 授田之際 難得其實 丁口多寡 無由而稽 則賦役惡自而均 民生惡得而遂乎.
15 『木齋集』卷9, 雜著, 賦稅. 法密則唯聖人 可以行之 而衆人不能也 … 法簡則聖人行之 而衆人

은 토지의 균분이라는 관념을 버리는 것으로 연결된다. 토지와 인정을 일치시킬 수 없는 상황에서 인정과 호에 용과 조를 부과한다면, 토지를 갖지 못한 인정이나 호는 파탄할 수밖에 없었다. 이러한 상황에서 전세를 가볍게 수취한다는 것은 결국 호구와 인정에 대한 과도한 부세 수취로 이어지는 것이었으며, 그 대상이 되는 호와 인정의 이탈로 인한 조세 저항으로 귀결될 수밖에 없었다. 이렇게 호구에 세가 부과되는 상황을 그는 다음과 같이 비판하였다.

> 삼대 이래로 세를 정하는 데 단지 토지에 근거하였으며 따로 호구세는 없었다. 호세는 상앙에게서 시작하여 한에서 따랐다. 당에서 토지를 준다는 명목으로 호세를 무겁게 하였다. 토지를 주지 않고 호세를 무상하게 부과하니 무거운 것이 이미 다시 가벼워질 수 없었다. 호세가 무거워짐에 따라 백성이 병으로 여겼다.[16]

결국 토지를 균등하게 줄 수 없는 상황에서 토지의 균등한 분배를 전제로 하는 조용조의 시행은 농민의 몰락으로 이어지는 폐단을 낳는 것이었다. 이러한 상황은 중국의 사례에서 뿐 아니라 고려나 조선 전기에서도 쉽게 찾을 수 있었다. 그는 『휘찬여사彙纂麗史』의 식화지에서 고려의 토지 제도와 부세제도는 멀게는 삼대의 정전제, 가깝게는 조용조를 모방하였다고 보았다. 이는 위로는 공경으로부터 아래에는 군민에 이르기까지 직역에 따라 토지를 주고 경작하게 한 것이었다. 그러나 고려의 토지제도 역시

亦能以行之 以至於久.
16 『木齋集』卷9, 雜著, 戶口之賦. 自三代以來 只據田定稅 未嘗別有戶口之賦 漢制 今不可考 然馬端臨謂兩漢 不授民田 而輕其戶賦 則是漢亦有戶口之賦 而不至如後世之重耶 意者 始於商鞅 而漢襲之歟 唐因授田之名 而重其戶賦 田之授否無常 而賦之重者 已不可復輕 遂重而民病.

권력자의 겸병으로 무너지게 되는 상황을 홍여하는 주목하고 있었다. 이러한 상황은 다시 양민에게 부세와 부역이 집중되고, 남아있는 양민마저 몰락하는 악순환으로 이어졌다. 홍여하는 결국 "전법의 폐단이 고려시대만큼 심한 왕조가 없었다"는 혹평까지 하고 있었다.[17] 이러한 그의 이해는 고려 초의 토지제도를 긍정적으로 파악한 고려사의 편찬자들이나, 그러한 입장을 계승한 유형원 등의 생각과는 차이가 있는 것이었다.

그는 삼대에 시행된 정전제를 모방한 당의 조용조와 고려의 전시과를 비현실적인 제도로 보았고 조선의 건국으로 고려시대의 사전의 폐가 일거에 혁파되어, 당시까지 이어진 것으로 생각했다.[18] 물론 조선에서도 전제와 관련된 폐단이 적지 않았는데, 홍여하의 이러한 언급은 조선 왕조를 부정할 수 없었던 입장을 반영하는 것이라 생각된다. 홍여하가 당시의 상황을 조용조와 부병제의 붕괴로 군비와 무명잡세가 증가하던 당의 양세법 실시 이전과 쉽게 유비시키고 조용조의 폐단을 서술함으로써 우회적으로 현실을 비판하고 있다고 보는 것이 타당할 것이다.

정밀한 법제인 조용조가 유교사회의 이상향인 삼대三代의 제도와 외형상 유사하지만 그 실현은 어렵다고 생각한 홍여하는 '중인이 능히 오랫동안 시행할 수 있는' 간략한 법제에 주목하였다. 그가 주목한 간략한 법제는 조용조의 폐단을 해결하기 위해 시행된 양세법이었다. 그는 양세법을 대략 민에 나누어 준 토지에만 과세하고 인정과 호구에는 다시 부세를 부과하지 않는 제도로 이해하고 있었다. 그리고 토지에만 과세하는 양세법이

---

17 『彙纂麗史』卷16, 食貨志.
18 『木齋集』卷9, 雜著, 授田. 高麗略倣三代之制 上自公卿 下及軍民 皆授以田 及其弊也 中外良田 悉歸私門 權要之家 據占制外 無勢之家 有位無田 以致公田日蹙 國用日耗 須資厚斂 民不聊生 又有權勢子弟 爭占膏腴 互相攘奪 詞訟日繁 冒制行私 曾不憚畏 勢均力敵 訟久不決 故其田有 二主者 或三四主者 佃客之戶 朝輸租於某家 夕被徵於某家 百弊橫生 罔有紀極 我太祖潛邸時 建議革私田之制 百年流弊 一朝滌盡 民心翕然。治化丕作 因之至今 久而不廢.

실시된 이후 조용조의 실시과정에서 나타난 폐단이 조용조의 실시로 일거에 해결되었으며, 그래서 양세법은 그 뒤로 천여년을 이어온 것이라고 생각하였다.

이상에서 살펴 본 바와 같이 홍여하는 인정의 다과에 따라 토지를 분배하고, 그를 근거로 조용조를 부과하는 당의 제도를 비현실적으로 파악하였다. 그가 생각한 고제 즉 정전제의 핵심은 부세가 토지에 비례하여 부과된다는 점이었다. 이러한 관점은 당 이후까지 이어져 고역법顧役法을 실시한 송宋의 왕안석王安石을 양세 이외에 다시 호구에 부세를 부과하였다고 하여 비판하고 있었다.

홍여하는 조용조를 부정적으로 파악하면서, 조용조의 원칙에서 벗어나지 않는 조선의 부세제도에서도 문제를 제기하고 있었다. 그는 조선의 부세 제도에서 조租가 가장 중하며 용庸과 조調의 순서로 무겁게 부과된다고 보았다. 인정에는 세가 부과되지 않았던 양세법에는 미치지 못했지만, 전세보다 인정과 호구에 더욱 많은 부담을 지웠던 조용조보다는 나은 상황이라고 이해한 것이다. 한편 그가 파악하던 용은 당시 인구의 절반이라고 생각한 공사천의 신공이었다. 그는 사천의 신공身貢이 비록 사가에 납부되지만, 백성이 부담하는 것은 마찬가지이며 이미 혁파하기 어렵게 되었기 때문에 용으로서의 성격은 마찬가지라고 보았다. 그런데 조선의 신공이 당의 조용조와 다른 것은 그것이 여자에게도 즉 비에게도 부과된다는 것이었다. 비록 신공이 전세보다는 가볍지만 남녀에 모두 부과된다는 점에서, 그는 조선의 용이 당에 비해 결코 적지 않다는 인식을 하고 있었다.[19] 이에 대한 해결책은 제시되어 있지는 않지만, 부세 일체를 토지에 근거해서 받아야 한다는 그의 주장을 미루어볼 때 결국 신공을 폐지해야 한다는

---

19 『木齋集』卷9, 雜著, 租庸調.

입장이었을 것이다.

그런데 당시 조선에서 신역의 성격으로 문제가 되었던 것은 군역이었다. 양역폐단의 혁파를 위해 서인 집권 세력을 중심으로 호포법이 논의되고 있었으며, 결국 18세기에 들어 균역법으로 정리되었던 것이다.[20] 하지만 홍여하는 경성부판관으로 있을 때, 변방 경계를 위한 개선안을 제시한 이외에는 별다른 문제를 제기하지 않고 있었다. 그리고 그 개선안도 부담을 가볍게 해주자는 지극히 현상적인 것이었다.[21] 실제로 당시 인신에 부과되었던 용이 의미하는 것이 군역이라 할 때, 양역의 폐단을 외면하던 홍여하의 입장은 반상의 구분을 강조하는 보수적인 것이었다고 파악되며, 이는 그의 한계로 지적하고 싶다.

3. 홍여하의 현실인식과 개혁론

한편 홍여하가 살았던 17세기의 조선사회에서도 역시 고려시대나 당과 같은 토지 및 부세의 폐단이 나타나고 있었다. 그리고 양란을 거치면서 문란해진 전정을 양전을 통해 회복하려는 중앙정부와 이를 기피하는 지주 간의 대립이 계속되고 있었으며, 지주와 전호 간의 대립도 점차 격화되고 있었다.[22] 사회적으로는 양역良役의 폐단이 대두되면서 각종의 양역변통론良役變通論이 제시되고 있었고 북벌의 추진으로 군비는 계속 증가하고 있었다.

홍여하는 이러한 상황에 대해 국가가 부흥하는 방법은 "간단한 법으로

---

20 池斗煥,「朝鮮後期 戶布制 論議」,『韓國史論』19, 1988.
21 『木齋集』卷3, 疏, 應求言敎書.
22 李景植,「17세기 農地開望과 地主制의 展開」,『韓國史研究』9, 1973.

일을 적게 만들며, 수취를 가볍게 하고, 절용하는 것"이라고 하여 원론적으로 비판하고 있었다. 그는 고려시대 초기에는 인심이 질박하고 국왕부터 절검하여, 정치도 간단했고 일이 적었다고 평가했다. 그 결과로 비록 좋은 법을 시행하지 않았지만 폐단이 나오지 않았고 오히려 번성할 수 있었다고 생각했다.[23] 그는 당시 진행되고 있었던 북벌론에도 반대하고 있었다. 효종의 구언으로 올린 상소에서 그는 피폐한 민간의 사정을 논술한 후 군대 훈련이나 병기 제작 등은 풍년을 기다릴 것이며, 급무는 민간을 위무하고 인재를 찾는 일이라고 주장하였다.[24]

그는 당시의 부세 수취를 광해군대보다 과중하다고 비판하고 있었다. 홍여하에 따르면 그것은 국가의 비용이 광해군대보다 많이 들기 때문만은 아니었다. 이는 당시 계속되던 흉년으로 곡가가 앙등한 이유와 함께, 수령과 이서배의 중간 작폐가 심해졌기 때문이었다. 그는 당시 국가재화 중 사문私門으로 들어가는 것이 무려 10분의 7이며, 공가公家로 들어오는 것은 10분의 3에 불과하다고 파악하였다. 이를 해결하기 위한 방법으로 그는 기존의 양출제입量出制入에서 양인위출量入爲出로 수취방식을 개선하여 정부부터 절검을 솔선할 것을 제시하였다. 이러한 방식으로 수취에 법도가 있다면 민民이 곤란을 겪지 않을 것이라는 생각이었다. 이와 함께 국방의 요충지였던 서북과 동남 지역의 공물과 전세를 몇 년 만이라도 줄여주면서 백성을 위무하고, 민에게 피해를 주는 관리들을 축출한다면, 고통을 주는 일들이 다시 일어나지 않을 것이라고 자신하고 있었다. 이 외에도 조선의 경상도와 전라도를 중국의 소주와 송강에 비교하여 전국 생산의 반 이상이 나오는 곳으로 전제하고, 세율을 가볍게 하여 부담을 경감시킬 것을 주장하기도 하였다. 이러한 의견은 당시 지주전호제의 확대로 인한

---

23 『彙纂麗史』 卷16, 食貨志.
24 『顯宗實錄』 卷1, 즉위년 6월 辛卯.

소농민의 몰락을 조세부담의 경감과 합리화를 통해 해결하려 했던 것으로 이해된다. 여기에는 단지 절검뿐 아니라 토지를 중심으로 하는 부세 부과가 필연적으로 요청되었다.[25]

당시의 부세는 홍여하가 이미 각종의 잡세가 모두 전을 기준으로 나온다고 지적했듯이 대개 계전위출計田爲出 방식으로 부과되고 있었다. 기본적인 전세 이외에도 대동세, 삼수미 등의 각종 부가세가 토지에 부과되었다. 그런데 전세가 공평하게 부과되기 위해서는 토지면적의 정확한 파악과 합리적인 급재방식이 요구되었다. 그러나 현실에서는 그렇지 못했다. 그는 경상도관찰사인 김휘金徽에게 보낸 편지에서 전정이 무너져 1,000결의 토지가 양안에는 단지 수백 결로, 심할 경우에는 백여 결로 실리는 등 호강한 자들이 이서와 결탁하여 농간하는 사실을 개탄하고 있었다. 그리고 자연재해로 인한 급재 역시 호강에게만 혜택이 돌아가는 상황에 대해서도 문제를 제기하였다. 그 결과 부세와 각종의 역이 모두 가난한 자들에게 집중되고 국가에서 수취하는 조세는 날로 줄어들고 있었던 것이다. 홍여하는 이러한 폐단의 원흉으로 서리들을 지목하였다.

> 큰 비율로 계산하여 한 도의 전결을 예로 하면 열에 3, 4를 잃은 것입니다. 팔도의 안에서는 국가가 그 세 도를 잃은 것입니다. 조종께서 갖은 고생으로 얻은 땅이 서리들의 식읍이 되었으니 어찌 통탄하지 않을 수 있겠습니까? 옛부터 국가의 토지를 혹시 적국에 빼앗길 경우는 있으나, 어찌 서리의 나라에 빼앗길 수 있겠습니까?[26]

---

25 위의 글.
26 『木齋集』卷4, 書, 答金方伯徽. 大率計之 則一道田結 例失十之三四 而八道之內 國家失其三道也 以祖宗櫛風沐雨之地 爲書員之食邑 豈不痛哉 自古國家土田 或見割於敵國者有之矣 豈有見割於書員之國乎.

서리의 폐단은 당의 조용조에서도 일찍이 나타난 것이었다. 그는 조용조가 실패한 원인 중의 하나로 서리들이 역을 담당할 인정을 은닉한 데에서 찾고 있었다.[27] 그런데 홍여하는 이러한 문제들을 구조적인 것으로 생각하지는 않았던 것 같다. 그가 제시한 문제의 해결책은 엄한 칙령을 내리고, 부정이 심한 자를 효수한다면 당해년의 부세문제가 해결될 것이고, 그것이 상례가 될 것이라고 건의하고 있었다.[28] 또 그는 경상감사였던 이관징을 전송하며 감사로서의 업적을 칭송하면서 전정의 문란을 해결한 방식을 서술하고 있다. 이관징이 감사로서 조정에 건의하여 관원 2명을 선출하여 각 고을의 상황을 엄중하게 조사하자 전정의 문란이 해결되었다는 것이다.[29] 결국 당시의 문제들은 조정의 의지로서 충분히 해결할 수 있었다고 생각한 것으로 보인다. 아울러 그는 역사상 전결을 어떻게 파악했는가를 정리하기도 하였으며, 그렇게 파악된 전결에서의 토지에 근거한 가벼운 수취를 강조하고 있었다.[30]

4. 부세 중심 전제 개혁의 의미

　지금까지 홍여하의 정전제 인식을 바탕으로 현실문제에 대한 해결을 어떻게 모색했는가를 대략 살펴보았다. 그런데 정전제에 대해서는 조선후기의 많은 유학자들이 나름대로의 의견을 제시하며, 현실문제와 접목시키고 있었다. 부세제도 개혁안에서 더 나아가 토지제도 개혁안까지 나

27　『木齋集』卷9, 雜著, 租庸調.
28　『木齋集』卷4, 書, 答金方伯 澂.
29　『木齋集』卷5, 序, 送嶺伯李國賓 觀徵 序.
30　『木齋集』卷9, 雜著, 田結.

갔던 유형원이나 이익 등의 의견이 있었는가하면, 전세 개혁이나 토지 제도 개혁보다는 신역에 초점을 맞춘 송시열 등의 의견이 제기되기도 했다.[31] 이같이 다양한 의견 속에서 홍여하의 의견이 갖는 성격을 확인해 보도록 하겠다.

앞서 살펴본 바와 같이 홍여하는 정전제를 토지 제도 개혁적 입장에서 이해하는 방식은 부정하고 있었다. 그는 정전제에서 토지를 근거로 수취한다는 사실을 강조하고 양세법의 성립과 진행을 제시하면서 자신의 정당성을 밝히고자 했다. 조용조를 폐지하고 양세법을 실시 하였던 당의 정책을 국가에 의한 민에게의 토지 분급을 포기하는 것으로 이해되고 있다. 즉 이미 성장한 토지 사유를 인정한 상태에서 국가를 경영하고자 하였던 것이다.[32] 양세법을 강조하였던 홍여하의 인식도 이미 토지의 사유는 거스를 수 없는 대세로 인정하고, 의제적인 왕토 사상에 기반한 무토 농민에게서의 각종 수취를 근절하고 철저하게 토지 소유에 의거한 부세수취를 시행해야 한다는 의견으로 이해된다. 그의 생각은 정전제를 적극적으로 이해하여 공전제의 시행을 제시하였던 유형원의 생각과는 달랐다.

이러한 생각 차이가 나타난 부분으로 고려시대의 전제에 대한 각각의 평가를 들 수 있다. 고려시대의 전제에 대한 전통적인 파악은 고려사 식화지의 서술과 같이 초기에는 후삼국시대 말기의 혼란을 극복하고, 전시과 제도를 시행하여 국가가 번성하였으며, 의종 이후 토지 겸병과 원의 착취로 국고가 낭비되며 전시과가 폐지되는 폐단이 나타나게 되었다는 것이었다.[33] 유형원도 고려사 편자의 이러한 인식을 대략 받아들이고 있었다.[34] 그러나 홍여하는 고려의 토지제도를 처음 입법부터 잘못된 것으로

31　金容燮, 앞의 글.
32　양필승, 앞의 글.
33　『高麗史』卷78, 志32, 食貨 1.

보았다. 그는 고려의 토지제도가 문무백관에서 군인 서리까지 역을 지닌 자에게 대가로 주어진 것이라 파악하였다. 그런데 역을 진 자들은 무한한데 토지는 유한하고, 게다가 토지를 받은 자가 죽어도 관에 토지를 반납하지 않는 등 처음부터 문제가 있는 제도라고 생각했다. 그리고 고려 초기의 번성함은 제도의 문제가 아니라 당시 인심이 질박했으며, 현명한 군주가 검소한 정치를 해서 법은 좋지 않더라도 폐단이 없었던 것으로 보았다. 중세 이후 국가의 일이 많아지고, 권간이 발호하였으며, 외국의 침입이 많아지면서 결국 전제는 무너져 버린 것이다. 결국 그는 전법의 폐해가 고려 시대만큼 심했던 일이 없다고 부정하였던 것이다.[35]

이는 앞장에서 살펴본 바와 같이, 홍여하가 토지를 나누주고 그에 기초하여 수취한다는 조용조적인 원칙을 거부하는 것과 일맥상통한다. 그런데 균전적 개혁사상의 근저에 깔려있는 시각은 왕토사상이었다. 균전제적 토지개혁을 주장하는 유학자들은 천하에 왕의 토지가 아닌 것이 없다고 하여 왕토사상에 자신의 의견을 가탁하고 있었다. 홍여하의 생각은 민에게 경작할 토지를 주고, 균등히 수취한다는 왕토사상이 이미 현실적으로 의미를 가지지 못한다는 인식에서 기인하는 것이었다. 오히려 정전제에 입각한 개혁을 부정하고 있었던 송시열 등의 생각과 유사해 보인다.

하지만 이들의 생각은 부세제도 개혁의 측면에서 보면 토지를 기본으로 해야 한다는 점에서 궤를 같이 하는 것이었다. 유형원도 홍여하와 마찬가지로 정과 호를 기준으로 과세하던 당의 조용조를 부정하고 있었고 조세와 병역 일체를 토지를 근거로 부과해야 한다고 주장했다. 결국 정전제가 토지를 균등하게 나누어 주고, 나누어준 토지에 근거하여 부세를 수취하는 것이라 할 때 양자의 차이는 토지를 나누어준다는 전제, 즉 왕토사상

---

34 『磻溪隨錄』 卷6, 田制攷說下, 高麗田制.
35 『彙纂麗史』 卷16, 食貨志.

에 대한 긍정 여부에 있었다.

그리고 '정전난행론井田難行論'을 주장한 송시열 등의 서인 유학자들과는 조용조를 긍정하는가 여부에서 차이점을 찾을 수 있을 것이다. 서인 계열의 유학자들은 부세제도로서 조용조를 이상적인 것으로 파악하고 있었다.[36] 그런데 이들이 비록 정전난행론을 주장하였지만 조용조적 수취를 긍정하는 것은 결국 인신과 가호가 부세를 부담할 수 있는 능력이 있다는 것을 전제로 하는 것이며, 유학 체계 내에서 그 전제는 결국 토지 분급을 의미하는 것이었다. 그러나 이미 토지를 분급할 수 없다는 사실을 스스로 인정하면서도, 토지가 없는 농민에게 조용조를 부과한다는 것을 홍여하는 부정하였다. 이 점이 '정전난행론'을 주장한 서인 학자들과 차이가 있었던 것으로 보인다.

한편 홍여하의 현실 인식에는 몇 가지의 한계점이 보인다. 그는 전통적인 농업 위주의 산업관을 가지고 있었으며, 당시의 사회경제적 변화에 대해 부정적으로 생각했던 것으로 생각된다. 그는 은광 개발을 반대하는 상소에서 은광 개발로 인한 사회 변동을 매우 우려하고 있었으며, 나라의 부를 증가시키는 방법은 결국 농업을 진흥시키는 데에 있다고 주장하고 있었다.[37] 대동법의 실시와 더불어 상공업이 발달하고 있던 당시의 상황에서 이러한 생각은 상공업 발달을 추동할 수 있는 광업 발전을 부정하는 보수적인 것이었다. 홍여하는 왕토 사상을 부정하였지만, 그렇다고 해서 농업이 아닌 새로운 생산관계를 발전시키고자 하는 의지가 있던 것은 아니었다. 오히려 그는 주자의 글을 철저히 읽어야 한다고 강조하고[38], 사우화하여 가문의 위세를 높이는 수단으로 변질하고 있던 서원의 현실을 비판

36　이철성, 『17・18세기 田政運營 改革案의 理想的 原形』, 『民族文化研究』 25, 1993.
37　『木齋集』 卷3, 疏請罷採銀疏.
38　『木齋集』 卷4, 書, 答金定叟.

하는 등 보수적 성리학자의 면모를 보이고 있었다.[39]

5. 맺음말

이 글에서는 17세기 중반에 활동한 영남 남인 홍여하를 통해 성리학적 입장에서 고제와 중국의 각종 제도를 어떻게 이해했는가를 살펴보았다. 이를 통해 홍여하가 토지제도 개혁론을 비현실적으로 보고 토지를 중심으로 하는 부세제도 개혁을 주장하고 있었다는 사실을 확인할 수 있었다. 그는 자신의 의견을 조선의 현실에도 적용시켜 전정의 문란을 바로잡고자 했다.

홍여하는 토지의 사유제 혹은 지주제를 거스를 수 없는 흐름으로 인정하였다는 점에서, 토지의 균분을 전제로 하는 개혁론을 주장한 유형원 등의 남인 실학자들과는 달랐다. 고려 시대의 전제에 대한 입장에 대해서는 양자의 차이가 있었는데, 토지를 근거로 부세를 수취해야 한다는 원칙에는 양자 모두 동의하고 있었다. 그의 생각은 '정전난행론'을 주장하였던 서인 학자들과는 토지를 균분할 수 없다는 현실을 인정하였다는 데에서는 유사하였지만, 토지를 분급할 수 없는 상황에서 인신과 가호에 용과 조를 부과할 수 없다는 인식에서 서인 학자들과 차이가 있었다.

왕토사상에 입각한 토지 균분론은 이미 고려 말부터, 조선의 많은 유학자, 18세기의 중인계층, 19세기 말부터 20세기 초반의 농민 저항 등에서 계속 제시되고 있었다. 성리학을 국시로 삼고 있던 상황에서 당연히 있을 수 있는 결과라고 할 수 있다. 하지만 큰 난리가 있은 뒤에야만 행할 수 있으

---

39 『木齋集』 卷5 說, 咸寧書院立約文.

리라는 주희의 언급과도 같이 왕토사상을 기반으로 하는 정전제적 이상은 실현이 불가능했다. 정전제나 균전제를 강조하는 것은 이제 단순히 왕도정치의 원칙적이고 이상적인 문제제기일 수밖에 없었다. 홍여하의 "시세가 이미 변하여 성인의 법을 시행할 수 없다"는 언급은 왕토사상의 원칙이 이미 실현 불가능하다는 사실의 다른 표현이었다. 결국 홍여하는 이상적인 원칙을 부정하고, 토지를 나누어 줄 수 없다는 사고의 전환을 하게 되었다. 이미 중국에서도 토지의 균분을 포기한 지 천여 년이 지난 현실을 직시하고 확대되고 있던 지주제를 인정하면서 부세를 중심으로 개혁을 추구하고자 하였던 것이다.

그렇다면 지금까지 강조되었던 균전적 개혁안에 대한 재평가의 필요성이 대두된다. 즉 농민 중심의 개혁이라는 당위론이 강조되면서 대부분의 연구자들이 그에 대해 도덕적이고 진보적인 평가를 내리고 있었던 것이 사실이다. 물론 농민 중심의 균전적 이상을 추구했다는 사실 역시 조선 후기에 대한 이해에 도움이 되리라 생각한다. 그러나 조선 후기의 사상을 더욱 정확하게 하기 위해서 실현할 수 없는 이상과 현실을 어떻게 조화시켜야 할 것인가에 대한 고민에 관심을 가져야 할 것이며, 여기에 홍여하가 제시한 부세 중심의 개혁론의 의가 있을 것이다.

| 참고문헌 |

『木齋集』,『東國通鑑提綱』,『顯宗實錄』,『彙纂麗史』,『磻溪隨錄』

강명관, 「朝鮮後期 閭巷文學硏究」, 성균관대학교 박사학위논문, 1991.
고영진, 「홍여하」,『한국의 역사가와 역사학』, 창작과 비평사, 1994.
김기섭, 「고려말 鄭道傳의 토지문제 인식과 전제개혁론」,『역사와 경계』101, 2016.
金容燮, 「朱子의 土地論과 朝鮮後期 儒者」,『延世論叢』21, 1985.
裵亢燮, 「동학농민전쟁에 나타난 토지개혁 구상」,『史叢』43, 1994.
양필승, 「중국사회에 있어서 토지사유제의 출현과 성장」,『建大史學』8, 1988.
李景植, 「朝鮮後期의 土地改革論議」,『韓國史硏究』61·62 합집, 1988.
李榮薰, 「丁若鏞의 井制論의 構造와 歷史的 意義」,『東洋學 學術會議 論文集』4, 1990.
이철성, 「17·18세기 田政運營 改革案의 理想的 原形」,『民族文化硏究』25, 1993.
池斗煥, 「朝鮮後期 戶布制 論議」,『韓國史論』19, 1988.
韓永愚, 「17세기 중엽 嶺南南人의 歷史敍述 - 洪汝河의 彙纂麗史와 東國通鑑提綱」,『邊太燮博士華甲紀念 史學論叢』, 1985.

5

홍여하의
역사서 편찬과 고려사 인식*

도현철
연세대학교 사학과 교수

1. 머리말

홍여하(1620~74)는 정묘호란과 병자호란을 거치면서 심화된 대내외적 모순을 타개하고자, 개혁상소와 역사서술을 통하여 자신의 논리를 제시한 17세기 영남 남인의 대표적인 유학자이다. 그는 북벌운동을 반대하고 왕권 강화를 지지한 인물로 알려져 있지만, 『휘찬여사彙纂麗史』와 『동국통감제강東國通鑑提綱』이라는 역사서술을 통해 당대의 사상을 대변하기도 하였다. 특히 『휘찬여사』는 기전체 사서인 『고려사』를 축약한 것이면서도, 단순한 요약에 머물지 않고 역사의식을 기본으로 일정한 관점에서 한국사의 체계화를 시도한 저술이다.[1]

---

* 이 글은 2013년 『한국사상사학』 43집에 게재된 「목재 홍여하의 역사서 편찬과 고려사 인식」을 수정·보완한 것임.
[1] 이만열, 「17~18세기의 사서와 고대사 인식」, 『한국근현대 역사학의 흐름』, 푸른역사, 2007; 韓永愚, 「17세기 중엽 南人 洪汝河의 歷史敍述 - 『彙纂麗史』와 『東國通鑑提綱』」, 『朝鮮後期 史學史研究』, 일지사, 1989; 金善花, 『洪汝河의 歷史認識』, 한양대석사논문, 1987; 고영진, 「홍여하」, 『한국의 역사가와 역사학 상』, 창작과비평사, 1984; S.O.Kurbanov, 「『木齋家塾 彙纂麗史』의 儒學傳」, 『奎章閣』 32, 2008; 전재동, 「讀書詩를 통해본 洪汝河의 經書 解釋」,

기왕의 조선후기 사학사 연구는 상당히 진척되었다.[2] 다만 조선후기의 당면한 위기와 그를 타개하기 위한 사상적 대응으로서 주자학의 화이론과 정통론를 중심으로,[3] 당색에 따라 역사관의 차이를 설명하는 데 초점을 맞추고 있다.[4] 그 점에서 조선후기 사학사의 성격을 폭넓게 이해할 수 있는 연구 시각과 방법에 대한 진전된 성찰이 필요하다고 생각된다.

이 글에서는 조선후기 사회변동과 그에 따른 정치사상적 대응을 염두에 두면서, 당시 널리 유행하고 있던 『동사東史』 편찬의 확대라는 사실에 유의하여, 개별 역사서에 나타난 한국사 인식에 초점을 맞추고자 한다. 특히 이 글에서는 남인 학자 홍여하의 역사서 편찬과 『휘찬여사』의 고려시대 인식[5]을 살펴봄으로써 조선후기 사학의 한 측면을 규명해 보고자 한다.[6]

『대동한문학』 35, 2011; 김현영, 「글로벌리즘 시대에 있어서 『휘찬여사』의 의미」, 『국역휘찬여사』 1, 민속원, 2012.
2   趙珖, 「朝鮮後期의 歷史認識」, 『韓國史學史의 硏究』, 을유문화사, 1985; 趙誠乙, 「朝鮮後期 歷史學의 發達」, 『韓國史認識과 歷史理論』(金容燮敎授停年紀念韓國史學論叢1), 1997; 「朝鮮後期 史學史 硏究 動向」, 『朝鮮後期史學史硏究』, 한울, 2004.
3   李佑成, 「李朝後期 近畿學派에 있어서의 正統論의 展開」, 『韓國의 歷史認識』 하, 창작과비평사, 1985.
4   韓永愚, 『朝鮮後期史學史硏究』, 일지사, 1989.
5   조선후기의 고려시대 인식 연구로 다음이 참고 된다(박종기, 「동사강목 고려편 검토 - 안정복의 수택본을 중심으로」, 『성곡논총』 24, 1992; 강세구, 「順菴 安鼎福의 高麗認識」, 『昔步鄭明鎬敎授 停年退任紀念論叢』, 2000; 조성을, 「유형원의 고려시대 인식」, 『한국사의 구조와 전개』, 혜안, 2000; 「유수원의 고려시대 인식」, 『실학사상연구』 10·11, 1999; 「이익과 정약용의 고려시대 인식」, 『朝鮮後期史學史硏究』, 한울, 2004; 정호훈, 「조선후기 『耘谷詩史』의 영향과 高麗史 敍述의 변화」, 『지방지식인 원천석의 삶과 생각』, 혜안, 2006.
6   『木齋先生文集』(『韓國文集叢刊』 권124(민족문화추진회, 1994)); 『彙纂麗史』(『韓國史書叢刊』 2(여강출판사, 1986); 김현영·박한남·이재희·류주희, 『국역휘찬여사』(1-6), 민속원, 2012.

2. 조선후기 역사학의 동향과 홍여하의 사서 편찬

1) 조선후기 역사학의 동향과 동국사 편찬

조선초기에는 관찬 사서가 주류를 이루고 있었던 것에 비하여, 조선후기에는 사찬 사서의 편찬이 늘어가고 있었다. 16세기 이래 사림파들이 성장하면서 사적인 저작물들이 늘어나고, 이에 따라 야사나 사서의 편찬도 증가하고 있었다. 16세기 훈구와 사림의 정치적인 대립이 17세기 붕당정치로 전개되면서 특정한 정파의 입장 혹은 정파간의 상호관계를 밝히려는 목적으로 많은 야사와 사서가 저술되었던 것이다.[7]

조선후기에 편찬된 사찬 역사서에 나타난 역사관의 특징은 다음과 같이 정리할 수 있다.

첫째, 조선사에 대한 역사서술의 증가, 이른바 『동사東史』류의 확대 현상이 나타난다는 점이다. 조

선후기 『동사東史』류의 사서로 대표적인 것만 정리하면 아래의 〈표 1〉과 같다.[8] 조선후기 소중화 의식의 심화는 자국사에 대한 독자적인 인식을 강화시킨다. 중국과 사대 관계를 맺은 고려와 조선시대 전반에 걸쳐 자국사에 대한 이해의 필요성이 제기되어 왔지만,[9] 조선후기에는 한국사와 중국사는 분명히 다르므로 독자적으로 알고 연구해야 한다는 인식이 더욱

---

7   이태진, 「조선시대 野史 발달의 趨移와 성격」, 『又仁 金龍德博士 停年紀念史學論叢』, 1988; 金慶洙, 「朝鮮前期 野史 編纂의 史學史的 考察」, 『實學思想硏究』 19 · 20, 2001.
8   다음의 글을 참고하여 작성하였다(韓永愚, 「附錄 : 朝鮮後期 主要 史書」, 『朝鮮後期史學史硏究』 일지사, 1989, 448~450쪽).
9   김부식은 『三國史記』의 찬술 동기를 중국의 역사는 잘 알지만 우리나라의 事實에 대해서 알지 못한다(『三國史記』序)고 하였고, 이승소는 "동국에서 태어났다면 동국의 일을 알아야 한다"(『三灘集』 권11, 歷代年表序, "然旣生東國, 則不可不知東國之事, 而儒者大抵務學上國之書, 未嘗兼考我國之誌. 非其心之不欲, 亦力有所不逮耳.")고 하였다.

〈표 1〉 조선후기 東史류 史書

저자	서명	서술시기	체제
오운(1540~1617) : 동인	東史纂要(8권)	단군~고려말	기전체
조정(1551~?) : 동인	東史補遺(4권)	단군~고려말	편년체
신익성(1588~1644)	東史補編(9권)	단군~고려말	편년체
허목(1595~1682) : 남인	東史		기전체
류계(1607~64) : 서인	麗史提綱(23권)	고려시대	편년체
홍여하(162~74) : 남인	彙纂麗史(48권)	고려시대	기전체
	東國通鑑提綱(13권)	단군~삼국	강목체
남구만(1629~1711) : 소론	東史辨證		
임상덕(1683~1719) : 소론	東史會綱(27권)	단군~고려말	강목체
안정복(1712~91) : 남인	東史綱目(20권)	단군~고려말	강목체
이종휘(1731~97) : 소론	東史(4권)	단군~고려말	기전체
	東史綱要(9권)	단군~고려말	편년체

확대되고 있었다. 이익은 우리나라에 태어났으면서 우리나라의 역사를 살펴보지 않는 것에 대해 강하게 비판하고, 우리나라는 우리나라이니 중국사와는 다르다[10]고 하였고, 안정복 역시 중국사와 다른 한국사만의 독자성을 강조하였다.[11]

홍여하는 우리나라 사람들은 중국의 일을 모르는 것은 수치로 생각하면서도 우리나라의 일을 모르는 것은 부끄럽게 생각하지 않는다[12]고 하였

---

10 『星湖集』권25, 答安百順, "今人生乎東邦, 惟東事全不省覺, 至曰東國通鑑有誰讀之, 其乖戾如此. 東國自東國, 其規制體勢, 自與中史有別."
11 趙珖, 「朝鮮後期의 歷史認識」, 『韓國史學史의 硏究』, 을유문화사, 1985, 142~147쪽.
12 『木齋先生文集』권4, 答李大方榘, "且東人恥不知中國事, 不恥不知自家國事. 漢陰白沙諸公尙然, 他何望. 譬慣誦別人譜牒, 問以渠家事, 則不知也. 蓋以東史措詞, 俚俗不雅馴, 薦紳先生羞道而罕稱之, 如太史公所謂三皇以上事耳. 史家文字, 要淘洗峻潔不沾沾, 結得斬截, 照應有法, 始堪讀, 羅麗史, 猥宂煩瑣, 令人讀未半, 欠伸思睡, 有史不堪讀, 即與無同耳. 至於人主不以取觀, 筵臣不以進讀, 甚非經國之宜也. 我國法制 · 風俗 · 人材 · 政令 · 關防 · 機務 · 財賦

고,『휘찬려사』의 서문을 쓴 정종노鄭宗魯(1738~1816)는 우리나라 선비들은 중국의 역사는 좋아하면서도 우리나라 역사는 잘 모른다. 마치 남의 집안의 족보는 줄줄 꿰뚫고 있으면서 자기 집안의 족보는 모르는 것과 같다[13]고 하였다

둘째, 이 시기에는 주자학의 명분론・의리론에 입각한 강목체와 정통론에 입각한 역사서술이 주류를 이루고 있었다는 점이다. 유계의『려사제강』, 홍여하의『동국통감제강』, 안정복의『동사강목』이 대표적인 저술이다. 강목체 사서는 중국 남송대 주자가 한족漢族의 입장에서 화이華夷 의식을 견지하며 의리와 명분에 입각한 역사관에 따라 저술한『자치통감강목』에서 유래한다.『자치통감강목』은 주자가 사마광(1019~1086)의『자치통감』을 계승하여『춘추』의 대의와 명분을 밝히는 포폄褒貶을 강綱과 목目으로 나누어 기술한 것이다. 주자는『자치통감』이『좌씨춘추』를 계승하여 역사적 사실의 기술에 주안점을 두어 정통에 대한 태도가 모호하므로 후세인이 따를 바가 못된다고 보고,『자치통감』의 내용을 강과 목으로 분류하여 시비선악을 분명히 할 목적으로『자치통감강목』을 저술하였다.[14]

셋째, 조선을 둘러싼 주변국에 대한 서술이 풍부해졌다는 점이다. 허목은『동사東事』에서 세가世家(단군・기자・위만・신라・고구려・백제), 열전列傳(부여・숙신・삼한・가락・대가야・예맥・발해), 지승地乘, 외기外紀(흑치열전)를 두었다. 특히, 일본을 흑치라 부르고 세가가 아닌 열전 속에 넣어, 일본을 한국사 체제 속에 포함시켰다 17세기에 들어오면서 일본과 북방민족 등 주변 민족에 대한 역사가 서술되기 시작하는데, 이는 양난을 겪은 후 외국

・兵甲多寡沿革, 酬應變通, 都在我國書."
[13] 『立齋集』권26, 彙纂麗史序, "又東國之士類, 喜說中國史, 而於東國史則顧曖然焉. 如人專談他家譜牒, 而却昧自家譜牒, 可乎?"
[14] 陳芳明, 1985.「宋代 正統論의 形成과 그 內容」; 麓保孝,「朱子의 歷史論」,『中國의 歷史認識』하, 창작과 비평사, 1989.

사에 대한 관심이 고조된 때문이라고 할 수 있다. 홍여하는 『휘찬여사』에서 부록으로 외이전外夷傳을 두어 거란·여진·일본을 기록하였는데, 종래 고려시대나 조선시대 사서에서는 그 유례를 찾을 수 없는 일이었다. 이는 중국의 경우 주변국을 열전에 넣듯이 한국사에서도 주변국을 포함시켜야 한다는 인식을 반영한 것이다.

넷째, 역사 지리 연구가 확대되고 있었다는 점이다. 한백겸의 『동국지리지』, 유형원의 『동국여지지』, 신경준의 『강계고』 등이 이에 해당한다. 명·청 교체로 인한 조선의 중화의식, 자존의식의 강화는 고대사에 대한 관심의 확대로 이어지고, 고대사 영역에 대한 연구로 이어졌다. 물론 당색별 차이는 있다. 예컨대 서인들은 유계의 『려사제강』처럼 주자학적 합리성에 충실하는 가운데 고려시대만을 주 대상으로 삼았다. 반면 소론들은 요동 지역을 고조선의 활동 영역으로 상정하였다. 신경준은 한반도 북부와 만주에서 고조선·고구려·발해가 건설된 것으로 파악하였다.

2) 홍여하의 사상과 사서 편찬

조선후기는 나라 안팎으로 거대한 변화와 갈등이 이어지던 사회변동기였다. 농업생산력의 발전과 지주제의 확대, 상품 화폐경제의 발달, 그리고 그에 따른 농촌사회의 분해와 사회신분제의 동요, 수취체계의 문란, 군비·국방 대책과 관련한 재정수요의 증가 등의 사회 경제적인 변동이 일어났다. 대외적으로는 명나라가 멸망하고 청나라가 등장하였으며, 정묘호란과 병자호란을 거치면서 대중국관계의 정립이 불가피해졌고, 주자학의 명분론·의리론을 내세운 집권층의 '친명반청親明反淸'의 분위기가 고조되고 있었다.

다른 한편으로는 고려·조선시기 이래 자부했던 문명의식, 소중화 의식이 강화되어, 조선만이 진정한 화라는 의식으로 이어지고 있었다. 즉,

명의 멸망으로 인하여 중국에서는 중화 문명이 단절되었고, 그 결과 조선만이 중화 문명을 계승하고 있다는 것이다. 소중화 의식이란 조선이 중화에 부속된 것이 아니라 독자적이며 그 전통 또한 오래되었다는 것으로, "단군이 즉위한지 천팔년만에 기자가 팔조八條의 가르침으로 동하東夏에 대림代臨하여 방속方俗을 바로잡았다"고 하여 중하中夏에 대한 동하東夏를 대치시키면서, 조선이 기자 조선 이래로 유교의 전통을 이어받아 독자적 풍속을 이루었다고 자부하는 것이다.[15] 이러한 소중화 의식은 조선후기 정묘와 병자호란을 겪은 후 절망에 빠진 조선 사회를 구원하기 위하여 왕조의 정체성을 확인하고 문화적 자존심을 유지해 가는 역할을 하게 된다.

홍여하는 경상도 부계를 관향으로 하는 안동 출신의 학자로서, 연산군에 의해 죽임을 당한 홍귀달의 5대손이고, 정경세(1563~1633)의 문인인 홍호(1586~1646)의 아들이다. 임진 왜란때 의병장이었던 고경명의 손녀를 어머니로, 김성일의 현손의 딸을 아내로 맞이하였다. 그가 경상도 퇴계 학풍에 젖어들게 되었던 것은 매우 자연스런 일이었다.

효종대 과거에 합격하여 관직 생활을 하였는데, 당시 효종과 서인의 북벌 운동을 공도의 입장에서 비판하였다. 예문관 봉교의 임명과 예송 문제로 송시열과 대립하고, 만언소로 알려진 상소를 통하여 북벌 정책의 문제점과 붕당정치의 폐단, 권신과 대신의 비행 등을 비판하였다. 남인 계열의 주자학자로서 내수외양內修外攘의 이민족 대책을 견지한 것이다. 아울러 홍여하는 왕권강화와 수취제도의 완화를 통해 군주의 위상을 강화하려 하였다. 이 일로 집권 서인의 반발을 사 황간으로 유배되면서, 파주군 율리와 예천을 오가며 학문과 저술에만 몰두하였다. 이처럼 홍여하는 효종·현종대 서인의 사상과 정책에 반대한 영남 남인의 입장을 집약적으로

---

15 曺永錄, 「조선의 소중화관」, 『近世 동아시아 三國의 國際交流와 文化』, 지식산업사, 2002, 146쪽.

보여주는 인물이었다.

　홍여하는 17세기 조선 사회의 고질적인 병폐로 토지와 부세 문제를 들고, 그에 대한 해결책으로 법제의 간소화를 통해 일을 적게 만들 것, 수취를 가볍게 하고 절용할 것을 제안하였다. 고려초기에는 인심이 질박하였을 뿐 아니라 국왕이 솔선수범하여 정치는 간단했고 일도 적었다. 그 때문에 비록 좋은 법이 시행된 것이 아니었음에도 폐단이 발생하지 않고 번성하였다고 그는 지적하였다.[16]

　홍여하의 역사 인식을 잘 보여주는 저술이 『동국통감제강』과 『휘찬려사』이다. 『동국통감제강』은 13권으로 고려 이전의 역사를 다루었는데 현종 13년(1672)에 완성되었다. 『동국통감제강』은 『동국통감』의 고대사 부분을 주자의 강목 체제에 따라 고쳐 서술하면서 조선·삼국·신라를 다루고 있다. 조선기는 삼국이전 시기로, 상 부분은 은殷 태사太師를, 하 부분에는 기준왕箕準王을 다루었다. 『동국통감』의 경우 단군, 기자, 위만조선, 사군이부, 삼한 등을 외기外紀로 처리하고, 삼조선과 삼국을 무통으로 서술하였는데, 『동국통감제강』에서는 단군, 위만조선, 사군이부, 삼한 등을 정통이 아니라는 이유로 제외하였다. 삼국기는 신라의 건국에서 삼국 통일 이전을 다루었다. 고구려와 백제는 각 항목 속에 부기하였다. 신라기에서는 신라가 3국을 통일한 문무왕 9년부터 신라가 망할 때까지 다루었다. 특히 기자를 연구한 한백겸의 견해를 받아들여 기자가 홍범을 전수하고 정전제를 실시하는 등 조선에서 행한 역할을 강조하였는데, 이는 오운의 『동사찬요』와 유사하다.[17]

16　『木齋先生文集』 권10, 雜著 食貨志; 『彙纂麗史』 권16 食貨志; 신항수, 「17세기 중반 洪汝河의 田制認識」, 『韓國思想史學』 8, 1997.
17　韓永愚, 「17세기 중엽 南人 洪汝河의 歷史敍述 - 《彙纂麗史》와 《東國通鑑提綱》」, 『朝鮮後期 史學史研究』, 일지사, 1989.

조선초기에 『고려사』와 『고려사절요』가 편찬된 이래, 고려의 역사에 대해 서술한 사서는 없었다. 17세기 들어서면 서인인 류계의 『여사제강』, 동인계인 오운의 『동사찬요』, 조정의 『동사보유』 그리고 남인인 홍여하의 『휘찬여사』 등 고려의 역사를 기술한 저술이 대거 등장한다.

홍여하가 『휘찬여사』를 편찬하게 동기는 7년 연장인 활재活齋 이구李榘와 주고받은 편지에서 확인할 수 있다. 홍여하는 이구에게 젊었을 때 하고 싶은 두 가지 일로, 사서四書의 구두법을 확립하는 일과 우리 역사를 편찬하는 일로 꼽았다. 편지에서 홍여하는 중국의 사서에는 우리나라와 관련된 사소한 일들까지를 기록하고 있는데, 우리나라에서는 그렇지가 않다. 그 때문에 우리나라의 풍속·인재·정치 등의 연혁과 변통에 대하여 무지하다. 게다가 우리나라는 기자 이후 지금까지 역성혁명을 한 것이 불과 4번에 불과하고, 인륜의 측면에서 중국에 전혀 부끄럽지 않은데 그에 관해 기록한 것이 전무하다. 따라서 『좌씨춘추』의 체제에 따라 고려의 역사와 동시대인 송·금·원의 일들을 함께 서술하면 좋은 역사서가 될 것이라고 하였다.[18]

3. 『휘찬여사』의 고려시대 인식

1) 『고려사』 구성의 재조전

홍여하는 독자적인 역사관과 현실인식을 기반으로 기전제 사서인 『고려사』의 내용을 간략화하거나, 자료를 추가하여 『휘찬여사』를 완성하였

---

[18] 『木齋先生文集』 권4, 答李大方榘.

다.『고려사』가 137권인데 비하여,『휘찬여사』는 그 1/3인 48권으로 축약되었다. 이에 관해『휘찬여사』범례凡例에서는 "『고려사』에서 1/10를 추가하고, 6/10을 생략했다"고 기술하였다. 권수의 증감은 〈표2〉와 같다.

〈표 2〉『고려사』와『휘찬려사』의 권수 비교

	『고려사』(137권)	『휘찬려사』(48권)
세가	46	6
지	39	13
열전	50	29(외국전 2권)

권수를 비교해 보면『고려사』의 세가, 지, 열전이 46권, 39권, 50권에서 각각 6권, 13권, 29권으로 줄었는데, 상대적으로 열전은 적게 줄어들었음을 알 수 있다.

세가는 종래의 사서에서 중국 황제를 기록하지 않은 것을 비판하고, 춘추에 의거해 송·금·원의 흥망, 전쟁, 분열 등을 추가하였다. 송의 태조·신종·휘종, 원의 세조, 명의 태종의 경우 고려와 관련이 있는 일들은 본기에서 서술하고, 그 밖의 황제의 일은 세가 중에 간략하게 실었다.

지는『고려사』의 12지志 가운데 천문天文과 역曆을 합쳐 천문지라 하여 11지志로 개편하였다.『원사元史』를 참고한『고려사』와는 달리, 앞부분에 논論을 실어 요점을 제시하고 득실을 명료하게 알 수 있도록 하였다. 단 오행지와 여복지·선거지에는 논찬이 없다. 주목되는 점은 윤관이 세웠다는 선춘령비의 위치를 두만강 이북 700리가 아니라 함경도 지방으로 비정하였다는 점이다.[19]『휘찬여사』의 지는 성리학적 가치관에 입각해서 고려

---

19 이는 정약용이『아방강역고』에서 조선 8도 특히 평안도와 함경도가 역사적으로 우리 영토임을 증명하려 한 것과 연관이 있어 보인다(趙誠乙,「『我邦疆域考』에 나타난 丁若鏞의

시대 문화를 비판적으로 정리한 것이다.[20]

열전은 『고려사』를 기본으로 하였지만, 유학儒學·행인行人·문원전文苑傳을 추가하고, 후비전后妃傳을 왕후전王后傳 제원비전諸院妃傳으로 분리하였으며, 충의忠義전을 의열義烈전으로, 효우孝友전을 탁행卓行전으로 그 표현을 달리하였다. 이는 유림전과 문원전이 있는 『신新·구당서舊唐書』나 『송사宋史』를 참작한 것으로 보인다.

부록으로 외이전을 추가하였다. 『고려사』 열전에는 770명과 부전으로 238명 등 모두 1,008명의 전기가 수록되어 있는데, 『휘찬여사』에는 563명만이 수록되어 있다. 특히 한 점은 몇 사람을 나누어 구분하고 그에 대한 사론史論을 붙였다는 점이다.[21] 이는 『고려사』 열전이 구사舊史에 남아 있는 자료에 의거해서 당시의 세평을 그대로 옮긴 것[22]과는 대조를 이룬다.

유일하게 기왕의 사서와 다른 점을 적시한 부분이 있다. 고려후기 최성지에 대한 이해 부분에서 『동사찬요』에서는 충선왕이 서번에 유배갈 때, 최성지가 최문도가 분문奔問하였다고 하였고, 『고려사』에서는 최성지가 도망가 숨었다고 하였는데, 홍여하는 둘 다 기록해서 훗날을 기약한다[23]고 하였다.

歷史認識」, 『규장각』 15, 1992).
[20] 韓永愚, 앞의 논문, 152~157쪽; 고영진, 앞의 논문, 203~205쪽.
[21] 예를 들면 『휘찬려사』 권34, 35의 경우를 보면 다음과 같다.

권34 명신13	이색 論曰 우현보 정몽주 김진양 서견 이양중 김주 論曰
권35 명신14	심덕부 박위 성석린 설장수 지용기 論曰 김종연 이림 조민수(논찬 결) 강회백 문익점 조운흘 김주 왕강 論曰

[22] 『고려사』 열전 서문에 구록에 의거하거나 사책에 있는 것을 참고로 세평을 만들었다고 한다(邊太燮, 『『高麗史』의 硏究』, 삼영사, 1986, 119쪽).
[23] 『彙纂麗史』 권29, 名臣8 閔漬 許有全 崔誠之, "(세주) 東史纂要云, 忠宣遜西蕃, 誠之與其子文度, 奔問逃隴. 本傳云, 忠宣流吐蕃時, 誠之逃匿不見, 人謂誠之大臣也, 主辱忘恩, 君臣之義歸地. 云, 與纂要所言不同, 兩存之, 以俟後考."

〈표3〉『고려사』와『휘찬려사』의 열전 분류

	列傳 분류
『高麗史』	后妃 宗室 公主 忠義 孝友 烈女 良吏 方技 宦者 酷吏 嬖幸 姦臣 叛逆
『彙纂麗史』	王后 諸院妃傳 宗室 名臣 義烈 卓行 儒學 行人 文苑 良吏 方技 宦者 酷吏 嬖幸 姦臣 叛逆

『휘찬려사』는『고려사』를 축약하였지만, 열전의 분류 기준에서 차이를 보이는 것이 있다. 『휘찬여사』는『고려사』 열전의 마지막 반역전에 있던 우왕·창왕을 따로 떼어, 열전의 앞 부분 종실전 다음 신서인전辛庶人傳에 넣었다. 이는 우왕이 신돈이 아들이라는 인식을 반영한 것이다.[24] 또한 최세보·박순필·이영진은 간신전에 넣어야 하지만『고려사』에는 일반 열전에 있으므로 그냥 둔다고 하였고,[25] 이성서는 부인이 신돈을 섬겼다는 이유로, 이승로는 신돈과 파당을 지었다는 이유로 처단되었으니, 간신전에 기록하는 것이 마땅하지만, 구사舊史(『고려사』)에서 그대로 두었으므로 그것을 따른다[26]고도 하였다. 그런데『고려사』 간신전에 있던 변안렬·왕안덕·조민수 등을 명신전에 옮겨 수록한 것에 대해서는 아무런 설명도 하지 않았다.

『휘찬여사』에는 유학儒學·행인行人·문원전文苑傳이 추가되었다. 유학전에는 우탁과 길재를 수록하였는데, 고려말에 성리학이 들어와 도를 알게 되었고, 성리학을 존중하고 독실하게 그것을 좋아한 사람이 우탁과 길재였다는 평가에서였다.[27] 우탁의 내용은『고려사』우탁전을 기본으로 하

---

[24] 『東史綱目』에서는 凡例 統系에서 우왕·창왕을 왕씨로 인정하고 본문에서 前廢王禑·後廢王昌이라 하여 고려왕실에서의 정통성을 인정하였다.
[25] 『彙纂麗史』권25, 名臣4 崔世輔 朴純弼 李英搢, "論曰……崔世輔·朴純弼·李英搢, 當附姦臣傳, 舊史在此, 今姑錄之."
[26] 『彙纂麗史』권32, 名臣11 林樸 李成瑞 李承老, "論曰……李成瑞以妻事旽, 李承老以黨旽誅, 錄之姦臣傳宜矣, 舊史在此, 今姑從焉."

면서 이황의 기술을 추가하였고,[28] 길재는 새로 기술하였다.[29] 행인전에는 정문·유응규·이순효·송언기·김수강·장일·김유성·김제안·박의중 등 외교 활동을 벌인 9명이 포함되었다. 이들은 송·금·원·명에 다녀온 사신과 몽골침략기와 원 간섭기에 외교 문제를 슬기롭게 풀어간 인물들이다. 문원文苑전에는 박인량·김부일·김황원·이궤·이규보·김구·이숭인·권근·이첨 등 8명을 수록하였는데, 이들은 성리학의 도를 문장을 통해 구현한 인물로 평가하였기 때문이다.

『휘찬여사』의열義烈전(10명)은『고려사』충의전(6명)에 비견되며, 왕조와 국가를 위해 목숨을 바친 인물을 서술한 것이다. 의열전 서문에서 홍여하는『고려사』충의전이 자세하지 않아 추가한 것으로 설명하였다. 아울러 그는 절의로 죽은 것과 일로 죽은 것을 구별해야 한다고 강조하면서, 왕

---

[27] 『彙纂麗史』권38, 儒學傳, "嗚呼. 孟子沒而千載無眞儒, 其在漢唐時, 以董韓二子當之, 尚論之士, 未敢許也. 夫以中國之盛, 數千年無一人焉, 況於東國乎? 其在東國, 新羅薛聰氏號爲儒者, 然其言論文采, 不表于後, 何以稱焉? 中國至于宋朝, 程夫子兄弟作, 有以接孟氏之緖, 在東國爲文宗之世. 程氏之學三傳, 而得朱子, 集成諸子, 其道愈益顯, 在東國爲神熙之世. 然程朱氏之在世也, 宋朝擯斥而困苦之, 天下尊其道者寡, 而譁然攻之者皆是也, 中國尚如此, 況在東國, 其能知尊而慕之乎? 且自南渡以來, 高麗與宋, 絶不相通. 是時, 東國未聞有程朱之學也. 宋末德安之潰, 姚樞得儒生趙復者, 乞死甚苦, 樞竟擁而北, 復業程朱之學, 蠱其書至燕, 許衡等學而習之, 其說始大行於北方, 在東國爲元宗之世. 白頤正從其父文節在燕京, 得其書以歸, 自是東國之士始知於詞華之外, 有所謂性理之學焉. 然知其道者, 亦寡矣. 知尊其書而篤好之者得二人焉, 曰禹倬·吉再. 庶幾作儒學傳."
[20] 여기에서 우탁이 죽은지 200년만에 문순공 이황이 우탁의 옛집에 가서 사당을 세우지고 제사를 지내고 편액하기를 역동서원이라고 하였다. 이황은 글을 써서 기를 지었는데 이때부터 학자들이 모두 그를 유학의 종장으로 생각하였다고 하였다(『退溪集』권42, 易東書院記, "若稽史傳所載, 先生之忠義大節, 旣足以動天地撼山岳, 而經學之明, 進退之正, 有大過人者, 則爲後學師範, 可以廟食百世者, 非先生而誰哉. 故一鄕雅論, 久有意於祠院之作, 輒以事力之不逮而難之.").
[29] 길재(1353~1419)는 고려말 삼은의 한사람으로 우왕 9년에 과거에 합격하였으나, 이성계·정도전·조준 등이 새로운 왕조를 창업하려 하자 늙은 어머니를 모셔야 한다는 이유로 벼슬에서 물러나 고향인 善山으로 낙향했다. 우왕이 죽임을 당하자 3년상을 치렀고, 여러 차례 벼슬이 내려졌음에 고향에 머물면서 어머니를 봉양하고 후진을 양성했다.

이 적으로 생각되는 사람을 토벌하거나, 그 직책에서 죽을 것을 생각하거나, 적에게 함락되자 모욕을 당할 수 없어 죽은 경우는 처지는 다르나 모두 충의의 선비라고 하였다. 강개하여 몸을 바치고 의리를 위해 사지로 뛰어들어 죽어도 후회하지 않는다면 충의라는 점에서 모두 똑같다고 하였다.

『고려사』충의전에는 이자겸 난 때 죽은 고보준·홍관과 몽골의 침입을 막아낸 조효립·문대·정개·정문감이 수록되어 있는데, 『휘찬여사』의 열전에는 이자겸의 난때 죽은 홍관과 무신의 난에 저항한 김보당, 거란의 침입을 막아낸 양규, 홍건적과 맞서 싸워 죽은 김장수, 몽골의 침입 등 외적의 침입에 순절한 인물들이 대거 망라되어 있다. 특히 『고려사』일반 열전에 있던 양규를 의열전에 수록하여 부각시키고 있다.

한편 『휘찬여사』는 외이전을 따로 마련하였다. 외이전에는 거란·여진·일본이 기술되어 있는데, 이는 그 이전에는 볼 수 없었던 것이다. 중국 25사의 경우 주변국을 외국 열전에 수록하여 중국 중심적 역사 인식을 보여주듯이, 한국사에서도 외국 열전을 설정하므로써 동아시아에서 한국이 중심이 되는 역사서술을 모색하는 것이라 할 수 있다.

2) 절의 강조와 외교 중시

『휘찬여사』의 역사 서술에서 눈에 띄는 점은 절의를 지킨 인물에 대한 높은 평가와 주변국에 대한 인식이 확대되었다는 사실이다. 『휘찬여사』에는 고려말 왕조 개창에 반대하거나 비협조적이었던 인물이 크게 부각되어 기술되어 있다.[30] 이색·정몽주·이숭인·김진양 등 조선 건국에 반대

---

30 조익(1579~1655)은 고려가 망할 때 절의를 지켰다고 전해지는 사람은 야은 길재·포은 정몽주·목은 이색·원천석·서견·김주 등 몇 사람이라고 하였다(『浦渚集』권27, 冶隱先生言行拾遺跋).

한 인물들의 인품과 학문, 절의를 높이 칭송하고, 정도전·조준·윤소종 등 왕조를 개창한 인물들을 낮게 평가하였다.

"오백년간 국가에 일이 많았고 임금은 약하고 신하가 강하여 변고가 온갖 곳에서 나왔다. 그러나 한줄기의 사론은 실처럼 끊어지지 않아 망할 즈음에 이르러 사대부는 오히려 명분과 의리로 서로 높일 줄 알았다. 당시에 이색과 정몽주의 도덕과 풍열은 한 시대의 으뜸이고, 김진양·서견·길재·김주 등이 이들을 도왔으며, 역시 풍도가 높고 절개가 완전하여 푸른 역사와 어울릴만큼 아름답다. 나머지 우현보 등은 한때의 뛰어난 사람들로 정몽주와 마음을 같이 하여 왕씨를 일으켜 세우려고 충성과 힘을 다하였다. 오사충·윤소종과 같은 무리들처럼 나라를 팔아먹는 사람들과 비교하면 어찌 하늘과 땅의 차이가 아니겠는가."[31]

"이때에 이색과 정몽주는 왕실에 충성을 다하여 충의로운 선비들이 종장으로 모셨다. 몰래 조준과 정도전에 붙은 자에 대해서는 수치스럽게 생각하였다."[32]

"이색은 재상으로서 큰 건의는 없었지만 …… 충성과 의리의 성품은 확연하게 변하지 않았다."[33]

---

[31] 『彙纂麗史』 권34, 名臣13 禹玄寶 鄭夢周 金震陽 徐甄 吉再 金澍, "論曰 …… 五百年間 國家多事, 君弱臣强, 變故百出, 然一脈士論不絶如綫, 迨其將亡也, 士大夫猶知以名義相高. 時則李穡鄭夢周, 道德風烈, 冠冕一代, 金震陽徐甄吉再金澍之徒起而翼之, 亦以高風完節, 儷美靑史. 餘若禹玄寶等, 皆一時勝流, 與夢周同心, 謀興王氏, 盡忠竭力, 其視吳思忠尹紹宗輩, 賣國自售, 豈啻霄壤之隔哉?"

[32] 『彙纂麗史』 권37, 名臣16 南誾 李豆蘭 尹紹宗 尹會宗 吳思忠 金士衡 金子粹, "論曰 …… 方是時也, 穡及鄭夢周, 盡忠王室, 一時忠義之士, 推爲宗盟, 其密附於浚道傳者, 淸議耻之, ……"

[33] 『彙纂麗史』 권34, 名臣13 李穡, "論曰 …… 及致位宰輔, 無大建白, 晩節多艱, 瀕死者屢矣. 而

"이색은 충성스럽고 현명하였으니 고려 왕실에 교목과 같은 신하였다. 정도전이 그를 죽이고자 도리어 왕씨를 배반한 죄를 씌워서 왕에게 상소하고, 도당에 상서하는 것을 그치지 않았으니 심하였도다. 정직하지 않다는 것으로 평가하여 보면 정도전은 조준보다 더욱 심하다."³⁴

홍여하는 정몽주와 이색의 도덕과 풍열은 한 시대의 으뜸이고, 김진양·서견·길재·김주 등이 이들을 도왔으며, 역시 풍도가 높고 절개가 완전하여 청사에 길이 빛날만큼 아름답다고 평가하였다. 특히 이색은 재상으로서 큰 건의는 없었지만, 충성과 의리의 성품만은 확연하게 변하지 않았다고 하였다. 반면에 정도전과 조준이 법을 만든 것은 칭찬받을 만하다고 하면서도, 고려에 충성스런 신하인 이색을 죽이고 왕씨의 고려를 배반하였으니 정직하지 않기로는 정도전이 조준보다 더욱 심하다고 하였다.³⁵

조선초기에는 조선 건국을 정당화하기 위하여 개국공신을 중심으로 역사 서술이 이루어졌고, 그로 인해 왕조 건국에 반대하거나 미온적인 인물에 대해 비판적이었다. 몇 차례 수정과정을 거쳐 문종 원년(1451)에 완성된 『고려사』는 이색을 "지조와 절개가 굳지 못하고, 큰 건의가 없었으며, 불법을 숭신하여 세상의 비난을 받았다"³⁶고 서술하였고, 관찬사서인 『동국통감東國通鑑』(성종16, 1485)에서도 "이색이 부처를 대성인이라 하여 불교를 옹호하고, 신돈의 후손인 창왕을 옹립하고 폐위된 우왕을 옹립하려 했다"

忠義之性, 確然不變, ……"
34 『彙纂麗史』 권36, 名臣15 趙浚 鄭道傳, "論曰 …… 李穡之忠賢, 麗室喬木之臣也. 道傳必欲誅之, 反加以背王氏之罪, 旣陳於王矣, 上書都堂不已, 甚乎. 繩以不直, 則道傳殆有甚於浚爾."
35 홍여하는 이곡과 이색 부자의 유허비를 쓰고 그 덕과 절의를 찬양하였다(『木齋先生文集』 권6, 記(『韓國文集叢刊』 권124(민족문화추진회, 1994)) 高麗贊成事李文孝公稼亭碑記, 牧隱李先生遺墟碑記).
36 『高麗史』 권115, 列傳28 李穡, "志節不固, 無大建白, 學問不純, 崇信佛法, 爲世所譏."

고 부정적으로 평가하였다.[37]

16세기 사림파들이 집권하자 성리학의 절의가 강조되어, 조선 건국에 참여하지 않거나 비협조적이었던 인물의 인품과 절의에 대한 재평가가 이루어졌다. 그에 따라 이색에 대한 평가 역시 달라지기 시작하였다. 사림계 일원인 박상(1474~1530)은 1522년에 지은 『동국사략東國史略』에서 이색이 신돈의 후손을 옹립한 것을 형세상 불가피한 일로 보고, 이색의 학문이 높고 유학을 진흥시킨 공적이 크며, 정몽주와 더불어 같은 마음으로 신하의 절개를 바꾸지 않았다고 높이 평가하였다.[38] 오운의 『동사찬요』에서는 박상의 글을 싣고, 이색이 장단 별업에 은퇴하고자 하는 뜻을 담은 시와 대국유감시對菊有感詩를 소개함으로써 이색의 본심이 창왕 옹립에 적극적이 아니었음을 시사하고 있다.[39] 그 점에서 홍여하의 기술은 이색에 대한 16세기의 평가를 계승한 것이다.

같은 맥락에서 홍여하는 『고려사』에 없던 서견·이양중·김주 등을 열전에 추가하였다. 이들은 역성혁명에 참여하지 않아 영남 사림들로부터 추앙을 받던 인물들이다. 서견은 정몽주와 고려왕조를 유지하려는 뜻을 같이하여 공양왕 3년에 조준과 정도전 등을 탄핵했다. 그뒤 정몽주가 죽임을 당하고 이성계 등이 권력을 장악하자, 김진양 등과 함께 유배되었다. 조선 개국 후 논죄된 56인 가운데 한사람이다.[40] 조선 개국후 벼슬을 사양하고 고려에 대한 절의를 다하였다. 김주는 공양왕 4년에 예의판서로 하절사賀節使로 명나라에 사신으로 갔다가 돌아오는 도중 압록강 가에서 조

---

37 『東國通鑑』 권46, 恭愍王 元年(崔溥 史論); 권53, 辛禑 14년 하4월(史論).
38 『東國史略』 권6, 恭讓王4년(세주), "(이색)與鄭夢周同心, 終始不變臣節": 韓永愚, 「16세기 사림의 私撰史書에 대하여」, 『朝鮮前期 史學史 硏究』, 서울대학교출판부, 1981, 234~235쪽.
39 韓永愚, 「17세기 초 東人의 歷史敍述 - 吳澐의 《東史纂要》와 趙挺의 《東史補遺》」, 『朝鮮後期史學史硏究』, 일지사, 1989, 47쪽.
40 『太祖實錄』 권1, 원년 7월 기사.

선의 창업 소식을 듣고 고려에 충절을 다하고자, 부인에게 편지를 쓰고 관복과 신을 싸서 조선에 보낸 뒤 다시 명나라로 돌아가 생을 마쳤다.[41]

『휘찬여사』의 입장은 영남 동인계 오운이 쓴 『동사찬요』와 동일하다. 『동사찬요』는 충의와 효열을 인물 평가의 기준으로 제시하고, 『고려사』 열전에 빠진 길재・서견・이양중・김주・원천석을 추가하였다. 이들은 충신불사이군의 지조를 지키며 역성혁명을 거부하고 향촌에 은거한 인물들로서 그들의 행적을 절의의 측면에서 평가한 것이다. 반대로 조선왕조의 개국공신들 예컨대 정도전・조준 등을 악평하고 악인의 상징으로 취급되었다. 이처럼 『동사찬요』는 국가에 대한 충성과 절의를 중심으로 역사를 서술하였기 때문이다.[42]

한편 『휘찬여사』에는 『고려사』 간신전에 들어 있던 변안렬・왕안덕・조민수 등을 명신전으로 옮겨 수록하였고, 오잠과 김원상을 폐행전에 넣었다. 『고려사』 간신전에는 우왕・창왕을 옹립한 이인임 세력 등 반이성계파가 포함되어 있는데,[43] 세사람이 모두 이에 해당된다고 할 수 있다. 변안렬 등 3인은 왜구를 무찌른 공적이 있는 무장으로서 모두 회군 공신이다.[44] 요동 정벌 당시 조민수는 좌군도통사, 이성계는 우군도통사, 왕안덕은 양광도 원수였다. 변안렬과 왕안덕은 윤이・이초 사건에 연루되어 공양왕 원년 11월 역적으로 죽임을 당하였지만 회군의 공은 인정받았다.[45]

변안렬은 원나라 심양 출신으로 공민왕을 따라 고려로 왔다. 공민왕 10

41　金澍는 여말선초 사서에 보이지 않는다. 『一善誌』(崔晛, 1618)에 '先賢'조에 처음 보이며 선산민의 傳言이 전해진다. 권상하는 김주의 신도비를 썼지만(『寒水齋集』 권24, 籠巖金先生神道碑銘), 안정복은 "공양왕 4년 6월에 慶義와 趙仁瓊이 하절사로 명에 간 사실을 들어 예의판서 김주 기록은 의심스럽다고 하였다"(『東史綱目』 附錄 考異 金澍事).
42　韓永愚, 앞의 논문, 47~49쪽.
43　邊太燮, 『『高麗史』의 硏究』 삼영사, 1986, 114~115쪽.
44　『高麗史』 권45, 世家45 恭讓王1(2년 4월 임인).
45　朴天植, 「戊辰 回軍功臣의 冊封顚末과 그 性格」, 『全北史學』 3, 1979.

년 안우를 도와 홍건적을 격퇴하고 개경을 수복하였으며, 우왕대에는 왜구가 침입하자 여러 차례 이를 물리쳤다. 위화도 회군 후 1389년 경기도 여주에 있던 우왕을 찾아간 이른바 김저金佇 사건에 연루되어 귀양갔다가, 1390년 정월 유배지에서 사형당했다. 공양왕 2년 정월 회군공신回軍功臣 대상에 올랐으나 얼마후 역모자라 하여 취소되었다.

조민수는 공민왕 10에 홍건적의 침입을 물리쳤고, 우왕대에 김해와 진주 등에 출몰한 왜구를 물리쳤다. 우왕 14년 명나라가 철령위를 설치하려 하자 좌군도통사로 이성계와 더불어 위화도에서 회군하였다. 1389년 사전私田 개혁에 반대하였고, 조준 등의 탄핵으로 창녕에 유배되었다. 왕씨가 아닌 창을 왕으로 옹립하였다는 이유로 죽임을 당하였다.

왕안덕은 공민왕 10년에 안우와 함께 홍건적을 물리쳤고, 우왕대 침입한 왜구를 물리치기도 하였다. 우왕 14년 요동정벌 당시 양광도 원수였다. 1389년에 김저의 사건에 연루되었음에도 공양왕 2년 회군공신에 책봉되었다. 허응 등의 탄핵을 받았으나 회군回軍의 공이 있다 하여 개경 이외의 지역에 머물게 했다.

홍여하는 "변안렬은 부령에서 왜구를 격파하고, 왕안덕은 기록할 수 없을 정도의 공로가 있었다"고 하였다. 하지만 이들이 윤이 이초 사건과 김저의 옥사에 연루된 것은 "윤소종과 오사충의 논의는 믿을 수 없다고 하더라도 성석린 또한 변안렬을 죽이라고 청하였으니 당시의 공론이었던 것이다"[46]고 하였다.

변안렬·왕안덕·조민수 등 3인이 회군 공신이었으며 『휘찬여사』에서 이들을 명신전에 옮겨 넣었다는 사실은, 17세기에 논란이 된 위화도 회군

---

46 『彙纂麗史』 권33, 名臣12 鄭地 邊安烈 王安德, "論曰 …… 邊安烈扶寧一戰, 得破倭寇. 王安德爲將, 數歲無可紀之勞. 三人者, 辭連彝初金佇之獄, 彼尹紹宗吳思忠之論, 似難取信, 成石璘亦請誅安烈, 則一時公議固爾邪?"

재평가 작업과 관련이 되는 듯하다. 병자호란을 겪은 후 조선 사회에서는 대명의리, 북벌론이 제기되었다. 이 과정에서 명 황제에 대한 존왕 의식이 높아졌고 이것이 회군에 대한 재평가로 이어졌다. 북벌을 주장한 송시열(1607~89)은 숙종 9년에 차자를 올려 종묘宗廟 위판位版에 잘못된 곳을 이정할 것을 청하면서 태조의 시호를 추상追上해야 한다고 주장하였다. 종묘 위판에 기재된 자수가 세조 20자字, 선조 24자인데 비하여 태조는 경우 8자에 불과하여, 창업주인 태조가 후대의 국왕보다 낮게 평가되었기 때문이었다. 송시열은 이어 위화도 회군의 대의가 시호에 반영되지 않았고 이를 반영하는 시호를 새로 추상해서 조선 건국이 가지는 의리를 밝히고 윤기를 바로잡아야 한다고 역설하였다.

위화도 회군은 이성계가 권력을 장악하고 조선을 건국하는 결정적 계기였지만, 동시에 요동정벌군을 되돌려 우왕을 폐위함으로써 반역의 속성을 가진다. 즉 공양왕의 즉위로 귀결된 회군은 고려왕실의 중흥이지 조선왕조의 창업은 아니었다는 혐의가 있다. 그리하여 조선시대 내내 회군과 창업을 구분하는 의식이 강하게 존재하였다. 송시열이 '태조의 개국은 곧 회군한 뒤의 일이고, 그 때는 왕적王迹이 드러나지 않았다'고 한 것은 바로 이때문이었다.

송시열은 회군의 의미를 춘추의 존주로 연결시키려고 하였다. 그는 회군을 명 황제에 대한 존왕尊王의 의리를 다한 것으로 평가하고, 이를 창업과는 다른 하나의 과정으로 규정하였다. 그리고 이 의리를 근거로 척화斥和와 북벌北伐을 추진한 인조와 효종의 행적을 태조에 대한 계술繼述로 평가하였다. 위화도 회군은 존왕의 의리를 밝힌 결단이자 조선 창업의 출발이라고 재인식함으로써 위화도 회군의 명분이 뚜렷하게 제시된다. 위화도 회군은 춘추대의에 따른 명 황제에 대한 존왕의 의리로서, 인조·현종대의 척화북벌론, 대명의리론과 동일한 원리를 지닌 것이 되어 버린다.[47] 따라서 위화도 회군에 참여하여 존명尊明과 존왕尊王을 실천한 회군 공신에 대한 긍정적인 평가가 가능해지고, 이것이 『고려사』 간신전에 있던 3인을 『휘찬여사』에서 명신전에 수록한 이유였던 것으로 생각된다.[48]

한편 『휘찬여사』는 『고려사』 열전에 없는 행인전行人傳을 두었다. 행인전은 중국 25사 기전체 사서에는 보이지 않는 것이다. 행인은 사자使者의 통칭으로 『주례』[49]에 보인다. 행인전 서문에 의하면, 『사기史記』에 행인전이 없음에도 행인전을 둔 것은 사신의 임무가 중요하기 때문이었다. 사신의 중요성을 인정한 것은 공자였다. 그는 열국이 사신을 보내 서로 조회한 것을 『춘추』에 모두 기록했기 때문이다. 그러나 중국의 경우 한·당이래 황제일인 지배체제가 확립된 뒤에는 황제의 임명을 받은 신하가 사방을 다스렸기 때문에 『춘추』에 기록된 사신과 같은 역할을 더 이상 존재하지 않았다. 그러나 우리나라의 경우 중국과는 달리, 제후국으로서 열국아 조회하고 방문하였던 것처럼 중국과 소통하지 않으면 안된다. 그 점에서 사신의 역할은 중요하지 않을 수 없다. 또한 형식적으로도 우리나라에는 전쟁 상태에 있을 때가 많아 문치文治에 전념하다가 변경에 비상한 일이 생기면 폐백을 가지고 가서 도움을 요청해야 하니 사신의 임무가 더욱 중요하다. 홍여하는 이를 근거로 사신의 전기를 마련하였다.[50]

47　윤정, 「숙종대 太祖 諡號의 追上과 政界의 인식 - 조선 創業과 威化島回軍에 대한 재평가」, 『東方學志』 134, 2006.
48　홍여하는 회군은 우왕과 최영에게 간언했지만 받아들여 지지 않아 부득이하게 나온 것이라 하였다(『彙纂麗史』 권35, 名臣14 沈德符 朴葳 成石璘 偰長壽 池湧奇).
49　『周禮』 권5, 秋官 大行人 小行人.
50　『木齋先生文集』 권10, 雜著 行人傳, "史記行人無傳, 此有之何也. 夫使事之重也尙矣. 春秋時, 列國遣使相朝, 夫子皆錄之. 又嘗言之曰, 使於四方, 不辱君命, 可謂士也. 其微旨可見已. 漢·唐以來, 帝有天下, 四方萬國, 無敢與朝廷抗禮者, 奉使之臣, 受命撫綏而已. 其在東國則不然, 恪謹侯度, 愼簡使价, 將下國之誠意, 導達於天子之聽, 譬之列國朝聘, 其體不尤謹嚴歟. 中國史行人無傳, 而東國有之, 則豈以其輕若彼, 其重若此哉? 且夫東國南北, 皆有敵國, 日以習兵爲事, 而東國介於其間, 獨雍容文具爲治, 疆場有警, 輒以玉帛將事, 使事得失, 其在東國尤重也審矣. 然奉使之體, 以專對爲能, 以廉操爲尙, 其或贐貨取侮, 則辱國何異蒸豆之噢, 馨風遠播, 則使本國隱然增九鼎之重. 是故, 恪于敷對, 而蒙帝撤回, 十年之兵, 獎其淸節, 而大明邊歸千里

행인전에는 정문 등 9명을 수록하였는데, 이들은 전란기 혹은 중국과의 분쟁기에 외교적인 수단으로 문제를 해결한 인물들로서, 몽골침략기와 원 간섭기에 중국(송·금·원·명)과 일본에 사신으로 파견되어 외교 현안을 슬기롭게 풀어내어 입전되었다. 문종대 송나라 사신으로 간 정문은 송에서 준 돈과 비단을 수행원에게 나누어 주고, 나머지는 모두 책을 구입해 돌아와 송인의 칭송을 받았다. 유응규는 명종의 책봉을 받으러 금나라로 가서, 단식과 예로 금나라로부터 책봉을 받아냈다. 이순효는 고종 때 몽골에 사신으로 가 한 가지 물품도 가져오지 않았다. 송언기는 몽골에 4번이나 사신으로 가서 강화를 체결하고 평화를 유지하게 했다. 김수강은 몽골에 가서 철병을 허락받았고, 장일은 8번이나 원나라에 사신으로 가 임금을 욕되게 하지 않았으며, 김유성은 충렬왕때 적대적인 상황에서도 일본에 사신으로 갔다가 결국 돌아오지 못하였다. 김제안은 공민왕대 하남왕을 만나고 돌아왔고, 박의중은 명나라의 철령위 설치를 외교적으로 풀어가려고 했다.

홍여하는 외교에서 사신의 역할을 중시하고 사신을 통하여 분쟁을 해결한 인물을 높이 평가하였다. 그는 무력으로 왜적을 물리친 강감찬·조충·김취려·김방경·박서·김경손·최춘명·조충 등을 높이 평가[51]하면서도, 외교 활동을 전개해 나라를 보전하고 임금을 높이는 의리를 지킨 인물을 칭송하였다. 거란족을 물리친 서희에 대하여 '단신으로 적에게 나아가 한마디 말로 오랑캐를 물리친 공이 탁연하다'고 하였다.[52] 윤관이 개마산 동쪽 고려의 옛땅을 수복하였지만, 완안부가 강력한 군대로 위협하자

之域者, 伊誰之功歟? 斯眞使乎, 而賢於十萬師者, 詎不信哉? 今取鄭文以下九人立傳, 嗚呼. 可不監哉?"

51 『彙纂麗史』권27, 名臣6 朴犀 金慶孫 崔椿命.
52 『彙纂麗史』권22, 名臣1 徐熙 訥, "論曰 …… 章威公(서희), 單騎赴敵營, 片言折强虜, 功業卓然. ……"

9성을 돌려준 것에 대해 형세상 자연스러운 일이라고 인정하였다.[53] 몽골과 강화를 주장한 유승단에 대하여, 송나라 영종 때 한탁주가 틈을 제공하자 선류善類들이 금나라와 강화를 주장하였다고 언급하면서, 최이가 주전을 주장하였음에도 유승단이 주화를 주장한 것은, 군자의 마음은 처음부터 정해진 것이 아니라 오직 나라의 이익을 생각했기 때문이라고 하였다.[54]

우리나라의 사대부들은 문장을 숭배하고 병서를 보는 것을 교양이 없는 사람의 일로 여겨 병학을 연마하는 자가 드물었는데, 김인경은 어려서부터 육서를 읽고 몽골의 침입에 맞서 용감히 싸웠다고 평가하였다.[55]

엄수안은 원종 9년(1269) 원나라 사신을 죽이고 김준을 옹립하려는 것을 알고, 김준의 동생 김충에게 원나라 사신을 죽이지 못하도록 하여 국가가 무사하게 하였으니 공이 사직에 있다고 평가하였다. 김훤은 임연이 원종을 폐위하고자 하는 술책에 빠질 것을 염려하여 이를 그치도록 상서를 하였고, 정인경은 임연이 반역을 꾀할 때 세자(후에 충렬왕)에게 원나라에 되돌아가 구원을 청하도록 권유하였으니 충성과 의리가 가상하다[56]고 하였다.

조인규는 역관으로 30여 차례나 원에 가 원 황제의 총애를 받았고, 원이 풍속을 고치도록 하였을 뿐만 아니라 원이 고려의 영토를 빼앗으려는 것을 막은 공이 있었다. 이에 대하여 홍여하는 지모있는 신하나 용맹한 장수가 할 수 없는 일을 했다고 높이 평가하였다. 일본 원정에서 원·명의 장수

---

53 『彙纂麗史』 권23, 名臣2 尹瓘 吳延寵, "論曰 …… 蓋馬山東, 卽句高麗舊地, 尹瓘建議收復, 誠是也, 惡可以成敗論也. 是時完顔部興於黑水, 兵勢漸强, 九城撤還, 其勢自然耳. 當其破勁虜闢九鎭, 東國之威, 幾於復振, 畫定疆界, 後世賴之, 其功盛矣."
54 『彙纂麗史』 권26, 名臣5 金之岱 兪升旦 庾碩, "論曰 …… 君子之心, 初無適莫, 惟利國是急. ……"
55 『彙纂麗史』 권27, 名臣6 金仁卿 李勘 金君綏.
56 『彙纂麗史』 권28, 名臣7 嚴守安 金晅 鄭仁卿, "論曰 …… 嚴守安譬曉賊臣之弟, 遏其凶, 謀迎天子使, 國家無事, 可謂功存社稷矣. 金晅上書止世子冊公. 鄭仁卿勸世子環入, 乞援忠義, 俱可向焉."

와 사졸들이 지방을 노략질할 때에 그 누구도 감히 이를 저지하지 못했는데, 박항이 황제에게 아뢰어 왕에게 승상의 지위를 내리게 하자, 호령이 왕에게 나오게 되어 병사들의 노략질을 멈추게 할 수 있었다. 홍여하는 만약 박항의 계책이 아니었다면 우리나라는 거의 위태롭게 되었을 것이라[57]고 하였다.

충선왕이 토번으로 귀양가자 허유전이 민지 등과 원나라에 가 왕을 소환할 것을 청원하였는데, 80의 나이에도 만리길을 마다하지 않고 군부君父의 위급함을 구하기 위해 사신으로 나갔으니 천성이 충의에 독실한 자라고 칭찬하였다.[58]

『휘찬여사』에 행인전을 두어 사신의 역할을 중시한 것은 홍여하의 현실 인식과도 밀접하게 연관된다고 할 수 있다. 홍여하는 효종이 추진한 북벌에 반대하였다. 이는 무력에 의한 국가간의 분쟁 해결에 반대하고 평화적인 외교 노력으로 문제를 해결하고자 한 것이었다. 효종 10년(1659) 경성 판관 재직시 구언교에 응하는 상소에서도 북벌론이 시의에 맞지 않는다는 견해를 제출했다. 그는 청에 대한 적개 의식과 명에 대한 존중의식을 견지하였지만, 무력을 사용하여 정벌하는 방법에는 동의하지 않았다. 우리나라는 풍속이 부드럽고 겁이 많으며 기가 가볍고 들뜨며 문사를 좋아하고 무예를 싫어한다. 또 해마다 흉년이 들어 재력이 부족한데 백성들을 동원하면 원망이 나라에 가득할 것이라는 것이 그 이유였다.[59] 이는 중국 중심

---

57 『彙纂麗史』권29, 名臣8 趙仁規 朴恒, "論曰 …… 趙仁規發跡商胥, 盛流所不與也. 然祖宗土地 見割上國, 以謀臣猛將不能復之, 仁規乃以口舌得之, 其功烏少哉? 東征時, 元明將士侵擾地 方, 不敢誰何? 朴恒建議奏, 授王丞相, 然後號令自王出, 國家賴之, 倘微恒策, 東國其殆矣."
58 『彙纂麗史』권29, 名臣8 閔漬 許有全 崔誠之, "論曰 忠宣王得罪元家, 俘縶異域, 爲臣子者 宜反首, 發舍而從之, 號泣天子之庭, 請復吾君, 不許則繼之以死可也. …… 許有全以八十之年, 不遠萬里, 赴君父之急, 非天性篤於忠義者, 其能然乎? 當時完節一人而已."
59 『木齋先生文集』권3, 應求言敎疏(『顯宗實錄』권1, 즉위년 6월 신묘, "鏡城判官洪汝河, 在任 所上應旨疏. 其略曰, ……": 韓永愚, 「17세기 초 東人의 歷史敍述 - 吳澐의《東史纂要》와 趙

의 동아시아 국제질서를 인정하고 사대 외교를 바탕으로, 전쟁이나 무력보다는 외교적인 노력에 의한 분쟁의 해결을 강조한 것이라 할 수 있다.[60]

『휘찬여사』에는 부록으로 외이전外夷傳(권2)을 두어 권47에 거란·여진, 권48에 일본을 기록하였다.

거란은 우리나라와 가깝고 또 고려와 같은 시대로서 관계가 단절되기도 하고 소통되기도 하였다. 거란과 교빙을 하거나 정벌을 하게 되면, 그로 인해 얻는 것과 잃는 것, 이익과 손해는 우리나라와 매우 중요하게 관계되므로 알지 않을 수 없다. 이에 거란전을 짓는다.[61]

대개 오랑캐의 나라 중 강대하지만 우리나라에서 멀리 떨어진 나라와 가깝지만 미약한 나라들은 변방 백성의 근심거리가 되기 부족하니 어찌 서술할 필요가 있겠는가? 오직 일본만은 우리나라에서 가장 가깝고 커서 우리나라의 이해가 걸려있다. 일본을 통제하느냐 못하느냐는 관계되는 것이 매우 중요하므로 알지 않아서는 안된다. 이에 일본전을 짓는다.[62]

거란은 고려와 같은 때였는데 관계가 단절되기도 하고 소통하기도 하였다. 교빙을 하거나 정벌을 할 때에는 그 득실과 이해가 컸으니 알지 않을 수 없어 거란전을 짓는다고 하였다. 일본은 우리나라에서 가장 가깝고 우리나라의 이해와 직결된다. 일본을 통제하느냐 못하느냐는 관계되는 것이 매우 중요하므로 역시 일본전을 짓는다고 하였다. 그리하여 거란과 일

挺의《東史補遺》」,『朝鮮後期史學史硏究』, 일지사, 1989.

60 이때, 행인전에 수록된 인물들은 청렴하고 재물을 탐하지 않았다는 사실이 중시되었다. 당시 중국 사행에서는 무역거래가 있었고 용인되었다. 고려의 금은 토산물을 중국의 물품과 교환하거나 중국 물품을 구입하였으며, 중국으로부터 선물을 받기도 하였다. 행인전에 등장하는 정문·이순효·박의중은 재물에 초월한 인물로 평가되었다.

61 『彙纂麗史』 권47, 契丹傳, "契丹地與東國近接, 而且與高麗同時, 或絶或通, 交聘攻伐之際, 其得失利害, 所係甚大, 則不可以不識也. 作契丹傳."

62 『彙纂麗史』 권48, 日本傳, "夫蠻夷之國, 强大而距我國遠者及近者而微者, 皆不足爲邊城患, 則烏足以考述哉? 惟日本距東國最近而大, 能爲東國利害, 其羈縻得失之際, 所係甚重, 則此不可以不知也. 作日本傳."

본의 유래와 역사, 정치제도, 지리 등을 소개하였다.[63]

『고려사』에서는 외국 열전을 두지 않았는데, 『휘찬여사』에서 부록으로 외이편을 둔 것은 주변국에 대한 인식의 변화, 나아가서는 화이 관념의 변화를 시사한다고 할 수 있다. 종래 25사에서 외국 열전을 설정한 것과 마찬가지로, 우리나라 사서에서도 외국전을 둠으로써 중국 중심의 세계 질서에서 벗어나, 중심의 위치에서 주변국을 바라보는 인식이 자리 잡게 됨을 보여준다.[64]

홍여하는 중국이 외이열전을 가질 수 있는 것과 같이 한국도 그것을 가질 수 있으며, 중국사에서 한국사 부분이 서술될 수 있듯이 한국사에도 중국사 부분이 서술될 수 있다고 함으로써 한국과 중국을 동일 선상의 국가로 표현하고 있다.[65] 이 시기 남인학자 허목도 『동사東史』에 흑치열전을 두어 일본·북방민족 등 주변 민족에 대한 역사를 서술하였다. 이는 임진왜란과 병자호란을 거치면서 외국사에 대한 관심이 고조된 결과라고 할 수 있다.

당시에는 명이 멸망하고 명을 대신해서 조선이 화를 대신한다는 의식이 있었다. 조선초기의 주변국을 교린으로 파악하고 대응하는 방식에서 더나아가, 중국을 계승한 중심국이라는 의식을 가지고 있었던 것이다. 혹자는 이를 조선중화주의라고 말한다. 외이전을 마련한 것은 대외적 위기감의 고조 속에서 조선 왕조의 정체성을 확인하고 되찾으려는 노력 속에서 제기된 자국 중심의 역사 서술을 반영하는 것이라 할 수 있다.

63　高柄翊, 「중국 정사 외국 열전」, 『東亞交涉史의 硏究』, 서울대출판부, 1970.
64　거란과 여진에 대해서는 중국 25사를 참고한 것으로 보인다(『金史』·『遼史』·『新五代史』·『舊五代史』 契丹·『新唐書』·『舊唐書』 북적전 契丹, 동이전 일본·『隋書』 동이전 倭國·『三國志』 동이전 倭·『晉書』 사이전 倭人·『後漢書』 동이전 倭·『元史』 外夷 日本).
65　이만열, 「17~18세기의 사서와 고대사 인식」, 『한국근현대 역사학의 흐름』, 푸른역사, 2007, 89~90쪽.

4. 맺음말

조선후기 사회변동과 그에 따른 정치사상적 대응 속에서, 한국 역사 곧 동사東史 편찬이 많아지는 것에 주목해서, 『휘찬여사』의 고려시대 인식을 살펴보고 조선후기 사학의 한 측면을 파악하고자 한 것이 이 글의 목표였다.

조선후기는 정묘호란과 병자호란을 거치면서 대외적 위기의식과 청에 대한 복수 의식에 강했는데, 홍여하는 개혁상소와 역사서술을 통하여 타개 방안을 제시하였다. 그는 북벌 운동을 반대하고 왕권 강화를 지지하면서 『휘찬려사』와 『동국통감제강』를 통하여 정통론과 강목론적 역사관을 견지하였다.

홍여하는 독자적인 역사관과 현실인식으로 기전제 사서 『고려사』의 내용을 간략화하거나 자료를 추가하여 『휘찬여사』를 완성하였다. 『휘찬여사』에서 열전은 유학儒學·행인行人·문원전文苑傳이 추가되고, 유학전에는 우탁과 길재를 수록하였으며, 역성혁명에 참여하지 않아 영남 사림들에게 추앙받으면서도 『고려사』에 없는 서견·이양중·김주 등을 추가하였다. 그리고 고려말 왕조 개창에 반대하거나 비협조적인 인물이 부각되었다. 이색·정몽주·이숭인·김진양 등 조선 건국에 반대한 인물들을 인품과 학문, 절의에서 칭송하고, 정도전·조준·윤소종 등 왕조를 개창한 인물들을 낮게 보았다.

또한 『휘찬어사』에서는 『고려사』 간신전에 있는 조민수·왕안덕·변안렬을 명신전을 수록하였다. 17세기 상황에서 홍여하는 명에 대한 존중 의식을 가졌고, 청에 대한 적개 의식을 가졌다. 조민수·왕안덕·변안렬이 명신전으로 들어간 것은 이들 세 사람이 위화도 회군의 회군공신으로 이들의 명 황실에 대한 존중 의식을 높이 평가하였다. 이는 17세기에 대명의리, 명 황실에 대한 의리(존왕 의식)를 높이려는 것과 연관된다고 보여진다.

한편, 『휘찬여사』는 『고려사』 열전에 없는 행인전行人傳을 두었다. 행인전에는 정문·유응규·이순효·송언기·김수강·장일·김유성·김제안·박의중 등 외교 활동을 벌인 9명이 포함되었다. 이들은 송·금·원·명에 다녀온 사신, 몽골침략기와 원 간섭기의 국제 문제를 슬기롭게 수행한 인물들이다. 당시 북벌론이 제기되는 시점에서, 홍여하는 청에 대한 복수는 군사력 증강과 무력 응징에 의한 방법이 아니라 평화적인 외교 수단으로 활용하는 방법이어야 한다고 보았다. 이러한 생각은『휘찬여사』행인전을 설정하여 고려 역사에서 외교상의 사신使臣의 역할을 중요시 하고 사신을 통하여 분쟁을 해결한 인물을 높이 평가한 것으로 나타난 것이 아닌가 한다.

『휘찬여사』에는 부록으로 외이전外夷傳(권2)을 두어 거란과 일본을 서술하였는데, 이는 중국을 천자국으로 하고 주변 이민족을 제어한다는 천하의식의 소산이라고 할 수 있다. 중국사에서 외국 열전을 설정한 것과 마찬가지로 우리나라도 외국전을 둠으로써 중국 중심의 세계 질서에서 벗어나 우리나라도 중심의 위치에서 주변국을 바라보는 인식이 자리잡게 됨을 보여준다. 고려 역사에서 외교상의 사신의 역할을 중요시 하고 사신을 통하여 분쟁을 해결한 인물을 높이 평가하였다. 외이전의 설정은 대외적 위기감의 고조 속에서 조선 왕조의 정체성을 확인하고 되찾으려는 노력 속에서 제기된 자국 중심의 역사 서술을 반영하는 것이라 할 수 있다.

『휘찬여사』는 조선후기 대내외적 위기 상황에서 제기된 주자학 절대주의와 주자학적 정치사상에 조응한 역사서이다. 소중화 의식이 강화되고 자국에 대한 역사의식이 확대되는 가운데 고려시대 역사를 정리한 것이다.『휘찬여사』가 특히 강조하는 절의나 사신의 중요성은 영남 남인의 정치사상을 반영하면서 확대된 정치의식과 대외인식을 반영하는 것이라고 하겠다. 홍여하의 사학사상은 그후 남인계 학자인 이익과 안정복 등으로 계승되어 갔다고 할 수 있다.

| 참고문헌 |

강세구, 「順菴 安鼎福의 高麗認識」, 『昔步鄭明鎬敎授 停年退任紀念論叢』, 2000.
高柄翊, 「중국 정사 외국 열전」, 『東亞交涉史의 硏究』, 서울대출판부, 1970.
고영진, 「홍여하」, 『한국의 역사가와 역사학 상』, 창작과비평사, 1994.
金慶洙, 「朝鮮前期 野史 編纂의 史學史的 考察」, 『實學思想硏究』 19·20, 2001.
金善花, 「洪汝河의 歷史認識」, 한양대석사논문, 1987.
김현영·박한남·이재희·류주희, 『국역휘찬여사』(1-6), 민속원, 2012.
김현영, 「글로벌리즘 시대에 있어서 『휘찬여사』의 의미」, 『국역휘찬여사』 1, 민속원, 2012.
박종기, 「동사강목 고려편 검토 - 안정복의 수택본을 중심으로」, 『성곡논총』 24, 1992.
邊太燮, 『『高麗史』의 硏究』, 삼영사, 1986.
신항수, 「17세기 중반 洪汝河의 田制認識」, 『韓國思想史學』 8, 1997.
윤 정, 「숙종대 太祖 諡號의 追上과 政界의 인식 - 조선 創業과 威化島回軍에 대한 재평가」, 『東方學志』 134, 2006.
이만열, 「17~18세기의 사서와 고대사 인식」, 『한국근현대 역사학의 흐름』, 푸른역사, 2007.
이태진, 「조선시대 野史 발달의 趨移와 성격」, 『又仁 金龍德博士 停年紀念史學論叢』, 1988.
趙 珖, 「朝鮮後期의 歷史認識」, 『韓國史學史의 硏究』, 을유문화사, 1985.
趙誠乙, 「朝鮮後期 歷史學의 發達」, 『韓國史認識과 歷史理論』(金容燮敎授停年紀念韓國史學論叢1), 1997.
_____, 「朝鮮後期 史學史 硏究 動向」, 『朝鮮後期史學史硏究』, 한울, 1997.
_____, 「유수원의 고려시대 인식」, 『실학사상연구』 10·11, 1999.
_____, 「이익과 정약용의 고려시대 인식」, 『朝鮮後期史學史研究』, 한울, 2004.
曺永錄, 「조선의 소중화관」, 『近世 동아시아 三國의 國際交流와 文化』, 지식산업사, 2002.
정호훈, 「조선후기 『耘谷詩史』의 영향과 高麗史 敍述의 변화」, 『지방지식인 원천석의 삶과 생각』, 혜안, 2008.
韓永愚, 「17세기 초 東人의 歷史敍述 - 吳澐의 《東史纂要》와 趙挺의 《東史補遺》」; 「17세기 중엽 南人 洪汝河의 歷史敍述 《彙纂麗史》와 《東國通鑑提綱》」, 『朝鮮後期史學史硏究』, 일지사, 1989.
S.O.Kurbanov, 「『木齋家塾彙纂麗史』의 儒學傳」, 『奎章閣』 32, 2008.
陳芳明, 「宋代 正統論의 形成과 그 內容」, 『中國의 歷史認識』 하, 창작과 비평사, 1985.
麓保孝, 「朱子의 歷史論」, 『中國의 歷史認識』 하, 창작과 비평사, 1985.

6

『동국통감제강』에 나타난 홍여하의 역사인식*

박인호
국립금오공과대학교 교양학부 명예교수

1. 머리말

이 글은 기자에서 통일신라 말까지의 역사를 다룬 홍여하洪汝河의 『동국통감제강』을 사학사적 측면에서 살펴보는 것을 목적으로 한다.

홍여하에 대한 연구는 홍여하가 남긴 사서인 『동국통감제강』과 『휘찬여사』를 사학사적인 측면에서 다룬 한영우의 연구에서 시작하였다. 이후 홍여하에 대해 사회사상적 측면, 문학·경학적 측면, 철학적 측면, 문헌학적 측면 등 다방면에서 연구가 이루어졌다.

홍여하에 대한 사학사적 연구 가운데 기존의 연구는 대부분 『휘찬여사』를 다루고 있으며, 『동국통감제강』을 살펴보려는 이 연구와 직접 관련 있는 사학사적 연구는 상대적으로 적은 편이다. 홍여하를 다룬 논문 가운데 한영우와 김선화의 연구는 홍여하가 편찬한 『동국통감제강』을 집중적으로 다루고 있어 참고가 된다. 특히 한영우의 연구는 『동국통감제강』에 대

---

* 이 글은 『퇴계학과 유교문화』 54(경북대, 퇴계연구소, 2014)에 동일한 제명으로 발표한 논문을 수정한 것이다.

한 최초의 사학사적 연구로, 사서로서의 주요한 특징을 정리하고 있으나 범례의 소개에 집중하고 있다.[1] 김선화의 연구는 사론의 출입을 다루고 있으나 제외된 사론과 추가된 사론 전체를 다루지는 못하였다.[2] 장윤석의 연구는 주로 범례를 다루었으나 『동사찬요』와의 비교에 중점이 있었다.[3]

여기서는 이러한 선학의 연구를 바탕으로 『동국통감제강』의 편찬에 관련된 서술 방식과 편찬 의도, 그리고 자료로 참조하였던 『동국통감』과의 비교를 통해 『동국통감제강』이 가지는 사학사적 의의를 살펴보고자 한다. 이 연구는 『동국통감』과의 직접적인 비교를 통해 범례와 사론을 살펴보았다는 점, 홍여하의 역사지리인식을 해명한 점, 유교적 도덕 논리의 확산을 사론 출입의 이유로 본 점 등에 일정한 연구 의의가 있을 것이다.

2. 『동국통감제강』의 편찬과 서술

1) 편찬과 간행

『동국통감제강』은 홍여하(1620~1674)[4]가 기자조선箕子朝鮮으로부터 통일신라統一新羅 말까지의 우리나라 역사를 강목의 정신을 바탕으로 편년 순

---

1 한영우, 「17세기 중엽 영남남인의 역사서술 - 홍여하의 휘찬여사와 동국통감제강」, 『변태섭박사 화갑기념 사학논총』, 삼영사, 1985; 『조선후기사학사연구』, 일지사, 1989, 135~158쪽.
2 김선화, 「홍여하의 역사인식」, 한양대 대학원 석사학위 논문, 1987, 1~59쪽.
3 장윤석, 「17세기 영남 남인 오운과 홍여하의 역사인식」, 경북대학교 교육대학원 석사학위 논문, 2007, 1~45쪽.
4 생몰연대에 대해서는 사전이나 기존 연구마다 조금씩 다른데 여기서는 洪大龜가 쓴 行狀과 權愈가 쓴 碑銘의 기록을 기준으로 하였다(『목재선생문집』 권11, 「부록」,〈贈通政大夫弘文館副提學知製教兼經筵參贊官春秋館修撰官行通訓大夫司諫院司諫府君行狀〉,〈碣銘并序〉).

에 따라 편찬한 사서이다. 서두書頭의 책명은 목재가숙동국통감제강木齋家塾東國通鑑提綱으로 되어 있다. 책의 표제를 '동사제강東史提綱'으로 적은 것도 있고[5] 손자인 홍대구洪大龜가 쓴 행장行狀과 권유權愈가 쓴 갈명碣銘 등에도 '동사제강'이라는 표현한 것으로 보아 처음 제목을 '동사제강'으로 한 것인지는 알 수 없다.[6]

홍여하의 역사서 편찬 작업은 행장에 의하면 1639년(인조 17)『휘찬여사』의 편찬에서 시작한 것으로 알려지고 있다. 고려시대사를 다룬『휘찬여사』의 실제 완성된 연도는 확실하지 않으나[7] 홍여하가 젊은 시기에 가지고 있었던 고려사를 보는 시각을 정리한 것이라고 할 수 있다.

이에 반해『동국통감제강』은 집필 시기가 상대적으로 늦어 장년의 홍여하가 동국의 역사를 정리한 결과물이다. 홍여하는 1659년(효종 10) 경성판관 재직시 왕이 내린 구언교지에 따라 장문의 응지소를 올렸는데 이 상소가 문제가 되어 1660년(현종 1) 충청도 황간 신풍현으로 유배되었다. 유배에서 풀려나면서 홍여하는 1660년 고향인 상주 율리에 돌아 왔다. 자신이 거주하는 곳은 산택재라고 이름짓고 호를 목재라 하였다. 1670년에는 예천 복천면에 거처를 옮겨 존성재라고 이름지었다. 이후 상주 율리와 예천

---

[5] 도산서원 장본도 표지의 서명을 '東史提綱'이라고 적고 있으며, 일부 도서관에서도 외제를 '동사제강' 혹은 '동국통감'이라고 적기도 한다.

[6] 『목재신생문집』권11,「부록」,〈贈通政大夫弘文館副提學知製教兼經筵參贊官春秋館修 撰官行通訓大夫司諫院司諫府君行狀〉.

[7] 홍여하의 행장에는 1639년『휘찬여사』를 완성한 것으로 적고 있으나 1640년대 활재 이구에게 고려사의 편찬을 말하고 있으므로 이 시기에 완성된 것으로는 보이지 않는다(洪汝河,『목재선생문집』권4,「書」,〈答李大方䎘〉). 1659년 정도응에게 보낸 편지에서 고려사를 완성하였으며, 50권이 된다고 적고 있다. 또한 정도응이 편찬하고 있던 명신록을 완성하였는지를 문의하고 있다. 따라서 행장에서 전하는 것은 범례를 만든 것이고『휘찬여사』를 완성한 시기는 1659년경 이전으로 보는 것이 합당하다(洪汝河,『목재선생문집』권4,「書」,〈答鄭鳳輝〉. "麗史垂完 爲秩者五十 前輩所當留意未就者 幸而辨此 倘來榮辱 看破空已久矣 名臣錄 想亦斷手邪 何時相聚 各出二家言 揚確而上下之邪").

복천을 오가면서 학문과 저술에 심혈을 기울였다.[8] 행장에 의하면 『동국통감제강』은 1672년(현종 13) 편찬된 것으로 적고 있다.[9] 따라서 『동국통감제강』은 역사에 관심을 가진 이래 오랜 시간의 온축을 거친 작품이라고 할 수 있다.

그런데 행장에 의하면 만년에 『동국통감』을 바로 잡아 책을 편찬하고 동사제강으로 이름 붙였으나 이 책이 완성되기 전에 죽었다고 적고 있다.[10] 그런데 현재 남아 있는 책을 『동국통감』과 비교해 보면 고려 통일 이후는 다루지 못하고 있다. 그러한 점에서 본다면 미완성이라고 하여도 틀린 말은 아닌 것이다.[11]

목판본 『동국통감제강』은 1786년(정조 10) 후손인 홍석윤洪錫胤, 홍석주

---

8   홍여하가 해배후 생활하였던 율리에 대해 경기도 파주군 율리(한영우) 혹은 경상도 군위군 대율리 한밤마을(김현영)로 비정하는 의견들이 있으나 홍여하는 부림홍씨 함창파의 후예로 그가 거주하였던 율리는 상주목 영순면 율리(현 문경시 영순면 율곡리 缶林洪氏 마을)를 말한다.

9   홍여하는 동국사의 편찬에 대한 문제의식을 이미 1640년대 활재 이구에게 피력하고 있다(洪汝河,『목재선생문집』권4,「書」,〈答李大方爰〉. 李榘,『활재집』권2,「書」,〈答洪伯源 別紙三〉). 또한 이휘일이 보낸 서간에서 "동사는 정돈해야 할 부분이 있었는데 손대는 사람이 없었습니다. 지금 보내주신 편지를 받자오니 모든 일에는 기다림이 있어야 한다는 것을 알겠습니다(東史果有合整頓處 而無人犯手 今承來諭 足知凡事皆有待也)"라고 하여 동사의 편찬을 말하고 있는데 이 서간은 1667년 작성한 것으로 전한다(『존재선생문집』권2,「서」,〈答洪百源〉). 이 연도가 정확하다면 홍여하가 『동국통감제강』의 편찬 작업을 시작한 것은 1667년 이전으로 볼 수 있다.

10 『蘆洲先生文集』권4,「行狀」,〈木齋洪先生行狀〉. "嘗以爲史者褒貶勸懲之書 王法之所寓 而大統之所係也 吾東方史記散漫不綱 大失鑑戒之義 (중략) 晚年又取東國通鑑 頗加櫽 用綱目編年法 名曰東史提綱 其次第節目 皆有法度 未及成書而先生歿 使後人復有大事記 將誰使續之恨."
    『葛庵先生文集』권26,「行狀」,〈通訓大夫司諫院司諫木齋先生洪公行狀〉. "晚年 又取東國通鑑 頗加櫽括 用綱目編年法 名曰東史提綱 其次第節目殊可觀 未及成書而公沒矣 使後人復有大紀將誰使續之恨."

11 자료를 휘집하는 『휘찬여사』와는 달리『동국통감제강』은 『동국통감』을 정통과 춘추의 서법을 기준으로 정리하였기 때문에 『동국통감』의 고려 부분도 정리할 필요는 있었다.

洪錫疇에 의해 13권으로 간행되었다. 이 책의 출판에 이르는 경과 과정에 대해서는 안정복이 다음과 같이 적고 있다.

선생께서 돌아가신지 이제 113년이 되었다. 이 책이 비록 만들어지기는 하였으나 세상에서 아는 사람이 별로 없다. 선생의 자손들이 대대로 보존하고 지켜오다가 사우士友들에게 교정을 구하고 재물을 거두고 모임을 만들어 판각하기에 이르렀으니 모두 14권이다. 일을 맺게 되자 선생의 현손玄孫 석윤錫胤이 그 종제인 상사 석주錫疇에게 시켜 정복에서 서문을 청하였다. 정복도 역시 일찍이 교정의 일에 참여했으며 일찍부터 선생의 풍도를 우러러보았으므로 어찌 감히 글재주가 없다고 사양할 수 있겠는가.[12]

안정복은 출판된 책이 14권이라고 적고 있으나 현재 이 책은 13권으로 구성되어 있다.[13] 안정복이 이를 14권이라고 적은 이유는 잘 알 수 없다.

초간본은 규장각을 비롯하여 주요 기관에 보관되어 있는 것으로 보아 책에 대한 수요가 일정하게 있었던 것으로 보인다. 규장각에는 정조의 수택본으로 구결口訣이 달려 있는 본(규 4357)도 있다.

현대 영인으로는 1976년에 동양문화사에서 영인하였으며, 다시 1986년 규장각본(규 5330)을 『한국사서총간』 1에 수록 영인하였다.[14]

---

[12] 『동국통감제강』, 〈목재가숙동국통감제강서〉, 526쪽. "先生之歿 今百十有三年矣 是書雖存 世莫能知 先生子孫 世世保守 求校於士友 斂財結社 錄諸文梓 凡十四卷 工告訖 先生玄孫錫胤 使其從弟上舍錫疇 求弁文於鼎福 鼎福亦嘗與聞於考校之役 夙仰先生之風矣 其敢以辭拙辭乎."

[13] 13권 7책은 1·2, 3·4, 5·6, 7·8, 9·10, 11·12, 13으로 편재되어 있다.

[14] 『東國通鑑提綱』, 13권 7책, 1786년 간행; 동양문화사 영인, 1976; 규장각본, 『韓國史書叢刊』 1(東國史略·東史纂要·東史補遺·東國通鑑提綱), 驪江出版社, 1986.

2) 구성과 서술

이 책의 체재를 보면 13권 7책으로 구성되어 있다. 권수제는 목재가숙동국통감제강木齋家塾東國通鑑提綱이며, 판심제는 동국통감제강東國通鑑提綱이다. 이 책은 크게 조선기, 삼국기, 신라기로 나누어진다. 조선기는 상편의 은태사와 하편의 기준왕으로 나누어진다. 삼국기는 권2 신라 혁거세에서 권9 문무왕의 삼국통일 이전까지, 신라기는 권10 문무왕 8년(당 총장 2년, 669)[15]의 삼국통일 이후부터 경순왕까지 대상으로 하였다.

권	표제	수록 왕명
序文		
凡例		
目次		
1	조선기 상, 하	殷太師, 箕準王
2	삼국기	赫居世 · 南解君 · 儒理王上
3	삼국기	儒理王下 · 脫解王 · 婆娑王 · 祇摩王 · 逸聖王 · 阿達羅王
4	삼국기	伐休王 · 奈解王 · 助賁王 · 沾解王 · 味鄒王 · 儒禮王 · 基臨王 · 訖解王上
5	삼국기	訖解王下 · 奈勿王 · 實聖王 · 訥祇王 · 慈悲王 · 炤知王上
6	삼국기	炤知王下 · 智證王 · 法興王 · 眞興王 · 眞智王 · 眞平王上
7	삼국기	眞平王下 · 善德女王上
8	삼국기	善德女王下 · 眞德女王 · 太宗武烈王上
9	삼국기	太宗武烈王下 · 文武王上
10	신라기	文武王下 · 神文王
11	신라기	孝昭王~憲德王
12	신라기	興德王 · 神德王
13	신라기	景明王~敬順王

---

15 홍여하는 신라의 기년에 유년 칭원을 적용하였기 때문에 『동국통감』의 문무왕 9년과는 달리 문무왕 8년으로 적고 있다.

『동국통감』에서는 외기外紀의 위치에 있었던 기자조선箕子朝鮮을『동국통감제강』에서는 본기本紀 제1권 조선기朝鮮紀(上·下)에 수록하고 있다. 또한 외기이지만 단군에서 동국사를 시작하였던『동국통감』과는 달리 아예 표제를 은태사로 기록함으로써 은연중에 역사의 정통을 기자에 두고 있다. 동국사의 기술은 기자에서 신라 말까지 편년 순에 따라 정리하였는데, 기자 → 마한 → 신라로 이어지는 흐름만을 정통으로 인정하고 나머지는 모두 참위로 보았다.『동국통감』을 저본으로 하였으나 엄격한 명분론과 정통관을 적용한 것이라고 하겠다.

　연기를 서술하는 것도『동국통감』에서는 중국 연기를 앞세우고 신라, 고구려, 백제의 순으로 기술하였으나『동국통감제강』에서는 신라 연기를 대자로 쓰되 중국의 연기는 쌍행으로 신라 연기 앞에 기술하고 있으며 고구려와 백제 연기는 신라 뒤에 쌍행으로 기술하고 있다. 이는 중국과 동국을 구별하되 신라 정통을 고수하는 입장에서 기술한 것이다.

　안정복이 쓴 서문에 따르면 홍여하는 "김부식金富軾의『삼국사기』는 고기古記의 편린들만 모았기 때문에 소략하고 잘못되어 전혀 사법史法이 없으며,『동국통감』은 조금 취할 만하지만 논의해야 할 부분이 많다"[16]는 불만에서 이 책을 편찬하기 시작하였다. 그러나 이 책의 기본 재료는『동국통감』이다. 여러 자료를 취합하되 주자 강목의 체례를 본받아 이 책을 만들었다. 홍여하는 일찍부터 역사 책은 포폄褒貶과 권징勸懲을 보이는 책인데 우리나라에서는 외설스럽게 뒤섞여 어떻게 세도世道와 치도治道에 도움이 될 수 있겠는가는 생각을 가지고 있었다.[17]『동국통감제강』은 포폄과

16　『동국통감제강』,〈목재가숙동국통감제강서〉, 527쪽. "後又言金氏三國史記 只憑古記斷爛之傳 踈畧訛謬 全無史法 東國通鑑 稍有可取 而亦多可議."
17　『葛庵先生文集』권26.「行狀」,〈通訓大夫司諫院司諫木齋先生洪公行狀〉. "嘗以爲史者褒貶勸懲之書 王法之所寓 而大一統之所係也 吾東方史法猥釀 有薦紳先生難言之實 其何以裨世敎資治道乎."

권징을 위해 우리나라 전 역사에 강목의 원칙을 적용하려고 하였으나 서술형식에서는 아직 주자 강목의 전형적인 강목체 형태를 보이지 못하였으며, 연도별로 사건을 서술하는 편년체 수준에 머물렀다.[18]

홍여하의 생각이 『동국통감제강』에 구현된 모습에 대해 안정복은 다음과 같이 평하였다.

> 이제 이 책을 읽어보니 순서와 절목이 모두 법도에 맞다. 기자를 정통正統의 첫 머리로 시작하고, 마한이 계승하는 것으로 하되 위만은 참적으로 내쫓았다. 마한이 망하기 전까지는 삼국의 임금을 모두 신하의 예에 따라 쓰고 왕이라고 칭하지 않았으니, 이것은 실로 사가의 올바른 예이다. 계통이 바로잡히면 참僭과 위僞가 저절로 분간이 되고 참과 위가 분간이 되면 명의名義가 명백해지는 것이다. 『춘추』가 이루어지자 난신적자亂臣賊子가 두려워한 것은 명의가 명백해져서 그러한 것이 아니겠는가.[19]

즉 안정복의 말에 따르면 홍여하는 정통과 참위를 분간하는 춘추의 정신을 구현하는 것이 무엇보다 중요하다고 여겼으며, 이 책도 그러한 점에 중점이 있다는 것이다.

이러한 인식을 확인할 수 있는 것은 『동국통감제강』의 기술 원칙을 보여주는 범례이다. 범례는 총 13개조로 되어 있다. 그 가운데 정통론과 관련

---

18 안정복이 쓴 『동국통감제강』의 서문에서도 이 책은 강목의 예를 따랐다고 적고 있다. 그러나 외형적인 형태를 보면 포폄의 서법을 적용하면서 기사의 요지를 적은 綱과 해당 기사의 전말을 적은 目을 같이 배치하지 못하고 있다. 따라서 이 책의 서술체재를 전형적인 강목체라고 표현하기는 어렵다.

19 『동국통감제강』,〈목재가숙동국통감제강서(안정복)〉. "今讀是書 次第節目 皆有法度 始於箕子 爲正統之首 繼以馬韓而黜衛滿之僭 馬韓未亡之前 三國之君 皆用臣例 不得稱王 此實史家之正例也 統正而僭僞自分 僭僞分而名義得定 春秋成而亂臣賤子懼者 其不以名義之得定而然歟."

된 내용을 보면 다음과 같다.

> 옛 역사 책은 모두 단군에서 적기 시작하였는데 나는 지금 기자 이하로 끊었다. 이것은 사마천의 『사기』에서 황제 이하로 끊은 예를 따른 것이다.[20]

> 은태사 기자의 『홍범』은 사마천의 『사기』 「미자세가」에 부록으로 기재되어 있다. 내가 지금 「은태사기」를 만들었으므로 『홍범』을 싣지 않을 수 없다. 그러나 『서전』의 내용을 적어 오는 것은 참람한 것 같으므로 사마천의 『사기』에 수록된 것을 적었다. 다만 그 문장에서는 같고 다른 점이 조금 있다.[21]

> 옛 역사 책에는 기준이 남쪽으로 도망한 이후 위만조선이라고 칭하였다. 그런데 이것은 역사가가 말하는 정통의 격식을 잃어버린 것이다. 나는 「조선기」에서 기준이 정통을 이은 것으로 하였다.[22]

> 마한이 아직 망하지 않았을 때는 삼국의 시조에 대해 모두 신하의 예를 적용하여 왕이라고 칭하지 않았다.[23]

홍여하는 역사적 정통을 기자에서 시작하고 있으며, 또한 기준왕의 마한馬韓이 이를 계승한 것으로 기술하였는데, 당시 유행하였던 대부분의

---

20 『동국통감제강』, 「목재가숙동국통감제강범례」. – 舊史皆起自檀君 今斷自箕子以下 依遷史斷自黃帝以下例.
21 『동국통감제강』, 「목재가숙동국통감제강범례」. – 殷太師箕子洪範 遷史附載微子世家 今作殷太師紀 則洪範不容不載 而剟取書傳 似涉僭猥 故取遷史所錄而書之 其文少有異同云.
22 『동국통감제강』, 「목재가숙동국통감제강범례」. – 舊史 箕準南奔之後 稱衛滿朝鮮 殊失史家正統之體 今以朝鮮紀 係之箕準.
23 『동국통감제강』, 「목재가숙동국통감제강범례」. – 馬韓未亡 三國始祖 皆用臣例 不得稱王.

사략형 사서들이 단군으로부터 시작하였던 것에 비추어보면 단군관이 후퇴되었다고 할 수 있을 것이다.

또 하나는 역사의 정통이 기자와 마한을 거쳐 다시 신라로 이어지고 있다는 것이다.

> 삼국을 그 크기로 논한다면 신라의 처음 무렵은 고구려만큼 크지는 못하였다. 그러나 신라가 나라를 연 것은 고구려와 백제보다 앞섰으며, 또한 삼국의 끝은 신라에 의하여 통일되었으므로 우리나라의 역사가들은 모두 신라를 고구려와 백제의 앞에 놓았다. 지금 살펴보건대 고구려가 요 땅에 나라를 세웠으며, 2백여 년이 지난 후에 동쪽의 평양으로 옮겼으나 그 때의 역사는 증거할 만한 것이 충분하지 못하다(출 이문진 소찬). 온조는 마한을 멸망시켜 기씨의 계통을 끊어버렸으니 매우 어질지 못하다. 그러나 박혁거세의 큰 덕은 기자의 계통을 이을 만하다. 그의 말은 마한을 높일 줄을 알았으므로 족히 취할 만하다. 역사를 다룬 글은 최치원의 역대기에 나오는데 참고하여 믿을 만하다. 그러므로 신라를 정통으로 하고 두 나라는 부용으로 한다.[24]

박혁거세의 큰 덕이 기자의 계통을 이을 만하고 마한을 받들었던 점을 근거로 홍여하는 신라를 역사의 정통으로 간주하였다. 이는 역사를 도덕적으로 평가하려는 논리가 확대되면서 『동국통감』의 삼국을 균등하게 다루려는 데서 벗어나 마한-신라 정통론을 극단화시킨 것이다. 따라서 사서의 기술도 신라를 주로 하고 고구려와 백제는 여기에 부기附記하는 형식을

---

24 『동국통감제강』, 「목재가숙동국통감제강범례」. ─ 三國論其大小 則新羅之初 不如高句麗之大 然新羅開國 先於麗濟 而其終也 又爲新羅統一 故東史諸家 皆以新羅冠於麗濟之上 今按高句麗 立國遼界 過二百餘年 然後東徙平壤 其史不足爲據 出李文眞所撰 溫祚滅馬韓 絶箕氏之祀 不仁甚矣 而赫居世之盛德 可以承箕子之統 其言知尊馬韓 有足取焉 史文則出於崔文昌致遠歷代記 差可考信 故以新羅主之 而兩國附焉.

취하였다. 또한 온조가 마한을 멸망시킨 것에 대해『동국통감』에서는 백제의 왕王이라는 표현을 사용한 반면[25] 홍여하는 백제군 온조가 마한을 습격하여 멸한 것을 특기하여[26] 서법을 통해 온조에게 찬탈의 죄를 나타내려고 하였다.[27] 이는『동국통감』에서 보이던 백제에 대한 부정적인 인식을 명분과 도덕의 입장에서 더욱 극대화한 것이다.[28]

그런데 서술 형태에서 당시의 역사서와는 구별되는 특징적인 사항을 『동국통감제강』의 범례에 밝히고 있다. 먼저 우리나라의 사서이지만 중국의 사건에 대한 기록 여부이다.

『춘추』는 노나라를 다룬 역사 책이지만 주나라의 일도 기록하였으며, 그 외 열국의 일까지 모두 갖추어 적었다.『통감강목』등과 같은 책도 해외 나라의 일을 많이 적고 있는데 이것은 역사가의 필법이다. 우리나라 옛 역사 책들은 중국의 일을 적지 않았으므로 역사가의 큰 강령에서 본다면 소홀하고 잘못된 점이 매우 심하다. 그래서 지금『춘추좌전』의 예에 따라 중국 역대 제왕의 사망 기사를 적고 또한 흥망의 모습을 간략히 적어 역사가의 격식을 갖추었다.[29]

일식은 춘추에 반드시 적었는데 이는 하늘의 경계를 받들기 위한 것이다. 서거정은 이를 빼고 적지 않았다. 지금『삼국사기』의 일식 기록에 따르되『강목』의 기사에 고증하여 합치되는 것은 적었다.[30]

---

25 『동국통감』1, 경인문화사, 1987, 39쪽.
26 『동국통감제강』, 547쪽. "秋七月 百濟君溫祚 襲馬韓滅之."
27 『동국통감제강』, 548쪽. "書法 以著溫祚簒奪之罪."
28 박인호,「전통시대의 백제인식 - 백제의 흥망에 대한 인식을 중심으로 - 」,『역사교육논집』46, 역사교육학회, 2011, 257쪽.
29 『동국통감제강』,「목재가숙동국통감제강범례」. 一 春秋 魯史而記周事 至於列國之事 亦皆備述 如通鑑綱目等書 多載海外國事 此史家之法也 東國舊史 不記中國之事 史家大綱領 疏謬特甚 故今依左傳例 書中國歷代帝王崩殂 因略書其興亡大致 以存史家之體.

즉 이전 우리나라 사서들이 중국의 일을 적지 않은 것에 반해『동국통감제강』에서는 역대 제왕의 사망 기사 또는 흥망의 모습을 간략히 적어 체례를 갖추려고 하였다. 일식 기사도 하늘의 경계를 표시하기 위해 강목의 기사와 비교하여 합치되는 것을 적고 있다.

이러한 동일 해 중국사의 기술과 일식 기사의 보존은 춘추의 정신을 본받아서 이루어진 것이지만 결과적으로는 우리나라를 다룬 역사서에서 중국의 역사적 사실을 간략하게나마 알 수 있도록 하였다. 이는『동국통감』이나 혹은 각종 사략류 사서에서도 보이지 않던 것으로 결과적으로는 우리 역사를 보는 폭을 넓혀 놓았다. 뒤에 한중 합사의 책들이 나오게 되지만 우리나라 사서 가운데 가장 먼저 중국의 역사에 주목하여 이를 내용 속에 수렴한 책이다.『동국통감제강』의 은태사와 관련된 부분에서 많은 중국 자료가 인용되고 평가된 것으로 이러한 이해의 결과이다.

그리고 역사의 서술에 있어서는 춘추의 정신을 바탕으로 하였다.

『춘추』에서는 사망에 대해 부고하였으면 적고 부고하지 않았으면 적지 않았다. 그런데『좌전』에서는 초나라와 월나라의 상사도 모두 적었다. 이제 춘추의 예에 따라 정통 제왕의 사망에 대해서는 특별히 강으로 적고, 남북조와 오대 제왕의 사망에 대해서는『좌전』의 예에 따라 목에다 간략히 적었다.[31]

한나라 광무제와 당나라 태종 이후는 춘추의 정월을 표시하는 예에 따라 황정월이라고 특별히 적었다.[32]

---

30 『동국통감제강』,「목재가숙동국통감제강범례」. — 日食 春秋必書 謹天戒也 徐氏闕而不書 今悉據三國史所記日食 訂諸綱目而合者 書之.
31 『동국통감제강』,「목재가숙동국통감제강범례」. — 春秋崩卒 告則書 不告則不書 傳則楚越之喪 皆書之 今依經例 正統帝王之崩 特書於綱 南北朝五代崩殂 略述於目 以倣傳例.
32 『동국통감제강』,「목재가숙동국통감제강범례」. — 漢光武唐太宗以後 特書皇正月 依春王

중국사는 단순히 제라고만 호칭하였는데, 춘추에서 왕에다 천이라는 명칭을 더하는 예에 따라 지금 당나라 아래로는 황제라고 특별히 적었다.[33]

임금이 대를 이으면 해를 넘겨서 원년이라고 칭하는 것이 예에 바른 것이다. 김부식의 『삼국사기』에서는 모두 앞의 임금이 돌아가신 해에 바로 원년이라 칭하여 춘추의 대의를 잃어버렸다. 그런데 권근이 『동국사략』에서 해를 넘겨 원년이라고 칭하여 그 잘못을 바르게 하였다. 그러나 서거정은 『동국통감』에서 김부식의 잘못을 지적하였으면서도 오히려 억지로 따랐으니 그 그릇됨이 심하다. 이제 모두 바르게 고쳤다.[34]

인용문들은 구체적인 서법의 적용에 관련된 내용들로 기술에서의 일정한 서술방식을 강조하고 있다. 정통 제왕의 사망은 강으로 적고 비정통인 남북조와 오대 제왕의 사망은 목에다 간략히 적는 형식을 취한다는 것이다. 그리고 춘추의 기술 예에 따라 황제의 정월을 특서하며, 당 이하의 정통 군주에게는 황제라고 적는다는 것이다.

그런데 왕의 기년을 표시하면서 어떠한 방식을 취하는가는 서법상 대표적인 논쟁거리였다. 홍여하는 유년 칭원踰年稱元을 취하여, 『삼국사기』와 『동국통감』에서 즉위년 칭원卽位年稱元을 적용한 것을 비판하였다. 홍여하는 이전에 권근이 이미 『삼국사기』의 즉위년 칭원이 잘못되었음을 지적하고 해당 연기를 모두 수정하였던 예를 다 알고 있으면서 『동국통감』

正月例.
33 『동국통감제강』, 「목재가숙동국통감제강범례」. 一 中國史 但稱帝 今自唐以下 特書皇帝 依春秋加天於王例.
34 『동국통감제강』, 「목재가숙동국통감제강범례」. 一 國君嗣世 踰年改元 乃禮之正 金富軾三國史 皆以先君薨年改元 大失春秋之義 故權近史略 踰年稱元 以正其失 徐氏通鑑 旣論斥富軾而强從之 其謬甚矣 今悉改正.

에서 다시 김부식을 따라 즉위년 칭원을 적용한 것은 잘못되었다는 것이다. 그 결과 유년 칭원을 적용하였기 때문에 『동국통감제강』은 고구려의 유리왕, 신라의 남해왕, 백제의 다루왕 이후 부분에서 『삼국사기』와 『동국통감』과 재위년도가 1년씩 차이를 보이고 있다.

그리고 역사를 보는 정신에 있어서는 유교의 합리적 관점과 도덕주의 관점에서 역사에 접근하여 무망誣妄하거나 음난한 것에 대해서는 아예 서술에서 배격하였다. 특히 삼국 시조의 탄생 설화에 대해서는 어리석은 습속에서 나와 잘못 전하여 교무망탄矯誣妄誕하게 되었다면서 이에 대해서는 간략하게 줄여 적었으며 황탄함이 심한 것은 아예 삭제하였다고 밝히고 있다.[35] 특히 신라 소지왕후조에 나오는 내용은 본사에도 없는 저잣거리의 낭설을 수록한 것으로, 무왕誣枉하여 아예 삭제한다고 밝히고 있다.[36]

홍여하는 이 책을 편찬하면서 『동국통감』을 바탕으로 하면서 내용을 수정하여 만들었기 때문에 기사의 내용에서는 『동국통감』에 크게 의지하고 있다. 그러나 서술 과정에서 『춘추좌전』, 『자치통감강목』, 『사기』, 『삼국지』 등의 서적을 참조하여 정리하고 있다. 특히 『삼국사기』는 『동국통감』의 내용을 보충하기 위해 이용되었다.[37]

홍여하는 『동국통감제강』을 집필하면서 이를 위한 상세한 범례를 마련하였으며, 역사의 정통과 비정통에 대해 춘추필법을 엄격히 적용하려고

---

35 『동국통감제강』, 「목재가숙동국통감제강범례」. — 三國始祖誕生之說 出於愚俗傳訛 矯誣妄誕 史法不載 略加刪節而書 其荒怪尤甚者 削之.
36 『동국통감제강』, 「목재가숙동국통감제강범례」. — 新羅照智王后一條 本史無之 亦出於俚俗浪傳 其爲誣枉 事證甚明 故今削之.
37 헌덕왕 사망조 기사를 보면 『동국통감제강』, 694쪽. "丙午 唐寶曆二年 十七年 秋七月 命牛岑太守白永 徵漢山北諸州郡人一萬 築浿江長城三百里 ○ 冬十月 王薨 諡曰憲德 葬泉林北 [古記云 在位十八年 寶曆二年丙午卒 新唐書 長慶寶曆間 羅王彦昇卒 而資治通鑑及舊唐書皆云 大和五年卒 豈其誤耶]"라고 적고 있다. 그런데 이 쌍행 주석 기사는 『삼국사기』에 수록되었던 것으로 그 뒤 『삼국사절요』나 『동국통감』에서는 생략되어 있다. 따라서 홍여하는 『삼국사기』를 참조하여 이 주석을 다시 기재하였을 것이다.

하였다. 중국 역대 제왕의 사망 기사, 흥망, 일식기사 등을 적어 한중 합사의 체례를 갖추려고 하였으며, 이는 춘추의 기술 정신을 이으려는 것이다. 유교적 관점에서 유년 칭원의 원칙을 일관되게 적용하여 정리하고, 무망하거나 탄망한 것은 아예 서술에서 제외하였다. 이와 같이 홍여하는 당시 『동국통감』을 축약하는 수준의 역사 편찬에서 한걸음 나아가 유교적 정통관, 춘추필법의 서법을 적용하고 일관된 관점에서 상고사를 정리하였다. 홍여하의 『동국통감제강』이 나오면서 이후 성리학에 입각한 도덕적 포폄 사관과 정통관, 그리고 춘추에 입각한 서법 원칙을 역사서 전체에 적용하고 이의 일관된 관점에 따라 동국사를 서술하는 새로운 역사서 편찬의 흐름을 낳았다.[38]

3. 『동국통감제강』에 나타난 역사인식

1) 상고사의 체계와 역사지리에 대한 인식

(1) 상고사 체계

『동국통감제강』에서 역사 기술은 은태사에서 시작하지만, 내용에서는 동방 제국 가운데 하나로 단군을 설정하고 위치를 평양에 비정하였다. 즉 조선에 선행하는 제국으로 동장, 동진, 숙신, 단군을 설정하고 있다.[39] 이

---

[38] 성리학에 입각한 정통관과 춘추의 서법 원칙이 구체적으로 적용된 사서로는 유계(1607~1664)의 『여사제강』이 1630년대 후반에 편찬되어 나왔으나, 상고기부터 삼국에 이르기까지 전 시기를 다루면서 이러한 원칙이 적용된 것으로는 홍여하의 『동국통감제강』이 가장 이른 시기에 나타난다.

[39] 『동국통감제강』, 531쪽. "唐虞之際 東方諸國 有曰東長 曰東眞 曰肅愼 曰檀君 眞長皆不知所在 肅愼在今咸吉等州境 檀君所都在今平壤 皆朝鮮舊地也 檀君與堯並立 是爲檀君朝鮮 開國千餘歲 至殷武丁世 國絶無嗣."

에 따라 단군은 정통의 선행 왕조라기보다 동방 제국의 하나로 설정되는 셈이다.

단군조선은 나라가 천여 년이 지속되었으나 은나라 말 나라가 끊어지고 군주가 없어 기자가 와서 그 땅에 살면서 기자조선이 된 것으로 보았다.[40] 기자는 은말 주 무왕이 은의 주紂를 치게 되자 의리상 신하가 될 수 없어서 조선으로 갔으며, 요수를 넘어서 평양에 도읍을 정하고 거주하였다고 보았다.[41] 그런데 기자의 동행은 주 무왕의 명에 의해서 이루진 것이 아니라 은이 망하고 태사가 동쪽으로 가려고 하니 무왕이 허락하였다는 것이다. 사마천은 홍범의 진술이 조선에 봉하기 전에 이루어진 것으로 보았으나 홍여하는 홍범의 진술도 조선에 온 다음에 군신君臣이 아니라 빈주賓主의 예로서 올린 것으로 보았다.[42] 이는 기자의 성립과 통치, 그리고 중국과의 관계를 도덕적인 관점에서 접근하여 해석한 것이다.

기자가 조주한 것을 사마천은 주 무왕이 죽기 전으로 보았으나 홍여하는 주 무왕이 죽고 성왕이 즉위하였을 때로 보았다. 왜냐하면 기자는 주에 칭신하지 않았는데 조주하였겠는가는 논리였다. 이 역시 기자의 조주를 인정하되 제후의 조와는 달리 미자가 송에 봉해진 다음 종국이었던 송에 조주한 것으로 본 것이다.[43] 동쪽으로 돌아온 후 기자가 죽고 그 자손들이

---

40 『동국통감제강』, 531쪽. "周十年三祀殷太師 至自周初 檀君朝鮮 傳國千餘歲 迄殷季 國絶無主 故太師來居其地."
41 『동국통감제강』, 531쪽. "太師遂東行 殷之士庶樂律醫藥百工五千餘人 從之 渡遼水邑于平壤而居之."
42 『동국통감제강』, 531쪽. "按司馬遷 作宋世家附箕子 乃以陳範 在封朝鮮之前 恐不然 太師之東 非由周武之命 猶泰伯南竄 非出於古公之命也 太師旣至東 人尊而君之 亦猶泰伯至吳 荊蠻義之 從而歸之 爾方周師之未至也 太師固曰 商其淪喪 我罔爲臣僕 武王必知之矣 殷旣亡 太師意决東 武王亦許之 已定不臣用賓主之禮 故武王來訪 而太師固無嫌於陳範也 不然將以君臣見乎 太師不爲也 將以賓主見乎 禮未之講也 太師局爲而邊見武王也 由是觀之 太師陳範 在主朝鮮之後也 審矣."
43 『동국통감제강』, 534쪽. "按司馬遷以箕子朝周 在武王崩前 要其終而言之耳 以左氏攷之 叔

후대를 계승하였다가 이후 위만에 의해 나라가 찬탈되었는데 『동국통감』 에서는 이를 위만조선으로 적었으나 홍여하는 이러한 표현은 통체統體를 잃은 서술이라고 비판하고 역사의 정통은 기준이 이은 것으로 보았다.[44]

홍여하는 기자의 후손인 기준이 망한 다음에 지역적으로는 북쪽의 위만과 남쪽의 마한으로 나누어지지만 그 역사적 정통은 남쪽 마한으로 이어진다고 보았다. 기준왕이 죽은 다음 자손들이 왕위를 이었으며, 남방의 여러 나라들은 모두 마한에 복종하여 해남성국을 이루었다고 적고 있다. 그 반면에 나라를 훔쳤던 위만은 삼세도 되지 않아서 자손들이 주멸하였다고 적고 있다.[45] 조선 유학자들이 교화를 베푼 기자를 존숭하게 되면서 그 귀결로서 기자-마한 계승을 주장하게 되었으며, 홍여하는 이를 역사정통론으로 연결시킨 것이다.

효무황제 때 사군 설립과 효소황제의 이부 설치 후 현도가 이맥의 침략을 받아 요서 북쪽으로 옮겨가게 되면서 동부도위를 설치해 별도로 영동 7현을 관장하게 하며 또 나머지는 모두 이부의 관리 하에 두었는데, 제후국들이 그 사이에 섞여 거주하였다고 보았다.[46] 그런데 남쪽의 마한이 이부에 속한 이후에는 풍속이 점점 각박해져서 범금도 60여 조로 늘었을 뿐만 아니라 인현의 가르침이 변하였다는 것이다.[47] 홍여하는 마한이 북쪽

虞之封唐也 箕子曰叔虞之後 必大 是時太師在周 親見叔虞之封 而有是言 麥秀之詩 舊都毀壞 知其在微子移封之後也 太師之不臣周也 而曷爲朝周也 春秋滕子朝魯 書曰來朝 太師之朝 其禮異於諸侯之朝也歟 太師東還而薨 墓在平壤 杜預曰 箕子墓在梁國蒙縣者 意仲之塚 或其子孫之塚也歟.”

44 『동국통감제강』, 534쪽. “舊史 衛滿朝鮮 殊失統體 今係之箕準.”
45 『동국통감제강』, 531쪽. “按是時 朝鮮中分 南屬馬韓 北屬衛滿 王準薨子孫承襲稱王 南方諸國邑 皆服事馬韓 爲海南盛國 箕子正統綿綿尙存 後王薨立年代 史無傳焉 然衛滿逞詐竊國 未及三世 子孫誅滅 而馬韓開國垂統至二百年 噫 天道洵不爽哉.”
46 東部都尉가 통치한 단대령 이동 지역에 대해 한백겸이 자비령으로 추정한 것을 틀린 것으로 보고 철령·추령 등지로 보았다. 『동국통감제강』, 538쪽. “玄菟在洛陽東北四千里 單大嶺今鐵嶺楸嶺等地 久庵以爲慈悲嶺者 誤也.”

으로 온 다음에는 기자의 가르침을 제대로 행하지 못하게 되었음을 지적하여 자연히 신라로 정통이 넘어가게 된 점을 부각시키고 있다.

홍여하는 신라가 들어섰으나 성립 당시만 하더라도 아직 마한이 있었기 때문에 서법상 혁거세는 거서간이라고 칭해야 한다고 주장한다.[48] 이에 따라 홍여하는 연기 표시도 중국 한 선제 오봉 원년을 소자 쌍행으로 앞세우고 신라의 연기를 대자로 표시하되 마한연대불가고馬韓年代不可考라 적어 정통국가인 마한이 아직 있음을 밝히고 있다. 이러한 기술 방식은 마한이 온조에 의해 멸망당하고 역사의 정통이 완전히 신라로 넘어온 남해군 4년에까지 이어진다.[49] 남해군 5년 이후의 연기표시는 중국의 연기를 소자 쌍행으로 앞세우되 신라의 연기를 대자로 기술하고 이어 고구려와 백제의 연기를 소자 쌍행으로 적어 신라가 역사의 정통임을 보이고 있다. 그리고 남해군 5년 이후에는 신라, 고구려, 백제 각 군주의 칭호에 왕王을 부여하였다. 신라 남해군 4년까지는 부여, 고구려, 백제의 군주도 군君이라고 표현하였다.[50] 이러한 표기 방식은 삼국을 무정통으로 보아 중국의 연기와 신라, 고구려, 백제의 연기를 차례로 쌍행으로 적고 혁거세 이후 아예 왕이라고 표기하였던 『동국통감』의 방식과는 차이가 있다.

삼국 통일 이후에는 신라기로 중국의 연기를 소자 쌍행으로 앞세우되 신라 역대 왕의 연기를 대자로 적고 있다. 이 부분은 『동국통감』도 신라의 연기를 적고 중국의 연기를 소자 쌍행으로 적고 있어 신라의 삼국통일을

---

47 『동국통감제강』, 538쪽. "後玄菟郡爲夷貊所侵 徙治遼西北 以沃沮濊貊屬樂浪 後以單大嶺以東 境土廣遠 置東部都尉 別主嶺東七縣 餘在二府所管 然諸侯國 猶錯居其間 南韓諸國爲馬韓所統 而馬韓屬二府時 節詣郡朝謁 自是俗稍益薄 犯禁至六十餘條 仁賢之化變矣."
48 『동국통감제강』, 539쪽. "書法 時馬韓統五十四國而王之 故赫居氏 不敢稱王 而稱居西干."
49 『동국통감제강』, 「목재가숙동국통감제강범례」. 一 馬韓末亡 三國始祖 皆用臣例 不得稱王.
50 소자로 연기를 적는 곳에서는 琉璃王과 溫祚王이라는 표현이 남아 있으나 본문에서는 춘추의 서법에 따라 부여, 고구려, 백제의 군주를 군이라고 적고 있다.

중대한 역사적 계기로 보았던 점은 동일하다. 이후 신라의 정통은 고려 태조에 의해 멸망한 경순왕 8년(후당 청태 2년, 935)까지 이어지는 것으로 보고 있다.

다만 후삼국의 전개에서 견훤의 즉위에 대해 『동국통감』에서는 진성여주 임자년 무진주를 근거로 군사를 일으켰을 때부터 연기를 기산하여 효공왕 경신년을 견훤 9년으로 적고 있으며, 그리고 다음해인 신유년을 『동국통감』에서는 견훤 10년, 궁예 원년으로 적고 있다. 이에 반해 홍여하는 단순한 반란이 아니라 왕이라고 칭한 효공왕 경신년을 견훤 원년으로 적었으며 다음 해인 신유년에는 견훤 2년, 궁예 원년으로 적고 있다.[51] 궁예도 이미 진성여왕 신해년 북원에서 군사를 일으켰던 점을 감안한다면 견훤과 궁예를 달리 대하였던 『동국통감』과는 달리 홍여하는 견훤과 궁예 모두 즉위하여 왕을 칭한 때를 기준으로 하였다는 점에서 일관된 원칙을 지킨 셈이다.

조선초기 『동국사략』에서 마련된 단군-기자-위만-사군-이부-삼한-삼국으로 이어지는 상고사의 체계는 『동국통감』을 통해 국가 차원에서 공인되었는데, 이를 홍여하는 기자-마한-신라 정통론 중심의 상고사 체계로 바꾸어 놓았다. 홍여하의 주장은 조선초기 관부를 중심으로 한 삼국균등 무정통론과는 달리 마한-신라 정통론을 역사서에 체계화하였다는데 사학사적인 의의가 있다.[52] 이러한 체계를 범례를 통해 이론적으로 설명하고 동국사이 서술에 적용한 것이 『동국통감제강』이다.

(2) 역사지리에 대한 인식

홍여하는 조선의 명칭에 대해 장안張晏이 주장한 산수汕水로 인해 조선

---

51 『동국통감』1, 260·261쪽; 『동국통감제강』, 707~708쪽.
52 박인호, 「전통시대의 신라인식」, 『역사교육논집』 40, 역사교육학회, 2008, 338~339쪽.

朝鮮이라는 칭호가 생겼다는 설명을 비판하고, 아침에 해가 떠올라 만물이 선연히 생기가 있다는 뜻에서 나온 것으로 보았다. 해와 관련되어 있음은 고구려와 신라도 마찬가지라는 것이다.[53]

조선의 지리에 대해서는 당우 때 동방은 여러 군소 국가의 형태로 있었는데 그 가운데 숙신은 함·길주, 단군은 평양에 있었다고 보고 이곳은 모두 조선의 옛 땅이라고 주장하였다.[54] 단군은 영변에서 시작하여 평양에 도읍을 두었다가 한양을 중심으로 발전하였던 것으로 이해하였다. 따라서 단군과 관련된 지명으로 단군이 내려온 태백산太白山은 묘향산妙香山(지금 영변寧邊), 후에 옮긴 도읍인 백악白嶽은 한양漢陽 혹은 희천백산熙川白山이라고도 하는데 옛 개마산蓋馬山, 산신이 된 아사달산阿斯達山은 해주구월산海州九月山에 비정하였다.[55]

한편 평양을 중심으로 단군-기자를 전개시킨 『동국통감』과는 달리 단군과 기자를 이어서 이해하지 않던 홍여하는 평양과 한양의 단군은 국절무사國絶無嗣하게 되고[56] 이에 기자가 평양에서 국가를 세운 것으로 인식하였다. 그리하여 상고시기 기자는 평양을 도읍으로 정하고 요동에 이르는 넓은 영토를 차지한 것으로 보았다.[57] 기자가 송에 조회한 다음에 동쪽을 돌아왔다가 죽었는데 묘는 평양에 마련한 것으로 보았다.[58]

---

53 『동국통감제강』, 531쪽. "按朝鮮者 取朝日出 而萬物鮮然 有生意之義也 如高句麗者 日高而麗乎天也 句者夷之發聲 猶句吳於越之稱也 新羅者 日新出而萬象森羅也 國在海東 故皆取日出爲義 張晏謂取汕水 名爲朝鮮者謬矣."
54 『동국통감제강』, 531쪽. "唐虞之際 東方諸國 有曰東長 曰東眞 曰肅愼 曰檀君 眞長皆不知所在 肅愼在今咸吉等州境 檀君所都在今平壤 皆朝鮮舊地也."
55 『동국통감제강』, 531쪽. "太白山 一名妙香山 在今寧邊 白嶽在今漢陽 或曰熙川白山 乃古之蓋馬山也 峯巒洞壑與楓嶽爭雄 爲國中名山第一 阿斯達山 今海州九月山."
56 『동국통감제강』, 531쪽. "檀君與堯竝立 是爲檀君朝鮮 開國千餘歲 至殷武丁世 國絶無嗣."
57 『동국통감제강』, 531쪽. "太師遂東行 殷之士庶樂律醫藥百工五千餘人 從之 渡遼水 邑于平壤而居之."
58 『동국통감제강』, 531쪽. "太師東還而薨 墓在平壤 杜預曰 箕子墓在梁國蒙縣者 意仲之塚 或

주가 쇠하고 여러 제후들이 왕을 칭하자 기자의 40대 후손인 조선후도 왕을 칭하였다. 홍여하는 왕을 칭한 것이 기부箕否 때의 일이라는 주장에 대해 조선후 때 이미 왕을 칭한 것으로 설명함으로써 기자의 세력이 정치적 합법성을 가지고 있었음을 보여주려고 하였다.[59]

한편 조선 왕은 왕을 칭한 후 점점 교학해져서 연이 장수 진개秦開를 보내어 서쪽의 땅을 취하여 만번한滿潘汗을 경계로 하였는데[60] 만번한은 지금의 요양성遼陽省에 비정하였다.[61] 홍여하는 기자가 멀리 요동까지 차지하였던 것으로 보았기 때문에 연과의 전쟁 이후 요양을 경계로 국경선이 정립된 것으로 보고 있다.

기준 때는 한 고조가 노관을 연왕으로 봉하여 서쪽 공략에 나서서 진번 등지에 장현을 쌓도록 하였으나 너무 멀어서 패수浿水를 경계로 확정하였는데, 홍여하는 이 때의 패수를 요양성遼陽省 서쪽에 있는 요하遼河의 한 갈래로 보았다. 요동 수 천리의 지금 팔주八州 땅은 조선에 속한 것으로 비정하였다. 홍여하는 통상 패수를 대동강이라고 지칭하는 것에 대해 평양은 본래 요양의 옛 명칭인데 기자가 도읍을 정하면서 이름을 옮겨 칭한 것이며 패수도 역시 대동강에다 옮겨 칭한 것으로 보았다.[62] 지명이 옮겨졌다는 이 주장은 전통시대의 평면적인 역사지리 비정의 수준에서 본다면 특

其子孫之塚也歟."
59 『동국통감제강』, 534쪽. "丁酉 周顯王四十五年 朝鮮侯稱王 朝鮮侯太師四十代孫也 周衰諸侯相王 曰燕 曰齊 曰楚 曰趙 曰魏 曰韓 曰秦 凡七大國 而秦最强 燕最近東國 故易王之僭號也 朝鮮侯 欲伐燕 以尊周 大夫禮諫而止之 尋自稱王 按朝鮮侯 始稱王 史失其名 或以稱王爲箕否之事 然箕否薨年在秦始皇十七年辛未 距周顯王丁酉爲九十年 意 始稱王者其箕否之先代歟."
60 『동국통감제강』, 535쪽. "赧王二十七年 秦君稱帝 三十一年 燕昭王滅齊 是時朝鮮王驕虐 燕遣將秦開 攻其西方 取地二千餘里 至滿潘汗爲界 朝鮮遂弱."
61 『동국통감제강』, 535쪽. "按滿潘汗 今遼陽省 漢稱眞番郡 唐號忽汗州 徐廣曰 遼東省 番汗縣."
62 『동국통감제강』, 535쪽. "按浿水 在遼陽省西 遼河甚衆 浿水其一也 遼東數千里 今八州之地 舊屬朝鮮 悉爲箕氏所有 周末爲燕略取置吏築鄣 秦時空其地 屬之外徼 漢興還屬朝鮮 復以浿水爲界 東人稱大同江 亦曰浿水 蓋以平壤 本遼陽舊號 而移稱於箕都 故浿水亦移稱於大同耳."

이한 주장이었으며, 조선후기 역사지리학자들 사이에서 활발하게 거론되었던 지명이동설의 선구적 주장이었다. 현대 역사학에서도 지명 이동설은 고대 지명의 위치를 설명하는 데 있어서 중요한 학문적 분파의 하나를 이루고 있다.

효혜황제 때 연왕 노관이 흉노로 도망가자 연인 위만이 동쪽으로 패수를 건너 진의 옛 공지인 요양에서 조선을 지키게 되기를 청하자 기준은 봉지를 내려 주었는데 도리어 기자조선을 침공하였다. 그리하여 기준은 남쪽으로 나아가 금마군金馬郡에서 마한을 세웠다.[63] 위만은 주위의 소읍을 침략하고 진번과 임둔을 복속시켜 조선의 옛 땅을 차지하였으며, 그 영토가 요양에서 동쪽으로 바다에 이르게 되었다.[64] 그런데 홍여하는 특이하게도 위만이 도읍을 정한 왕검을 요동에 있었던 것으로 보았다. 그리고 중국인들이 패수를 압록강이라고 한 것은 잘못이라고 주장하였다. 홍여하는 패수를 요양성에 있는 서요라고 보았기 때문에 왕검의 위치를 요양에 비정하고 있는 것이다.[65] 홍여하는 위만조선을 우리 역사에서 정통이 아니라고 생각하였으며, 그 위치도 요동 일원으로 올려놓았다.

홍여하의 지명이동설과 기자 및 위만의 강역에 대한 주장은 비록 기자의 위상을 강조하고 위만을 정통에서 제외하려는 데서 나온 주장이었지만, 결과적으로는 기자와 위만의 영역이 요동에까지 미치거나 중심이 있

---

63 『동국통감제강』, 535쪽. "孝惠皇帝時 燕王綰反入匈奴 燕人衛滿亡命聚黨千餘人 東走出塞 渡浿水居秦故空地上下鄣 (遼陽省樂浪縣有雲鄣) 請藩衛朝鮮 王準喜拜爲博士 賜以圭封之百里 滿誘亡黨益衆 乃遣人詐告準 漢兵十道且欲入宿 衛遂襲王城 王戰敗 率其左右宮人 走入海 居韓地 金馬郡國號曰馬韓."
64 『동국통감제강』, 536쪽. "馬韓爲衛滿所隔 不能自通於漢 漢以天下初定 遼東太守約滿爲外臣 保塞外諸國 無使寇邊諸國 欲入朝勿禁以故 滿得以兵威財物 侵降其旁小邑 眞番臨屯 皆來服屬 盡有朝鮮故地 西自遼陽東至海 方數千里."
65 『동국통감제강』, 535쪽. "按遷史 衛滿魋結蠻夷服 走出塞居秦故空地 稍役屬眞番朝鮮蠻夷 及故燕亡命者王之 都王險 應劭註地理云 遼東有險瀆縣 朝鮮王舊都 臣瓚云險地在樂浪郡 浿水之東 (中國人稱鴨綠亦曰浿水 蓋誤 別而云或曰王險城 古㐣人王險所居 亦曰王儉城)."

었던 것으로 보게 되었다. 이는 당시 관찬의 역사서에서 보이지 않던 상고기의 국가성장에 대한 독창적인 주장이었다.

효무황제 원봉 2년 위만이 죽고 손자인 우거가 이었는데 사신이었던 섭하의 살해 사건을 계기로 중국의 공격을 받았으며, 원봉 3년 우거가 죽고서 한나라에 항복하게 되었다. 조선을 평정하게 되자 황제는 낙랑, 임둔, 현도, 진번의 4군을 설치하게 되었다. 홍여하는 낙랑은 평양, 임둔은 강릉, 현도는 함흥에 비정하고 특별히 진번은 요양에 비정하였다.[66] 이에 따라 홍여하는 발해의 영역을 설명하면서 읍루挹婁의 옛 땅은 정리부定理府가 되었으며 정주定州와 심주瀋州를 거느렸다고 주장하였으며, 심주瀋州는 주周 말의 만청평滿淸泙이자 한漢 대의 진번군眞番郡이었다고 비정하였다.[67]

효소황제 시원 5년 평주와 동부도독부를 설치하였다. 이때의 위치에 대해 홍여하는 서개마=마자수 동, 패수=청천강, 점제=연안, 수성=수안, 증지=증산, 대방=용강, 소명=소양강, 열수=한강, 낙랑=낙양 동북 5천 리에 비정하였다.[68]

금마에 자리잡은 마한은 이후 진한과 변한의 복속을 받아 정통의 국가를 유지하게 되었는데 삼한의 위치에 대해서는 한백겸의 남북이원론적

---

66 『동국통감제강』, 537쪽. "孝武皇帝時 屢出師 伐北匈奴 征西南夷 威震四海 元封二年 遣將東征 遂定朝鮮故地 爲四郡 初衛滿死 傳至孫右渠 所誘漢亡人滋多 而旁衆國 欲朝漢 輒壅閼不通 漢帝使涉何誘 右渠不肯奉詔 何太至界上 臨浿水 使御刺殺送何者 裨王長 馳歸報天子 上爲其名美 卽不詰 拜何爲遼東東部都尉 右渠怨何 發兵襲攻殺何 帝怒募罪人擊朝鮮 (중략) 朝鮮相路人相韓陶將軍王峽亡降 元封三年 尼谿相參 使人殺右渠 降漢 遂定朝鮮 故地爲樂浪臨屯玄菟眞番四郡 樂浪郡治 朝鮮縣 (今平壤) 臨屯郡治 東暆 (暆音移) 縣 (今江陵府) 玄菟郡治 沃沮縣 (今咸興地) 眞番郡治 霅 (音撒) 縣郡 (今遼陽地)."
67 『동국통감제강』, 695쪽.
68 『동국통감제강』, 537쪽. "玄菟屬縣 有西蓋馬上殷台高顯侯城遼陽 樂浪郡屬縣 有訥(音男)邯(音甘)浿水含資粘蟬(音提)遂城增地帶方駟望海冥列口長岑屯有昭明鏤方提奚渾彌呑列東暆 西蓋馬在馬訾水東 浿水今淸川江 粘蟬今延安 遂城今遂安 增地今甑山 帶方今龍岡 昭明今昭陽江 列水今漢水 樂浪在洛陽東北五千里."

발전관을 수용하고 있다.[69] 삼한의 땅으로 마한은 백제, 진한은 신라, 변한은 가야에 비정하였는데, 북쪽의 사군이부와는 분리되는 것으로 보고 있다. 이러한 주장은 조선중기 한백겸의 설을 채택한 것이다.[70]

다만 삼한의 위치에 대한 비정에서는 한백겸의 주장과 차이를 보이고 있다. 마한이 온조에 의해 멸망된 다음 후예들이 다시 옛 도읍인 평양으로 돌아가 제사를 지냈기 때문에 마한이라는 명칭이 수백 년 동안 칭해졌으며, 또한 최치원이 평양을 마한이라고 한 데에는 유래가 있다고 주장하였다. 그리고 변한은 진한의 남쪽으로 지금의 전라좌도를 차지하였으므로 최치원이 백제를 변한이라고 한 것이 전혀 근거가 없지는 않다고 보았다.[71] 대신 권근이 평양을 변한으로 비정한 것은 잘못이라고 비판하였다. 또한 한백겸의 삼한사군설은 동방 천고의 남다른 식견을 보인 것이지만 마한이 다시 평양에 돌아간 것을 알지 못하였으며, 특히 동한 200년간 평양은 고구려에 속한 것이 아니라고 보았다. 그리고 진번은 옛 동진東眞의 나라로 번한潘汗을 경계로 하여 이름을 얻었는데 한백겸이 진번을 지금 경기·황해 이북에 비정한 것은 잘못이라고 비판하였다.[72]

---

69 『동국통감제강』, 531쪽. "按是時 朝鮮中分 南屬馬韓 北屬衛滿."
70 『동국통감제강』, 537쪽. "韓百謙曰 我東方在昔自分爲南北 (하략)."
71 이 때문에 『동국통감』에 수록된 삼한설에 대한 권근의 사론에서 최치원의 주장에 대해 비판한 구절을 홍여하는 『동국통감제강』에서 생략하고 있다.
  『동국통감』 1, 25쪽. "權近曰 三韓之說 互有不同 然朝鮮王準 避衛滿之亂 浮海而南 開國 號馬韓 至百濟溫祚 立邃幷之 今之益州有古城 至今尺稱爲箕準城 則馬韓之爲百濟 無疑矣 辰韓 新羅始祖赫居世 所起之地 新唐書曰 卞韓在樂浪之地 又曰 平壤古漢之樂浪郡 則辰韓之爲新羅 卞韓之爲高句麗 亦無可疑 後漢書 以爲卞韓在南 辰韓在東 馬韓在西 其謂卞韓在南者 蓋自漢界 遼東之地而云爾 非謂卞韓 在辰馬二韓之南也 崔致遠 因謂馬韓麗 卞韓百濟也 誤矣"은 다음과 같이 바뀌었다.
  『동국통감제강』 536쪽. "權近曰 三韓之說 互有不同 然朝鮮王準 避衛滿 入南海 開國號馬韓 今益州有古城 人稱爲箕準城 其地後爲百濟 辰韓新羅赫居世所居之地 新唐書曰 卞韓在樂浪之地 又曰 平壤古漢樂浪郡 則辰韓爲新羅 而卞韓爲高句麗也."
72 『동국통감제강』, 537쪽. "按馬韓 旣爲溫祚所滅 其遺遷裔胄還居舊都 依樂浪爲邑國 蓋朝鮮

한백겸이 삼한을 한반도 남단에 국한시킨 것에 반해 홍여하는 고구려가 초기에 평양을 장악하지 못하였던 점에 주목하여 마한 세력이 복귀하여 다시 확보한 것으로 보았다.[73] 이는 기자와 마찬가지로 상고기의 세력을 고정된 것이 아니라 여러 곳에 이동하였던 것으로 보았다는 점에서 특이한 주장이다.

이와 같이 홍여하는 한백겸의 이원적 발전관을 수용하면서도 초기 기자와 위만을 요양에 비정하고 있으며, 진번도 경기 황해가 아니라 요양에 비정하여 상고사를 해석하였다는 점에서 조선초기 『응제시주』 이래 상고시기 영역을 확대해 보려는 흐름을 계승한 측면이 있다.[74]

한편 신라 성립 이후 지리비정은 주로 쌍행의 각주로 표시하고 있다. 이 내용은 『동국통감』에 없던 것으로 홍여하가 자신의 역사지리적 공간관에 따라 『동국통감제강』을 서술하고 있음을 확인할 수 있다.

그 가운데 고구려의 초기 영역과 관련하여 고구려 시조 고주몽의 즉위 직전에 있었던 부여夫餘는 『요사』의 기록을 이용하여 통주通州(봉천 개원)에 비정하고, 비류수沸流水는 녹주淥州(요에서 설치하였으며 조선 평양 서쪽)의 서북 380리에 있었던 것으로 비정하고 있다. 이는 홍여하가 고구려의 초기 중심지를 개원 아래의 요동지역에 있었던 것으로 보았기 때문이다. 그리하여 고구려가 점령한 행인국은 태백산 동남(지금의 영변)으로 비정하였

舊民思太師之德 樹其苗裔 而存其祀焉 是時句麗居在鴨江西北 而馬韓爲句麗之與國 兵勢增盛 句麗征戰 馬韓常領兵助之 魏書曰 桓靈之末 韓滅强盛 郡縣不能制 明帝景初中 遣兵渡海 襲馬韓滅之 蓋馬韓滅而復存 還居舊都 因稱馬韓 經數百年 故崔文昌因以平壤爲馬韓 其說有自來矣 且弁韓在辰韓之南 兼管湖嶺之間 今全羅左道數邑之地 皆屬弁韓 文昌以百濟爲弁韓者 其說亦不爲無據 權陽村以平壤爲弁韓之說 可謂謬之 甚矣 韓久庵三韓四郡 不相參入之說 爲東方千古雙眼 然不知馬韓還居平壤 而東漢二百年間 平壤不屬句麗 眞番以古東眞之國 界潘汗而得名 韓氏以今京畿黃海以北當之 殆攷之未審也.

73 『동국통감제강』, 537쪽. "平壤旁邑有韓 始城馬邑城 此其馬韓所都歟."
74 한영우, 『조선전기 사학사 연구』, 서울대출판부, 1981, 53~59쪽.

다.[75] 고구려 태조왕 때 동옥저를 쳐서 국경을 개척하면서 동쪽으로는 창해滄海에 이르고 남쪽으로는 살수薩水에 이르렀는데 이때의 살수를 지금의 청천강 안주에 비정하였다.[76] 이와 같이 홍여하가 고구려 초기 중심지를 요동에 비정하고 차츰 평안도로 확대되어 간 것으로 생각한 점은[77] 주몽의 초기 중심지를 성천에 비정하였던 조선전기의 고구려 인식관[78]과는 차이를 보이고 있다.

신라의 초기 영역에 관련하여 신라 시조 30년 낙랑 침입 기사를 통해 청송 이북은 낙랑에 속하였던 것으로 보았다.[79] 홍여하는 말갈의 존재에 대해 여러 기사의 상이점에 의문을 표시하는 것에 그친 『동국통감』의 기사를 전재하되[80] 별도로 각주 기사를 통해 말갈은 맥의 별종으로 열국의 사이에 잡거해 있는 존재로 보았다.[81] 온조에게 멸망당하기 직전 마한의 마지막 저항지였던 금현錦峴은 금산錦山, 월산圓山은 혼천령渾天嶺 서쪽에 있었던 것으로 비정하였다.[82]

한편 가야의 성립과 관련하여 가락국은 후에 금관국金官國으로 개칭하

---

75 『동국통감제강』, 541쪽.
76 『동국통감제강』, 555쪽.
77 박인호, 「전통시대의 고구려·발해인식」, 『한국독립운동사연구』 23, 독립기념관 한국독립운동사연구소, 2004, 374쪽.
78 박인호, 「조선전기 지리서에 나타난 역사지리인식과 특성」, 『조선사연구』 10, 조선사연구회, 2001; 『조선시기 역사가와 역사지리인식』, 이회문화사, 2003, 115~141쪽.
79 『동국통감제강』, 541쪽.
80 『동국통감』 1, 34쪽. "史氏按 靺鞨之地最北 高句麗紀有曰卒本地連靺鞨 然新羅百濟常有靺鞨之患 豈靺鞨能越高句麗而侵二國乎 百濟紀曰 國家東有樂浪 北有靺鞨 其亡也 地爲新羅渤海靺鞨所分 新羅紀亦曰 靺鞨地連阿瑟羅州 是不知別有一種 介於沃沮濊貊之間乎 抑船道越海而侵二國乎 未可詳也."
81 『동국통감제강』, 543쪽. "觀扶餘東徙 便知靺鞨南徙 觀百濟說北有靺鞨 便知嶺西一帶爲靺鞨占據 觀新羅初北界至不出小白山 便知長嶺大嶺爲竹嶺一帶 盖靺鞨貊人之別種 猶春秋赤狄潞戎 雜居於列國之間也."
82 『동국통감제강』, 548쪽.

였으며 영역은 동쪽으로 황산강黃山江, 동북으로 가야산伽倻山, 서남으로 바다와 지리산智異山에 이르는 것으로 비정하였다. 그리고 오가야의 아라阿羅는 함안咸安, 고녕古寧은 함창咸昌, 대가야大伽倻는 고령高靈, 성산星山은 성주星州, 소가야小伽倻는 고성固城에 비정하였다.[83] 가야의 전 영역을 지리산에서 함창에 이르는 것으로 비정하고 있다.

한편 신라의 성장과 함께 영토를 다투는 전투가 이어졌는데 한 헌제 초평 원년 경오에는 백제가 신라의 서쪽 국경이 된 원산을 공격하였다.[84] 한 건안 17년 임진에 골포骨浦, 칠포漆浦, 고포古浦 3국이 신라를 공격해 와서 내해왕이 격퇴시켰는데 골포는 창원, 칠포는 칠원으로 비정하였다. 한 헌제 건안 23년 백제가 공격한 신라의 장산성獐山城은 경산慶山에 비정하였다.[85]

홍여하가 상고시기를 기술하면서 지명의 혼효를 지명이동설로 설명한 점, 상고기 기자와 위만 및 진번을 요동에까지 확장하여 이해한 점, 위만을 역사의 정통에서 제외하고 왕검을 요양에 비정한 점, 상고기 기자의 동향을 세력이동설로 설명한 점 등은 특정 지역을 중심으로 고정된 관점에서 보았던 이전의 역사지리 비정과는 달리 유동적이며 다양한 지역으로 비정해 나갔다는 점에서 독특한 주장이었다. 또한 홍여하는 삼국기에서 각 국의 지명 정보를 각주로 제시하여 독자로 하여금 공간을 파악하는 데 도움을 주고 있다. 이러한 지명 정보의 부기는 조선중기 이후 각 지역의 역사와 지리에 대해 고조되었던 관심을 반영하고 있다.

---

83 『동국통감제강』, 554쪽.
84 『동국통감제강』, 568쪽. "圓山 在渾穿嶺西 錦山境."
85 『동국통감제강』, 573쪽.

2) 사론에 나타난 역사관

『동국통감제강』에서 한 단을 낮추어 표시한 사론은 모두 142편(사론 139편과 총평 3편 포함)이다. 사론의 대부분은 이 책의 저본이라고 할 수 있는 『동국통감』에서 가져 온 것이다.

통일신라 말까지 기술된 『동국통감제강』에 맞추어 『동국통감』의 해당 부분까지 수록된 사론을 살펴보면 총 140편이다. 140편은 김부식 25, 권근 45, 이첨 3, 고려사절요(이제현 1, 사신 1) 2, 신근안 62, 총편 3편으로 구성되어 있다. 『동국통감제강』과 비교하면 기존의 『동국통감』의 사론 140편 가운데 19편이 탈락하고 121편이 재수록되었다.[86] 『동국통감』을 크게 축약한 형태로 『동국통감제강』을 편찬하면서도 사론 부분에서 총 140편 가운데 121편을 재수록한 것은 역사적 사안에 대한 평가의 논리가 『동국통감』과 크게 다를 바가 없음을 의미하기도 한다.

다만 『동국통감제강』에 새로 홍여하의 안설 19편과 한백겸의 지리 관련 2편 등 총 21편의 사론이 추가되었다. 그런데 추가된 안설이 대부분 상고기 시기에 집중적으로 배치되어 있다. 이것은 상고기에 대한 생각이나 입장이 『동국통감』과 달랐기 때문일 것이다. 여기서는 『동국통감』과의 비교를 통해 『동국통감제강』의 사론에 보이는 홍여하의 역사인식을 살펴보고자 한다.

---

[86] 사론을 재수록하면서 일부 자구의 수정을 제외하고는 대부분 사론 내용을 그대로 재수록하고 있다. 다만 『동국통감』 전체사론번호 3 권근왈, 23 이첨왈, 55 권근왈, 56 신등안, 60 김부식왈, 95 김부식왈, 108 신등안 등은 일부 구절을 탈락시키고 있다. 또한 『동국통감』 사론의 일부 내용을 수정하면서도 臣等按, 史氏按이라는 표시를 그대로 두기도 하였다. 예를 들면 『동국통감』 1, 263쪽. "臣等按 本紀阿達羅王 薨無嗣 國人立脫解王孫伐休爲王 今以景暉爲阿達羅王遠孫 未可詳也"과 『동국통감제강』 710쪽. "臣等按 本紀阿達羅王 薨無嗣 國人立脫解王孫伐休爲王 今以景暉爲阿達羅王遠孫 其以外戚近屬得立歟"에서 보이듯이 '분명치 않다'는 것을 '외척근속으로서 즉위한 것'으로 수정하여 놓았다.

(1) 『동국통감』에 수록되었다가 『동국통감제강』에서 탈락된 사론

일련번호	연기	집필자	내용	전체사론 순번호
1	단군조선	신등안	단군이 1천48년의 수명을 누렸다는 것은 의심스러우며 요와 함께 즉위하였다는 것도 의심스러움. 권근의 역년이 천년을 지난 것이라고 말한 것이 옳음	1
2	기자조선	신등안	쇠퇴하는 은을 버리고 성현의 법을 제작하였다는 범엽의 기록이나 인현의 교화가 기자에서 비롯되었다는 함허자의 기록은 믿을 수 있음	2
3	진한 변한	신등안	삼한 70여 국의 기록이 전하지 않아 상고할 수 없음	4
4	신라 시조 5년 한 감로 원년	권근왈	신라인들이 당을 섬기면서 二聖이라는 칭호를 추칭한 것임	7
5	신라 시조 5년 한 감로 원년	신등안	이성이라는 칭호는 이전에 이미 있었음	8
6	한 원시 4년 신라 시조 61년 남해왕 원년 고구려 유리왕 23년 백제 시조 22년	신등안	권근이 주장한 유년 칭원이 옳으나 김부식의 기록에 따라 즉위년 칭원을 함	18
7	한 건무 23년 신라 유리왕 23년 고구려 민중왕 3년 백제 다루왕 19년	권근왈	민중왕이 무휼의 상사에도 불구하고 연회를 열고 사냥함	22
8	한 건안 13년 신라 내해왕 13년 고구려 산상왕 12년 백제 초고왕 43년	신등안	연우가 여염집에서 음란한 짓을 함	40
9	진 태강 7년 신라 유례왕 3년 고구려 서천왕 17년 백제 고이왕 53년 책계왕 원년	신등안	왕도는 인친을 근본으로 삼고 신의를 소중하게 여기는데 고구려의 서천왕은 동생을 죽였기 때문에 모든 것이 어그러짐	46
10	제 영원 2년 신라 소지왕 22년 지증왕 원년 고구려 문자왕 10년 백제 동성왕 22년	신등안	신라왕이 지나치게 거동하고 여인을 맞이함	63
11	당 정관 19년 신라 선덕여주 14년 고구려 보장왕 4년 백제 의자왕 5년	신등안	안시성주는 안록산의 반란군을 막아낸 張巡과 비교해도 뛰어난 호걸임	79
12	당 현경 5년 신라 태종왕 7년 고구려 보장왕 19년 백제의자왕 20년	권근왈	계백이 처자를 죽이고 출전한 것은 잔인한 일임	85
13	당 건봉 원년 신라 문무왕 6년 고구려 보장왕 25년	신등안	김부식이 천개소문을 평하면서 재사라고까지 말한 것은 잘못임	93

14	당 총장 원년 신라 문무왕 8년 고구려 보장왕 27년	권근왈	연개소문이 죽자 두 아들이 권력을 다투다가 결국 멸망에 이르게 됨	96
15	신라 원성왕 14년 당 정원 14년	신등안	김생의 필법이 신묘한 경지에 들어갔음	112
16	신라 경명왕 2년 후량 정명 4년 견훤 27년 궁예 18년 고려 태조 원년	신등안	궁예는 스스로 얻었다가 스스로 잃은 것임	127
17	신라 경명왕 5년 후량 용덕 원년 견훤 34년 고려 태조 4년	김부식왈	신라의 세 가지 보물은 인위적인 사치에서 나온 것임	131
18	신라 경명왕 5년 후량 정명 4년 견훤 27년 궁예 18년 고려 태조 원년	신등안	고려 태조가 신라의 세 가지 보물을 물어 본 것은 잘못이며, 사신인 김율도 제대로 답하지 못하였음	132
19	신라 경순왕 9년 후량 청태 2년 견훤 44년 고려 태조 18년	신등안	신라는 예의의 나라가 되어 성대하게 되었으나 불법을 받들고 황음무도한 일이 많아 망하게 되었음. 경순왕이 태조에게 귀함함으로써 백성에 대한 덕이 크고 그 공덕이 오월을 송에 바친 錢俶보다 큼	139

* 전체사론순번호는 총평을 포함하여 『동국통감』의 삼국까지의 전체 사론 140편을 번호 순으로 매긴 것임.

구체적인 탈락 이유를 일련번호 순으로 살펴보면 다음과 같다.[87]

1번 사론[88]은 탈락되었다기보다 그 내용이 각주에 수용되어 있으므로[89] 원 취지의 논리는 그대로 받아들이고 있다.

---

[87] 사론의 탈락 이유를 다룬 글로는 김선화의 학위논문(「홍여하의 역사인식」, 한양대 대학원, 1987, 45~50쪽)이 있다. 그런데 김선화는 군주와 신하의 대립이라는 논리를 전제하고서 군주를 옹호(7, 8, 9, 16)하거나 명장을 부각(11, 13, 14)시키려는 의도를 제외 사유로 거론하고 있다. 그러나 실제로 홍여하가 군신간의 대립 구도를 가지고 삼국의 역사를 보았는지는 의심스러우며, 오히려 성리학의 심화에 따른 경화된 역사인식에 기인한 것으로 볼 필요가 있다.

[88] 『동국통감』 1, 21쪽.

[89] 『동국통감제강』, 531쪽. "舊史云 東方初無君長 有神人 降于太白山檀木下 國人立爲君 是爲檀君 國號朝鮮 乃唐堯二十五年戊辰歲也 初都平壤 後徙都白嶽 至商武丁八年乙未 入阿斯達山爲神 史氏論曰 自堯戊辰 至商武丁八年乙未 治千四十八年 唐虞三代人 君享國久長者 不過六七十年 豈有檀君獨能享千年之壽也 此或近之."

2번 사론[90]은 홍여하가 기자는 주 무왕의 공격에 의해 의리상 신하가 될 수 없어 조선에 온 것으로 설정하고 있고, 또한 기자에 대한 사론이 많기 때문에 제외한 것으로 추정된다. 3번 사론[91]도 삼한에 대한 자세한 설명과 위치비정, 그리고 추가 사론을 수록하고 있는 홍여하의 입장에서는 불필요하였을 것이다.

4번 사론[92]과 5번 사론[93]은 유교의 남녀 분별적 사고와 범례에서 언급한 황탄한 것은 제외한다는 원칙에 따라 홍여하는 이 사론을 제외하였을 뿐만 아니라 본문에서는 노파를 방인으로, 오른쪽 갈빗대에서 여아를 낳았다는 것은 주변 사람이 거둔 것으로 수정하여 적고 있으며, 이성도 성聖과 비妃를 의미하는 비성嬶聖으로 수정하였다.[94]

6번 사론[95]은 권근이 유년 칭원을 적용하여 춘추의 뜻을 잃어버리지 않으려고 하였으나 오히려 『동국통감』에서 다시 즉위년 칭원을 적용하였는데, 홍여하는 『동국통감제강』에서 유년 칭원을 적용하였기 때문에 『동국통감』 신등안 사론을 삭제하고 대신 유년 칭원을 지지하는 자신의 사론을 추가하였다. 다만 사론의 내용은 매우 유사하며 칭원의 결론만 바꾼 것이다.[96] 홍여하는 앞서 범례에서도 논의의 추이를 소개하면서 유년 칭원의

---

90 『동국통감』1, 22쪽.
91 『동국통감』1, 26쪽.
92 『동국통감』1, 28쪽.
93 『동국통감』1, 28쪽.
94 『동국통감』1, 28쪽. "立閼英爲妃 初龍見於閼英井 右脇生女兒 有老嫗異而養之 以井爲名 及長有德容 始祖納爲妃 有賢行能內輔 時人謂之二聖."
　『동국통감제강』, 539쪽. "立閼英爲妃 初龍見於閼英井 旁人得女兒養之 以井爲名 及長有德容 始祖納爲妃 有賢行能內輔 人謂以聖嬶聖."
95 『동국통감』1, 38쪽.
96 『동국통감』1, 38쪽. "臣等按 國君嗣世踰年改元 乃禮之正 若改元於薨年 則是一年之內 國有二君也 漢儒惑於書序之文 乃以湯崩踰月爲太甲元年 蘇氏以爲崩年改元 亂世事也 胡氏蔡氏亦辨之已詳 富軾反以漢儒之說 爲是何邪 權近史略 皆舊史踰年稱元 庶幾得春秋之義 然三國

원칙을 제시하였다.[97]

7번 사론[98]과 8번 사론[99]과 9번 사론[100]과 10번 사론[101]은 범례에서 언급하였던 무망誣妄하거나 음난한 것을 제외한다는 원칙에 따른 것으로, 홍여하는 무도하여 예에 어긋나거나 왕이 여인을 찾았다는 등의 내용이 수록된 사론들은 아예 제외하였다.

11번 사론[102]은 안록산 반란군의 공격에 장순張巡이 수양성睢陽城을 지킨 것과 당 태종의 공격에 안시성주安市城主가 성을 지킨 것을 비교하여 인물의 경중을 다룬 『동국통감』 신등안 사론이다. 앞에 안시성주를 칭송하는 김부식의 사론이 있는데[103] 다시 장순과 안시성주를 단순 비교하는 것에 홍여하는 공감하지 못하였던 것으로 보인다. 홍여하는 이를 대체하여 영욕榮辱은 이름의 전함에 달려 있지 않다는 자신의 사론을 별도로 추가하였다.[104]

史上下一千載間 編年紀事 例以薨年爲元 今若捨舊史從史略 則其紀事 頗有牴牾失實也 故因舊史而書之."
『동국통감제강』, 546쪽. "按國君嗣世 踰年改元 乃禮之正 若改元於薨年 則是一年之內 國有二君也 漢儒惑於書序之文 乃以湯崩踰丹爲太甲元年 蘇氏以爲崩年改元 亂世事也 胡氏蔡氏亦辨之已詳 富軾反以漢儒之說 爲是何邪 權近史略 改舊史踰年稱元 庶幾得春秋之義 而徐居正通鑑悉因舊史書之殊極無謂 爲人臣子而不通乎春秋之義者 必陷於篡弑之罪 此之謂也 今一依權近史略 紀年例改正云."
97 『동국통감제강』, 529쪽. "一 國君嗣世 踰年改元 乃禮之正 金富軾三國史 皆以先君薨年改元 大失春秋之義 故權近史略 踰年稱元 以正其失 徐氏通鑑 旣論斥富軾而強從之 其謬甚矣 今悉改正."
98 『동국통감』 1, 48쪽.
99 『동국통감』 1, 71쪽.
100 『동국통감』 1, 81쪽.
101 『동국통감』 1, 115쪽.
102 『동국통감』 1, 160쪽.
103 『동국통감』 1, 160쪽. "金富軾曰 唐太宗 聖明不世出之君 除難比於湯武 致理幾於成康 至於用兵之際 出奇無窮 所向無敵 而東征之役 敗於安市 則其城主 可謂豪傑非常者矣 而史失其姓名 與楊子所云 齊魯大臣 史失其名 無異 甚可惜也."
104 『동국통감제강』, 641쪽. "按白巖城主孫大音 以降伏登名唐史 以安市城主 唐史無由記名 榮辱

12번 사론[105]은 가속을 죽이고 출전한 계백에 대해 무도하였으며 광패하고 잔인함이 이와 같으니 싸우지 않고 스스로 꺾인 것이라고 비판하였으며, 품일이 관창을 적진에 다시 들어가게 한 것에 대해서도 교훈이 될 수 없다고 평한 권근의 사론이다. 이 사론에 대해 『동국통감』 신등안 사론에서는 이와 반대로 계백의 충절을 칭송하고 있다.[106] 홍여하는 이어지는 『동국통감』 신등안 사론에 권근 사론의 핵심적 내용을 소개하고 있고 또한 『동국통감』 신등안 사론을 지지하는 입장이므로 앞의 권근 사론을 수록하지 않았다.

13번 사론[107]은 천개소문을 평하면서 잔혹하고 포악하며 스스로 방자하였다고 하면서도 도입부에서 비상非常한 재사才士라고 한 김부식의 평론[108]에 대해 천개소문은 흉역일 뿐이며 재사라고 하는 것은 잘못이라고 평한 『동국통감』 신등안 사론이다. 홍여하는 김부식 사론의 주된 요지가 천개소문의 방자함을 비판하는 데 있다는 점에서 재사 용어를 다룬 『동국통감』 신등안 사론은 불필요하다고 보아 제외한 것으로 보인다. 14번 사론[109]은 고구려의 멸망과 관련하여 스스로 취한 일이며 연개소문 사후 두 아들이 권력을 두고 다투어 망하게 되었다는 권근의 사론이다. 이 사론의

其係於名之傳否哉."
[105] 『동국통감』 1, 176쪽.
[106] 이것은 신라의 김흠운 전사 건과 함께 인물에 대한 평가에서 권근과 『동국통감』 신등안의 논리가 달라진 사례 가운데 하나이나. 김흠운의 진사에 대해 권근은 경솔하게 적의 손에 죽었으니 뜻은 장렬하나 謀事는 부족하다고 평한 반면에 『동국통감』에서는 신라가 최종 승리하게 된 것은 인심과 세도가 순후하며 전쟁에서 전진하다 죽는 것을 영광으로 알았기 때문이라고 이를 칭송하는 입장을 보이고 있다(『동국통감』 1, 172쪽).
[107] 『동국통감』 1, 192쪽.
[108] 『동국통감』 1, 192쪽. "金富軾曰 宋神宗與王介甫論事曰 太宗伐高句麗 何以不克 介甫對曰 蓋蘇文非 常人也 然則蘇文亦才士也 而不能以直道奉國 殘暴自肆以至大逆 春秋君弑賊 不討 謂之國無人 而蘇文保要領以死於家 可謂幸而免者 男生獻誠雖有聞於唐室 而以本國言之 未免爲叛人者矣."
[109] 『동국통감』 1, 196쪽.

앞뒤로 김부식과 『동국통감』 신등안 사론이 있어 내용상 중복되어 제외한 것으로 보인다.

15번 사론[110]은 김생의 필법이 신묘한 경지에 들어갔다는 것이 허예虛譽가 아니라는 『동국통감』 신등안 사론으로, 번잡함을 없애기 위해 생략되었다. 16번 사론[111]은 궁예의 흉악함에 대해 하늘이 예덕穢德을 싫어하여 고려에 손을 빌려주었다는 『동국통감』 신등안 사론으로, 무망誣妄한 것은 제외한다는 원칙이 적용되었다.

17번 사론[112]과 18번 사론[113]은 신라의 조빙 사신인 김률金律에게 고려 태조가 신라 삼기三器의 존재를 하문하였는데 신라의 삼기는 인위적인 사치에서 나온 것으로 국가를 다스리는 데에 필요하지 않다는 김부식의 사론과 삼기는 나라를 망하게 할 바탕이 될 뿐인데 고려 태조는 물건이 있는 지를 물어보는 실수를 하였고 김율은 제대로 답변하지 못하였다고 비판한 『동국통감』 신등안 사론을 제외하였다. 이는 삼기의 황탄함과 이어지는 사론의 번잡함을 피하기 위한 것으로 보인다.

19번 사론[114]은 오월을 송에 바친 전숙錢俶과 비교하면서 경순왕의 공덕이 크다고 평한 김부식의 사론[115]에 대해 전적으로 그 공과를 논한 『동국통감』 신등안 사론이다. 사론의 요지는 경순왕이 선을 행하여 스스로 강해지도록 천시를 기다리거나 사직을 위해 죽기를 각오하여야 옳을 것인데 포로가 되어 북면하고 신하라 칭한 것은 절의를 잃은 것이며 김부식이 경순왕과 전씨가 대등하다고 한 것은 잘못이라는 것이다. 북벌을 반대하는 신

---

110 『동국통감』 1, 234쪽.
111 『동국통감』 1, 269쪽.
112 『동국통감』 1, 275쪽.
113 『동국통감』 1, 276쪽.
114 『동국통감』 1, 292쪽.
115 『동국통감』 1, 290쪽.

료에게 분노를 표시한 효종에게 마음의 수양을 강조하고, 벌호伐胡는 시의에 맞지 않다고 말하는 등 북벌정책에 부정적이었던 홍여하의 입장[116]에서는 끝까지 죽기를 각오하고 싸워야 한다는 『동국통감』 신등안 사론은 받아들이기 어려웠을 것이다.[117]

이와 같이 생략된 사론류를 보면 해당 부분에 많은 내용을 보충하여 별도의 사론이 필요 없을 경우, 중복되는 내용의 사론이 연속하여 나올 경우, 수록할 만한 가치가 없을 정도로 내용이 번잡한 경우, 그리고 범례에서 언급하였듯이 무망誣妄하거나 음난한 것은 제외하였다. 특히 서술의 원칙이나 자신의 현실인식과 다른 사론은 아예 제외하였다. 인물에 대한 평가에서는 고려나 조선전기의 관점과 달라지는 부분이 있을 경우에는 기존 사론을 제외하고 새로운 사론을 덧붙이기도 하였다. 이에 따라 사론에서의 일관성이 강화되는 방향으로 나아간 것으로 평가된다.

(2) 『동국통감제강』에 새로 추가된 사론

일련번호	왕	집필자	내용	전체사론 순번호
1	은태사	홍여하 안	기자는 紂의 諸父가 옳은 듯함	1
2	은태사	홍여하 안	은태사가 동쪽으로 온 것은 주 무왕의 명에 따른 것이 아니며, 홍범을 말한 것도 조선을 다스린 이후임	2
3	은태사	홍여하 안	8조의 가르침은 문헌에서 징험하기 어려움	3

---

[116] 한영우, 앞의 논문, 139쪽.
우인수, 「목재 홍여하의 현실인식과 대응」, 『한국사상사학』 43, 한국사상사학회, 2013, 30~31쪽.
[117] 김선화는 홍여하가 이를 제외한 것은 統에 대한 정립이 없었던 『동국통감』 찬자와의 견해 차이로 설명하였다(김선화, 「홍여하의 역사인식」, 한양대 대학원, 1987, 47쪽). 그러나 경순왕이 싸우지도 않고 항복하였다고 비판한 『동국통감』의 사론을 삭제한 것은 고려로의 정통 계승을 긍정하는 측면도 있지만 또한 현실인식의 차이에서 기인한 것이기도 하다.

4	은태사	한백겸 왈	기전유제의 존재와 모습	4
5	은태사	홍여하 안	태사는 주에 신하를 칭하지 않았으며 朝周하지 않았음	5
6	은태사	홍여하 안	공자가 송 선공에서 춘추를 시작한 것의 예에 따라 동국사를 은태사에서 시작함	6
7	기준왕	홍여하 안	왕을 처음 칭한 이는 箕否의 선대임	7
8	기준왕	홍여하 안	만번한은 지금의 요양성	8
9	기준왕	홍여하 안	패수는 요양성 서쪽 요하의 하나이며, 요동 八州의 땅은 조선에 속함	9
10	기준왕	홍여하 안	위만은 왕검을 도읍으로 하였는데 요동 험독현, 혹은 낙랑군 패수의 동쪽에 위치함	10
11	기준왕	홍여하 안	남쪽의 마한과 북쪽의 위만으로 나뉘어졌으나 기자 정통은 마한으로 이어짐	12
12	기준왕	한백겸 왈	삼한 땅 가운데 마한은 백제, 진한은 신라, 변한은 가야 지역으로 비정되며 이는 북쪽의 사군 이부와는 분리됨	13
13	기준왕	홍여하 안	평양을 마한, 전라좌도는 변한으로 비정하고 최치원이 변한을 백제로, 권근이 평양을 변한으로 비정함은 잘못임	14
14	남해군	홍여하 안	군주의 계승에서는 유년개원이 예인데도 『동국통감』에서는 옛 책에 인습하여 그대로 따랐으니 권근의 사략에 따라 기년을 고쳤음	26
15	남해군	홍여하 안	처음에는 괴탄의 설이 없었을 것이나 나중에 사적이 명확해지지 않으면서 이러한 설이 나왔을 것이며, 나중에는 금독금궤의 설이 나왔는데 군자는 취신할 것이 없음	27
16	탈해왕	홍여하 안	김유신의 비 기사는 믿을 수 있으나 수로왕의 탄생 기록은 황탄하여 믿을 수 없음	36
17	내해왕	홍여하 안	동국이 삼분하자 중국도 역시 삼분하여 남북이 나뉘어졌고 이후 300년 뒤에 합하여 하나가 되자 동국도 역시 하나로 합해졌으니 동국의 분합은 중국도 그 始終을 같이 함	49
18	조분왕	홍여하 안	『삼국사기』 동천왕조의 잘못으로 첫째 위궁을 산상왕으로 추정하였으나 위궁은 동천왕이며, 둘째 관구검이 한 해에 침략한 것으로 적고 있으나 두 해에 걸쳐 침략했으며, 이것은 동천왕이 첫 번째는 남옥저, 두 번째는 북옥저로 도망간 것을 말함	52
19	내물왕	홍여하 안	伊連은 釗의 아들이니 상 중에 정벌한 것을 잘못되었다고는 할 수 없으니 양촌이 잘못 안 것임	64

| 20 | 선덕여주 | 홍여하 안 | 백암성주는 항복하여 唐史에 이름을 남기게 되었으나 榮辱은 이름의 전함에 있지 않음 | 88 |
| 21 | 문성왕 | 홍여하 안 | 신라가 宗姓이 재상을 담당하면서 반역이 계속 일어나고 이적을 친 내용이 서적에 끊이지 않으니 이 화변은 모두 貴戚이 총애를 믿었거나 혹은 춘추의 의에 명확하지 못했기 때문임 | 126 |

* 전체 사론순 번호는 총평을 포함하여 『동국통감제강』의 전체 142편 사론을 번호순으로 매긴 것임.

21편의 추가된 사론을 살펴보면 일련번호 1-13이 모두 은태사에 대한 것인데, 이는 홍여하가 『동국통감』의 기자에 대한 설명에 불만이 있었음을 의미한다. 그 뒤에 추가된 사론은 남해군, 탈해왕, 내해왕, 조분왕, 선덕여주, 문성왕에 그치고 있다.

은태사 부분은 명분과 정통에 대한 이념성이 강화되어 나타났다. 홍여하는 기자를 단순한 도덕적 구현자가 아니라 실제적인 정치력을 가진 인물로 보고자 하는 입장을 가졌기 때문에 이에 따라 기자의 기술이 달라진 것이다. 1번, 2번, 3번, 5번, 6번, 7번 사론은 기자의 출신, 기자의 동천, 기자의 교화, 기자 조주 부정, 송과 기자와의 관계, 조선 후의 칭왕 등을 다루었는데 기자의 동천과 집권의 정당성을 보이려는 의도에서 나온 것이다.[118] 8번, 9번, 10번, 11번, 13번 사론은 기자·위만·삼한의 위치 비정, 기자-마한 정통, 전·후 마한 등을 다루었는데 정통의 계승을 보여주려는 의도에서 나온 것이다.[119] 4번과 12번 사론에서 다룬 한백겸의 기전유제와 삼한 설명은 기자와 삼한에 대한 자신의 논리를 보강하려는 의도에서 추가된 것이다.[120]

---

118 『동국통감제강』, 531~535쪽.
119 『동국통감제강』, 535쪽.
120 『동국통감제강』, 533쪽, 537쪽.

14번 사론은 이전의 수록된 사론을 대체하여 들어간 것으로 칭원 원칙이 바뀌어 관련 사항을 설명한 것이다.[121]

15번 사론은 탈해가 계책을 써서 호공의 집을 차지하고 살게 되었는데 남해군이 그의 현명함을 듣고서 8년(한나라 왕망 초시 원년) 그의 장녀를 탈해에게 시집보냈다는 기록에 대한 사론이다. 홍여하는 난생설화는 동국 사람들이 중국의 난생을 듣고서 부회한 것이며, 초년에는 이러한 설조차 없었는데 괴탄怪誕한 설이 나와 사서에 수록되어 사실인 것처럼 받아들여지게 되었다고 설명하였다. 탈해의 호공 집을 차지한 기사도 탈해가 다파나국多婆那國 사람이라면 조상이 신라인이라면서 소송하여 이길 수 있겠는가고 의문을 표시하였다. 홍여하는 금궤금독金櫃金櫝의 설을 불법佛法과 환기幻技에서 나온 것으로 비판하고 있다.[122] 이는 탈해에 대한 『동국통감』과 구사(=『삼국유사』)에 보이는 괴탄함을 비판한 것이다. 16번 사론은 65년(한나라 명제 영평 8년) 을축년 알지의 탄생 설화와 관련하여 간사한 사람이 아들을 신이하게 만들어 후사로 만들어 나라를 차지하려고 한 것이라는 비판한 권근의 사론[123]을 이어 그 황탄함을 비판한 것이다. 홍여하는 진

---

[121] 『동국통감제강』, 546쪽. "按國君嗣世 踰年改元乃禮之正 若改元於薨年 則是一年之內 國有二君也 漢儒惑於書序之文 乃以湯崩踰丹爲太甲元年 蘇氏以爲崩年改元 亂世事也 胡氏蔡氏亦辨之已詳 富軾反以漢儒之說 爲是何邪 權近史略 改舊史踰年稱元 庶幾得春秋之義 而徐居正通鑑 悉因舊史書之 殊極無謂 爲人臣子而不通乎春秋之義者 必陷於篡弑之罪 此之謂也 今一依權近史略 紀年例改正云."

[122] 『동국통감제강』, 547쪽. "按東史紀 赫居世高朱蒙昔氏首露之生 皆由卵化 歷考古帝王 或有無人道而生者 安有無母有卵而墜在林薄之間哉 此必東人想慕箕子 聞殷商之時 有玄鳥墮卵之祥 故傅會爲此卵化之說 然赫居世之初年 則必無是說也 何者 民雖至愚 耳目所接 不敢欺誣 及其歲久 事蹟難明 然後怪誕之說 出焉 雖識理之君子 以其事關國祚禎祥 莫之敢攻破也 旣而信者益多 傳播一時 則史氏遂書之於冊 以爲故實 如王氏始祖龍女之說 國初無有也 至毅宗朝金寬毅始書之國史 故李益齋得辨其僞 新羅卵化之說 亦猶是也 舊史記昔脫解 自多婆那國來 然脫解欲奪瓠公宅 潛埋礪炭于其側 訟于官稱其祖冶匠之居 掘地以驗 果得礪炭 昔脫解果爲多婆那國人 則豈稱其祖爲新羅之人 而訟因得理哉 誕妄之說 不攻自破矣 至於金櫃金櫝之說 乃自佛法幻技中粧撰得出 格致君子宜無取信焉."

나라가 망한 후 현성의 후예가 유이해 오면서 신라와 가락의 개국 시조가 된 것으로 보면서 수로와 알지의 탄생 설화는 믿을 수 없으며, 권근이 말한 바와 같이 간사한 사람이 술책으로 나라를 훔쳤다면 일시적으로는 있을 수 있으나 향국의 장구함은 있을 수 없다고 주장하였다.[124] 이 두 사론은 황탄한 기사의 발생 연유를 유교적 합리성으로 설명하고 있으며, 표착과 난생 설화에 대해 비판하고 있다.

17번 사론은 동한 초에 동국이 삼분하자 중국도 삼분하고 남북이 나뉘어진지 300여 년 뒤에 합쳐지자 동국도 합하여 하나가 되어 동국과 중국의 분합分合이 서로 처음과 끝을 같이 한다는 것이다.[125] 20번 사론은 당의 침입에 항복한 백암성주 손대음孫代音의 이름은 사서에 남았으나 안시성주는 남지 않았는데 영욕은 이름이 전하고 전하지 않는 데에 있지 않다는 것이다.[126] 21번 사론은 신라에서 종성宗姓이 재상을 담당하면서 반역이 계속 일어나고 이적을 친 내용이 서적에 끊이지 않으니 이 화변은 모두 귀척貴戚을 총애하였거나 혹은 춘추의 의에 명확하지 못한 데서 연유한 것이라는 주장이다.[127] 이러한 사론들은 인물과 일의 성패를 의義·불의不義의 측면에서 접근하는 홍여하의 도덕관에 따라 비평된 것들이다.

18번 사론과 19번 사론은 사실을 고증한 사론이다. 18번 사론은 김부식

---

[123] 『동국통감제강』, 557쪽.
[124] 『동국통감제강』, 557쪽. "按金庾信碑云 庾信少昊金天之後 故爲金氏 又曰與新羅同姓 盖奉民 數萬流入辰韓 其中固多賢聖冑裔 意者少昊之後 亦隨而東來 因遂蕃昌 爲新羅駕洛開國之祖歟 首露閼智之誕 所記荒謬 不足信也 若如權陽村說姦人逞術竊國 一時則有之矣 至如享國長久本支千億 非天啓之曷克臻是哉."
[125] 『동국통감제강』, 572쪽. "按自東漢初 東國三分 至是中國亦三分 南北分王三百年而後合爲一 是時東國亦合爲一 大抵東國分合與中國相終始."
[126] 『동국통감제강』, 641쪽. "按白巖城主孫大音 以降伏登名唐史 以安市城主 唐史無由記名 榮辱其係於名之傳否哉."
[127] 『동국통감제강』, 700쪽. "按新羅以宗姓爲卿 逆節屢起相繼誅夷 史不絶書跡 其禍變皆因貴戚 或恃寵積釁 計出圖全 或意欲旣滿 漸生覬覦 抑以海隅朴略氓俗蠢蠢 不明於春秋之義 而然歟."

의 『삼국사기』의 동천왕 기사에 대한 비판이다.

　　김부식의 『삼국사기』를 살펴보건대 동천왕 때의 2개 기사를 잘못 적었다. 「위서」에 이르기를 "고구려 태조왕 궁은 나면서부터 눈을 뜨고 볼 수 있었다. 지금의 왕도 태조의 증손으로 역시 나면서부터 태조처럼 볼 수 있다. 고구려에서는 서로 비슷한 것을 '위位'라고 하였으므로 이름을 위궁이라고 한다"고 하였다. 또 이르기를 "관노부 여자와 간통하여 위궁을 낳았다"고 하였다. 이는 주통촌 여자의 소생을 가르킨다. 동천왕은 태조의 종손으로 계서로 삼대를 지났으며 「위서」에서 증손이라고 하였으므로 위궁은 동천왕임이 명백하다. 김부식이 위궁을 연우라고 하였는데 연우는 태조의 조카이니 어찌 증손이라고 할 수 있는가. 이것이 첫 번째 잘못이다. 〈관구검전〉에 정시 중에 관구검이 현도도를 지나 고구려를 토벌하였는데 위궁이 처자를 데리고 도망가자 관구검이 군사를 이끌고 돌아왔다. 6년에는 다시 정벌하자 궁이 매구로 도망갔다. 이에 관구검은 왕기를 보내어 추격하였다고 하므로 이는 두 해의 일이다. 그러나 『삼국사기』에서는 합하여 한 해의 일로 하였다. 또 〈동이전〉에서 살펴보면 고구려왕이 검에 의해 패하였을 때는 남옥저로 도망가고, 그 후 왕기에 쫓겼을 때는 북옥저로 도망갔으며 왕기는 숙신의 남쪽 지역까지 추격하였다고 하는데 〈관구검전〉의 기록과 서로 일치한다. 그러나 김부식은 동천왕이 처음 패하였을 때 압록으로 도망가고 두 번째 패하였을 때는 남옥저로 도망갔다고 하였다. 이것이 두 번째 잘못이다. 김부식의 책은 고구려말 이문진이 후일에 기록한 기사에 근거하였으므로 어그러지고 그릇된 점이 많으며, 서거정의 『동국통감』도 역시 살펴 고치지 않았다. 지금 옛 글을 함부로 고칠 수 없어 대략 「위서」를 근거로 변정해두고자 한다.[128]

---

[128] 『동국통감제강』, 576쪽. "按金富軾三國史 誤記東川王事二條 魏書云 句麗太祖王宮 生而開目能視 今王太祖曾孫 亦生而能視似太祖 句麗呼相似爲位 故名位宮 又云淫灌奴部而生位宮 指

김부식의 『삼국사기』와 중국의 『북사』 등에서 산상왕 연우를 위궁에 비정하였는데, 홍여하는 태조의 증손이라는 『위서』의 기록과 관노부 여자와 사통하여 낳았다는 기록을 취하여 동천왕에 비정하였다.[129] 또한 『삼국사기』에서는 246년 관구검의 침입에 따른 동천왕의 패배와 8월에는 압록으로, 10월에는 남옥저로 도망간 사건이 한 해 내에 있었던 일로 적고 있으나, 홍여하는 『삼국지』 「위서」 〈관구검전〉의 기사와 〈동이전〉 기사를 통해 정시 5년과 정시 6년 두 해에 일어난 기사로 보았다. 또한 도망한 장소도 남옥저와 북옥저, 매구와 숙신남계로 비정하였다.[130]

19번 사론은 고구려왕인 이연伊連이 훙薨하고 태자 담덕談德이 즉위하자 상상喪 중임에도 불구하고 전쟁을 벌인 것을 권근이 비판하였는데[131] 홍여하는 백제와의 싸움에서 전사한 고국원왕 쇠釗의 뒤를 소수림왕 구부丘夫와 그 동생인 고국양왕 이연伊連이 차례로 즉위하였고 이연은 쇠釗의 아들이

其爲酒桶村女所生也 東川於太祖爲從孫而繼序三代 故魏史以爲曾孫 位宮之爲東川審矣 富軾乃以位宮爲延優 延優太祖之姪 豈可謂之曾孫乎 此一誤也 毌丘儉傳正始中 儉出玄菟道 討句麗 位宮將妻子逃竄 儉引軍還 六年復征之 宮奔買溝 儉遣王頎追之 蓋兩年事也 魏史合爲一年 又以東夷傳攷之 麗王爲儉追敗時 奔南沃沮 其後爲王頎追逼 奔北沃沮 頎追至肅愼南界 與毌丘儉傳相符 富軾乃以東川初敗時 奔鴨綠 再敗時 奔南沃沮 此二誤也 蓋富軾史據麗末李文眞追撰記事 固多舛謬 而徐氏通鑑亦不攷正 今不敢輒改舊文 而略據魏書辨訂云."

129 안정복은 『동사강목』에서 산상왕 연우를 위궁으로 보았던 『삼국사기』를 기사를 취하지 않는다는 고이를 남기고 있다(『동사강목』 부록 상권상, 「고이」, 〈延優一名位宮〉).

130 동천왕 때 관구검의 침입 기사는 현대 한국사 연구에서 매우 중요한 주제 가운데 하나이다. 『삼국사기』에 따르면 246년(정시 7) 한 해에 있었던 사건으로 볼 수 있으나, 「위지」 〈관구검전〉, 〈고구려전〉 등 중국 자료에서는 244년(정시 5)과 245년(정시 6)의 사건으로 기록하고 있으며, 1906년 집안현에서 〈毌丘儉紀功碑〉가 발견되었는데 王國維, 池內宏 등의 연구에 따라 관구검의 동침이 정시 5년과 정시 6년 두 해에 있었던 것으로 대체로 정리하고 있다. 홍여하는 전통시대 역사 연구에서 현대 역사학의 중요한 주제 가운데 하나인 관구검의 침입에 대해 두 해 침입설을 처음으로 주장하고 있다. 안정복도 『동사강목』에서 홍여하의 주장과 거의 동일한 내용의 고이를 남기고 있다(『동사강목』 부록 상권상, 「고이」, 〈三國史記毌丘儉東侵之誤〉).

131 『동국통감제강』, 592쪽.

므로 광개토왕 담덕이 상喪 중에 원수를 갚기 위해 백제를 정벌한 것은 잘못된 것이 아니라고 주장하였다.[132]

추가된 사론들을 보면 기자와 주 무왕의 관계를 군신이 아니라 손님과 주인의 관계로 격상시키고 기자를 독립적인 교화를 베푼 인물로 설명하여 조선에서의 중화 문화의 탄생을 강조하고 있다. 또한 조선과 중국의 역사 전개의 동질성을 통해 현재 조선 문화에 대한 자부심을 보이기도 한다. 또한 표착, 난생 등 유교적 관점에서 황탄하다고 여겨지는 사항에 대한 비판을 가하고 있다. 한편 동천왕 위궁과 관구검의 침략, 고국양왕 이연伊連과 고국원왕 쇠釗의 관계 등 기사에서는 사실에 대한 오류를 밝히고 있다. 따라서 이러한 사론의 추가에는 홍여하가 체득하였던 춘추 · 정통 · 도덕 · 윤리적 논리가 바탕에 있었음을 확인할 수 있다.

4. 맺음말 - 사학사적 의의 -

홍여하의 손자인 홍대구는 『동국통감제강』이 가지는 학문적 성과를 간략하지만 핵심적으로 소개하고 있다.

임자년 복천에서 율리로 돌아왔다. 『동국통감』을 취하여 번쇄한 것을 산삭하고 중심이 되는 줄기를 정돈하여 동사제강이라고 이름하였다. 범례를 만들었는데 휘찬여사의 범례와 거의 같다. 중국의 역사를 덧붙여 적은 것은 역사의 서술 체제를 중시함이다. 기자로부터 시작한 것은 사마천의 황제黃帝로부터 시작한 예를 따른 것이다. 공자가 춘추를 만들었음을 적은 것은 사마천의 예를 따른 것이다. 기준과 신라 정통으로 높인 것은 정통을 엄격하게 한 것이다.

---

[132] 『동국통감제강』, 592쪽. "按伊連 釗之子也 豈可以伐喪爲非 陽村誤矣."

게다가 여러 나라의 시말, 국도의 변천, 성읍의 착란, 산천의 근원, 발해 · 요 · 금의 오경에 이르기까지 본사의 선유들의 설에 근거하여 확정하였다. 한 · 위 · 당 · 송의 지의 내용을 끌어다 자료로 삼았다. 수천 리의 강역, 수천 년의 사적을 상세히 살피고 적지 않은 바가 없다. 또 정전과 삼한 사군을 논하면서 한백겸의 견해를 취하였지만 마한이 다시 평양으로 돌아간 것을 알지 못한 것을 병통으로 여겼다. 변한을 논하면서 권근의 오류를 깊이 논하였다. 유년기원을 취한 것은 춘추에 합치되는 것으로 이것도 역시 작은 것을 드러내어 깊은 뜻을 나타내려는 뜻이다.[133]

즉 중국의 역사를 덧붙인 점, 동국사를 기자에서 시작한 점, 신라 정통을 높인 점, 여러 나라의 역사와 지리의 변천을 해명한 점, 중국의 자료를 활용한 점, 유년기원을 취한 점 등을 『동국통감제강』의 특징으로 밝히고 있는데, 이 소개는 홍여하가 가졌던 문제의식과 그 성과를 핵심적으로 요약하여 적시한 것이다.

한편 홍여하에게 역사학적인 측면에서 영향을 미친 이로는 권문해, 권별 부자를 들 수 있다. 홍여하는 1670년 권별의 부친인 권문해가 편찬한 『대동운부군옥』에 『해동잡록』의 발문을 붙여 놓았다.[134] 또한 권별의 역사인식은 홍여하의 『동국통감제강』의 편찬에 일정하게 영향을 미치고 있다.[135]

---

[133] 『복재선생문집』 권11, 「부록」, 〈贈通政大夫弘文館副提學知製敎兼經筵參贊官春秋館修撰官行通訓大夫司諫院司諫府君行狀〉. "壬子 自福泉 還栗里 又取東國通鑑 刪其煩亂 整頓綱維 名曰東史提綱 亦爲凡例 與麗史凡例 大同小異 記中國之事 存史體也 起自箕子 依遷史黃帝例也 書孔子作春秋 依遷史舊例也 尊箕準主新羅 嚴正統也 至於諸國之始末 國都之變遷 城邑之錯置 山川之源委 渤海遼金之五京 或據本史先儒之說而定之 或援漢魏唐宋之志而質之 數千里之疆域 數千年之事蹟 無不詳考謹述 若指掌焉 且論井田及三韓四郡 則取韓久庵之博雅 而猶病其不知馬韓之復還平壤也 論弁韓 則深斥權陽村之謬 而又取其踰年紀元 合於春秋也 此又微顯闡幽之意也."

[134] 홍여하, 「附海東雜錄跋」, 『대동운부군옥』, 3쪽. "竹所公撰述事蹟 詳跋其文中 此係先生家學 繼述淵源之書 不可使無傳於後 姑附此文於韻玉書跋文之後 以識之云."

또한 주목할 만한 부분은 홍여하와 친분이 깊었던 친우들이 모두 역사에 관심이 많았다는 점이다. 이들은 주로 상주 일원에서 동시기에 활동하였던 학자들이었다. 그 가운데 역사에 관심을 가진 인물로 활재 이구, 무첨재 정도응을 들 수 있다. 정도응鄭道應(1618~1667)은 우리나라 인물에 대해 관심을 가지고 명신들의 행적을 정리한 『소대명신행적昭代名臣行蹟』을 저술하였으며, 또한 최초의 총서 형식의 야사인 『소대수언昭代粹言』을 편찬하였다. 이구李榘(1613~1654)도 중국사에 대한 사론 전문 저술인 「간사잉어看史剩語」를 남기고 있다.[136] 이들의 문집을 보면 서로 상대방이 진행하고 있었던 역사편찬 작업을 잘 알고 있었으며, 서간에도 이에 대한 언급이 남아 있다.[137]

그런데 이들이 살았던 시기는 오랑캐였던 여진족이 흥기하여 병자호란으로 이어지고 명·청이 교체되어 전통적인 화이관으로는 상상할 수 없는 상황이 벌어지던 때였다. 이들은 이러한 상황에서 역사에서 자신의 생

---

[135] 홍여하가 1670년 『해동잡록』의 발문을 적으면서 동방 史學에 큰 보탬이 될 것이라고 칭송하고 있는 점(홍여하, 『木齋先生文集』 권6, 「跋」, 〈竹所權公海東雜錄後跋〉 및 「附海東雜錄跋」, 『대동운부군옥』, 3쪽. "草潤之胤子竹所公 卽其書 拈出事要 繫之姓下 補以他書 條例精贍 名以海東雜錄 其事實 時有出於史乘之外者 積成累十秩 公方大耋閒燕 杜門麏合 披閱是書不少休 夫陰竹墿序其子復春韻府時 蓋年八十四歲矣 今竹所公人地事爲壽年 大約相符 似非偶然者 然此書實有補於東方之史學 豈特陰氏父子區區纂緝月露而止哉 上章閹茂三月日 南川洪某書"), 권별이 편찬한 『해동잡록』에서 보이는 기자-마한 정통론이 『동국통감제강』에서 확연하게 정립된 점 등을 근거로 들 수 있다. 권별의 『해동잡록』에 대해서는 박인호, 「해동잡록에 나타난 권별의 역사인식」, 『퇴계학과 유교문화』 52, 경북대 퇴계연구소, 2013, 83~118쪽 참조.

[136] 박인호, 「활재 이구의 역사인식과 현실비판」, 『조선사연구』 22, 조선사연구회, 2013, 141~169쪽 참조.

[137] 정도응과 홍여하 관련 논의 내용은 다음을 참조. 鄭道應, 『무첨재선생문집』 권1, 「시」, 〈黃宜寧不換亭次洪伯源韻〉, 〈次洪伯源汝河 贈韻〉. 洪汝河, 『목재선생문집』 권4, 「書」, 〈答鄭鳳輝〉, 〈與鄭鳳輝〉.
이구와 홍여하 관련 논의 내용은 다음을 참조. 李榘, 『활재집』 권2, 「書」, 〈答洪伯源 別紙 三〉. 洪汝河, 『목재선생문집』 권4, 「書」, 〈答李大方榘〉.

각과 행동의 명분을 찾으려고 하였다. 정도응은 인물과 야사, 홍여하는 한국사, 이구는 중국사에 관심을 가지면서 역사에서 이러한 변화에 대한 판단 기준을 마련하려고 하였다. 16세기를 전후로 하여 사림들이 역사 편찬의 주역으로 등장하면서 주로 사략형의 사서를 편찬하였는데 특히 1592년에서 1598년까지 이어진 왜란은 이들이 편찬한 사서의 내용에서 충성과 절의와 같은 관념이 강조되는 계기가 되었다. 그런데 홍여하를 비롯하여 정도응, 이구 등은 1623년 인조반정, 1627년 정묘호란, 1636년 병자호란 등을 경험하면서 역사에서 춘추와 강목의 정신을 더욱 엄격하게 적용하고, 춘추의 서법에 따른 기술을 통해 포폄을 보이려고 하였다. 이들의 역사편찬 작업은 이러한 시대의 소산이었다.

한편 『동국통감제강』이 유통되면서 우리나라의 역사를 파악하는 자료로 여러 사람들이 이 책을 보았다. 일찍이 조경趙絅(1586~1669)은 『동사제강』과 『휘찬여사』를 사가史家의 서적으로 극찬한 바 있다.[138] 병곡 권구(1672~1749)도 홍여하의 사서를 돈사敦史라고 칭송하였다.[139] 특히 『동국통감제강』에 대해서는 조천경(1695~1776)이 『이안당문집』에 『동사제강』을 읽고서 일어난 감흥을 시로 적어 놓았다.[140] 이종주(1753~1818)도 『북정집』에 이 책을 읽고서 지은 37편의 시문을 남기고 있다.[141]

현재 각 도서관에 목판본으로 간행된 『동국통감제강』이 남아 있는 것으로 보아 18세기 후반에는 널리 이 책이 유포되었던 것으로 추정된다. 다만

---

[138] 權明佑, 『可齋集』, 「通近嵒書院文(代屛山士林作)」.
[139] 權榘, 『屛谷集』 권6, 「雜著」, 〈麗史彙纂疑義〉.
[140] 趙天經, 『易安堂文集』 권3, 「詩」, 〈奉翫東史提綱〉. "不觀東國史 何異面墻人 千古興亡事 瞭然如隔晨" 조천경은 홍여하를 백세의 스승(缶林有喬木 桑海茁高枝 無住中興祖 木齋百世師) 『易安堂文集』 권3, 「輓」, 〈輓洪上舍國章〉)으로 존숭하고 있다.
[141] 李宗周, 『北亭集』 권1, 「시」, 〈讀東史有感〉. 이종주는 홍여하의 『동국통감제강』을 좋은 역사책이라고 평하였다.

과도하게 도덕적 측면에서 접근한 정통관과 이에 입각한 춘추 서법의 적용은 그 이념성으로 인해 우리가 대상이 된 시대를 파악하는 데에 있어서 사실을 밝히는 자료로서는 한계를 노정할 수밖에 없게 되었다. 그러나 오늘날 우리가 홍여하가 활동하던 시기의 사상적인 흐름을 파악하는 사학사적 연구의 대상으로는 여전히 큰 의미가 남아 있다.

| 참고문헌 |

『可齋集』,『葛庵集』,『大東韻府群玉』,『東國通鑑提綱』,『東國通鑑』,『東史綱目』,『蘆洲集』,『木齋集』,
『無添齋集』,『屛谷集』,『北亭集』,『易安堂文集』,『存齋集』,『海東雜錄』,『活齋集』,『彙纂麗史』

김선화, 「홍여하의 역사인식」, 한양대 대학원 석사학위 논문, 1987.
박인호, 「조선전기 지리서에 나타난 역사지리인식과 특성」,『조선사연구』10, 조선사연구회, 2001.
_____,『조선시기 역사가와 역사지리인식』, 이회문화사, 2003.
_____, 「전통시대의 고구려·발해인식」,『한국독립운동사연구』23, 독립기념관 한국독립운동사연구소, 2004.
_____, 「전통시대의 신라인식」,『역사교육논집』40, 역사교육학회, 2008.
_____, 「전통시대의 백제인식 - 백제의 흥망에 대한 인식을 중심으로 - 」,『역사교육논집』46, 역사교육학회, 2011.
_____, 「해동잡록에 나타난 권별의 역사인식」,『퇴계학과 유교문화』52, 경북대 퇴계연구소, 2013.
_____, 「활재 이구의 역사인식과 현실비판」,『조선사연구』22, 조선사연구회, 2013.
우인수, 「목재 홍여하의 현실인식과 대응」,『한국사상사학』43, 한국사상사학회, 2013.
장윤석, 「17세기 영남 남인 오운과 홍여하의 역사인식」, 경북대학교 교육대학원 석사학위 논문, 2007.
한영우, 「17세기 중엽 영남남인의 역사서술 - 홍여하의 휘찬여사와 동국통감제강」,『변태섭박사 화갑기념 사학논총』, 삼영사, 1985.
_____,『조선후기사학사연구』, 일지사, 1989.
_____,『조선전기 사학사 연구』, 서울대출판부, 1981.

2부

홍여하의 성리설과 문학관

7

홍여하의
생애와 성리설*

홍원식
계명대학교 철학과 명예교수

1. 서론

목재木齋 홍여하洪汝河(1620~1674)는 『휘찬여사彙纂麗史』와 『동국통감제강東國通鑑提綱』(일명 『동사제강東史提綱』), 『해동성원海東姓苑』 등 많은 역사서를 편찬하여 역사학자로 유명하다. 그의 이러한 모습은 16, 7세기 퇴계退溪 이황李滉(1501~1570)의 도학적道學的 분위기가 압도하고 있던 당시 영남 유학계에서 보기 드문 경우이다. 바로 이러한 점이 우선 퇴계학맥에 있어서 그의 위상을 더욱 두드러지게 하며, 영남 남인계의 대표적인 역사학자로 그를 자리매김해준다. 그리고 이런 까닭에 기존의 그에 대한 연구는 주로 사학 분야에서 이뤄졌다.[1]

한편 그는 당쟁의 전면에 서면서 당시 영남 남인의 대표적 정치가이기

---

* 이 글은 2013년 『한국사상사학』 43집에 게재된 「목재 홍여하의 생애와 성리설」을 수정·보완한 것임.
1 대표적인 연구로 김선화의 「홍여하의 역사인식」(한양대 석사학위논문, 1987)과 김영택의 「목재 홍여하의 역사의식과 문학관 연구」(안동대 석사학위논문, 2004), 장윤석의 「17세기 영남 남인 오운과 홍여하의 역사인식」(경북대 교육대학원 석사학위논문, 2007), 김현영의 「글로벌리즘 시대에 있어서 『휘찬여사』의 의미」(김현영 외 역, 『국역휘찬여사』, 군위문화원, 2012) 등이 있다.

도 했다. 일찍이 연산군 때 5대조 허백정虛白亭 홍귀달洪貴達(1438~1504)과 그의 아들들이 사화에 크게 화를 당한 적이 있었으며, 대사간大司諫을 지낸 부친 무주無住 홍호洪鎬(1586~1646)도 서인西人과 대립하였던 터라 그의 가문은 사화와 당쟁의 격랑 속에 이어져 왔다고 볼 수 있다. 특히 그가 살았을 무렵은 예송禮訟이 터졌을 때이며, 그 또한 서인의 영수인 송시열宋時烈, 송준길宋浚吉 등과 직접 맞서는 힘든 삶을 살았다.

이렇게 그는 당시 영남 남인계를 대표하는 역사학자이자 정치가였으며, 동시에 철학 방면에서도 나름의 중요한 위치를 차지하고 있다. 그가 살았던 17세기 후반 퇴계학의 본원지인 안동과 상주 일대 퇴계학파는 이황의 대표적 재전再傳 제자인 우복愚伏 정경세鄭經世(1563~1633)와 경당敬堂 장흥효張興孝(1564~1633), 수암修巖 유진柳袗(1582~1635) 등을 거쳐 갈암葛菴 이현일李玄逸(1627~1704)로 넘어가는 때였다. 한편 당시는 남인과 서인 간 정치적 대립뿐만 아니라 영남 퇴계학파와 기호 율곡학파 간 학파적 대립이 본격화되기 시작하던 때였다. 바로 이 전환기 때 정치적으로 뿐만 아니라 학파적으로도 중요한 위치에 서 있던 인물이 바로 그였다.

그는 몇몇 중요한 철학 관련 저술을 남기고 있는데, 저술을 적극적으로 하지 않던 당시 퇴계학파의 상황에서 보면 이는 더욱 그의 위상을 돋보이게 해준다. 그럼에도 불구하고 아직까지 그에 대한 철학 관련 연구는 전무한 상황이다. 따라서 이 글은 그의 철학사상에 대한 첫 연구가 될 것이다. 아울러 성리학이 지배하던 시대에는 문학과 사학이 도학道學과 불가분의 관계에 있었을 뿐만 아니라 도학 중심적 관점이 팽배해 있었다. 이에 '도본문말道本文末'·'도본사말道本史末'이라는 관점이 일반적으로 받아들여졌다. 그렇다면 그의 역사학이나 경세학 및 문학을 제대로 이해하기 위해서도 그의 도학, 곧 철학사상에 대한 이해는 반드시 필요하다고 생각한다.

이 글에서는 먼저 그의 가계와 생애, 저술 및 시대를 살펴본 뒤 퇴계학파의 후예란 관점에서 이황의 퇴계학을 어떻게 계승, 발전시키고 있는가에 초점을 맞추어 그의 성리설을 분석, 정리해보기로 한다.

2. 생애와 저술

1) 가계

홍여하는 함창현咸昌縣 율곡栗谷(현 경북 문경시 영순면 율곡리) 출신으로, 자는 백원白源, 호는 목재木齋 또는 산택재山澤齋이며, 본관은 부림缶林(혹은 부계缶溪)으로 부림 홍씨 15세이다. 부림은 곧 그의 선향先鄕인데, 현 대구광역시 군위군 부계면 대율리 일대이다. 시조는 고려 중엽 때 재상을 지낸 란鸞이고, 1세가 직장直長을 지낸 좌佐이며, 5세 인석仁碩[2]과 6세 문영文永 때 상주로 이거하고, 다시 8세 득우得禹 때 함창으로 이거하였는데, 5세 인석 이후를 함창파라 부른다. 성종과 연산군 때 양대兩代에 걸쳐 2차례 홍문관 대제학을 지낸 허백정虛白亭 홍귀달洪貴達은 득우의 손자로 10세가 되며, 홍여하의 5대조가 된다.[3]

홍귀달은 자가 겸선兼善, 호가 허백정虛白亭 혹은 함허정涵虛亭이며, 1461년(세조7) 대과 급제를 하여 세조, 예종, 성종, 연산군 4대에 걸쳐 관직 생활을 하였으며, 관직은 성균관 대사성과 홍문관 대제학, 이조와 호조 및 공조 판서, 충청과 강원 및 경기 관찰사를 두루 지냈다. 천추사千秋使로 성종 때 중국 사행을 다녀오기도 했다. 사후 의정부 좌찬성에 추증되고, 문광文

---

2 『缶林洪氏世譜』 번역본에는 인석(仁碩)으로 되어 있는데, 홍재휴는 초간본을 근거로 인석은 인양(仁禓)의 오기임을 주장하였다.
3 『缶林洪氏世譜』와 홍원식, 『양대 문형과 직신의 가문, 문경 허백정 홍귀달 종가』, 예문서원, 2012, 26~29쪽 참조.

匡이란 시호를 받았으며, 남곤南袞이 신도비문神道碑文을 찬술하였다. 고향인 함창의 임호서원臨湖書院과 선향인 대율의 양산서원陽山書院에 배향되었다.

홍귀달은 일찍이 문명文名을 날렸으며, 김종직金宗直과 그의 제자인 김일손金馹孫, 조위曺偉 등과도 가깝게 지냈다. 한편 그는 직신直臣으로도 유명하여 연산군의 폐정이 심해지자 연이어 상소를 올려 눈 밖에 났으며, 마침내 아들 언국彦國의 딸인 손녀를 궁중에 들이라는 왕명을 어겨 경원으로 유배되었다 다시 한양으로 취조를 받으러 오던 도중 단천에서 교살絞殺되었다. 그의 네 아들들도 이 사건에 연루되어 거제도로 유배되었다. 그의 문집으로『허백정집』이 있으며, 세조와 성종의 실록 편찬에 참가하였고, 왕명으로 성현成俔 등과 함께『역대명감歷代明鑑』을, 권건權健과 함께『속국조보감續國朝寶鑑』을, 윤필상尹弼商 등과 함께『구급역해방救急易解方』을 찬술하였다. 그의 문장은 4남 홍언충洪彦忠과 제자 농암聾巖 이현보李賢輔로 계승되었고, 사학은 후손 홍여하洪汝河로 이어졌다고 볼 수 있다.[4]

홍귀달은 언필彦弼, 언승彦昇(자 대요大曜), 언방彦邦(자 군미君美), 언충彦忠(자 직경直卿, 호 우암寓菴), 언국彦國(자 공좌公佐, 호 눌암訥菴) 다섯 형제를 두었다. 이 중 언필은 일찍 죽었고, 언방과 언충 형제가 대과 급제를 하여 관직이 각각 성균관 직강과 예조 정랑에 이르렀으며, 언승은 진사로 거창 현감을 지냈고, 언국도 진사로 재랑齋郎를 제수받았으나 나아가지 않았다. 언승 등 4형제가 부친의 사건에 연루되어 모두 거제도로 유배되는 등 사화의 소용돌이에 휩싸이기도 하였다. 2남인 언승이 두 아들을 두었으나 모두 기유년己酉年(1547) 사화 때 혈손 없이 죽어 후를 잇지 못하였고, 3남인 언방

---

4 홍귀달의 생애와 저술은『虛白亭集』續集의「行狀」(鄭宗魯 찬)과「年譜」,『世祖實錄』과『成宗實錄』,『燕山君日記』등의 해당 기사와 홍원식,『양대 문형과 직신의 가문, 문경 허백정 홍귀달 종가』, 예문서원, 2012, 38~66쪽 참조.

은 완琬과 개玠 두 아들을 두었는데 완이 혈손이 없어 종질인 경삼景參의 2남 덕희德禧를 입후하였으며, 4남 언충은 3남을 두었으나 모두 일찍 죽어 역시 뒤를 잇지 못하였고, 5남 언국이 경삼景參을 낳고 경삼이 덕록德祿과 덕희德禧 두 아들을 두어 홍귀달의 가통은 언국과 경삼, 덕록으로 이어지게 되었다. 덕록의 아들이 바로 인조 때 대사간大司諫을 지낸 홍호洪鎬이며, 그의 아들이 홍여하이다.[5]

홍호洪鎬(1586~1646)는 자가 숙경叔京, 호가 무주無住 혹은 동락東洛이며, 배는 임진왜란 때 의병장을 지낸 장흥長興 고씨高氏 고경명高敬命의 손녀이자 고종후高從厚의 딸이다. 그는 1606년 대과에 급제하였으며, 광해군 정사년(1617) 이후 태백산에 들어가 수월암水月庵을 짓고 소요하며 지내다 인조 때 출사하여 대사간까지 지냈다. 1632년에는 주청사奏請使의 서장관으로 명나라에 다녀왔다. 그는 1624년(인조2) 인조반정 때 자결한 박승종朴承宗의 적몰한 재산을 다시 돌려 줄 것을 청한 상소를 올렸다가 영변판관으로 쫓겨난 적이 있다. 당시 조익趙翼과 이윤우李潤雨, 이식李植 등이 그를 도왔지만, 서인 세력들은 이 문제를 들어 그를 두고두고 신랄하게 비판하였다. 우복愚伏 정경세鄭經世의 제자이다.[6]

2) 생애와 저술

홍여하(1620~1674)는 자가 백원百源, 호가 목재木齋와 산택재山澤齋이다 어릴 적 서울에서 우복 정경세를 배알한 적이 있으며, 14세 때 모친 고씨高

---

5   홍원식, 『양대 문형과 직신의 가문, 문경 허백정 홍귀달 종가』, 예문서원, 2012, 30~35쪽과 88~108쪽 참조.
6   홍호의 생애와 저술은 「先考通政大夫司諫院大司諫府君家狀」(洪汝河, 『木齋先生文集』 卷8)과 『仁祖實錄』, 『承政院日記』 등의 해당 기사 및 홍원식, 『양대 문형과 직신의 가문, 문경 허백정 홍귀달 종가』(예문서원, 2012), 109~121쪽 참조.

氏의 상을, 27세 때 부친상을 당하였다. 35세(1654, 효종6) 때 생원진사시와 식년 문과에 합격하였다. 37세 봉교奉教로 있을 때 송규렴의 반대를 무릅쓰고 이상진과 이원정을 추천한 일로 파직되었다. 다시 그해 응지상소應旨上疏를 올렸다가 고산도高山道 찰방察訪으로 쫓겨났으며, 40세(1659, 효종10) 경성鏡城 판관判官으로 있을 때 현종顯宗이 즉위하여 응지상소應旨上疏를 올렸는데, 북방 군정의 폐단과 함께 이후원李厚源에 대해 붕당의 행태가 심함을 지적하자 이조 판서로 있던 송시열宋時烈이 이것은 자신을 배척하는 것이라고 여겨 상소한 뒤 사직하는 사건이 일어났다. 당시 서인 측에서 이 상소가 윤휴尹鑴 등의 배후 조종으로 이뤄진 것이라고 보아 크게 문제를 삼으면서, 그는 당쟁 속에 휘말려 들었다. 이때 제1차 예송禮訟이 터지기도 하였다. 41세(1660, 현종1) 때 병마사 권우權堣의 일을 다시 문제 삼았다가 파직된 뒤 충청도 황간黃澗으로 유배되었으며, 얼마 후 풀려나 고향인 함창의 율곡으로 돌아왔다.

율곡으로 돌아온 후 그는 산택재山澤齋를 짓고 학문 연구와 저술에 매진하였다. 51세 때 예천 북쪽 복천촌福泉村에 존성재尊性齋를 짓고 잠시 이거하였다가 53세 때 다시 율곡으로 돌아왔다. 55세(1674) 때 숙종이 즉위하여 병조 정랑과 사간의 관직이 내렸으나 병으로 나아가지 못하고 세상을 떴다. 예천의 흑송리에 장사 지냈으며, 뒷날 율곡리로 이장하였다. 처음 묘갈명은 권유權愈가 지었으며, 이장 후 묘갈은 계당溪堂 유주목柳疇睦이 지었다. 1689년(숙종15) 갈암葛菴 이현일李玄逸의 주청으로 통정대부 부제학에 추증되었다. 1693년 문경 근암서원近嵒書院에, 그리고 2015년 군위 양산서원陽山書院에 배향되었다.

홍여하는 문집으로『목재선생문집』이 있으며, 20세 이전에『고려사』를 좌씨전左氏傳의 예에 따라 정리한 뒤 20세 때『휘찬여사彙纂麗史』를 편찬하고 범례를 지었다. 이후 계속 첨삭이 가해진 것으로 짐작된다. 27세 때「사서발범구결四書發凡口訣」을 지었다. 경성 판관 시절「천군天君」과 팔잠八箴

을 지었다. 유배에서 풀려나 율곡으로 돌아온 뒤 「명명덕찬明明德贊」과 「존성재기尊性齋記」 등을 짓고, 53세 때 『동국통감東國通鑑』을 산절하여 『동국통감제강東國通鑑提綱』(일명 『동사제강東史提綱』)을 짓기 시작하고 범례를 만들었으며, 『해동성원海東姓苑』을 편찬하였다. 『휘찬여사』는 입재立齋 정종로鄭宗魯의 교정을 거쳐 출간된 뒤 목판은 양산서원陽山書院에 보관되어 오다 2011년 12월 한국국학진흥원에 이관되었다.[7]

3) 학맥과 학통

1500년을 전후한 허백정 홍귀달과 그의 아들 대에 이르러 부림 홍씨 함창파는 상주 일대를 근거로 영남의 명문사족으로 발돋움하였다. 무주 홍호와 목재 홍여하가 허백정의 가통과 종통을 이으면서 17세기에 이르기까지 그 위치는 더욱 공고해졌다. 하지만 홍귀달과 그의 아들들은 사화의 격랑을 헤쳐 와야 했으며, 다시 그의 후예인 홍호와 홍여하는 당쟁 속으로 휘말리게 된다. 이러한 가운데 그들은 17세기 중후반 영남 남인을 대표하는 위치에 서게 되었다. 그리고 지연과 혈연, 학파와 당파를 통해 그들의 위치는 더욱 공고해졌다.

16세기 후반 영남 유학계는 좌도의 퇴계 이황과 우도의 남명南冥 조식曺植이 주도하였으며, 그들 사후 17세기 전반으로 접어들면서 퇴계학파와 남명학파가 분립하는 가운데 퇴계 문하에서는 월천月川 조목趙穆과 서애西厓 유성룡柳成龍 간, 그리고 남명 문하에서는 내암來庵 정인홍鄭仁弘과 한강寒岡 정구鄭逑 간에 균열이 일어나면서 정치적으로도 대립하게 되었다.

---

[7] 홍여하의 생애와 저술은 『木齋先生文集』의 「行狀」과 「年譜」, 『顯宗實錄』과 『國朝寶鑑』 등의 해당 기사와 홍원식, 『양대 문형과 직신의 가문, 문경 허백정 홍귀달 종가』, 예문서원, 2012, 122~133쪽 참조.

인조반정 후 북인 세력이 몰락하면서 영남 일대는 범퇴계학파로 서서히 재편되어 갔다.

이황 사후, 그리고 그의 문하 제자들이 거의 다 세상을 뜬 17세기 전반에 이르면 그의 재전이자 서애 유성룡의 고제인 우복愚伏 정경세鄭經世(1563~1633)가 안동과 상주 일대의 퇴계학파를 주도하게 되며, 학봉鶴峯 김성일金誠一과 서애 유성룡, 한강 정구 문하에 두루 나아간 경당敬堂 장흥효張興孝(1564~1633)도 중심적 위치에 서게 된다. 서애 학통은 당시 정경세와 함께 그의 아들 수암修巖 유진柳袗(1582~1635)으로도 전해져 뒷날 입재立齋 정종로鄭宗魯(1738~1816)와 계당溪堂 유주목柳疇睦(1813~1872) 등이 그 학통을 잇게 된다. 장흥효의 학통은 외손인 존재存齋 이휘일李徽逸(1619~1672)과 갈암葛菴 이현일李玄逸(1627~1704)로 이어져 간다.

홍호와 홍여하가 살았을 무렵인 17세기 중후반까지는 아직 병파屛派(류성룡)와 호파虎派(김성일)가 분립하지 않은 때로, 그들은 당시 퇴계학파의 중심적 인물들과 지연과 학연, 혈연, 당파 등으로 두루 깊은 관계를 맺었다. 바로 홍호가 정경세의 문하에 나아가고, 정경세는 홍귀달의 『허백정집』서문을 쓰며, 홍여하는 이황과 류성룡의 찬, 장흥효의 묘갈, 류진과 이휘일의 행장을 지으며, 이현일은 그를 적극 높였다. 뒷날 또 유주목은 홍여하의 묘갈을, 정종로는 홍여하의 『휘찬려사』교정을 보았다. 이렇게 볼 때, 홍여하는 17세기 전반에서 후반 갈암 이현일로 이어지는 퇴계학통의 중심적 위치에 서 있다고 볼 수 있다.

3. 성리설

1) 『대학』의 중시와 독창적 해석

홍여하는 오경과 사서 중에서도 『대학』의 내용에 대해 비교적 많은 논의를 하고 있다. 먼저 그는 "『대학』의 경經 1장과 전傳 10장은 성인의 전체대용全體大用을 밝힌 책이며, 삼강령三綱領과 팔조목八條目은 실학자實學者[8]의 수기치인修己治人하는 요체를 담고 있다. 임금된 자와 신하된 자가 모두 알지 않을 수 없다"고 하고 "주자께서 장을 나눠 앞뒤 순서를 정하고 빠진 부분을 보충한 것은 만세토록 배우는 이들에게 큰 공이 있는 바이다"[9]라고 하여 『대학』은 유학의 전체대용과 수기치인을 밝힌 책이며, 주자가 경 1장 전 10장으로 편장, 편차하고 전傳 5장에서 「격물치지보전格物致知補傳」을 더한 『대학장구大學章句』는 옳으며, 그 공적은 지대하다고 말하고 있다.

이어 그는 「대학차기大學箚記」에서 '지지知止'와 '격물格物', '성의誠意' 항목에 대해 풀이를 한 뒤, "물에는 본과 말이 있고, 일에는 끝과 처음이 있다. 먼저 할 바와 뒤에 할 바를 알면 도에 가깝다[物有本末, 事有終始, 知所先後, 則近道矣]"라고 한 대목에 대해서는 '팔조목'이라는 제목을 붙여 나름의 풀이를 하고 있으며, 끝에는 '명명덕찬明明德贊'을 달아 놓았다. 이 가운데 '격물'에 대한 풀이가 독특하므로 먼저 살펴보기로 한다.

치지는 격물하는 것에 달려 있다고 말하는 것은 그 무리[類]를 격格하는 것이다. 격格이라는 것은 헤아리는 것이고, 물물이라는 것은 무리[類]이다. 사물이 생겨나면 (형형은) 같은 무리가 아니지만 상은 같은 무리[象類]이고, 상은 같은 무리가 아니지만 성은 같은 무리[性類]이며, 성은 같은 무리가 아니지만 도道는 하나[一]이다. 그러므로 군자는 천지와 만물을 헤아릴 때 반드시 무리로써 헤

---

[8] 주자학자들은 흔히 성리학이 修己治人의 학임을 들어 불교와 대비하며 스스로 실학이라고 말하였다.
[9] 洪汝河, 『木齋先生文集』卷5, 「策題」, '大學', "大學一經十傳, 乃聖人全體大用之書. 三綱八條, 實學者修己治人之要. 爲人君爲人臣, 俱不可不知者也. … 朱夫子定著序次, 補其闕略, 所以大有功於萬世學者也."

아린 연후에야 앎이 그 지극함에 이르게 된다. … 그러므로 군자 가운데 형이 같은 무리[形類]임을 알지 못하는 자는 없지만 성이 같은 무리임을 아는 자는 드물며, 성이 같은 무리임을 알지 못하는 자는 없지만 도가 하나임을 아는 자는 드물다. 그러므로 무리지울 줄 알면 (모두가) 하나임을 알게 되고, 하나임을 알게 되면 신통[神]하게 되고, 신통하게 되면 하늘[天]과 같게 된다. 이것을 일러 '사물이 궁구되었다[物格]'라고 하고, 이것을 일러 '앎이 이르렀다[知之至]'라고 한다.[10]

여기에서 그는 사물을 '형이 같은 무리[形類]'와 '상이 같은 무리[象類]', '성이 같은 무리[性類]'로 분류하고서, 격물이란 형류形類를 헤아리는 것에서 더 깊이 상류象類를 헤아리는 데 이르고, 다시 성류性類를 헤아리는 데 이르러 마침내 도가 하나임을 아는 데에 이르는 것이 격물치지라고 말하였다.

격물치지설은 북송北宋의 정이程頤가 처음 제기하였고, 남송南宋의 주희朱熹가 이를 적극적으로 받아들여 주자학의 대표적인 인식론이 되었다. 정이는 일찍이 『대학』의 '격물치지' 구절을 『주역』의 "이치[理]를 궁구하고 본성[性]을 다하여 명命에 이른다"[11]라고 한 구절과 연결시켜 다음과 같이 해석하였다.

'격格'은 '궁구한다'는 뜻이고, '물物'은 '리理'와 같으니, 그 리를 궁구한다는 말과 같을 따름이다. 그 리를 궁구한 뒤에 그것을 이룰 수 있으며, 궁구하지

---

10 洪汝河, 『木齋先生文集』卷9, 「讀書箚記」, '大學·格物解', "所謂致知在格物者, 格其類也. 格也者, 度也. 物也者, 類也. 物之生, 不類而象類也. 象不類也而性類也. 性不類也而道一也. 故君子測天地度萬物, 必以類граmat之, 然後知極其至也. … 故君子莫不知形類也, 知性類者鮮矣. 莫不知性類也, 知道一者鮮矣. 故類則一, 一則神, 神則天, 此謂物格, 此謂知之至也."
11 『周易』, 「說卦傳」, "窮理盡性以至於命."

않으면 이룰 수 없다. 격물이란 것은 도도로 나아가는 시작이므로 격물하고자 생각하면 진실로 이미 도에 가깝다.[12]

주희는 다시 정이의 설을 바탕으로 다음과 같이 『대학』의 '격물치지'에 대한 보전補傳을 달았다.

이른바 '치지재격물致知在格物'이란 나의 앎을 이루고자 하면 사물에 나아가 그 리를 궁구하는 데에 달려 있음을 말한 것이다. 대개 사람 마음의 영묘함은 앎을 가지고 있지 않음이 없으며, 천하의 사물은 리를 가지고 있지 않음이 없지만, 오직 리에 대해 미처 궁구하지 않은 것이 있기 때문에 그 앎에 다하지 못함이 있는 것이다. 이러한 까닭에 『대학』에서 맨 먼저 가르칠 때 반드시 배우는 이들로 하여금 천하의 온갖 사물에 나아가 자기가 이미 알고 있는 리를 바탕으로 더욱 궁구하여 그 지극한 데까지 이르기를 구하지 않음이 없게 하였다. 힘써 노력하는 것이 오래되면, 어느 날 아침에 갑작스레 툭 터지듯[豁然] 꿰뚫어 관통하게 된 즉 온갖 사물의 겉과 속, 세밀한 것과 거친 것이 이르지 않음이 없고 내 마음의 전체대용全體大用이 밝혀지지 않음이 없게 된다. 이것을 일러 '사물이 궁구되었다[物格]'라고 하고, 이것을 일러 '앎이 이르렀다[知之至]'라고 한다.[13]

---

[12] 程顥·程頤, 『河南程氏遺書』 卷25, "格猶窮也, 物猶理也, 猶曰窮其理而已也. 窮其理, 然後足以致之, 不窮則不能致也. 格物者適道之始, 欲思格物, 則固已近道矣."

[13] 朱熹, 『大學章句』, 「格物致知補亡章」, "所謂致知在格物者, 言欲致吾之知, 在即物而窮其理也. 蓋人心之靈莫不有知, 而天下之物莫不有理, 惟於理有未窮, 故其知有不盡也. 是以大學始教, 必使學者即凡天下之物, 莫不因其已知之理而益窮之, 以求至乎其極. 至於用力之久, 而一旦豁然貫通焉, 則衆物之表裏精粗, 無不到, 而吾心之全體大用, 無不明矣. 此謂物格, 此謂知之至也."

주희는 여기에서 한 사물 한 사물 그 리를 궁구하다 보면 어느 날엔가 갑자기 '활연관통'의 경지에 이르게 됨을 말하고 있는데, 홍여하는 이와 좀 달리 사물의 존재를 형形, 상象, 성性, 도道라는 네 개의 층차로 나누고서 형을 통해 상을, 상을 통해 성을, 성을 통해 도를 아는 것이 격물치지라고 말하였다. 주희는 일찍이 북송의 장재張載와 정이程頤의 설을 받아들여 격물치지를 '즉물궁리卽物窮理', 곧 사물에 나아가 그 이치를 궁구하는 것으로 풀이하였으며, 이때 사물의 기氣에 대한 앎을 견문지지見聞之知, 사물의 리理에 대한 앎을 덕성지지德性之知로 나누고서 궁극적으로 추구하는 것은 덕성지지이며, 덕성지지가 어떠한 경우이든 견문지지를 통해 생겨나는 것은 아니라는 것이 그들의 생각이었다.[14] 그런데 홍여하는 궁구의 대상을 형과 상, 성, 도로 세분하고서 그것에 대한 단계적 인식을 통해 만사만물이 하나의 도임을 아는 경지에 이르는 것이 격물치지라고 말한 것이다. 이렇게 그가 격물치지의 대상을 세분하고 단계적으로 말한 것은 주희는 물론 중국이나 한국의 다른 주자학자들에게서도 발견되지 않는 것으로, 주자학의 격물치지설을 진일보시킴과 동시에 새롭게 말한 측면이 있다.

그는 팔조목의 순차적 이행에 대해서도 퍽 흥미로운 풀이를 하고 있다.

> 물物은 격格하였는데 지知가 혹 이르지 못한 경우는 있지만, 물이 격해지지 않았는데 지가 이미 이른 경우는 있지 않다. 그러한 것이 있다면 장문중臧文仲과 동방삭東方朔의 지智가 바로 그러한 경우이다. 지는 이르렀는데 의意가 혹 이르지 못하는 경우는 있지만, 지가 이르지 않았는데 의가 이미 성誠한 경우는 있지 않다. 그러한 것이 있다면 양주楊朱와 묵적墨翟이 인의仁義를 행한 것이

---

14 張載, 『正蒙』, 「大心」, "大其心, 則能體天下之物. … 聞見之知, 乃物交而知, 非德性所知. 德性所知, 不萌於見聞."; 程頤, 『河南程氏遺書』, 卷24, "聞見之知, 非德性所知. 物交物則知之, 非內也. 今之所謂博物多能者是也. 德性之知, 不假見聞." 등 참조.

그러한 경우이다. 의는 이미 성하였는데 심이 바르지 못한 경우는 있지만, 의가 성하지 않았는데 심이 먼저 바르게 된 경우는 있지 않다. 그러한 것이 있다면 고자告子의 불동심不動心이 그러한 경우이다. 심은 이미 바르게 되었는데 자기 몸이 닦여지지 않은 경우는 있지만, 심이 바르지 않는데 자기 몸이 닦여진 경우는 있지 않다. 그러한 것이 있다면 능중자陵仲子에 있어서 결신수행潔身修行이 그러한 경우이다. 자기 몸은 닦였는데 집안이 다스려지지 못한 경우는 있지만, 자신이 닦여지지 못하고서 집안이 다스려진 경우는 있지 않다. 집안은 다스려졌는데 나라가 다스려지지 못한 경우는 있지만, 집안이 다스려지지 못하고서 나라가 먼저 다스려진 경우는 있지 않다. 그러한 것이 있다면 관중管仲과 제환공齊桓公이 집안과 나라를 다스린 것이 그러한 경우이다. 이러한 여러 사람들은 능하다고 말할 수는 있지만, 지극함에 이른 것은 아니다. 그러므로 "물에는 본과 말이 있고, 일에는 끝과 처음이 있다. 먼저 할 바와 뒤에 할 바를 알면 도에 가깝다"라고 말하였던 것이다. 아, 이러한 여러 사람들은 도에서 멀리 떨어져 있도다![15]

『대학』에서는 "物格而后知至, 知至而后意誠, 意誠而后心正, 心正而后身修, 身修而后家齊, 家齊而后國治, 國治而后天下平"[16]이라고 말하였는데, 홍여하는 '물격이후지지物格而后知至'하기는 하지만, '물격物格'하지 못하

---

15 洪汝河, 『木齋先生文集』 卷9, 「讀書箚記」, '大學・八條目', "物格矣而知或有未至者矣, 物不格而知已至者未之有也. 有之乎則臧文仲東方朔之智也. 知至矣而意或有不誠者矣, 知不至而意已誠者未之有也. 有之乎則楊朱墨翟之行仁義也. 意旣誠而心不正者有之矣, 未有意不誠而心先正者也. 有之乎則告子之不動心也. 心旣正而身不修者有之矣, 未有心不正而身能修者也. 有之乎則於陵仲子之潔身修行也. 身修而家不齊者有之矣, 未有身不修而家能齊者也. 家齊而國不治者有之矣, 未有家不齊而國先治者也. 有之乎則管仲齊桓之所以行乎家國也. 之數子者, 可謂能矣, 非其至者也. 故曰, '物有本末, 事有終始, 知所先後, 則近道矣.' 噫, 之數子者, 其於道遠矣."
16 朱熹, 『大學章句』 1章.

였는데 '지지知至'한 경우가 현실적으로는 있음을 말하면서 역사상 구체적 인물인 장문중과 동방삭의 앎을 들고 있다. 이하에서도 마찬가지이다. 그는 그러면서 그것은 '능한 것[能]'일 뿐 '지극한 것[至]'이 아니라고 말하고서 도로부터 멀리 떨어져 있음을 말하였다. 겉으로는 같은 듯하지만 실질적으로는 같지 않는 것을 분명히 가려냄으로써 역사상, 혹은 현실 속 인물과 그들의 행위에 대한 시시비비를 엄정히 판별해야 한다는 그의 생각이 잘 드러나 있다. 이것은 철학을 역사학에 접맥시킨 대표적인 실례로 역사에 있어서 '정통론正統論'의 철학적 기반이라고 말할 수 있겠으며, '도본사말道本史末'의 그의 관점이 잘 드러난 것이라고 말할 수도 있겠다.

또한 그는 『대학』의 팔조목을 '명명덕明明德'과 '경敬'으로 일관시키고 있다.

> 격물格物은 명덕明德의 통함이요[通], 치지致知는 명덕의 충만함이요[充], 성의誠意는 명덕의 충실함이요[實], 정심正心은 명덕의 곧음이요[貞], 수신修身은 명덕의 이룸이요[成], 제가齊家는 명덕의 실행이요[行], 치국治國은 곧 명덕의 드러남이요[發], 평천하平天下는 곧 명덕의 두루 미침이다[達]. 명덕의 통함은 경敬으로써 그것을 관철하고[徹], 명덕의 충만함은 경으로써 그것을 다하고[盡], 명덕의 충실함은 경으로써 그것을 채우고[實], 명덕의 곧음은 경으로써 하나같이 하고[一], 명덕의 이룸은 경으로써 그것을 밝히고[明], 명덕의 실행은 경으로써 그것을 드러나게 하고[形], 명덕의 드러남은 경으로써 그것을 더하고[翼], 명덕의 두루 미침은 경으로써 그것은 두터이 한다[篤]. 그러므로 명덕을 밝히는 것은 강령 중에서도 하나의 큰 강령이며, 경은 처음부터 끝까지 관철되어 성인聖人의 공업功業을 완성하는 것이다.[17]

17　洪汝河, 『木齋先生文集』卷9, 「讀書箚記」, '大學·明明德贊', "格物者明德之通, 致知者明德之充, 誠意爲明德之實, 正心爲明德之貞, 修身乃明德之成, 齊家乃明德之行, 治國則明德之發, 平

여기에서 그는 『대학』의 팔조목, 곧 격물과 치지, 성의, 정심, 수신, 제가, 치국, 평천하가 모두 '명명덕' 곧 명덕을 밝히는 하나의 구체적 내용이라고 보아 '명명덕'이 '강령 중의 대강령'이요, 마치 『대학』이 '명명덕'의 교과서인 것처럼 말하고 있다. 주희는 기본적으로 삼강령과 팔조목을 일단 구분한 뒤 삼강령을 "자신의 밝은 덕을 밝히고, (그것을 바탕으로) 백성들을 새롭게 하여 (모두 함께) 지극한 선의 경지에 이른다"라고 풀이하였으며, 팔조목은 삼강령의 구체적이며 단계적인 실천 세목으로 이해하였다. 그러나 홍여하는 주희와 달리 팔조목이 각기 명덕을 밝히는 하나의 구체적 내용이라고 말하였는데, 이것은 '명명덕'과 '삼강령', 나아가 '팔조목'의 관계를 새롭게 말한 것으로 여느 주자학자들에게서도 보이지 않는 창견이다. 아울러 '명명덕'의 마음공부를 오로지 경을 통해서 해야만 한다고 주장한 것은 『대학』의 내용 중에 경공부에 대한 것이 전혀 없음에도 그렇게 보고 있다는 점에서 독특하다.

이렇듯 『대학』이 '명덕'을 밝히는 마음공부의 책이며, 마음공부의 내용과 요령은 오로지 경공부에 달렸다는 그의 인식을 우리는 한번 '퇴계심학退溪心學'과 연결시켜 생각해볼 수 있겠다. 곧 '퇴계심학'에서는 경敬을 통한 존덕성尊德性의 마음공부가 무엇보다 우선이며 모든 것의 바탕이라고 보고 있는데,[18] 그가 여기에서 격물과 치지, 성의, 정심, 수신, 제가, 치국, 평천하 모두가 명덕을 밝히는 마음공부의 일환이며 마음공부를 바탕으로 삼아야 한다는 점과 더불어 이 모두 경敬을 통해 공부해야 함을 말한 것을 보면 퇴계심학을 발전적으로 이어받은 것이라고 말할 수 있다는 것이다.

天下則明德之達也. 明德之通, 以敬徹之, 明德之充, 以敬盡之, 明德之實, 敬以實之, 明德之貞, 敬以一之, 明德之成, 敬以明之, 明德之行, 敬以形之, 明德之發, 敬以翼之, 明德之達, 敬以篤之. 故曰, 明明德爲綱領之一大綱領, 而敬者所以徹始徹終而成聖功也."

18 李滉은 宣祖에게 『聖學十圖』를 지어 올리며 10개의 圖는 '敬'이라는 한 글자로 관통함을 말했다. 李滉, 『聖學十圖』 참조.

2) 상산학과 양명학 비판

홍여하는 「존성재기尊性齋記」와 「제양명집주자만년정론후題陽明集朱子晚年定論後」 등의 글에서 육구연陸九淵의 상산학象山學과 왕수인王守仁의 양명학陽明學을 비판하고 있다. 그는 앞 절에서 본 「대학차기」에서 주희의 『대학장구』에 대해 절대적 지지를 표하였기 때문에 주희와 왕수인 간 『대학』을 논의하면서 크게 논란거리가 되었던 개본改本과 고본古本, 신민新民과 친민親民, 「격물치지보전格物致知補傳」 등의 문제에서 철저하게 주희의 편에 서 있음은 당연하다. 아래에서는 이것 이외의 내용을 중심으로 살펴본다.

먼저 그는 복천촌福泉村에 우거할 때 서재에다 '존성재尊性齋'라는 재명을 붙이면서 그 기문을 적었다. 그는 남송 때의 학자들이 주자학은 도문학공부道問學工夫이고, 상산학은 존덕성공부尊德性工夫라고 잘못 알고 있었기 때문에 원元·명明 시대의 학자들도 송대 학자들의 이 잘못된 견해를 이어받고 있으며 심지어 조선의 학자들도 이와 같이 잘못 알고 있다면서 다음과 같이 비판하고 있다.

> 군자는 배우는 것을 귀하게 여긴다. 배우고 묻고 생각하고 변별하며, 자신을 돌아보아 이기고 다스려서 감히 조금이라도 이러한 노력에 해이하지 않는 자는 무릇 품부받은 기氣가 이지러지고 부족함의 치우침을 떨어내고 천지의 덕성이 온전해지기를 구하는 자이다. 그러므로 공자와 자사子思, 맹자孟子, 주돈이周敦頤, 장재張載, 이정二程 형제가 사람들을 가르친 까닭이며, 이어 주희朱熹가 도문학道問學에 힘을 다한 것도 모두 이러한 것들이다. 그러나 사람들 사이에는 재주와 지혜를 부여받은 것에 차이가 있어, 영민함이 일반 사람들보다 뛰어나면 반드시 스스로 높은 데 처해 다른 사람들을 이기는 데 힘쓴다. 재주가 높아 이기는 데 힘쓰면 스스로 옳다고 여기는 것이 더욱 굳어지고, 사사

로운 생각이 뒤따라 생겨 가리고 숨기는 데 힘쓰며, 성현의 말씀 가운데 비슷한 것을 취하여 겉으로 치장하게 된다. 그가 높이고 받들며 지키는 것은 부여받은 재주이고 사사로운 생각으로 이 모두가 기질지성氣質之性과 관계된 것에서 나온 것일 뿐인데, 그것이 덕성의 본체가 아님을 알지 못한다. 그러므로 군자의 학문은 천하의 리理를 두루 살피고 돌이켜 자기에게서 구하여 품부 받은 기가 극복되고 다스려지기를 구하는 것이다. 그런 뒤에서야 사사로운 생각이 사라지고 천리가 밝아져 덕성이 나에게 완전하게 회복된다. 저 육구연의 인간 됨과 학문함은 영민함에 기대 단계를 뛰어넘고 千古의 시간을 올려다보니 덕성의 바탕이 이지러지고 부족함이 없을 수 없다.[19]

이어 그는 "주자의 도문학이야말로 진정한 존덕성공부인 것이다. 육구연이 높인 것은 이른바 덕성이 아니고, 바로 기질지성인 것이다"[20]라고 말하였다. 여기에서 그는 남송과 원, 명, 그리고 조선의 학자들이 하나같이 주희는 도문학공부를 주장했고 육구연은 존덕성공부를 주장했다고 잘못 생각하였는데, 사실은 주희가 도문학공부와 존덕성공부 모두를 주장하였으며, 나아가 주희가 말한 도문학공부는 존덕성공부와 불가분의 관계이자 바로 진정한 존덕성공부인 반면 육구연이 강조한 존덕성공부는 덕성 곧 '천지지성天地之性'과 '본연지성本然之性'을 존봉尊奉한 것이 아니라 '기

---

19 洪汝河,『木齋先生文集』卷6,「記」, '尊性齋記', "君子貴夫學也. 學問思辨, 省察克治, 不敢少懈其功者, 凡以袪其氣稟虧欠之偏, 而求全夫天地之德性者也. 故孔氏思孟氏周張程氏之所以教人詔後, 朱氏之所以致力於道問學者, 皆是物也. 而其間或有稟才智之偏, 穎悟出於衆人, 則必自處高而務勝人. 才高而務於勝, 則其自是也愈堅, 私意遂成而遮藏掩護, 取聖賢之說之近者, 而文於外. 其所以尊奉持守者, 乃稟才與私意, 合而爲一, 出於氣質之性之緒餘耳, 而不知非其德性之本體也. 故君子之學, 博觀天下之理而反諸己, 以求其氣稟之偏而克治之. 然後私意袪而天理明, 德性復全於我矣. 彼陸氏之爲人與爲學, 穎悟超詣, 高視千古, 而德性之體, 不能無虧欠焉."
20 위의 책, "朱子之道問學, 乃所以眞尊德性也. 陸氏之所尊, 非所謂德性, 而乃其氣質之性也."

질지성氣質之性'을 존봉한 것이라고 주장하였다.

주희는 일찍이 『중용』에서 '존덕성'과 '도문학'이라 말한 것을 가져와 그것을 행행과 지지, 거경함양居敬涵養의 마음공부와 격물치지格物致知의 경전사물공부에 연결지어 논의하면서 둘의 관계가 마치 수레의 두 바퀴나 새의 두 날개와 같아 호발互發, 병진並進하며 그 중 어느 하나도 빠트릴 수 없다고 말하였다.[21] 그가 이렇게 말했음에도 일부 학자들은 주희가 도문학공부를 중시한 반면 육구연은 존덕성공부를 중시했다고 말하였으며,[22] 특히 육구연과 그의 후예들 중에는 주희가 초년에 도문학공부를 중시하다가 만년에 이르러 존덕성공부를 중시하게 되었다는 설[23]과 함께 그것이 주륙朱陸 아호논쟁鵝湖論爭의 영향이라는 말을 끊이지 않고 내놓는 이들이 있었으며, 마침내 왕수인은 '주자만년정론朱子晚年定論'을 말하면서 주희가 육구연의 영향을 받아 만년에는 완전히 존덕성공부 한쪽으로 돌아섰다는 주장을 내놓게 된 것이다. 조선의 주자학자들이 벌떼처럼 일어설 것임은 불을 보듯 훤한 상황이었다. 홍여하도 그 대열에 동참하고 있다.

왕양명이 선가禪家의 종지를 깨달은 후에 겉으로는 회옹晦翁(주자)을 높이면서 속으로는 배척하여, 말하는 것과 마음 쓰는 것이며 교묘하고도 기이한 말을 늘어놓는 것이 끝이 없다. 그렇지만 스스로 천하만세의 공의公議에 받아들여질 수 없음을 알아 회옹이 말한 것 중 존덕성만 말한 것을 따로 모아 묶고서 만년정론晩年定論이라고 여겼다. … 회옹의 가르침은 반드시 배우는 이로 하여금 하학이상달下學而上達하게 하여 잠시 먼저 도문학상에서 세밀히 생각하고 힘써 실천하는 데 종사케 한 즉 이것이 진실로 덕성을 높이는 것이다. 중용의

---

21 朱熹, 『朱子語類』 卷9, 「學三 論知行」, "涵養窮索, 二者不可廢一, 如車兩輪, 如鳥兩翼." 등 참조.
22 黃宗羲의 『宋元學案』, 「晦翁學案」이 바로 이러한 관점에 서 있다.
23 대표적인 이로 明의 程敏政을 들 수 있다. 그는 『心經附註』에서 주희와 육구연 간 이른바 '早異晚同說'을 제기하였다.

의미를 풀어낼 때에도 이에 "마음을 보존하지 않으면 치지致知할 수 없으며, 마음을 보존한 자도 또한 치지하지 않을 수 없다"고 말하였다. 무릇 '(마음을 보존하지 않으면) 치지할 수 없다'고 말한 것은 그것을 급히 해야 한다는 말이고, '(마음을 보존한 자도 또한) 치지하지 않을 수 없다'고 말한 것은 그것을 천천히 해도 된다는 말이다. 그 본본本과 말末, 경輕과 중重은 불을 보듯 분명하다.[24]

그는 왕수인이 선가禪家(불교)의 영향을 받은 뒤 근거도 없이 제멋대로 주희가 존덕성공부를 말한 것만 따로 묶어 '주자만년정론'이라고 규정하였는데, 사실 주희는 존덕성과 도문학 공부 모두를 중시하였고, 도문학 공부를 하는 것이 바로 덕성을 높이는 존덕성 공부이며, 나아가 존덕성과 도문학 공부의 본말과 경중을 따지자면, 어디까지나 존덕성공부가 본本이고 중重함이 명약관화하다고 말하였다.

이황은 일찍이 상산학이 존덕성공부 한쪽만을 강조한 반면 주희가 수레의 두 바퀴와 새의 두 날개에 비유한 것을 가져와 주자학은 존덕성과 도문학 공부 중 어느 하나도 빠트리지 않았음을 말하였으며,[25] 그러면서도 두 공부의 경중에 있어서는 은연중 존덕성공부를 편중偏重하는 모습을 드러내었다.[26] 그의 이러한 입장에 선 상산학 비판은 「전습록론변傳習錄論辨」

---

[24] 洪汝河, 『木齋先生文集』卷6, 「跋」, '題陽明集朱了晚年定論後', "陽明悟解禪旨之後, 陽會晦翁而陰斥之, 立言措意, 詭巧奇譎, 無所不用其極. 然自知不容於天下萬世之公議, 則乃取晦翁之說專於尊德性者, 別爲袞類, 以爲晚年定論. ⋯ 晦翁之敎, 必使學者, 下學而上達, 姑先從事於道問學上精思力踐, 則乃所以眞尊德性也. 及其箋釋中庸之旨, 則乃曰, '非存心, 無以致知, 而存心者, 又不可以不致知也.' 夫無以云者, 急之之辭也, 不可以不云者, 緩之之辭也. 其於本末輕重, 灼然甚明."
[25] 李滉, 『退溪先生文集』卷41, 「心經後論」, "二者之相須, 如車兩輪, 如鳥兩翼, 未有廢一而可行可飛者. 此實朱子之說也." 참조.
[26] 홍원식, 「이황과 그의 직전제자들의 『심경부주』 연구」, 『퇴계학보』 제121집, 사단법인 퇴계학연구원, 2007, 83~84쪽 참조.

에 잘 나타나 있듯이 양명학에 대한 비판으로도 이어졌으며, 다시 이것은 그의 후예들로 이어졌다. 그 대표적인 이로 서애西厓 류성룡柳成龍이 있다. 이황의 고제인 류성룡은 이황의 관점을 이어받아 상산학과 양명학은 석씨釋氏의 설이며, '굽을 것을 고치려다 곧음을 지나쳐버렸다[矯枉過直]'[27]라는 관점에서 비판하였다.[28]

홍여하는 이황과 류성룡의 상산학과 양명학 비판 관점을 그대로 이어받음과 동시에 이를 더욱 강화한 한편 존덕성공부와 도문학공부의 관계를 본本과 말末, 중重과 경輕의 관계로 분명히 규정함으로써 존덕성공부 편중의 입장을 더욱 분명히 하였다. 이러한 존덕성공부 편중의 입장은 '명명덕찬'에서 『대학』의 팔조목을 모두 명덕을 밝히는 존덕성의 마음공부 일환으로 본 것과 좋은 짝을 이룬다. 특히 이점은 영남 퇴계학파와 기호 율곡학파가 크게 대립하는 부분으로서 율곡학파에서는 두 공부의 철저한 병중並重을 말하였다면, 퇴계학파는 점점 더 존덕성공부 편중偏重 쪽으로 기울어져 갔다. 바로 이점 때문에 율곡학파는 내내 퇴계학파에 대해 '상산학으로의 경도'라는 의심을 내려놓지 않았다. 육왕학 비판과 함께 존덕성공부의 강조와 편중이 퇴계심학과 깊은 관련이 있다는 점에서 그는 퇴계학파 전개에서 중요한 한 위치를 차지하고 있다고 볼 수 있다.

---

27 柳成龍, 『西厓先生文集』 卷15, 「知行合一說」 참조.
28 柳成龍의 陸王學 비판에 대해서는 권오영의 「서애 류성룡 경학사상의 심학적 성향」(『류성룡의 학술과 경륜』, 태학사)과 김용재의 「서애 유성룡의 양명학 이해와 비판에 관한 고찰」(『양명학』 제23호, 한국양명학회, 2009), 안영상의 「서애 유성룡의 양명학관에 대한 재검토」(『유교사상연구』 제38집, 한국유학학회), 홍원식의 「서애 유성룡의 양명학에 대한 관심과 퇴계심학의 전개」(『양명학』 제31호, 한국양명학회, 2012) 등 참조.

4. 결론

목재 홍여하와 그의 가문은 영남의 대표적인 명문사족이면서도 대를 이어 사화와 당쟁 속에 힘들게 살아왔다. 부림 홍씨 함창파를 일약 명문으로 이끈 허백정 홍귀달은 세조에서부터 연산군에 걸쳐 4대 동안 관료로서 현달하면서 두 차례나 홍문관 대제학 곧 문형의 자리에 올랐으며, 세조와 성종의 실록 편찬에 참여하고 왕명으로 『역대명감歷代明鑑』과 『속국조보감續國朝寶鑑』등을 편찬하기도 했다. 그의 문장은 4남 홍언충과 제자 농암 이현보로 이어졌으며, 사학은 5세손 홍여하에게로 이어졌다고 볼 수 있겠다.

홍여하는 조선의 대표적인 역사가요, 송시열, 송준길 등 서인 세력과 맞선 대표적인 영남 남인 출신 정치가이며, 17세 중엽 영남 퇴계학파의 대표적인 철학자이다. 그의 철학사상 관련 저술은 많지 않지만, 그것은 당시 퇴계학파 후예들의 일반적인 모습이었으며, 자신의 역사 방면 저술에 가린 이유도 없지 않다. 그의 몇 편 철학관련 저술은 퇴계학파 전개에 있어서 중요한 의미를 갖는다.

홍여하는 주희와 이황을 존신하며 그들의 철학사상을 계승하는 한편 역사학과 경세학으로 관심을 넓혀 갔다. 그의 철학적 특징은 먼저 이기설理氣說에 대해 거의 언급하지 않는다는 점이 눈에 띈다. 이것은 퇴계학파 초기 유학자들의 일반적 특징이며, 퇴계심학을 잇는 한 모습이기도 하다. 그들의 주된 관심은 경敬과 예禮를 통한 현실적 실천의 문제였다. 이것이 도학과 예학의 흐름을 형성하였다. 그는 기본적으로 이 흐름 위에 있다고 볼 수 있다.

퇴계학파 내의 철학사상 방면에서 그가 중요한 위치를 차지하게 되는 까닭은 다음과 같다. 첫째, 「명명덕찬明明德贊」에서 보여 주었듯이 대학 팔조목을 모두 명명덕의 일환으로 보아 격물치지도 명덕을 밝히는 마음공부의 하나로 보았으며, 명덕을 밝히는 것은 오로지 경敬으로써 해야 한다고 주장한 점이다. 이것은 주희는 물론 여느 주자학자들에게서도 발견되지 않는 새로운 견해이며, 한편으로 퇴계경학退溪敬學과 퇴계심학退溪心學을 진일보시킨 것이라고 볼 수 있다. 둘째, 존덕성공부 편중偏重을 말하는 가운데 존덕성공부와 도문학공부를 본本과 말末, 중重과 경輕의 관계로 본 것이다. 이러한 생각은 이황에게서 싹트기 시작해 그의 후예들로 올수록 더욱 강조되었으며, 바로 퇴계심학의 바탕을 이루는 것이다. 기호 율곡학파는 끝까지 두 공부의 철저한 병중竝重을 강조하며, 끊임없이 이점으로 퇴계학파를 비판한 것을 볼 때, 퇴계학파 내 그의 위상은 더욱 부각된다. 셋째, 육왕의 상산학과 양명학에 대한 비판이다. 이것은 이황에게서 시작되고 류성룡이 그 뒤를 이었는데, 그가 다시 그들의 뒤를 잇고 있다. 여기에서 비판의 강도가 더욱 높아졌다는 점뿐만 아니라 그 속에 퇴계학파의 특징인 존덕성공부 편중의 관점이 포함되어 있다는 점이 눈에 두드러진다. 이상의 내용으로 볼 때, 그의 철학적 위상은 단순히 퇴계학파 안에만 그치지 않고, 한국철학사 전개 전체의 관점에서 볼 때도 중요한 위치에 있다고 볼 수 있다.

| 참고문헌 |

『周易』
張載, 『正蒙』
程顥·程頤, 『河南程氏遺書』
朱熹, 『大學章句』
朱熹, 『朱子語類』
程敏政, 『心經附註』
黃宗羲, 『宋元學案』
洪貴達, 『虛白亭集』
李滉, 『退溪先生文集』
柳成龍, 『西厓先生文集』
洪汝河, 『木齋先生文集』
『缶林洪氏世譜』

홍원식, 『심경부주와 조선유학』, 예문서원, 2008.
_____, 『양대 문형과 직신의 가문, 문경 허백정 홍귀달 종가』, 예문서원, 2012.

권오영, 「서애 류성룡 경학사상의 심학적 성향」, 『류성룡의 학술과 경륜』, 태학사, 2008.
김선화, 「홍여하의 역사인식」, 한양대 석사학위논문, 1987.
김영택, 「목재 홍여하의 역사의식과 문학관 연구」, 안동대 석사학위논문, 2004.
김용재, 「서애 유성룡의 양명학 이해와 비판에 관한 고찰」, 『양명학』 제23호, 한국양명학회, 2009.
김현영, 「글로벌리즘 시대에 있어서 『휘찬여사』의 의미」, 김현영 외 역, 『국역휘찬여사』, 군위문화원, 2012.
안영상, 「서애 유성룡의 양명학관에 대한 재검토」, 『유교사상연구』 제38집, 한국유교학회.
장윤석, 「17세기 영남 남인 오운과 홍여하의 역사인식」, 경북대 교육대학원 석사학위논문, 2007.
홍원식, 「이황과 그의 직전제자들의 『심경부주』 연구」, 『퇴계하보』 제121집, 사단법인 퇴계학연구원, 2007.
_____, 「서애 유성룡의 양명학에 대한 관심과 퇴계심학의 전개」, 『양명학』 제31호, 한국양명학회, 2012.

8

홍여하의
경학관과 성리설*

김근호
청주교육대학교 윤리교육과 교수

1. 문제 제기

목재木齋 홍여하洪汝河(1620~1674)는 영남 남인으로서 17세기 정치, 역사, 문학 등에 주요한 영향을 미쳤던 학자였다. 그는 35세(1654)에 식년문과에 급제하여 예문관 검열로 관직생활을 시작하였는데, 그 이듬해 사간원 정언으로 효종에게 올린 상소로 인해 고산도 찰방으로 밀려났다. 40세(1659)에는 경성 판관으로서 응지應旨 상소上疏를 올렸는데, 이것이 송시열과의 정쟁의 불씨가 되어 결국 충청도 황간으로 유배를 가게 되었다.[1] 41세(1660)에 해배되면서 상주 함창 율리로 낙향하여 말년까지 성리학에 침잠하였다.

1659년 조대비의 복상 문제로 일어난 기해예송으로 남인과 서인의 대립이 격화되었을 때, 이 문제로 현종 7년(1666) 기해예송의 부당함을 밝히고자 영남 유림들 천여 명이 의례소議禮疏를 올리며 연명하였다. 이때 목재가

---

* 이 글은 2023년 『朝鮮時代史學報』 104집에 게재된 「목재 홍여하의 경학관에 나타난 성리 사상」을 수정·보완한 것임.
1 『木齋先生文集』 권11, 부록, 「贈通政大夫弘文館副提學, 知製教兼經筵參贊官, 春秋館修撰官, 行通訓大夫司諫院司諫府君行狀」.

의례소에 깊이 관여할 정도로 당시 영남 유림들에게 정치적 영향력을 가지고 있었다.[2] 낙향한 상주 지역에서도 유림들의 정신적 중심 역할을 하였다. 홍언충洪彦忠(1473~1508)이 제향된 향현사를 근암서원近嵒書院으로 승원시키는 데 주요한 역할을 하였다. 홍언충이 목재의 4대조인 홍언국의 형이기도 하지만, 이덕형李德馨(1561~1613)을 병향하면서 승원하였던 과정이 상주뿐만 아니라 조정의 허가를 얻어야 하는 어려운 과정[3]이였다. 목재는 상주를 중심으로 한 지역 유림들의 중심적 역할을 하며 승원의 결실을 이뤘다. 숙종 19년(1693)에 목재도 근암서원에 종향되었다. 여기서 주목할 점은 당시 상주 지역이 류성룡柳成龍(1542~1607)에서 정경세鄭經世(1563~1633)로 이어지는 남인의 영향권이면서도 동시에 서인의 영향력이 공존하던 지역이었고, 승원이나 제향 등의 절차가 이 지역 유림들의 엄격한 공론을 거쳐 이루어졌다는 사실이다. 그럼에도 목재가 종향되었다는 사실은 이 지역 유림들에게 상당한 영향력이 있었음을 짐작하게 해 준다.

목재는 20세(1639)에 『목재가숙휘찬려사木齋家塾彙纂麗史』와 53세(1672)에 『목재가숙동국통감제강木齋家塾東國通鑑提綱』을 저술할 만큼 역사관도 뚜렷하였다.[4] 그는 우리나라 역사를 포폄권징褒貶勸懲의 의리에 따라 기자箕子

---

2 영남 남인들 사이에서의 목재의 정치적 입지를 확인할 수 있는 대목이다. 설석규의「顯綜 7年 嶺南儒林의 議禮疏 捧入 顚末」(『사학연구』 50, 1995)과 우인수의「木齋 洪汝河의 현실인식과 대응」(『한국사상사학』 43, 2013) 참조.
3 이병훈, 「16~18세기 문경 近嵒書院의 변천」, 『영남학』 71, 2019.
4 목재의 역사관에 대한 연구들은 상당히 축적되어 있다. 한영우의「17세기 중엽 영남남인의 역사서술」(『변태섭박사 화갑기념 사학논총』, 삼영사, 1985), 김선화의「홍여하의 역사인식」(한양대 석사논문, 1987), 김영택의「목재 홍여하의 역사의식과 문학관 연구」(안동대 석사논문, 2005), 장윤석의「17세기 영남 남인 오운과 홍여하의 역사인식」(경북대 교육학 석사논문, 2007), S.O.Kurbanov의「木齋家塾彙纂麗史의 儒學傳」(『규장각』 32, 2008), 이욱의「목재 홍여하의 휘찬여사 - 고려사의 비교 관점에서」(『군위 한밤마을의 역사와 문화』, 군위 한밤마을연구소개소기념 학술심포지엄, 2009), 김현영의「글로벌리즘 시대에 있어서 휘찬여사의 의미」(『국역 휘찬여사』, 민속원, 2012), 도현철의「목재 홍여하의 역사서 편찬과 고려사 인식」(『한국사상사학』 43, 2013), 박인호의「동국통감제강에 나타난 홍

로부터 기록해야 한다고 보았다.[5] 그의 역사관은 안정복安鼎福(1712~1791)에게도 영향을 주었다.[6] 또한 그는 조경趙絅(1586~1669)과 이식李植(1584~1647)으로부터 진한고문秦漢古文 문장을 익히며 문장가로서의 명망도 떨쳤다.[7]

17세기 정치와 역사, 문학 등에 영향력을 지녔던 목재에 대한 연구는 꾸준히 이어져 왔지만, 그의 성리설性理說에 대한 연구는 많지 않다. 목재가 살았던 17세기가 서인과 남인의 당론이 나뉘면서 성리설에 관한 논쟁도 퇴계학파와 율곡학파로 대립하던 시대였음을 고려하면, 당시 목재의 성리설에 대한 연구는 확장할 필요가 있다. 목재의 명덕설明德說과 대학 8조목에 대한 설에 주목하여 그의 성리설이 퇴계 심학과 연결되었다거나,[8] 양명학 비판에 나타난 주자학 중시 사상과 도문학을 통해 존덕성으로 나가야 한다는 공부론을 그의 사상적 특징으로 밝히는 선행연구[9]가 있을 뿐이다. 이들 연구에 따르면, 목재의 성리설에는 율곡학파와 대립하던 퇴계학

여하의 역사인식」(『퇴계학과 유교문화』 54, 2014)와 「휘찬여사 열전에 나타난 홍여하의 역사인식」(『장서각』 31, 2014), 김태윤의 「동국통감의 기자동래설이 조선 사회에 미친 영향」(『인문사회』 21, 2019) 등 꾸준히 이어지고 있다.

5 『東國通鑑提綱』, 「木齋家塾東國通鑑提綱序」, "先生嘗言 …… 史者, 褒貶勸懲之書也. ……今讀是書, 次第節目, 皆有法度. 始於箕子, 爲正統之首, 繼以馬韓而斥衛滿之僭, 馬韓未亡之前, 三國之君, 皆用臣例, 不得稱王, 此實史家之正例也."

6 안정복은 『東國通鑑提綱』의 서문을 쓰면서 목재의 역사관에 대해 문제를 제기하였다. 목재가 사마천의 『史記』의 紀傳體를 본받으면서도 우리나라 역사를 본기가 아닌 세가에 기록한 내용이 그것이다.(『順菴集』 권18, 「東國通鑑提綱序[丙午]」) 목재의 역사관에 대해서 '전근대의 글로벌리즘'이라고 평가하는 연구도 있다. 김현영, 「글로벌리즘 시대에 있어서 휘찬여사의 의미」, 『국역 휘찬여사』, 민속원, 2012.

7 목재의 문장론에 관한 연구로는, 정성운의 「木齋 洪汝河의 文章論 연구」(경북대 석사논문, 2016), 권진옥의 「木齋 洪汝河의 散文批評一考」(『Journal of korean Culture』 통권17호, 한국어문학국제학술포럼, 2011), 전재동의 「洪汝河의 詩世界 연구 - 文學論과 作詩 樣相 分析을 중심으로」(『대동한문학』 37, 2012), 楊勝皓의 「木齋 洪汝河의 漢詩 창작양상」(『東方漢文學』 83, 2020) 등이 있다.

8 홍원식, 「목재 홍여하의 생애와 성리설」, 『한국사상사학』 43, 2013.

9 김희영, 「목재 홍여하의 양명학 비판 양상 일고」, 『漢文古典硏究』 39, 2019.

의 특징이 나타나지 않으며, 목재의 주요한 성리설에 대해서도 특별한 의론이 없다고 한다.[10] 다른 한편, 경학을 중시하였던 주자학의 측면에서 목재의 경학관에 대한 연구도 그의 성리설을 밝히는 주요한 자료이다. 경학 연구에서도 그의 성리설과 관련하여 주목할 점은 퇴계설이 언급되지 않았다는 지적이다.[11]

학파적 대립으로 인해 주자학에 대한 이해와 연구가 정밀해지던 17세기에 퇴계와 류성룡, 정경세로 이어지는 상주 지역 유림들의 중심적 인물로서 역할하였던 이가 목재였다. 관료로서, 역사가로서, 문장가로서 영남 남인에게 영향력을 가졌던 그가 퇴계설을 언급하지 않았다는 사실과 대학 8조목에 대해서 당대의 성리학자들과 다르게 해석하였다는 것은 의문스러운 점이다. 퇴계학파와 율곡학파의 학문적 쟁점이 분명하게 나뉘고, 주자학 존숭을 넘어서 정주성리학의 근본적인 문제들을 성리학의 제서諸書들로부터 검토해갔던 시기였다. 이 시기에 영남 남인의 영향력을 가졌던 목재의 성리설이 당대의 성리학자들과 다르다거나 대학 8조목에 대한 성리학자들의 해석과 달라진다는 점은 퇴계학파 내에서 목재의 위상을 밝히는 데 중요한 지점인 만큼, 이러한 의문에 대한 분석이 필요하다.

이 글에서는 목재의 경학관과 성리설을 전체적으로 조명해 보며, 이러한 의문들에 대해 해명할 것이다. 그리고 그의 경학관에 나타난 특징들을 검토하며 성리학에 대한 그의 관점을 밝히고 이를 토대로 그의 성리설을 밝혀보고자 한다.

---

10 홍원식은 대학 8조목에 대한 목재의 이해를 "여느 주자학자들에게서도 보이지 않는 창견"이라고 평가하고 있다. 김희영은 목재의 양명학 비판에는 근거가 부족하고 양명학의 주요 개념에 대한 이해가 전제되지 않았음을 밝히고 있다. 「목재 홍여하의 생애와 성리설」, 『한국사상사학』 43, 2013, 14쪽; 「목재 홍여하의 양명학 비판 양상 일고」, 『漢文古典硏究』 39, 2019.

11 전재동, 「木齋 洪汝河의 經學觀과 經書 해석」, 『영남학』 23, 2013.

2. 경학관에 나타난 학문 방법론

목재는 30대 이전까지 사서집주四書集註 이해를 위해 구법句法을 중시[12]하였으며, 구법에 대한 소개서로 『사서발범구결四書發凡口訣』을 저술하였다. 이는 경서를 주관적인 생각으로 추측하여 함부로 독해하는 것을 경계하면서 구법에 따라 정확히 이해해야 함을 강조한 것이다.[13] 그가 경서 이해의 토대로 삼은 책은 주희의 사서집주였다.

세종 연간에 『사서대전四書大全』이 이미 문신들에게 반사頒賜되어 전해졌을 만큼 사서집주에 대한 송대 유학자들의 설은 조선에 널리 알려져 있었다. 사서구결본과 사서언해본이 17세기 이전에 관찬되어 유통되었다.[14] 더욱이 사서언해의 경우 1590년 교정청 간행 경서자본經書字本을 시작으로 17세기에도 여러 차례 간행되었으며, 이것을 중앙이나 지방관아가 주도한 것은 물론 민간 서사書肆에서 방간본坊刊本으로 간행한 경우도 있었다.[15]

사서의 경우는 학파에 따라 달리 해석하였고, 그 해석에 따라 구결이 달라졌다. 퇴계와 율곡이 각각 사서석의四書釋義와 사서토석四書吐釋을 저술하면서 선조 이후 퇴·율의 학파적 대립에 따라 사서에 대한 이해도 달라진 것이 대표적 사례이다. 그중에서도 『대학집주』의 '격물치지格物致知'에 대한 현토가 퇴계학파와 율곡학파를 가르는 핵심적 내용 중 하나이다.

---

[12] 『木齋先生文集』 권4, 「答李大方【榘】」, "讀四書集註, 先須理會句法."
[13] 『木齋先生文集』 권2, 「經書句讀俚諺多破碎有感」, "紛紛口沫謾生珠, 闇室茫然譬燭無, 壞了聖經全句法, 令人却恨薛弘儒."
[14] 심경호, 「조선전기의 註解本 간행과 문헌 가공에 대하여」, 『대동한문학』 20, 2004.
[15] 옥영정, 「17세기 개인출판의 四書句解에 관한 고찰」, 『서지학연구』 27, 2004; 황지영, 「중국 서적을 중심으로 본 조선후기 출판과 藏書 문화의 신국면」, 『다산과현대』 3, 2010.

격물格物【물을 격호매[物乙格乎麻是]】"은 주석에 "그 극처極處에【厓】이르지 않음이 없게 하고자 한다."고 하였고, 물격物格【물에 격한[物厓格爲隱]】"은 주석에 "물리物理의 극처에 이르지 않음이 없다."고 하였다. '격'자는 궁구하여 이른다는 뜻이 있는데, 격물은 핵심이 '궁窮'자에 있기 때문에 "물을 격호매"라 현토하고, 물격은 핵심이 '지至'자에 있기 때문에 "물에 격한"이라고 현토한다.[16]

위 인용문은 퇴계가 제자 정유일鄭惟一(1533~1576)의 질문에 답한 1567년의 편지 내용이다. '격물格物'의 현토는 '물物을 격格함에'로 해야 하고, 집주의 주석에 '欲其極處, 無不到也'는 '欲其極處에 無不到也'로 해야 한다고 말한다. '물격物格'의 현토도 '물物에 격格한'으로 해야 하고, 그 주석의 '物理之極處, 無不到也'는 '物理之極處에【厓是】無不到也'라고 해야 한다고 하였다.

'물격物格'에 대한 집주에 '에【厓是】'[17]로 현토할 경우, 사물의 리理와 내 마음의 리理를 다른 것으로 이해하게 되고, 또한 '물격物格'이 공효功效가 아닌 공부의 단계로 여기는 곡해가 생길 수 있는데, 퇴계는 이러한 해석에 반론을 제기하였다. 퇴계는 먼저 전자에 대해, 리로 보면 사물과 나의 간극이 없지만, 사물의 관점에서 보면 사물의 리와 나의 리가 구별된다고 보았다. 그렇다고 그 리의 본체가 다르다는 것이 아니다. 본체로서의 리는 보편적인 것이고, 그 보편성은 현상에서도 동일한 것이다. 퇴계는 사물의 리라고 하여 외재적인 리로만 여길 수 없고, 내 마음의 리라고 하여 외재적

---

16 『退溪先生文集』 권26, 「格物物格俗說辯疑, 答鄭子中」, "格物【物乙格乎麻是】註, 欲其極處【厓】無不到也. 物格【物厓格爲隱】註, 物理之極處【厓是】無不到也. 格字有窮而至之義, 格物, 重在窮字, 故云物【乙】格【乎麻是】. 物格, 重在至字, 故云物【厓】格【爲隱】. 一說, 物理之極處【是】亦通."
17 황준연 외 역주, 『역주 사단칠정논쟁』, 학고방, 2009, 242쪽.

리와 다른 것이라고 볼 수 없다고 하였다.[18]

'물격物格'에 대해서는 피·차, 혹은 주·빈의 관점에서 살펴야 한다고 하였다. '물리지극처物理之極處'는 인식 대상인 객관 사물의 리를 말한 것이지, 인식 주체인 내 마음의 리가 인식 대상의 리와 융회融會한 지지知至의 단계가 아니라고 말하였다.[19]

퇴계의 '격물'과 '물격'에 대한 현토와 집주에 대한 현토는 모두 인식 주체가 객관 대상의 이치를 궁구한다는 의미로 설명한 것이다. 이러한 해석은 퇴계가 '리자도理自到'를 주장하면서 변화하게 된다.

> 격물을 말하면 진실로 내가 물리物理의 극처에 궁구하여 이르는 것을 말하지만, 그 물격을 말한다면 어찌 물리의 극처에 나의 궁구하는 바에 따라 이르지 않음이 없겠는가? 이것으로 정의와 조작이 없다는 이것이 리 본연의 체이고, 그 머무는 곳에 따라 발현하여 이르지 않음이 없다는 이것이 리의 지극히 신묘한 용이라는 것을 알 수 있다.[20]

인식 주체가 객관 대상의 이치를 궁구하는 것으로 이해하였던 '물격'의 현토를 퇴계는 수정하고 있다. 마음이 물리를 궁구하여 그 극처에 이른다고 보았던 '격물' 해석은 변하지 않았지만 '물격'은 다르게 해석한 것이다.

---

18 『退溪先生文集』 권26, 「格物物格俗說辯疑, 答鄭子中」, "以理言之, 固無物我之間, 內外精粗之分. 若以事物言之, 凡天下事物, 實皆在吾之外, 何可以理一之故, 遂謂天下事物皆吾之內耶? 惟其事事物物之理, 卽吾心所具之理, 不以物外而外, 亦不以此內而內, 故先儒雖謂之理在事物, 非遺此而言彼也, 雖謂之卽事卽物, 非舍己而就彼也."

19 『退溪先生文集』 권26, 「格物物格俗說辯疑, 答鄭子中」, "衆理融會, 乃是知至之事, 不當言於物格之效."

20 『退溪先生文集』 권18, 「答奇明彦」, "然則方其言格物也, 則固是言我窮至物理之極處, 及其言物格也, 則豈不可謂物理之極處, 隨吾所窮而無不到乎? 是知無情意造作者, 此理本然之體也, 其隨寓發見而無不到者, 此理至神之用也."

물격은 리의 용을 말한 것으로 마음이 이르는 바에 따라서 리가 자연히 이른다고 보았다. 퇴계의 이러한 해석은 그의 리자도설理自到說로 이어지고,[21] 이에 따라 물격의 현토를 "物物에 격格"에서 "물物이 격格"[22]으로 정정하였다.

퇴계의 리자도설은 물격物格의 해석에서 비롯되었지만 그 논거는 『대학혹문』에 근거[23]하였다. 이는 주자학에 대한 정밀한 검토를 기반한 것이었음을 짐작할 수 있다. 주자학에 대한 퇴계의 엄밀성은 기본적으로 『주자서절요朱子書節要』에 바탕하고 있으며, 이러한 퇴계의 학문적 성향은 정경세에게 이어져 『주문작해朱文酌海』를 저술하게 만들었다. 주자학 접근에 필요한 문헌들을 정리한 정경세는 상주를 중심으로 학문적 교류를 확대해 갔던 인물이었다.[24] 앞서 밝힌 바처럼 상주는 근암서원을 중심으로 목재의 영향권에 있던 곳으로, 그 학문적 기반은 퇴계, 류성룡, 정경세로 이어지며 완성되었던 지역이었다.

이러한 사실에 기반해 보면, 목재는 정경세의 문인이었던 부친 홍호로부터 일찍이 주자학을 폭넓게 접근할 수 있었던 환경에서 성장하였다. 목재의 스승인 조경趙絅, 목재와 교유하였던 정도응鄭道應(1618~1667)과 이휘일李徽逸(1619~1672)을 통해서도 짐작할 수 있다. 목재는 이휘일의 묘지명에 그가 『대학』·『중용』의 경문經文뿐만 아니라 장구章句, 혹문或問, 소주小註 등을 정밀히 연구하였음을 높이 평가하였다. 또한 정도응이 정경세의 손자였다는 점에서 목재가 자연스럽게 정경세의 성리설을 접했다는 점을 짐작할 수 있다. 한편, 한유가 『원도原道』를 저술한 것을 높이 평가하면서

---

21 김형찬, 「퇴계의 양명학 비판과 조선유학의 성립」, 『퇴계학보』 148, 2020, 52~55쪽.
22 李德弘, 『大學質疑』, "若窮此理, 則昭昭然盡到我胷中矣. 物이之說, 甚善."
23 『朱子語類』, 「大學五或問下」, "理必有用, 何必又說是心之用! 夫心之體具乎是理, 而理則無所不該, 而無一物不在, 然其用實不外乎人心. 蓋理雖在物, 而用實在心也."
24 정호훈, 「17세기 전반 류성룡 후학의 활동과 학문 세계」, 『역사와 실학』 55, 2014.

도 격물치지를 말하지 않은 것을 비판한 주희의 평가에 대해서 깊이 공감하였던 인물이 조경이다.[25] 조경의 문하에서 숙식하며 가르침을 받았던 목재에게 주자학과 성리설은 중요한 학문적 토대였다.

목재도 41세 이후『주자서절요』와『중용』,『대학』, 그리고 주희의 집주 등에 더욱 침잠하였다.[26]『주자서절요』를 탐독하며 핵심적 언구言句들을 엮어서 집안 자제들에게 편람시켰다. 그리고『중용집주』와『대학집주』에 힘을 기울이며『용학구의庸學口義』라는 책 한 권을 편찬하기도 하였다.

> 어 · 맹 · 학 · 용 네 책을 분류해 합하면, 서른 여섯 편의 혈맥이 관통하네
> 장마다 서로 밝힌 곳을 이해하면, 그대가 주자를 친견했다 허하네
> ……
> 누가 속어로 경문의 뜻 덧붙이니, 미언대의가 날로 어지럽혀지네.
> 한 구절을 나누어 읽게 만들고는, 사람들에게 설총을 원망케 하네[27]

위 인용문은 사서집주의 독법에 관한 7언절구시 11수 중의 일부이다. 여기서 36편이라는 것은 조선초 간행되었던 영락제의『사서대전四書大全』[28]의 36권, 즉『논어』20편,『맹자』14편,『대학』·『중용』각 1편을 말한다. 목

---

25 『龍洲遺稿』권23,「東槎錄, 重答林道春書」, "韓退之生於絶學之后, 作《原道》一篇, 道秦·漢諸儒之所未道, 其功大矣, 而先儒以不言致知格物, 以爲無頭之學."
26 『木齋先生文集』권11, 부록,「贈通政大夫弘文館副提學, 知製敎兼經筵參贊官, 春秋館修撰官, 行通訓大夫司諫院司諫府君行狀」, "府君於四書中, 尤加工於庸學, 又記釋集註, 作爲一書, 名曰庸學口義. …… 府君平生, 耽看朱書節要. …… 又就其書言句要切處, 刪節作句, 以備家庭子弟便覽. …… 蓋府君學問本於四書, 工夫專於朱書, 句法得於集註."
27 『木齋先生文集』권2,「讀四書集註法, 示金景謙·崔汝安【基重】, 十一絶」, "分門語孟學庸同, 三十六篇血脈通, 理會章章相發處, 許君親見紫陽翁. …… 誰將俚語贅經旨, 大義微言日就蕪, 一句分作兩句讀, 令人却恨薛弘儒."
28 심경호,「조선전기의 註解本 간행과 문헌 가공에 대하여」,『대동한문학』20, 2004, 187~188쪽.

재는 사서 36편이 유기적으로 관계하며 그 의미가 하나로 관통한다고 보았고, 그 의미는 주희의 집주를 통해야 이해할 수 있다고 여겼다. 그러나 경문을 이해하는 데 있어서 언해나 구결본은 불필요하다고 여겼다. 17세기에는 이미 중앙과 지방관아, 그리고 민간에서도 사서언해본과 구결본이 유통되었다는 사실을 상기해 보면, 목재가 이들 언해본과 구결본에 대해 경계하고 있었음을 추측할 수 있다. 다만, 그것이 주로 서사書肆의 방간본坊刊本만을 지칭한 것인지, 아니면 관찬본官撰本까지 포괄하는 것인지는 확인하기 어렵다.[29]

목재가 저술한「사서발범구결四書發凡口訣」도 사서의 구결을 소개하는 것이 아니라 사서의 중요 내용[旨訣]을 말로 전하는 방법을 소개하고 있다. 주희의 집주가 조리와 맥락에 따라 분명하게 정리되어 있어서 한 글자도 바꿀 수 없을 만큼 사서의 핵심[口訣]을 잘 드러낸 것으로 평가하였다.[30]

그러나 퇴계학파 성리설의 핵심적 논거가 되었던 대학의 '물격'에 대해서 목재는 별다른 의견을 드러내지 않았다. 그의 『대학』에 대한 「독서차기讀書箚記」에서도 '물격'에 대한 견해가 나타나지 않는다. 그렇다고 목재가 리자도에 대한 관심이나 견해가 없었던 것은 아니다. 다음 장에서 설명하겠지만, 그는 성을 체용으로 설명하기 때문이다.

그렇다면 경서의 의미를 정확히 파악하기 위한 구법句法을 목재는 어떻게 설명하는가?

---

29 목재는 홍문관 관원들이 『맹자』의 장구마다 서술된 핵심 의미와 체제를 이해하지 못한 채 집주의 주요 말들을 경문 아래에 나누어 배치함으로써 『맹자』를 제대로 이해하지 못하게 만들었다고 비판한 바 있다. 이에 따르면, 서사의 방각본뿐만 아니라 관찬본까지 비판하였던 것으로 짐작된다. 『木齋先生文集』권4, 「答李大方【梁】」, "今觀孟子大文, 卽玉堂詞臣所校時, 取集註要語, 分書於大文下, 使遺却首章大旨法, 便是不會看孟子."
30 『木齋先生文集』권9, 「四書發凡口訣」, "且如老先生文章用意妙處, 非韓·歐諸公見得到, 直將四書幾許篇, 打作一片說得, 混然無跡, 其中自有條理脈絡, 井井分明, 一字不可換得."

글을 짓는 구법은 …… 무릇 여러 글자가 한 구절을 이루고, 한두 글자에서 10여 글자에 이르기까지 한 구절이 될 수 있다. 그중 의미가 매우 긴요한 글자는 구句의 앞으로 옮기고, 서로 연결된 글자의 선후가 뒤섞이지 않도록 하며, 구절 끝의 글자가 조응照應한 뒤에라야 비로소 한 구절이 된다. …… 회암晦庵의 많은 서독書牘의 구법이 하나하나 이와 같다. 여러 구절이 장구章句가 되고, 매우 긴요한 구절은 첫 장에 두며, 서로 연결된 구절은 모두 떨어뜨려 분명하게 하며, 마지막 구절에 이르면 첫 구절과 서로 호응하여 끝맺은 연후에야 비로소 한 장이 된다. 두 번째 장은 앞장을 뒤이어야 하니, 다른 의미를 삽입하지 않는다. 세 번째 장도 두 번째 장을 뒤이어야 한다. 이렇게 여러 장이 모여 한 편이 된다. 마지막 장은 첫 장과 서로 호응하여 끝맺도록 엮은 연후에야 비로소 한 편이 완성된다.[31]

『맹자』를 읽으면 장마다 큰 뜻[大旨]이 있다. 그런데, 『맹자집주孟子集註』에서는 매 장마다 제기하면 번잡스럽기 때문에 첫 장 중에 큰 뜻을 간취하는 법을 게시하여 독자가 전례를 좇아 이치를 따져 가며 자연스럽게 깨닫도록 하였으니, 이것이 7편의 문의 중에서 가장 중요한 의미이다.[32]

위 인용문에 따르면, 경서의 자법字法, 구법句法, 장구章句와 편篇 체제 구성법 등을 밝히고 있다. 한 구절은 한두 글자로부터 10여 자의 글자로 이루

---

[31] 『木齋先生文集』권4, 「答李奉彦【萱】」, "大抵作文句法, …… 大抵累字爲句, 一字二字可至十餘字爲句. 其中字意緊重者, 撥轉居之句首, 聯接字, 要不錯先後, 至句末字照應, 然後方爲一句. …… 晦庵許多書牘, 句法箇箇如此. 累句爲章句, 緊重者居章首, 聯接句, 皆要歷落分明, 至末句與首句, 相應結之, 然後方爲一章. 次章要承接首章, 不當挿入他意. 第三章, 又要承接次章, 累章爲篇. 末章與首章相應結撰, 然後方成一篇."
[32] 『木齋先生文集』권4, 「答李大方【榘】」, "讀孟子, 逐章有大旨, 集註以章章提掇煩猥, 故於首章中, 揭示看取大旨法, 使讀者, 依例討究, 自然曉得, 此是七篇文義中第一要義."

어지는데, 그중에 중요한 글자는 구절의 앞에 적는다고 하였다. 그리고 연이어진 글자들은 선후가 뒤섞이지 않도록 하여서, 구절의 마지막 글자가 구절 앞의 중요 글자와 호응하며 구절을 만든다고 보았다. 장구는 몇 구절이 합쳐지며 이루어지는데, 그 중에 긴요하고 중요한 의미의 구절은 첫 장에 두고, 연이어진 구절들은 서로 분명하게 구분하며, 마지막 구절은 첫 구절과 호응하며 끝맺으면서 한 장을 이룬다고 밝혔다.

글자에서 구절로, 구절에서 장구로 이어지는 문장 흐름의 구성이 동일하다. 한 편의 체제도 이와 같이 첫 장과 두 번째 장의 관계, 그리고 마지막 장과의 호응 관계 등을 이루는 것이 경서라고 본 것이다.『맹자』구성 체제를 보면 매 장마다 핵심 의미가 담겨 있는데, 주희는 집주를 통해 첫 장에 핵심 의미를 간파할 수 있도록 구성하였고, 이에 독자들이 첫 장의 구성 전례를 통해 자연스럽게 나머지 장章과 편篇의 문장 의미를 파악할 수 있도록 하였다는 것이다.

이외에도 그는 구절에 대한 해석[訓句], 글자의 해석[字訓]에 대해서도 밝혔다. 경문의 구절을 해석하는 경우 장章 아래의 주석과 상응하게 근거를 가지고 풀이해야 한다[33]고 보았다. 그리고 각 구절을 해석하고서 다시 전체적으로 풀이할 때는 주희가 '언言', '개蓋'를 사용하여 구절을 시작하기도 하고, 곧바로 풀이하기도 한다고 하였다.[34] 글자에 대한 해석도 그 의미가 단일하면 풀이하지 않았지만, 두 가지 이상의 의미로 통용할 수 있는 경우에는 해당 글자마다 풀이하였다고 밝혔다.[35]

목재는 사서집주의 구성법을 밝히면서도 주희의 해석이나 그 성리설에

---

33 『木齋先生文集』권9,「讀書箚記, 四書發凡口訣」, "訓句與章下註相應, 方得關鎖有味."
34 『木齋先生文集』권9,「讀書箚記, 四書發凡口訣」, "釋句, 畢合釋處, 或以言字起頭, 或以蓋字起頭, 或直說其下言字處."
35 『木齋先生文集』권9,「讀書箚記, 四書發凡口訣」, "字訓凡例, 一字元一義者, 無釋. …… 其餘 一字通二義者, 皆有釋."

대한 자신의 생각을 덧붙이지는 않았다. 경문經文을 이해하기 위해 주희가 어떠한 방식으로 풀이하고 있는지를 밝히고 있을 뿐이다. 이것은 집주에 담긴 성리설보다는 경문에 대한 이해를 우선시 하는 것으로, 집주를 경문 이해를 위한 단계로 보고 있음을 알 수 있다. 이에 목재가 경서와 집주의 관계에 대해서 어떻게 이해하고 있는지 살펴볼 필요가 있다. 성리학자들이 경전을 중시하는 것은 자연스러운 학문관이라고 할 수 있듯이 목재가 경전을 중시하는 것은 일면 당연한 것이다. 목재도 경전에 도의 온전한 체가 담겨 있다고 보았다.[36]

    목재는 독서를 할 수 있을 때부터 문장이 도道로써 이루어지고 도道는 경전經典으로 얻게 됨을 알았다. 육경六經과 여러 성현의 글에 전력하며 주변에서 채취하여 만족한 바를 얻고서야 그만두었다.[37]

문장을 제대로 쓰려면 도를 구하고서야 가능하다고 목재는 주장하였다. 먼저 이치를 밝혀야[明理] 말이 도에 맞게 되어서 후세에 남길 만한 글을 쓸 수 있다는 것이다.[38] 이치를 밝힐 수 있는 원두처源頭處가 경전이라고 보았다. 그는 육경과 여러 성현의 경전들을 궁구하고, 더 나아가 일상에서 그것을 체득하려고 하였다.

여기서 두 가지 점을 확인할 수 있다. 문장은 도를 궁구한 후에 이룰 수 있는 것이며 도외 궁구는 육경六經에서 성취할 수 있는 것이라고 본 것이고, 다른 하나는 육경에서 배운 도를 일상에서 체득하는 공부를 중시하였

---

36 『東國通鑑提綱』, 「木齋家塾東國通鑑提綱序」, "先生嘗言道之全體, 雖在於經, 而大用實見于史."
37 『木齋先生文集』, 序, 「木齋先生文集序[權愈]」, "公自能讀書, 知文以道立, 道以經得, 專志力於六經群聖賢之書, 左右採穫, 得所安, 乃已."
38 『木齋先生文集』, 序, 「木齋先生文集序[權愈]」, "先明理, 理明則其言若於道, 而可立於後世."

다는 점이다. 행장에서도 그가 "학문은 사서에 근본을 두고 공부는 주자서에 전념하였고, 구법은 집주에서 터득하면서도, 바른 학문과 확고한 실천, 높은 식견은 진실로 모두 고증할 수 있고 체득할 수 있는 것이었다"라고 밝혔다.[39] 효종에게 올린 상소에서도 그는 경연의 강학은 본심本心에서 체득하는 '체험의 실제[體驗之實]'가 있어야 천하 만사에 어긋남이 없이 대응할 수 있다[40]고 하였다. 체득의 공부는 출사 이전부터 전념했던 공부로 보이는데,[41] 이러한 공부는 그의 치세지문治世之文으로 연결된다.

목재는 "나는 아직 글에 능하지 못합니다만, 내가 원하는 바는 치세의 글[治世之文]을 배우는 것입니다."라고 하였다. 이제 문집을 보면, 어찌 진실로 치세의 글을 배웠던 사람이 아니겠는가? 치세의 글이란 곧 '도덕을 밝게 통달하고서 드러낸 말'이라 할 수 있고, 치세의 글을 배운다는 것은 곧 '먼저 바른 학문[正學]을 지향하고 옛 선사先師를 독실히 믿어서 말이 그 마음에 이르고, 글이 그 말에 이를 만하다'고 말할 수 있다.[42]

---

39 『木齋先生文集』 권11, 부록, 「贈通政大夫弘文館副提學, 知製教兼經筵參贊官, 春秋館修撰官, 行通訓大夫司諫院司諫府君行狀」, "蓋府君學問本於四書, 工夫專於朱書, 句法得於集註, 而所學之正, 踐履之確, 識見之高, 固皆已有可考而可驗者矣.……蓋府君所以論學也, 論文也, 論法制也, 無不恢張所見, 窮極到底, 要使可行而可成, 夫豈與世之好苟且之言, 務姑息之論者, 同日道哉."

40 『木齋先生文集』 권3, 「應求言教疏【己亥五月, 呈政院因國恤還出給】」, "若夫講學而無體驗之實, 則其爲學也鹵莽, 求治而昧施措之宜, 則其爲治也疎而已. 夫所謂體驗之實者, 何謂也, 講學而驗諸本心之謂也. …… 是以寂然未發則萬理皆備, 感而遂通, 則應物不差, 此所謂體驗之實也."

41 목재가 李㮒에게 보낸 편지에, 퇴계의 성리설에 바탕한 학문을 자신에게 돌이켜 체득했는지를 묻고 있다. 이를 통해 볼 때, 목재가 체득의 공부, 즉 反求體驗의 공부를 중시하였다고 볼 수 있다. 『木齋先生文集』, 序, 「木齋先生文集序[權愈]」, "却欲問兄, 能反求體驗, 切身受用如老先生所指否?"

42 『木齋先生文集』, 序, 「木齋先生文集序[權愈]」, "木齋洪公嘗語余曰, 我未之能也. 我所願, 則學治世之文也. 乃今讀其集, 豈不誠學治世之文者也? 治世之文者, 卽若云通明道德而發之言者也, 學治世之文者, 卽若云首嚮正學, 篤信先師, 言足以達其心, 文足以達其言者也."

이처럼 목재는 세상을 경영할 만한 글[治世之文]은 도덕을 밝히고 정학正學을 지향하는 것으로부터 시작한다고 보았다. 바꿔 말하면 현실적인 '치세治世'는 도덕을 밝히고 정학을 지향하는 것을 통해야 가능하다고 본 것이다. 결국 경전은 도를 담고 있는 성현의 글이고, 도를 구하려는 것은 치세를 목적으로 한다.

> 목재의 문장은 사서·오경을 근본으로 삼고, 『좌전』, 『국어』, 사마천과 반고의 글을 증거로 삼고, 주자집주를 준칙으로 삼았다. ……『좌전』과 『사기』를 읽으면서 주자의 주석을 읽지 않는다면 고문에 치우쳐서 사정事情에 맞지 않게 되는 것과 같다. 『좌전』과 『사기』를 읽어서 주자의 주석을 이해하고, 주자의 주석을 읽어서 육경六經을 이해해야 결단코 서로 잘못 이해하지 않게 될 것이다.[43]

위의 인용문은 목재의 행장 일부이다. 이에 따르면, 목재는 사서·오경을 명리明理의 근간으로 보고, 경서를 이해하는 바탕으로 진한고문秦漢古文을 중시하면서도, 진한고문을 사정事情에 맞게 올바르게 이해하기 위해서는 주자집주를 준칙으로 삼아야 한다고 보았다. 즉 진한고문을 통해 주자 주석을 이해하는 출발로 삼고, 주자 주석을 통해 사서·오경에 담긴 도를 밝히려고 했던 것이다. 여기서 그가 진한고문을 중시하였던 것을 알 수 있지만, 그렇다고 의리義理의 문장도 소홀하지 않았다는 것을 알 수 있다. 이는 1654년 출사하기 전까지 주로 택당 이식李植에게서 글을 배웠고, 관

---

[43] 『木齋先生文集』 권11, 부록, 「贈通政大夫弘文館副提學, 知製敎兼經筵參贊官, 春秋館修撰官, 行通訓大夫司諫院司諫府君行狀」, "府君文章, 以四書·五經爲本, 以左·國·遷·固爲輔, 以朱子集註爲準則. …… 讀左·馬, 不讀朱註, 則猶爲僻古而不切事情, 須讀左·馬以求朱註, 讀朱註以求六經, 斷不相誤."

직 생활을 하는 1660년까지 용주 조경趙絅에게서 글을 배웠던 것이 영향을 주었을 것[44]으로 짐작된다. 조경은 "문장은 반드시 진한을 본받아야 한다[文必秦漢]"고 주장하는 진한고문파의 성격을 지녔고, 이식은 진한고문을 '이단의 문장[異端之文]'으로 비판하며 '성현의 의리 문장[義理之文]'을 주장하였던 인물이다.[45] 문풍의 성격이 다른 두 스승으로부터 글을 익혔던 목재는 사서오경의 담긴 도를 중심으로 진한고문 위에 의리지문義理之文을 두고 있다. 이러한 학문 방법론은 성리설을 기술하는 글에서 그대로 드러난다.

3. 경학적 방법론에 의한 성리설

리기론理氣論 중심의 성리설이 목재의 문집에는 거의 나타나지 않는다. 퇴계학맥에 있으면서도 퇴계의 '리자도설理自到說'이나 퇴계와 고봉 간의 긴 논쟁이었던 사단칠정론에 관한 리기론적 설명조차 거의 나타나지 않는다. 이는 리기론을 중심으로한 사유와 표현보다 사서·오경의 고문에 근거한 서술을 중시한 데에 원인이 있다고 보인다. 그렇다고 고문에 따른 저술이 리기론적 사유를 배제하였다는 의미는 아니다. 이구李榘(1613~1654)에게 보냈던 목재의 편지나 류원지柳元之(1598~1678)에게 보낸 편지 등에서 이점을 확인할 수 있다. 이구는 20대에 상주로 이주하면서 입신立身에 뜻을 두지 않은 채 학문에만 전념하였고, 우율의 문묘 승무陞廡 반대 상소에

---

44 최금자,「목재 홍여하의 교유 양상 연구」,『동양한문학연구』59, 2021, 184쪽.
45 강명관의「16세기 말 17세기 초 擬古文派의 수용과 秦漢古文派의 성립」(『한국한문학연구』18, 1995)와 이성민의「秦漢古文派의 성립 배경과 秦漢古文에 대한 인식」(『한국어문학연구』49, 2007) 참조.

관여하며 정치적으로도 목재와 같은 길을 가며 교유하였던 인물로, 사후에 근암서원에 배향되었다. 이구는 목재와 달리 성리설에 관한 다양한 저술들을 남겼는데, 그의 「인심도심도人心道心圖」 주석에 대해 목재는 자신의 의견을 제시하며 성리학에 대한 조예를 드러냈다.[46]

이와 같은 성리설에 대한 목재의 식견은 목재가 진순陳淳의 『성리자의性理字義』를 읽으며 생긴 의문에 대해 류성룡의 손자인 류원지에게 질정한 내용에서 확인할 수 있다.

> 보내주신 진북계의 여러 설에 대한 변정들을 세 번 반복하여 외우고 완미하면서도 스스로 멈출 수 없었습니다. 북계의 설은 저곡渚谷에서 지낸 이후로 손에 들고 열람하였는데, 의문이 생긴 곳이 있어 여쭈어보지 않을 수 없습니다. 리理와 기氣가 두 가지 물이라고 하는 것은 성인께서 말씀하신 적이 없습니다. 갈라서 둘로 한 것은 후현들이 부득이하게 말한 것입니다. 성性과 리理에 대해서 관점에 따라 말한 것이 그러합니다. 성은 곧 리이고, 리가 곧 성이니, 어찌 나누어서 둘로 할 수 있겠습니까?[47]

목재가 경북 예천 대저리로 거처를 옮긴 것은 1670년(51세)이고, 류원지가 1672년에 「진북계성리자의설후변陳北溪性理字義說後辨」[48]을 저술하였던 사실을 참고하면, 이 인용문을 통해 목재가 말년까지 성리설에 대한 공부를 끊임없이 지속하였음을 확인할 수 있다. 이 편지에 따르면, 리理와 기氣

---

46 목재의 「與李大方【乙酉】」(『木齋先生文集』 권4)에서 확인할 수 있으며, 이구의 주석에 대한 내용은 「辨論理氣書」(『活齋先生文集』 권3)에서 일부 확인할 수 있다.
47 『木齋先生文集』 권4, 「答柳拙齋」, "示敎陳北溪諸說辨訂, 三復諷玩, 不能自已, 北溪說, 在渚谷後, 當取覽, 或有見解處, 敢不呈稟耶? 理氣爲二物, 聖人未嘗言也, 析而二之者, 後賢不得已之說也. 至於性與理, 所從言之者然也. 性卽理也, 理卽性也, 豈有分而二之者哉?"
48 『拙齋先生文集』 권10, 「陳北溪性理字義說後辨【壬子】」.

는 본래 일물一物인데 후대에 부득이하게 둘로 구분하여 설명한 것이라고 한다. 그 예로 성性과 리理에 대한 관점을 말하면서 성이 곧 리이고, 리가 곧 성으로서 이 둘을 나누어 볼 수 없다고 한다.

그러나 퇴계의 『성학십도』에서도 이미 본연지성本然之性과 기질지성氣質之性에 대해 구분하였다는 점을 생각해보면, 목재가 성과 리를 동일한 것으로 이해하는 것은 다소 의문스럽다. 이것은 목재가 리기론적 해석보다는 사서·오경의 개념과 문장으로 저술하려는 데 보다 중심을 두고 있음을 알 수 있다. 성性을 한 존재의 개체성뿐만 아니라 천인합일의 근거로서의 보편성을 지닌 리理로 환원하여 설명하는 것이 성리학의 기본적 이해 방식이라고 할 수 있다. 이와 달리 리理로 설명하는 것이 경서 원문의 성性을 엄밀하게 이해하는 것이기 때문에 오히려 경서의 언어들로 자신의 성리학적 지식들을 표현한 것이라고 할 수 있다.

고문의 표현방식으로 복원하여 자신의 성리설을 서술하는 특징은 다음 인용문에서 확인할 수 있다.

> 하늘이 명을 내리면 만물은 이를 받아들이는데, 그 명함이 하나이기 때문에 만물이 받을 때에 동일하게 받아들인다. 대개 태극太極이 유행하여 만물에 부여되고 만물이 각기 그 분수를 얻으면서부터 치우치고 온전한 존재가 있게 된다. 치우친 것은, 혹 비늘을 갖기도 하고, 날개를 갖기도 하고, 혹은 뿔을 갖기도 하고, 갈기를 갖기도 하는데, 이것이 분수이다. 날개 가진 존재는 나는 것을 직분으로 하고, 비늘 가진 존재는 유영하는 것을 직분으로 하고, 뿔 달린 존재는 땅을 일구는 것을 직분으로 하고, 갈기 가진 존재는 태우는 것을 직분으로 하는데, 이것이 받아들이는 것[聽]이다. 그 받아들인다는 것은 그 본성을 따르는 것이니, 동일한 성性이며, 동일한 마음이며, 동일한 태극의 유행이다. 그 온전한 것은, 유능하게 되기도 하고 어리석게 되기도 하고, 귀하게 되기도 하고 천하게 되기도 하는데, 이것이 분수이다. 군주와 신하는 의義에 직분을

두고, 아비와 자식은 인仁에 직분을 두고, 부부는 성실하면서 분별하는 데에 직분을 두는데, 이것이 받아들이는 것[聽]이다. 그 받아들인다는 것은 그 본성을 따르는 것이니, 동일한 성性이며, 동일한 마음이며, 동일한 태극의 유행이다. 한편 온전함을 온전하게 하는 자가 있으니, 곧 성인이다. 그 성을 다하여 받아들이니, 동일한 성이며, 동일한 마음이며, 동일한 태극의 유행인 까닭에 '만물은 하늘에게서 동일하게 받아들인다'고 말한다.[49]

이 인용문은 목재가 밝혔던 경서의 자법字法, 구법句法, 장구章句의 구성법에 따라 저술되었다. 첫 구절에 대지大旨를 밝혔고, 다음 구절부터 그 대지를 설명하는 문장들이 이어지고, 마지막 구절은 다시 첫 구절과 호응하는 문장이다. 중요 의미는 천명天命이 있고 만물은 그 천명에 순응해야 한다는 것이다. 그 천명은 하나의 동일한 것이어서 모든 존재에게 보편적으로 부여되고 그것이 각 존재의 분수를 규정하는 본성이 된다고 보았다. 이에 따라 만물은 부여받은 본성에 따라 순응하며 살아가야 한다고 목재는 말한다. 천명[命]과 분수[分], 순응[聽] 등은 주자학에서 리理로 분석되며 다양한 성리설로 분기되는데, 목재는 오히려 경서에 있는 개념들을 그대로 사용하였다. 이러한 목재의 설명은 천명과 인물의 성性, 사단·칠정을 도식화한 퇴계의 「천명신도天命新圖」[50]에서 리기론을 제외한 설명과 유사하다. 그러나 목재의 성리설 입론의 방식은 주자와 퇴계의 성리설을 통해 정교하게 분석된 문제의식들을 여전히 내포하고 있으며, 고문의 방식으로

---

49 『木齋先生文集』권6,「聽天窩記【李榮全齋號】」, "夫天有是命而物聽焉, 其爲命一也, 故物之受之也, 有同聽焉. 蓋自太極流行賦物, 而物各得其分, 有偏有全. 其偏而或鱗或翼或角或鬣者, 分也. 翼職翔, 鱗職潛, 角職耕, 鬣職乘, 聽也. 其聽也, 循其性也, 同一性也, 同一心也, 同一太極之流行也. 其全者, 爲材爲愚爲貴爲賤者, 分也. 君臣職於義, 父子職於仁, 夫婦職於摯而別, 聽也. 其聽也, 亦循其性也, 同一性也, 同心也, 同一太極之流行也. 抑又有全乎全者, 焉聖也. 盡其性而聽焉, 同一性也, 同一心也, 同一太極之流行也, 故曰物之於天有同聽焉."
50 『退溪先生文集』권41,「天命圖說後敍【附圖】」.

표현한 천명[命]과 분수[分], 순응[聽] 등에도 여전히 다양한 성리학적 논란의 여지가 남아 있다.

우선 인용문을 보면, 만물은 태극의 유행으로 인해 본성을 부여 받지만 만물은 각기 일정한 분수를 갖게 된다. 본성의 치우치고 온전함에 따라 동물과 인간으로 나뉜다. 동물은 치우침에 따라 날짐승 혹은 어류, 소나 말이 되어 각기 그 주어진 대로 날아다니거나 유영하고, 밭갈거나 실어나르면서 살아가는데, 이것을 청聽이라고 말한다. 온전함을 얻은 인간은 재주가 있거나 어리석으며 귀하고 천하게 태어나는데, 그렇게 나뉘는 것이 분수이다. 그리고 그렇게 주어진 분수에 따라, 즉 임금과 신하, 아비와 자식, 남편과 아내라는 인간 관계에 따라 각기 의義, 인仁, 성실[摯] 등을 직분으로 삼아 살아가는 것이 청聽이라고 한다. 따라서 동물이나 인간이나 그 본성에 순응하는 삶은 동일한 성性에 기반한 것이고 동일한 마음이며, 동일한 태극의 유행이라고 보았다. 다만 인간 중에서 성인만이 온전히 할 수 있어서 자신의 본성을 다하며 산다고 보았다.

그러나 편偏·전全으로 동물과 인간을 구분하는 목재의 설명은 다양한 문제를 가지고 있다. 편·전을 기氣의 측면에서 볼 수도 있고, 성性이라는 리理의 측면에서 볼 수도 있다. 퇴계학파라는 점을 고려할 때 후자라는 것을 짐작할 수 있지만, 목재의 설명으로는 추론할 수 없다. 천명과 본성, 인간과 동물 등에 대한 성리학의 리기론 분석들이 당대 퇴계학파내에서 논란이 되었음에도 불구하고 목재가 경문經文에 근사近似한 구법을 사용하는 것은 그의 성리설이 가진 특징이라고밖에 말할 수 없다.

다음으로, 퇴계의 「천명신도天命新圖」에 기술된 내용과 비교했을 때 목재의 성리설이 가진 특징을 확인할 수 있다. 퇴계는 동물과 식물을 '한 길로 통함[或通一路]', '통하지 않고 모두 막힘[不通全塞]'으로 구분하였다. 퇴계의 존재론적 분석과 달리 목재는 당위의 문제에 초점을 두었다고 할 수 있다. 천명天命과 분수[分]의 존재론적 설명이 '청聽'과 '직분[職]'이라는 당위론적 문제의식으로 전환되었기 때문이다. 따라서 퇴계의 「천명신도天命新圖」와 목재의 입론은 구조적으로 유사하지만 그 핵심적 의도는 다르게 전개되었다. 그렇다고 목재가 퇴계의 리기론적 성리설과 본질적으로 다른 입론을 전개한 것은 아니다.

사람이 하늘에서 얻어서 태어나는 바가 성이다. 성은 마음에 갖추어져서 물에 감응하여 감정[情]이 되니, 성이 체體이고, 감정[情]은 발현이다. 그 체가 바르기 때문에 그 발현도 또한 바르다. 측은이 발현하여 바르기 때문에 마음이 그 정正을 얻어 인仁의 용用이 된다. 수오가 발현하여 바르기 때문에 마음이 그 정正을 얻어 의義의 용이 된다. 사양이 발현하여 바르기 때문에 마음이 그 정을 얻어 예禮의 용이 행해진다. 시비가 발현하여 바르기 때문에 마음이 그 정을 얻어 지智의 용이 행해진다. 혹 측은해 하면서 바르지 못하다면 명예를 바라거나 친교를 맺고자 하여 인仁의 체體가 서지 못한다. 사양하면서 바르지 못하다면 교만하게 행동하고 명성을 가까이 하여 의義의 체가 서지 못한다. 사양하면서 바르지 못하면 대그릇의 밥에 낯빛을 찡그리며 그 예禮가 되는 소이를 잃게 된다. 시비를 가리면서 바르지 못하면 종횡으로 임기응변하며 그 지智가 되는 소이를 잃게 된다.[51]

이 인용문은 맹자의 본성과 사단에 대한 목재의 성리학적 분석이라고 할 수 있다. 인용문이 첫 구절은 『맹자』「고자장구 상」 3장에 대한 주자 집

---

51 『木齋先生文集』 권5, 「鄭是僑字說」, "人所得於天以生之, 性也. 性具於心, 感於物而爲情, 性其體而情其發也. 其體也直, 故其發也亦直. 夫惻隱之發也直, 故心得其正而爲仁之用焉. 羞惡之發也直, 故心得其正而爲義之用焉. 辭讓之發也直, 故心得其正而爲禮之用行焉. 是非之發也直, 故心得其正而智之用行焉. 如或惻隱而不直, 則要譽納交, 而仁之體不立. 羞惡而不直, 則矯行近名, 而義之體不立. 辭讓而不直, 則簞食見色, 而失其所以爲禮. 是非而不直, 則縱橫捭闔, 而失其所以爲智矣."

주를 변용하였다. 주희는 하늘에서 얻은 바의 리理를 성性으로, 하늘에서 얻은 바의 기氣를 생生으로 구분하여 고자의 본성론을 비판하였는데,[52] 목재는 리기론으로 설명하지 않고 경문經文의 용어들을 최대한 활용하여 입론하였다. 하늘에서 얻은 바를 리와 기로 나누어서 분석하였던 주희와는 달리 성을 하늘에서 얻어서 태어나는 것이라고 보았고, 감정은 마음에 본구된 성이 외물에 감응하여 발현한 것이라고 보았다. 이 성을 본체로, 감정을 본체의 발현[性發爲情]으로 보면서 성의 체용론을 정립하고 있다.

인용문에 따르면, 측은惻隱한 감정이 바르게 발현하였다면 마음도 그 정正을 얻게 되어 인仁의 용用이 된다고 하였다. 수오羞惡의 감정과 사양辭讓의 감정, 시비是非의 감정이 올바르게 발현하였다면 마음이 그 정正을 얻어 각기 의義의 용, 예禮의 용, 지智의 용이 된다고 하였다. 이것은 인의예지仁義禮智를 성의 체體로 보고, 측은·수오·사양·시비의 감정을 용으로 보는 성의 체용론이라고 할 수 있다.

성의 체용론은 퇴계의 리체용론과 관련 있다. '성이 곧 리이고 리가 곧 성'[53]이라고 하여 성과 리를 일체시하는 목재의 성체용론은 리체용이라고 해도 무방하다. 그리고 '정의情意·조작造作이 없는 것이 리 본연의 체이고, 마음이 머무는 곳에 따라 발현하여 이르지 않음이 없는 것이 리의 지극히 신묘한 용'[54]으로 보는 퇴계의 리체용론은 퇴계의 고유한 성리설이기 때문이다.

목재는 주자학이나 퇴계학의 성리설을 기반하여 자신의 성리설을 경서

---

52 『孟子集註』,「告子章句 上」, "性者, 人之所得於天之理也. 生者, 人之所得於天之氣也. 性, 形而上者也. 氣, 形而下者也. …… 告子不知性之爲理, 而以所謂氣者當之. …… 此章之誤乃其本根."
53 『木齋先生文集』 권4,「答柳拙齋」, "至於性與理, 所從言之者然也. 性卽理也, 理卽性也, 豈有分而二之者哉?"
54 『退溪先生文集』 권18,「答奇明彦」, "是知無情意造作者, 此理本然之體也, 其隨寓發見而無不到者, 此理至神之用也."

의 문체로 서술하였다고 보아야 한다. 그의 성리설은 특히 당위론적 문제의식을 중심으로 하고 있기에 공부론에 있어서도 주자나 퇴계와 달리 존덕성尊德性을 중시하였다.

송나라 말기에 주희의 도문학道問學이고 육씨가 존덕성存德性이라고 잘못 이해했다. 원元·명明 학자들도 여전히 이 설을 그대로 따랐으니, '주희의 도문학이 바로 진정한 존덕성이고 육씨가 존숭한 바는 진정한 덕성德性이 아니라 기질의 성[氣質之性]'임을 알지 못했다. …… 대개 상성上聖의 자질로 태어나야 천지의 중정中正을 갖출 수 있어서 덕성이 온전해질 수 있다. 대현大賢 이하는 품부받은 자질이 치우치지 않는 경우가 드물며, 인의예지仁義禮智의 덕성이 하나라도 이지러지지 않을 수 없다. …… 그러므로 군자는 학문을 귀하게 여긴다. 배우고 묻고 사려하고 분별하며 성찰하고 다스려서 감히 그 공부에 소홀히 하지 않았던 것은 무릇 그 기질이 이지러져 치우친 것을 떨쳐 내고 천지의 덕성을 온전히 하려 힘썼던 것이다. 고로 공자[孔氏]·자사子思·맹자[孟氏]·주돈이周敦頤·장재張載·정씨程氏 등이 후인을 가르치고 지도하고 주희[朱氏]가 도문학道文學에 힘썼던 까닭이 모두 이 일이었다.[55]

육왕학을 존덕성이라고 보는 것은 주지의 사실이지만 주자학을 '진정한 존덕성'이라고 하는 목재의 주장은 당시 성리학자들과는 다소 이견이 있다. 주희나 퇴계는 기본적으로 도문학과 존덕성을 새의 날개, 수레의 양

---

[55] 『木齋先生文集』 권6, 「尊性齋記」, "宋之季, 謬以朱爲道問學, 而陸爲尊德性. 元明之人, 猶襲是說, 不知朱子之道問學, 乃所以眞尊德性也, 而陸氏之所尊, 非眞德性也, 而乃其氣質之性也. …… 蓋上聖之生, 惟能備天地之中正而德性全焉. 自大賢以下, 稟質鮮有不偏, 而仁義禮智之德之性, 不能無一之虧欠. …… 故君子貴夫學也, 學問思辨, 省察克治, 不敢少懈其功者, 凡以祛其氣稟虧欠之偏, 而求全夫天地之德性者也. 故孔氏思孟氏周張程氏之所以教人詔後, 朱氏之所以致力於道問學者, 皆是物也."

바퀴와 같이 중시하였기 때문이다. 이와 달리 목재는 주희를 '타고난 인의 예지의 성 전체를 온전히 본구하여 천지의 중정을 얻었으면서도 오히려 스스로 품부받은 기질이 강직함[剛]에 치우쳤다고 여기고 학문에 힘써 바로잡고 미진한 것을 구하였던' 성덕盛德의 성인으로 평가하면서 주자된 소이所以를 밝혔다.[56] 주희의 도문학이 궁극적으로 성덕의 성인을 지향한다는 점에서 진정한 존덕성[眞尊德性]이라고 보았다. '배우고 묻고 사려하고 분별하며[學問思辨], 성찰하고 다스리는[省察克治]' 공부는 궁극적으로 '존덕성' 공부로 귀결된다고 보았기 때문이다. 이것은 목재가 성리설의 리기론적 탐구보다 '체험의 실제[體驗之實]', '체득의 공부'를 중시하며 퇴계의 심학적 경향을 지향한 것이라고도 볼 수 있다.[57]

4. 남겨진 과제

지금까지 목재의 경학관과 성리설의 관계를 밝히면서 그의 성리설을 검토하였는데, 그의 성리설은 다음과 같은 몇 가지 특징을 가지고 있었다.

그의 성리설은 리기론의 존재론적 분석보다는 당위론 중심의 실천윤리의 특징을 가지고 있었다. 정주성리학이나 퇴계의 성리학이 리기론을 토대로 형이상학 체계와 존재론, 인식론, 공부론 등을 전개하였던 것과는 달리 목재는 당위론을 중심으로 한 성리설을 세워 현실에서의 체득과 실천

---

56 『木齋先生文集』 권6, 「尊性齋記」, "若吾朱夫子則不然, 生稟之美, 具仁義禮智之性之全體, 得天地之中正, 猶自以稟氣之偏於剛, 力學以矯之, 以求其所未至. 斯乃學已入聖, 而不自聖之盛德也, 所以爲朱子也. 故曰朱子之道問學, 乃所以眞尊德性也, 陸氏之所尊, 非所謂德性, 而乃其氣質之性也."

57 홍원식은 퇴계학파가 기본적으로 도문학 공부와 존덕성 공부를 병진하였지만 후대로 가면서 점차 존덕성 공부로 기울어져 갔다고 보고, 목재의 존덕성 공부의 중시를 퇴계심학과 깊은 관련이 있다고 보았다. 「목재 홍여하의 생애와 성리설」, 『한국사상사학』 43, 2013.

을 중시하였다. 퇴계학파에서도 『성리대전』, 『사서대전』, 『주자서절요』, 『주문작해』, 사서구결본, 사서언해본 등을 토대로 천명과 본연지성·기질지성, 본성과 사단·칠정, 인간의 본성과 마음, 감정 등에 대해 리기론으로 분석한 성리설들이 있었다. 그의 당위론 중심의 실천윤리적 성리설도 이들 퇴계학파 내의 성리설들을 기반으로 전개된 것이다. 목재의 성체용론性體用論이 퇴계의 리자도설과 리체용론을 계승하고 있었다는 사실이 이를 말해준다.

두 번째는 존덕성 중심의 공부론을 지향하였다는 점이다. 성리학에 대한 탐구나 강학은 체험의 실제[體驗之實]가 있는 체득의 공부여야 함을 주장하였기 때문이다. 또한 주희나 퇴계가 도문학道問學과 존덕성尊德性의 병진을 주장하였던 데 비해 목재는 도문학도 궁극적으로 존덕성임을 주장하였다. 육왕학의 존덕성과의 차이를 분명히 하면서도 주희가 주자된 소이所以로 성덕盛德의 성인을 지향했다는 점을 제시하며 진정한 존덕성[眞尊德性]임을 주장하였다. 이것은 퇴계 심학이라는 흐름과도 궤를 같이 하는 것이면서 동시에 퇴계학파 내에서도 특징적 전개라고 평가할 수 있다.

세 번째는 목재만의 문장 서술 방식으로 자신의 성리설을 설명하고 있다는 점이다. 목재는 리기론으로 분석된 정교한 성리학의 개념과 이론으로 기술하지 않고, 경서에 가까운 고문으로 자신의 성리설을 밝혔다. '도의 온전한 체'[道之全體]가 갖추어져 있는 경전을 '이치를 밝힐 수 있는'[明理] 근원적 텍스트라고 이해하였고, 이에 따라 성리설의 표현 방식도 근원적 텍스트에 근사近似한 고문을 지향하였다. 다만, 경서를 이해하는 단계로 진한고문秦漢古文과 주자집주를 중시하면서도 진한고문을 주자 주석을 이해하는 출발로 삼았고 주자 주석을 사서·오경에 담긴 도를 밝힐 수 있는 주요한 과정으로 여겼다. 결국 목재가 진한고문과 주자집주를 중시한 것도 궁극적으로는 경전을 이해하기 위한 것이었다. 목재가 경전의 원형적 가치를 중시하고, 또 도를 담을 수 있는 표현 방식으로서 경전식 고문을 중시한 이유를 알 수 있다.

  그러나 목재의 성리설을 보다 분명하게 특징짓기 위해서 여전히 밝혀야 할 과제들이 남아 있다. 목재의 저술 속에서 그의 성리설을 보다 세분하여 연구하면서, 그와 교유하였던 학자들이 퇴계의 성리학을 어떻게 계승하고 있는지도 밝혀야 한다. 목재의 성리설이 과연 당시 퇴계학파 내에서 어디까지 허용되는 것인지를 밝혀야만 퇴계학파 내에서의 목재의 위상을 위치지을 수 있다. 그리고 17세기 경학사상과 성리설의 관계도 보다 면밀히 연구하여야 한다. 여러 성리서들이 이미 관찬본과 방각본으로 간행되었고, 관련 구결본과 언해본까지 유통되었던 시대 상황을 고려해 볼 때 경학에 대한 다양한 논의들이 퇴계학파 내에서 어떻게 펼쳐지고 있는지를 밝힐 필요가 있다. 율곡학파에서의 성리설들이 다양하고 다기하게 펼쳐졌던 데 비해 퇴계학파의 성리설은 퇴계 이후 19세기까지 그 변화의 특징들이 명확히 확인되지 않고 있다. 퇴계학파의 성리학이 어떠한 특징들로 계승되고 있는지가 시기별로 보다 깊이 있게 밝혀진다면 목재의 성리설이 가진 사상사적 위상도 명확히 확인될 것이다.

| 참고문헌 |

朱 熹, 『朱子語類』
李 滉, 『退溪先生文集』
洪汝河, 『木齋先生文集』, 『東國通鑑提綱』
李德弘, 『大學質疑』
趙 絅, 『龍洲遺稿』
安鼎福, 『順菴集』
柳元之, 『拙齋先生文集』

황준연 외 역주, 『역주 사단칠정논쟁』, 학고방, 2009.

강명관, 「16세기 말 17세기 초 擬古文派의 수용과 秦漢古文派의 성립」, 『한국한문학연구』 18, 1995.
권진옥, 「木齋 洪汝河의 散文批評一考」, 『Journal of korean Culture』 통권17호, 한국어문학국제학술포럼, 2011.
김선화, 「홍여하의 역사인식」, 한양대 석사논문, 1987.
김영택, 「목재 홍여하의 역사의식과 문학관 연구」, 안동대 석사논문, 2005.
김태윤, 「동국통감의 기자동래설이 조선 사회에 미친 영향」, 『인문사회』 21, 2019.
김현영, 「글로벌리즘 시대에 있어서 휘찬여사의 의미」, 『국역 휘찬여사』, 민속원, 2012.
김형찬, 「퇴계의 양명학 비판과 조선유학의 성립」, 『퇴계학보』 148, 2020.
김희영, 「목재 홍여하의 양명학 비판 양상 일고」, 『漢文古典研究』 39, 2019.
도현철, 「목재 홍여하의 역사서 편찬과 고려사 인식」, 『한국사상사학』 43, 2013.
박인호, 「동국통감제강에 나타난 홍여하의 역사인식」, 『퇴계학과 유교문화』 54, 2014.
_____, 「휘찬여사 열전에 나타난 홍여하의 역사인식」, 『장서각』 31, 2014.
설석규, 「顯綜 7年 嶺南儒林의 議禮疏 捧入 顚末」, 『사학연구』 50, 1995.
심경호, 「조선전기의 註解本 간행과 문헌 가공에 대하여」, 『대동한문학』 20, 2004.
楊勝皓, 「木齋 洪汝河의 漢詩 창작양상」, 『東方漢文學』 83, 2020.
옥영정, 「17세기 개인출판의 四書諺解에 관한 고찰」, 『서지학연구』 27, 2004.
우인수, 「木齋 洪汝河의 현실인식과 대응」, 『한국사상사학』 43, 2013.
이병훈, 「16~18세기 문경 近嵒書院의 변천」, 『영남학』 71, 2019.
이성민, 「秦漢古文派의 성립 배경과 秦漢古文에 대한 인식」, 『한국어문학연구』 49, 2007.
이 욱, 「목재 홍여하의 휘찬여사 - 고려사의 비교 관점에서」, 『군위 한밤마을의 역사와 문화』, 군위 한밤마을연구소개소기념 학술심포지엄, 2009.
장윤석, 「17세기 영남 남인 오운과 홍여하의 역사인식」, 경북대 교육학 석사논문, 2007.
전재동, 「洪汝河의 詩世界 연구 - 文學論과 作詩 樣相 分析을 중심으로」, 『대동한문학』 37, 2012.

_____, 「木齋 洪汝河의 經學觀과 經書 해석」, 『영남학』 23, 2013.
정성운, 「木齋 洪汝河의 文章論 연구」, 경북대 석사논문, 2016.
정호훈, 「17세기 전반 류성룡 후학의 활동과 학문 세계」, 『역사와 실학』 55, 2014.
최금자, 「목재 홍여하의 교유 양상 연구」, 『동양한문학연구』 59, 2021.
한영우, 「17세기 중엽 영남남인의 역사서술」, 『변태섭박사 화갑기념 사학논총』, 삼영사, 1985.
홍원식, 「목재 홍여하의 생애와 성리설」, 『한국사상사학』 43, 2013.
_____, 「목재 홍여하의 양명학 비판 양상 일고」, 『漢文古典硏究』 39, 2019.
황지영, 「중국서적을 중심으로 본 조선후기 출판과 藏書 문화의 신국면」, 『다산과현대』 3, 2010.
S.O.Kurbanov, 「木齋家塾纂麗史의 儒學傳」, 『규장각』 32, 2008.

홍여하의
경서 해석과 그 의미*

전재동
충북대학교 우암연구소 연구교수

1. 서론

　이황李滉(1501~1570)의 사후 17세기 영남학파는 퇴계 직전 제자들을 중심으로 재편성되는 모습을 보였다. 그중 일부는 서원에 봉안되는 위패位牌의 차례를 두고 심각하게 대립하는 양상을 보이기도 했는데, 이는 당시 영남학파에서 퇴계 직전 제자들의 권위와 전개 양상 등을 보여주는 단적인 예라 할 것이다. 하지만 당시의 영남학자들 중에서 퇴계학맥의 영향권에서 비교적 자유로우면서도 독자적인 학문 영역을 개척한 이들이 적지 않은데, 홍여하洪汝河(1620~1654)도 여기에 해당한다.
　홍여하는 자가 백원百源, 호는 목재木齋, 본관은 부계缶溪이다. 그는 안동부 성동리(지금의 문경시 영순면 율리)에서 태어나 20세 전에 조부祖父의

---

*　이 글은 2013년 경북대학교 영남문화연구원 간행『영남학』23호 95~130쪽에 수록된 "목재(木齋) 홍여하(洪汝河)의 경학관(經學觀)과 경서(經書) 해석(解釋)"을 수정 보완한 것임을 밝힌다.

권유로 성균관에서 유학하였으며, 35세의 비교적 늦은 나이로 대과에 등 제되어 검열檢閱·봉교奉敎·장령掌令·감찰監察 등의 관직을 역임했다. 그러다 39세가 되던 해에 올린 상소가 송시열宋時烈(1607~1689)을 비방했다는 모함을 받아 함경도 영변寧邊 판관判官으로 좌천되고, 이듬해에 충청도 황간黃澗으로 유배되었다. 그 무렵 효종이 승하하여 해배解配된 이후 홍여하는 관직을 버리고 고향 율리로 돌아와 저술과 강학활동에 매진하였다.

홍여하의 5대조 홍귀달洪貴達(1438~1504)은 선초鮮初 대표적인 신진 사류였으며, 서거정徐居正(1320~1488)의 뒤를 이어 문형文衡을 맡은 전형적인 관료형 학자였다. 홍귀달의 네 아들 또한 문명文名이 있었는데, 그 중에서 셋째 홍언충洪彥忠(1473~1508)이 가장 알려졌다. 홍여하의 부친 홍호洪鎬(1586~1646) 또한 일찍 출사出仕하여 중앙 관직을 두루 거쳤으며, 대사간까지 지낸 인물이다. 홍여하는 선조들의 명망을 듣고 자라 가문 의식이 대단하였다. 아울러 그는 어려서부터 이식李植(1584~1647), 이덕형李德馨(1561~1613) 등에게 문재를 인정받았고, 자라서는 정경세鄭經世(1563~1633)의 손자 정도응鄭道應(1618~1667), 이준李埈(1560~1635)의 손자 이재관李在寬, 류성룡柳成龍(1542~1607)의 아들 류진柳袗(1582~1635) 등과 사우 관계를 맺으면서 교유의 폭을 넓혀 나갔다. 이런 점을 통해서 홍여하의 학문은 기호와 영남학자들의 영향을 두루 받았음을 짐작할 수 있다.

홍여하의 학문 가운데 역사에 관련된 부분은 지금까지 선행연구자들의 꾸준한 주목을 받았다. 홍여하는 조선의 학자들이 중국 역사에 대해선 훤하지만 자국의 역사는 그것에 비해 형편없음을 탄식하면서 『휘찬여사彙纂麗史』·『동국통감제강東國通鑑提綱』 등을 편찬하였다. 이 책은 18세기 역사학의 대가 안정복安鼎福에게 영향을 미칠 정도로 가치를 지닌 업적이었으며, 선행 연구자들도 이를 집중 조명하였다. 이런 역사의식은 그의 시세계에 직접적인 영향을 준 것으로 평가되기도 했다.

홍여하의 학문 가운데 제대로 주목받지 못한 영역은 경학經學과 경서 해석에 대해서다.[1] 홍여하의 행장에 따르면, 그는 젊은 시절부터 경학에 관심을 보여「용학구의庸學口義」·「사서발범구결四書發凡口訣」등을 남겼다고 하였으나, 현전하는 것은「사서발범구결四書發凡口訣」과『목재집木齋集』에 산견되는 일부 경학 관련 자료뿐이다. 하지만 이런 자료들은 17세기 영남학파의 경학을 일별할 수 있는 귀중한 것으로 여겨진다. 필자는 선행 연구를 통해 홍여하의 시세계와 경서 해석의 상호 연관 관계를 거칠게나마 주목하였다.[2] 본고에서는 기존의 성과를 두루 수용하여 홍여하의 경학과 경학관, 경서 해석 양상 등에 대해 집중적으로 조명하고자 한다. 이를 통해 이덕홍李德弘·조호익曺好益 등 퇴계 직전 제자들 이후 침체된 것으로 평가되는 17세기 영남학파의 경학을 제고提高할 수 있는 계기를 마련해 보고자 한다.

2.『목재집』소재 경학經學 관련 자료 및 홍여하의 궁경관窮經觀

1) 경학 관련 자료 개괄

홍여하는 19세에『휘찬여사』를 편찬하기 시작하여 벼슬에서 물러나 은거하던 40세 이후에 본격적으로 저술 활동에 몰두했다. 그 결과『사서발범구결四書發凡口訣』·『주역구결周易口訣』·『의례고증儀禮考證』·『휘찬여사』

---

[1] 홍여하에 대한 기존 연구는 김선화(1987)와 신항수(1987)가 역사인식에 대한 논고를 발표한 이후 김영택(2004)이 가계 및 문학관에 대한 전반적인 검토를 진행하였다. 이후 2022년 조선시대사학회에서 그의 문학, 정치, 경학, 성리학 등에 대한 종합적인 검토가 이루어졌다. 2023년까지 발표된 논문은 참고문헌에 제시하였다.
[2] 전재동,「讀書詩를 통해 본 洪汝河의 經書 解釋」,『대동한문학』34, 대동한문학회, 2011.

·『동사제강』·『용학구의庸學口義』 등의 다양한 저술을 남겼다.³ 그러나 현전하는 자료는 『휘찬여사』·『동사제강』 밖에 없으며, 상기에서 언급한 자료들 중 일부가 문집에 산견散見된다. 이 가운데 『사서발범구결』·『주역구결』·『용학구의』는 제목에서도 드러나듯이, 사서四書와 『주역周易』을 분석한 자료이다. 특히 『용학구의』는 주자 성리학의 핵심적 이념을 수록한 『대학장구대전大學章句大全』과 『중용장구대전中庸章句大全』을 다룬 책으로 중요한 가치를 지닌 것으로 짐작할 수 있는데, 다음의 편지를 통해 이를 확인해 보도록 한다.

『용학구의』에 대해 말씀하셨더군요. 가만히 『중용中庸』·『맹자孟子』 등의 주석註釋 방법을 보니, 모두 첫 대문大文을 강령綱領으로 삼고 아래 문장은 절절節節마다 서로 호응하여서 관건關鍵이 매우 긴밀하면서도 담긴 물처럼 새지 않았습니다. 주선생朱先生의 긴요함과 정력精力이 모두 이곳에 있는데, 집안의 아이들은 비록 몇 번을 가르쳐주어도 돌아서면 잊어버리기 때문에 그 조응照應이 긴요한 곳은 생략과 첨가를 이끌어 주어야 함을 면치 못합니다. 또 들으니, 원元의 제유들도 역시 『사서구의四書口義』를 초학자에게 전수하는데, 그 책을 볼 수 없었습니다. (중략) 거듭 가르쳐 주신 뜻을 어깁니다만, 우선 『중용구의中庸口義』를 보냅니다. 삼가 바라건대, 하람下覽하신 뒤 그중 오류가 있는 곳은 일일이 가르쳐 주시되, 다른 사람들이 엿보아 외간의 비방을 야기惹起시키지는 말아 주십시오.⁴

---

3 權愈, 『木齋集』 권11 〈碣銘〉, "所著有四書發凡口訣周易口訣儀禮考證彙纂麗史東史提綱 文集 若干卷 統觀之 可以審公之志業."

4 홍여하, 『木齋集』 권4, 〈答柳拙齋元之〉, "下敎庸學口義 竊見中庸, 孟子等書註法 皆以初大文 爲綱領 而下文節節相應 關鍵甚密 盛水不漏 朱先生喫緊精力都在此處而家間兒輩雖屢指敎 旋 卽忘失 故未免就其照應切要處 略加提綴 且聞元初諸儒 亦爲四書口義 以授初學 而未見其書 (中略) 重違敎意 姑將中庸口義付呈 伏望下覽後 其中謬誤處 一一指敎 勿令他人窺破 以惹外間 嗤謗 如何."

인용문은 홍여하가 류원지柳元之(1598~1674)에게 답한 편지의 일부이다. 류원지는 류성룡의 손자이며 숙부 류진柳袗과 정경세鄭經世의 문하에서 수학한 인물로 퇴계退溪 - 서애西厓 - 우복愚伏으로 계승되는 퇴계학맥의 적전嫡傳이라 할 수 있다. 이 편지에서 홍여하는 자신이 편찬한 『용학구의』를 류원지가 검토해 주기를 요청하고 있다. 책의 제명題名을 『용학구의』라 한 것은 주자의 제자인 진순陳淳(1159~1223)이 편찬한 『사서구의四書口義』와 관련이 있는 것으로 보인다. 아울러 홍여하는 중국 학자들이 학문의 지결旨訣을 입으로 전수하는 것을 매우 동경하였다. 그래서 자신도 이를 본떠 제명에 구의口義라는 단어를 부기한 것으로 짐작된다.

『용학구의』는 어린 아이들을 가르치기 위한 교재 형식으로 집필되었지만, 그 속에는 주자의 경서 해석에 대한 세밀한 분석과 자신의 주장을 정치하게 입론한 것으로 보인다.[5] 하지만 아쉽게도 이 자료는 전란에 잃어버리고, 홍여하의 경학 관련 자료는 문집의 잡저류인 「독서차기讀書箚記」에 일부가 남아 있다. 이를 정리해보면 다음과 같다.

〈표 1〉 목재집(독서차기) 소재 경학 관련 자료

연번	제목	항목수	주요 내용
1	周易	118	乾, 坤, 屯 등 24괘의 괘사와 효사 풀이 程傳과 周易本義의 차이점 분석 大全本의 오류 지적 象辭와 象傳의 상관 관계 분석 등
2	答洪徽叫易經疑義問目	5	乾卦 九—와 九二의 中正 문제 明夷卦의 六二, 大壯卦 九三 등

---

5 『목재집』권4,〈答柳拙齋〉,"中庸口義 朱子自註 有關於章句血脈者 皆載之 似是之非 下小註 乃朱子自註 而鄙冊有缺字故也 其他批示一兩條 敢不依副盛意耶 如章句分爲四大節 故第三十三章 自別爲一節總結 而下敎以三節爲言 無乃偶失照管耶 節首章字下 皆連書 餘章 皆不連書者 非有他意 低一字書之 以見其爲附屬之章也 故章下連書者 凡四處 其爲四大節 了然無疑 更加商量 如何."

3	書傳	2	洪範의 六三德
4	詩傳	2	正風과 變風의 첫머리와 교훈
5	春秋	4	衛侯가 衛로 돌아온 일 등
6	孟子	28	孟子와 論語의 仁 해석 차이 등
7	大學	7	格物, 知止, 誠意 등에 대한 풀이
8	四書發凡口訣	30	四書集註 및 주자 경서 해석이 잘된 이유 論語集註가 정치한 까닭 論語集註의 篇題와 主題의 호응 鄭汝昌의 경서 해석 분석 등
9	求放心齋銘解	4	주자의 求放心齋銘 분석
	총 항목 수	200	

　위의 표를 통해서도 알 수 있듯이, 「독서차기讀書箚記」에 수록된 경학 관련 자료는 대략 200조목 정도이다. 홍여하가 활동하던 17세기의 경학은 명 영락永樂 연간에 간행된 사서오경대전四書五經大全(이하 대전본)을 주 대본으로 하고 있다. 대전본은 경문經文(大文) - 주자주朱子註 - 소주小註의 형식으로 구성되어 있다. 소주小註는 주로 송말宋末·원대元代·명초明初 주자학파 학자들의 경서 해석을 집대성하였으며, 『주자대전朱子大全』·『주자어류朱子語類』 등에 수록된 주자의 설도 일부 부기되어 있다.

　주지하듯이, 대전본大全本은 영락제 즉위 초기에 대규모 인원을 모아 구경九經 중심의 경학 체계를 강화한 것으로 알려져 있으며, 당대의 신문물로 인식하여 조선 초기부터 유입에 주력하였다. 이 책이 조선에 유입된 것은 1419년 무렵으로, 유입되자마자 강원·경상감영에서 인쇄하였고, 이후에 과거 시험의 교재로 채택되면서 그 중요성은 한층 부각되었다. 그러나 소주小註는 어록체語錄體가 많고 난삽한 어구가 종종 등장하여 조선의 지식인들에게 쉽게 이해되지 않는 측면이 있었다. 이는 대전본大全本의 최초 주석가라 할 수 있는 이황이 『어록해語錄解』라는 사전류辭典類를 별도로 편찬한 데서 그 정황을 대략 짐작할 수 있다. 이황의 대전본 분석은 이후 학자들에게 대전본 소주小註의 활발한 연구를 촉진시켰고, 17세기 말 김창협金昌協(1651-1708)과 그의 제자들에 이르러서 소주小註의 문제점이 낱낱이 지적되는 성과를 가져왔다. 즉, 16~17세기 경학은 대전본, 혹은 대전본의 소주小註 분석이 경학의 중요한 이슈라고 해도 과언이 아닐 것이다.[6]

하지만 홍여하의 경학 자료에서는 대전본 소주小註에 대한 언급이 전혀 없다. 「독서차기」 중 주역周易을 분석한 대목에서 영락제永樂帝의 대전본大全本을 언급한 것으로 보아 홍여하도 대전본을 보았음을 충분히 짐작할 수 있는데, 소주小註에 대한 언급이 없다는 점은 의구심을 가질 일이다. 그 이유를 짐작할 수 있는 홍여하의 직접적 언설言說이 『목재집』에 없으므로, 섣부른 짐작은 차치하기로 한다. 그럼에도 불구하고 「독서차기」와 다른 글을 통해 대략 유추해 본다면, 다음과 같다.

2) 구법句法의 중시와 주자설朱子說의 신뢰

「독서차기」를 통해 나타난 홍여하의 경학을 일언이폐지一言以蔽之한다면 '주자설朱子說 신뢰信賴'라고 할 수 있을 것이다. 홍여하는 비록 조식曺植(1501-1572)처럼 "주자가 다 해 놓았으니, 더 이상 첨언할 것이 없다."[7]라고 극단적으로 말하지는 않았지만, 그의 주자설 신뢰는 상당했다. 홍여하의 이와 같은 궁경관窮經觀을 검토하기 위해서는 학문의 형성 과정부터 추적할 필요가 있다.

홍여하의 행장을 보면 그는 어릴 때 정경세鄭經世의 문하에서 수학하였

---

6 전재동, 「農巖 김창협의 논어 주석 연구 - 〈農巖雜識〉 소재 "논어설"의 분석을 중심으로 -」, 『영남학』 8, 경북대 영남문화연구원, 2005.
7 鄭蘊, 『桐溪集』 〈學記跋〉, "有言曰 程朱後不必著書 深以後學著書立言爲病焉."

으며, 조부의 손에 이끌려 이식李植을 만난 자리에서 "천년 사문의 과녁, 그대가 화살 하나로 꿰뚫길 바라네."[8]라는 시를 받았다고 한다. 또 약관 무렵에는 성균관에서 유학하여 35세라는 비교적 늦은 나이에 대과에 급제하였다. 이로 보아 홍여하는 특정 학맥에 얽매이지 않고 여러 스승들에게 학문을 전수받은 것으로 보이며, 홍귀달로부터 전수되어 온 가학家學도 그의 학문에 영향을 준 것으로 추측할 수 있다.

홍여하의 학문 가운데 역사와 문학은 그의 학문적 정수가 투영되어 있다고 해도 과언이 아닐 것이다. 홍여하는 어릴적부터 역사에 관심이 많았는데, 약관이 되기 전에 이미 『휘찬여사』를 편찬할 정도였다.[9] 홍여하는 『휘찬여사』·『동사제강』 등의 사서史書를 편찬하면서 우리나라 사람들이 동국東國의 역사를 중국의 그것만큼 잘 알지 못함을 개탄하였다. 또 홍여하는 우리나라 사람들이 중국의 문장가만큼 훌륭한 작품을 생산해내지 못한다는 사실을 안타까워했다. 홍여하는 우리나라 사람들의 문장이 중국 사람들과 비교할 수 없는 이유를 다음과 같이 말하였다.

> 이른바 '두 가지 일'이란 사서집주四書集註를 읽을 때는 반드시 먼저 구법句法을 알아야 한다는 것입니다. 중국의 진신선생搢紳先生들이 몽학蒙學을 가르칠 때는 번번이 이 구법을 입으로 전수하기에 어릴 때부터 모두들 이미 잘 압니다. 지금 그들이 저술한 글을 보니 타고난 재주는 깊고 얕음이 있지만, 큰 줄기는 마치 한 사람의 손에서 나온 듯합니다. 일반인들의 글도 또한 이

---

8   『목재집』 권1, 〈奉呈李澤堂 附和澤堂〉, "美人一封札 珍比靑玉案 屬我掩郊扉 披讀再三歎 斯文千古的 期子一矢貫 老夫等朽株 丹飾焉能煥 深知情素重 謬推顏更汗 歲晏霜雪濛 江嶺杏涯畔 無由展良晤 安得生羽翰."
9   김현영은 『휘찬여사』가 홍여하의 20세 이전 작이라는 데 의문을 품고 20세 전에 편찬을 시작하여 말년에 완성한 것이라고 추정하였는데, 설득력이 있다.(김현영, 「휘찬여사」 해제, 『국역 휘찬여사』, 군위문화원 2012)

구법을 알고, 조어助語나 자법字法도 모두 사서법四書法을 씁니다.[10]

인용문은 홍여하가 이구李榘(1613~1654)에게 보낸 편지의 일부이다. 이구는 경북 상주(지금의 문경)에서 활동한 학자로 정경세鄭經世의 문하에서 공부하였으며, 홍여하와는 친교가 두터웠다. 홍여하는 그를 동방의 군자로 칭송하였으며, 이구의 장례에 참석하지 못한 안타까움을 시로 노래하기도 했다.[11]

인용문에서 홍여하가 주장하는 것은 두 가지 정도로 요약된다. 첫째는 구수口授의 방법을 중시하는 점이다. 중국학자들이 어린아이들을 가르칠 때는 사서四書의 구법句法을 입수로 전수한다고 했다. 그래서 중국학자들은 타고난 재주에는 고하高下가 있지만, 그들의 문장은 마치 한 사람의 손에서 나온 듯하다고 했다. 구수口授의 방법은 일견 정밀함과 합리성이 결여될 수 있다는 부정적인 측면이 있다. 그러나 홍여하가 부러워하는 구수口授의 방법은 책이나 문헌으로 기록되지 않은 자신들만의 비결秘訣이라는 데 있다.[12] 이는 특정 가문에서만 대대로 전수되는 음식의 조리법과도 같은 것이라 할 수 있다.

둘째는 주자의 경서 해석 중시이다. 중국 사람들은 글을 쓸 때 전통적으로 전수되던 구법句法에 정통하고, 주자의 사서 주석법을 제대로 익혔기에 좋은 글을 쓸 수 있다고 했다. 이는 사서집주법四書集註法이 작법作法의 모범이 된다는 뜻으로 이해될 수 있다. 이런 주장을 통해 홍여하가 문

---

10 『목재집』 권4〈答李大方榘〉, "所謂二事 2讀四書集註 先須理會句法 中國搢紳先生 訓蒙學時 輒口授此法 自童子時 皆已曉得 今觀其所著文字 才分有淺深 路脈則如出一手 尋常人文字 亦曉此法 助語字法 皆用四書法."
11 『목재집』 권1,〈輓李大方〉, "南朝只君子 東國一名儒 夕死知無恨 嗚呼命也夫 君當入地日 我尙未歸程 秋風無限淚 獨灑漢陽城."
12 『목재집』 권9,〈讀書箚記 四書發凡口訣〉, "集註 儘有來歷 而中朝學士先生教童子時 皆口授旨訣 此政讀書第二義 故未嘗筆之於書 以此東方學者 罕得見之 因循苟簡 日益鹵莽 甚可惜也."

장의 작법과 경서의 주석법을 별개로 인식하지 않았으며, 동시에 홍여하는 문장 작법의 준거를 사서집주에 두었음을 알 수 있다. 그렇기 때문에 구수口授와 사서집주법四書集註法을 제대로 알지 못하는 우리나라 사람들은 인용문의 다음 단락에서 지적한 대로 온전한 문장을 짓기가 어려운 것이다.[13]

그렇다면 중국에서 전통적으로 전해지던 구수법口授法을 조선 학자들은 도저히 알기 어려운 것인가? 홍여하는 중국의 구수법을 다음의 방법으로 체득하고자 노력했던 것으로 보인다.

전에 읽던『사기史記』는 다 읽었습니까? 지금은 무슨 책을 읽고 있습니까?『사기』는 읽지 않으면 그만이지만, 이미 읽었다면『춘추좌씨전春秋左氏傳』도 읽지 않으면 안 됩니다. 중국 사람들 중『사기』를 읽는 이들이 반드시『춘추좌씨전』을 읽는 까닭은 서로 보탬이 되면서도 그 아름다움을 다하기 위해서입니다. 대개『춘추좌씨전』은 정밀하지만『사기』는 거칠며,『사기』는 성글고 텁텁하지만『춘추좌씨전』은 정교하고 세밀합니다.『춘추좌씨전』만 읽고『사기』를 읽지 않으면 필시 껄끄럽고 막히는 근심이 있고,『사기』만 읽고『춘추좌씨전』을 읽지 않으면 솟구치면서도 격렬하여 씩씩하게 물결치지만 마름질이나 간략함이 부족하니, 반드시 취해서 서로 보탬이 된 이후에 그 아름다움을 온전하게 해야지 두 가지 근심이 없습니다.[14]

---

13 『목재집』 권4, 〈答李大方寀〉, "我國人不曉句法 未嘗以此訓童蒙 童蒙時 固無由會得 稍長 却抛棄四書了 因循鹵莽 任意做文理 故我國文字 都無法門 間有才識過人者 積歲月所見益高 始有見得處 亦未嘗融會貫通 豁然無疑礙處 如中國學士也 我國文字 雖見遇以冠於海外 不得取重於天下 坐不以句法授童蒙故也."

14 『목재집』 권4, 〈答李九成〉, "前讀馬史 卒業否今方讀何書 不讀馬則已 旣讀 左氏不可不讀也 中國人讀者 必讀左 要以相資而盡其美也 蓋左精而馬粗 馬疏爽而左工緻 讀左而不讀馬 必有澁滯之患 讀馬而不讀左 則踔厲壯浪而欠裁約 必取而相資 然後全其美 而無二者之患也."

인용문은 정도응鄭道應의 사위 이윤해李允諧(1645~?)에게 보내는 답장의 일부이다. 여기서 홍여하는 독서에서『사기』와『춘추좌씨전』의 관계를 강조하였는데, 그 중에서도 특히『춘추좌씨전』에 보다 비중을 두었다. 이와 같은 홍여하의 언급은 흡사 17세기 명대明代의 진한고문파秦漢古文派가 주장했던 논리와 비슷하다는 인상을 준다. 하지만 17세기 진한고문파의 주장은 자구의 운용이 시문時文과 괴리되고, 이로 인해 자구에 집착한 나머지 험벽하고 난삽하다는 평가를 받았다.[15]

선행연구자의 주장대로 홍여하가 명대 진한고문파의 영향을 받았는지에 대한 여부는 명확하지 않다. 여기서 중요한 것은 홍여하가『춘추좌씨전』을 중시했다는 사실이다. 홍여하는『춘추좌씨전』이 작문과 경서 해석의 모델이 되는데, 우리나라 사람들은 한유韓愈가『춘추좌씨전』을 '과장되다[浮誇]'[16]고 여기면서 이를 등한시하였다고 주장하였다. 홍여하는 한유가 비록『춘추좌씨전』을 과장되다고 말했지만, 한유의 글 또한『춘추좌씨전』을 바탕으로 연출해 내었다고 하면서,『사기』와『춘추좌씨전』의 정밀한 조응 관계를 잘 이해해야 한다고 했다.

그렇다면『사기』와『춘추좌씨전』만으로 올바른 작문과 주석이 가능한 것으로 인식했는가? 홍여하는『사기』와『춘추좌씨전』이외에도 주자의 주석註釋을 더할 것을 주문하였다.

---

15 권진옥,「木齋 洪汝河의 散文批評 一考」,『Journal of Korean Culture 17』, 한국어문학국제포럼, 2011.
16 韓愈의〈進學解〉에 "위로는 舜 임금, 禹 임금 시대 문장의 심오하여 끝이 없음과 주나라의 大誥·康誥·洛誥, 은나라 盤庚의 읽기 어려운 난삽한 문장과『춘추』의 근엄함과『춘추좌씨전』의 과장됨과『주역』의 기이하면서도 법도에 맞음과『시경』의 바르면서도 화려한 것들을 엿보았다[上窺姚姒 渾渾無涯 周誥殷盤 佶屈聱牙 春秋謹嚴 左氏浮誇 易奇而法 詩正而葩]."라는 말이 있다.『古文眞寶 後集 권3』

우리나라 사람들이 늙어서 문장을 지어도 끝내 회암晦庵의 문법을 이해하지 못함은 또한 『춘추좌씨전』을 읽지 않기 때문입니다. 비록 그렇지만 『춘추좌씨전』·『사기』를 읽고도 주자의 주석註釋을 읽지 않으면, 오히려 옛것에 편벽되고 사정事情에 절실하지 못하게 됩니다. 그대가 이미 『사기』 읽기를 좋아했고 지금은 『춘추좌씨전』을 읽으려 하니, '이와 같은 데서 그칠 뿐'이 아니라, 바로 회암의 글을 읽어 맥락을 깨우치려고 함을 알겠습니다. (중략) 모름지기 『춘추좌씨전』·『사기』를 읽어 회암의 글을 이해하도록 해야 하며, 회암의 글을 읽어 육경六經의 뜻을 이해하도록 해야 결단코 서로를 잘못 이해하지 않을 것입니다.[17]

인용문에서도 알 수 있듯이, 홍여하는 주자의 문장이 아니라 주자의 주석을 읽으라고 요구하고 있다. 이는 『춘추좌씨전』·『사기』 및 주자의 경서 주석서를 동일한 영역으로 인식하고 있다는 뜻이다. 그래서 『춘추좌씨전』·『사기』 → 주자의 주석문註釋文 → 육경六經의 순으로 나아가야 한다고 했던 것이다. 17세기에 들어와 그전의 사서四書 중심의 경학 체계가 육경六經으로 전이되는 현상은 허목許穆·이수광李睟光 등 기호에서 활동한 원시육경原始六經을 중시한 학자들에게서 일부 나타나기도 했다. 그래서 홍여하가 주자의 주석을 통해 사서四書가 아닌 육경六經을 언급한 것이다. 하지만 이 단락에서 가장 중요한 점은 홍여하가 주자의 주석註釋을 경서 해석뿐만이 아니라 작문作文의 준거로 설정했다는 사실이다. 즉, 홍여하는 주자의 주석이 『사기』와 『춘추좌씨전』의 문체와 주석 방법 등이 온전하게 융합된 것으로 인식했다. 과연 주자의 주석 가운데 어떤 대목이 이와 같은 방

---

17 『목재집』 권4, 〈答李九成〉, "我國人至老做文章 終不曉晦庵門路 亦坐不讀左耳 雖然讀左馬 而不讀朱註 則猶爲僻古 而不切事情 見左右旣好讀馬 今欲其讀左 非謂如是而止 正欲其讀晦庵 以曉路脈 (中略) 須讀左馬 以求晦庵 讀晦庵 以求六經 斷不相誤."

법을 잘 구현하여 정밀하면서도 온전한 글이라고 평가하였는지에 대해선 다음 장에서 구체적으로 검토해 보기로 한다.

3. 홍여하 경설經說의 양상과 주자설朱子說 중시

홍여하의 손자 홍대구洪大龜는 〈행장行狀〉에서 "성인이 되는 공부의 과정은 사서四書에 있으며, 주자의 공부 과정은 집주集注에 있다고 여겨 이때부터 사서집주四書集注에 더욱 힘을 다하였다."[18]고 언급하였는데, 이를 통해 홍여하의 공부가 사서집주를 통해 무르익었음을 알 수 있다. 굳이 〈행장〉을 거론하지 않더라도, 홍여하의 학문은 주자와 밀접하게 관련이 있다고 할 수 있다. 홍여하가 만년에 벼슬에 물러나 복천福泉에 은거하던 집을 '존성재尊性齋'라고 편액을 건 것도 주자의 학문에 더욱 정진하겠다는 의지였다.[19] 또 그가 『주역』 주석서를 편찬한 것도 당시 학자들이 명리名利에 얽매여 『주역본의周易本義』를 소홀하게 한 데 그 이유가 있다.

홍여하의 주자학 신뢰는 그의 경서 해석에도 그대로 드러났다. 홍여하의 경학 자료를 살펴보면, 주자 해석에 대한 부정적 견해를 찾아보기 어렵다. 『맹자』 「고자상告子上」에 "지금 모맥麰麥을 파종하고 덮되 …… 일지日至의 때에 이르러 모두 익는다[今夫麰麥 播種而耰之 …… 至於日至之時 皆熟矣]."란 대목이 있는데, 이 구절이 '일지지시日至之時'를 주자는 "성숙하는 시기

---

[18] 『목재집』 권11, 〈贈通政大夫弘文館副提學知製敎兼經筵參贊官春秋館修撰官行通訓大夫司諫院司諫府君行狀〉, "府君濡染家庭 夙聞緖言 天才卓越 見到超高 以爲聖學路脈 在於四書 朱子工程 在於集註 自是尤用力於四書集註."

[19] 『목재집』 권6 〈存性齋記〉, "性之本體 竊自附於朱門道問學之義 吾子乃聽瑩於中州末學相攻之說 反以陸氏爲若尊性者然 而戒學者廢其名目 若是則尊德性 乃子思子所示入德之方也 顧因陸氏之一失 遂廢而輟其功 則是見噎而廢食也 可乎哉."

를 당함을 이른다[謂當成熟之期也].”고 풀이하였다. 홍여하는 이러한 주자의 해석을 "아마도 태양이 하지夏至에 이르렀다는 뜻으로 써야 될 것 같은데, 의심나지만 감히 억지로 주장하지는 못하겠기에 우선 기록해 둔다."[20]라고 하였다. 이 단락은 홍여하의 경서 해석 가운데 주자설에 의심을 품은 유일한 대목이다. 이처럼 홍여하의 학문은 주자학에 대한 천착穿鑿이라고 해도 과언이 아닐 것이다.

홍여하의 경서 해석 가운데 「사서발범구결」은 제목에서도 알 수 있듯이 『춘추좌씨전』에 쓰인 범凡 자의 용례에 의거하여 사서집주四書集註를 분석한 것이다. 홍여하는 「사서발범구결」의 편찬 목적을 "한가한 날 어려운 구절을 묻고 따진 것을 기록하였다."[21]고 하였다. 그의 말대로라면 이 자료는 잡기雜記나 필기류筆記類에 해당되겠지만, 실상은 그렇지 않다. 홍여하는 "고인들이 글을 지음에 이치를 밝히는 데 주력하여 저절로 좋은 글이 되었지 일찍이 문장을 짓는 지름길에 대해선 언급하지 않았다. 주자朱子도 또한 일찍이 입으로 문장의 이익과 병통에 대해 말했지만, 주석문註釋文 중에서도 한 자도 언급하지 않았고 글을 제대로 읽는 사람들로 하여금 저절로 깨닫게 하였다."라고 하면서 집주集註에 사용된 용례를 낱낱이 분석하였는데, 이를 몇 개의 항목으로 나누면 다음과 같다.

1) 선진先秦 고문古文의 주석 인용

앞 장에서 홍여하가 독서에 있어 『사기』와 『춘추좌씨전』을 중요하게 여겼음을 언급하였는데, 그가 『사기』와 『춘추좌씨전』을 중요시 한 까닭은 두 텍스트가 바로 진한고문秦漢古文의 모범模範이기 때문이다. 두 텍스트 이

---

20 『목재집』 권9, 〈讀書箚記 四書發凡口訣〉, "日至之時 恐作日南至之義 疑不敢强故姑著之."
21 같은 곳, "弟姪輩暇日 問難隨答箚記 名曰發凡口訣 蓋爲渠輩云爾."

외에도 진한 고문의 모범으로 인식되는 것은 육경六經을 비롯하여 『장자莊子』·『국어國語』등 다양하다. 홍여하는 주자 역시 집주를 편찬하면서 선진先秦의 글을 자주 인용하였음을 지적하였는데, 예문을 통해 확인해 보도록 한다.

"주자의 주석은 선진先秦 이상의 말을 썼지 한 글자라도 양한兩漢 이후의 글이 없음을 깨달아야 한다. 가령 예를 들어 『대학장구大學章句』서문序文 가운데에 '삼천 명의 문도[三千之徒]'는 공안국孔安國의 말을 썼으며, 보망장補亡章의 '태학에서 처음 가르칠 때[大學始敎]'는 「학기學記」의 말을 썼으며, 『논어집주論語集註』자공방인장子貢方人章의 '말은 박절하지 않으면서도 뜻만은 이미 지극하다[辭不迫切 而意已獨至].'는 조기趙岐의 말을 썼으며, 다른 것도 이와 비슷하다."고 했다. 동자가 말하기를 "어찌 반드시 다 그렇겠습니까?"라 했다. 당시 동자는 〈적벽부赤壁賦〉를 읽고 있었다. 내가 말하기를 "'돌아가서 아내와 상의한다[歸而謀諸婦].'는 구절은 우맹優孟의 말을 쓴 것이니, 어찌 '노선생의 글이 내력이 없다.'고 하겠느냐."라 했다.[22]

인용문은 「사서발범구결」중의 일부로, 「사서발범구결」은 전문이 동자童子에게 홍여하가 가르침을 주는 형식으로 구성되어 있다. 인용문에서 홍여하는 『대학장구』와 『논어집주』에 쓰인 어휘들이 모두 진한 고문의 언이를 인용한 것임을 강조하였다. 홍여하는 『대학장구』서문에 "삼천 명의 문도들이 그 설을 들었는데, 오로지 증자가 전한 것이 그 핵심을 깨우쳤다

---

22 『목재집』권9〈讀書箚記 四書發凡口訣〉, "童子言下會得朱註主用先秦以上語 無一字兩漢後文字 且如大學序中三千之徒 用孔安國語 補亡章大學始敎 用學記語 論語子貢方人章 辭不迫切 而意已獨至 用趙岐語 他類此 童子曰 豈必盡然 時童子讀赤壁賦 余曰 歸而謀諸婦 用優孟語 曾謂老先生文字 無來歷乎."

[三千之徒 皆莫不其說 而曾氏之傳 獨得其宗]."이라는 말이 『상서주소尙書註疏』「상서서尙書序」에서 공안국孔安國이 "제왕의 제도가 탄연하게 명백하여 행할 수 있기에 삼천 명의 문도들에게 시행하니 모두 그 뜻을 전수받았다[帝王之制 坦然明白可擧 而行三千之徒 幷受其義]."라고 한 말에서 유래하였음을 밝혔다.

보망장補亡章은 『대학장구』 전문 5장의 이칭이며, 「학기」는 『예기禮記』의 편명이다. 『대학장구』 전문5장의 주석에 "태학에서 처음 가르칠 때에 반드시 배우는 자들로 하여금 …… 더욱 궁구해서 그 극極에 이름을 구하지 않음이 없게 하는 것이다[大學始敎 必使學者 …… 以求至乎其極]."라는 말이 있는데, 이는 「학기」에 "태학에서 처음 가르칠 때 피변과 제채로 함은 도를 공경함을 보인 것이다[大學始敎 皮弁祭菜 示敬道也]."라는 말에서 유래한 것이다. 자공방인장子貢方人章은 『논어』 「헌문憲問」 편에 보이며, 조기趙岐(108~201)는 후한後漢의 경학가로 『맹자장구孟子章句』를 편찬하였다. 자공방인장의 주석은 『맹자장구』 서문에 "맹자는 비유에 장점이 있었는데, 말이 박절하지 않았지만 뜻은 이미 지극하였다[孟子長於譬喩 辭不迫切 而意已獨至]."라는 말에서 유래하였다.

이처럼 홍여하는 집주集註에 쓰인 어휘들이 모두 『예기禮記』·『상서주소尙書註疏』·『맹자장구孟子章句』 등 진한秦漢 이전 학자들의 언어에 근거하고 있다고 했다. 요즘처럼 어휘 검색 방법이 발달하지 않은 시대에 이처럼 출전과 유래를 정확히 제시하는 것은 놀랄만한 일이라 할 수 있다. 게다가 홍여하는 진한 이전의 언어 가운데서도 등급이 있음을 아울러 주장하였는데, 다음의 예문에서 이에 대해 살펴보기로 한다.

『논어집주』에서 공자의 말을 많이 써서 공자의 말을 풀이한 것이 가장 오묘하다. 그 다음으로 "벗은 인仁을 돕는 것이다."라는 유처럼 증자曾子의 말을 쓴 대목과 "나중에 깨달은 자는 반드시 먼저 깨달은 자를 본받아야 한다."는 구절처럼 맹자의 말을 쓴 대목과 "비록 우자愚者와 불초不肖한 자의 미치지 못함보다 나을 것 같다."는 유처럼 자사子思의 말을 쓴 대목이 또한 오묘하다. 그 다음으로 "저며 썬 것을 회膾라고 한다."는 구절과 "왕이 아니면 체禘 제사를 지내지 못한다."는 구절처럼 「예기禮記」의 말을 쓴 대목과 "줄어들기를 두 열列씩 할 뿐이다."라는 구절처럼 자산子産의 말을 쓴 대목이다. 그 다음은 "이목구비처럼 모두 밝은 바는 있지만 서로 통할 수는 없다."는 유에서 장자莊子와 순자荀子의 말을 쓴 대목이 있는데, 모두 선진先秦 이상의 말을 썼기 때문이다.[23]

인용문에서 홍여하는 『논어집주』가 공자의 말을 인용한 곳이 가장 오묘하고, 공자의 제자, 춘추전국시대의 명현 순으로 언어의 오묘함이 덜하다고 했다. 경서의 주석에서 경전經傳으로 경전을 주석하는 이른바 '이경증경以經證經'은 주석가들 사이에는 보편적인 주석 방법 중의 하나이다. '이경증경'은 흔히 자신의 주장에 신뢰성을 배가시키기 위해 쓰이지만, 홍여하는 '이경증경'에도 차이가 있음을 주목하였다. 특히 홍여하는 '이경증경'의 하나로 같은 텍스트 내에서 앞이나 뒤의 문장을 끌어와 주석하는 방법을 수제收提와 첩제貼提로 구분할 정도로 '이경증경'에 관심을 두었다.[24]

인용문은 『논어집주』와 여러 텍스트가 혼재되어 있으므로, 이해의 편의를 위해 인용문에서 밝힌 해당 구절과 출전을 표로 정리해 보기로 한다.

---

23 같은 곳, "論語註 多用孔子語 釋孔子語最妙 其次 如友所以輔仁之類 用曾子語 如後覺者 必效先覺 用孟子語 如雖若勝於愚不肖之不及之類 用子思語亦妙 其次 如轟而切之爲膾 不王不禘之類 用禮記語 降殺以兩之類 用子産語 其次 如耳目鼻口 皆有所明 而不能相通之類 用莊子語 又用荀子 皆以其爲先秦以上故也."
24 『목재집』권9,〈讀書箚記 孟子〉, "引上文 釋下文 謂之收提 引下文 釋上文 謂之貼提以別之 使民飢而死 卽貼提法也."

〈표 2〉『논어집주』에 인용된 經文의 용례

등급	篇名	經文	『論語集註』해당 구절	출전
2	學而	無友不如己者	友所以輔仁 不如己 則無益而有損	「憲問」"曾子曰 君子 以文會友 以友輔仁"
2	學而	學而時習之 不亦說乎	人性皆善 而覺有先後 後覺者必效先覺之所爲	『孟子』「萬章上」"天之生此民也 使先知覺後知 使先覺覺後覺也"
2	先進	子貢問 師與商也孰賢	道以中庸爲至 賢知之過 雖若勝於愚不肖之不及 然其失中則一也	『中庸』"道之不明也 我知之矣 賢者過之 不肖者不及也"
3	鄕黨	食不厭精 膾不厭細	牛羊與魚之腥 聶而切之爲膾	『禮記』
3	八佾	或問禘之說	不王不禘之法 又魯之所當諱者 故以不知答之	『禮記』「喪服」"禮不王不禘"
3	八佾	孔子謂季氏 八佾舞於庭 是可忍也 孰不可忍也	范氏曰 樂舞之數 自上而下 降殺以兩而已	『春秋左氏傳』襄公 26년 "子産辭邑曰 自上以下 降殺以兩 禮也 臣之位在四 且子展之功也"
4	子張	雖小道 必有可觀者焉	百家衆技 猶耳目鼻口 皆有所明而不能相通 非無可觀也	『莊子』「天下」"天下大亂 …… 譬如耳目鼻口 皆有所明 不能相通 猶百家衆枝也"

위의 표를 보면 홍여하는 『논어집주』중에서 사서四書의 경문을 인용한 대목, 『예기』나 『춘추좌씨전』처럼 육경六經의 경문을 인용한 대목, 『장자莊子』나 『순자荀子』처럼 제자백가류諸子百家類에서 원문을 인용한 대목 순으로 『논어집주』의 풀이가 좋다고 했다. 물론 최상위 등급에는 『논어집주』에 공자의 말이 인용된 대목을 두었다. 이처럼 홍여하의 『논어집주』풀이에 대한 차등적 평가는 주자가 집대성한 사서四書 중심의 경학 체계를 염두에 둔 것으로 추정된다.

주자는 당대唐代 구경九經 중심의 경학 체계를 『대학大學』·『논어論語』·『맹자孟子』·『중용中庸』 중심의 사서四書 체재로 재편하였다. 이 과정에서 『예기』의 한 편명이었던 『대학』과 『중용』을 독립 텍스트로 분리하여 편장篇章을 나누고, 손수 서문序文을 써서 그 내력來歷을 밝혔다. 특히 주자는 『대학장구大學章句 서序』에서 유가의 도통이 공자孔子 - 증자曾子 - 자사子

思-정자程子(程伊川)로 계승되었다고 주장하였는데, 홍여하의 『논어집주』 차등적 순위 매김도 이러한 주자학적 경학 체계를 은근하게 반영하고 있는 것이다.

2) 경문 첫 구句의 기능과 편제篇題 및 제사題辭의 조응照應

주자가 『예기』에서 「대학大學」편과 「중용中庸」편을 분리하여 독립적인 텍스트로 삼고, 이를 『논어』·『맹자』와 합쳐 사서四書로 만든 것은 주지의 사실이다. 주자가 편찬한 『대학장구』는 기존의 『예기』 「대학」 한편을 경문 1장과 전문 10장으로 분장分章한 것인데, 이 분장分章이 후대의 학자들에게 논란이 되었다. 조선의 학자들 가운데 노수신盧守愼(1515~1590), 장현광張顯光(1554~1637) 같은 이들도 주자의 분장分章을 의심하여, 독자적인 해석을 내기도 했다.[25]

주자의 『중용장구』는 총 33편으로 분장分章한 것으로, 『대학장구』의 그것과는 체계를 달리한다. 즉, 『중용장구』는 경문과 전문을 구분하지 않고, 대지를 총 6단락으로 나누어 모두 경문으로 인식하였다. 물론 주자의 이 같은 『중용장구』 분장은 대지를 4단락으로 보아야한다는 이견이 제시되었지만, 중국의 주자학파는 대체로 6대지설大旨說을 따랐던 것으로 보이며 『중용장구대전』에도 6대지설이 타당한 견해로 소개되어 있다.

조선의 학자 가운데 정여창鄭汝昌(1450~1504)은 주자의 『중용장구』 가운데 1장에 부분적 의심을 보였다. 그는 『중용장구』 1장 "천명을 일러 성이라 한다.……"라는 구절의 장구 "하늘이 음양陰陽과 오행五行으로 만물을 화생化生함에 기氣로 형체를 이루고 이理 또한 거기에 부여한다[天以陰陽五行

---

25 전재동, 「17세기 전반 영남지역 경학 연구」, 『동양한문학연구』 29집, 동양한문학회, 2009.

化生萬物 氣以成形 而理亦賦焉]."라는 구절의 '이역부언리역부언이역부언理亦賦焉' 네 글자를 의심하였다. 정여창은 "어찌 후기後氣의 이理가 있겠는가?"[26]라고 하여 '이역부언'이 성립될 수 없다고 주장했는데, 이런 주장은 후일 이황이 참고할 정도로 조선의 학자들에게는 어느 정도 설득력을 얻었던 것 같다. 하지만 홍여하는 정여창의 이런 의심은 잘못이며, 주자의 해석이 틀리지 않았다고 하였다.

> 일두一蠹 선생先生께서 "이理 또한 거기에 부여된다[理亦賦焉]."는 네 자가 온당하지 않다고 한 말을 들은 적이 있다. 반복해 생각해보니, 노선생[朱子 - 필자 주]이 성性 자 · 도道 자 · 명命 자 · 덕德 자를 풀이한 유는 저절로 완성된 용례가 있는 것 같다. 예를 들어 사서四書 가운데 덕德 자는 한 곳도 득得이라는 글자가 없는 곳이 없으니, 여기의 부賦 자는 명命 자를 따라 놓이게 되었음이 아마도 의심이 없을 것이다.[27]

인용문에서 홍여하는 정여창이 부賦 자를 이理 자에 걸리는 것으로 보아서 오류를 범했다고 했다. 홍여하는 주자가 경서를 해석하면서 성性(본성) · 명命(천명, 운명) · 덕德(덕성, 도덕) 등의 추상명사는 보다 정심하여 특별한 용례를 두었다고 했으며, 그 실례로 덕德 자의 풀이를 들었다. 홍여하는 주자의 집주 가운데 덕德 자의 풀이에는 반드시 득得이라는 글자가 있음을 주목하였는데, 홍여하의 이런 주장은 사서집주四書集註의 어휘를 검색해 보면 신빙성이 있음을 알 수 있다. 또 『중용장구』의 논란이 되는 구절은 부

---

26 정여창, 『一蠹集 遺集』 권3, 〈讚述〉, "鄭汝昌取朱子中庸章句 天以陰陽五行化生萬物 氣以成形 而理亦賦焉 曰 安有後氣之理乎."
27 『목재집』 권9 〈讀書箚記 四書發凡口訣〉, "聞一蠹先生 以理亦賦焉四字爲未穩 反覆思之 老先生釋性字道字命字德字之類 自有成例 如四書中德字 無一無得字處 此箇賦字 從命字下得來 恐似無疑."

賦 자가 이理에 걸리는 것이 아니라, 경문의 '천명天命'이란 글자를 받는다고 했다.

인용문에서 홍여하는 정여창의 설이 잘못되었음에 역점을 둔 것이 아니라, 사서四書는 경문經文 첫 구절이 매우 중요함을 강조하였다. 정여창의 실수도 바로 경문과 주자 주석의 상관 관계를 제대로 파악하지 못한 데서 그 원인이 있다고 암시하면서 경문 첫 구의 중요성을 다음과 같이 말하였다.

> 어릴 때 『중용』을 읽다가 늘 과불급過不及·불견불문不見不聞·도불원인道不遠人 등의 글자를 보면 층층이 솟고 겹겹이 쌓여 눈이 아찔하고 마음에 의심이 들었다가 오늘날에 이르러서 조례條例가 분명함을 깨닫게 되어 다른 책과 『중용』을 확실하게 구별하여 해석하였다. 대개 장장의 첫 대문大文이 대지大旨가 되고 두 번째 대문大文 이하는 모두 첫 대문의 뜻을 해석한 것으로, 예를 들면 미발未發은 천명지성天命之性이 되고, 중절中節은 솔성지도率性之道가 되고, 치중화致中和는 수도지교修道之教가 되는데, 장장마다 이것과 비슷하다. 비은費隱·도불원인道不遠人·소위불원외素位不願外 등의 장에서도 모두 이런 예를 썼다. 다른 책도 진실로 이와 같은 것이 많으나, 매 장마다 반드시 그런 것은 아니다.[28]

인용문에서 홍여하는 『중용장구』 1장의 첫째 구절과 4·6구절과의 상관관계를 설명하고 있다. 『중용장구』 1장은 총 여섯 구절로 이루어져 있는

---

[28] 『목재집』 권9 〈讀書箚記 四書發凡口訣〉, "幼讀中庸 每看過不及 不見不聞道不遠人等字 層層疊疊 目眩心訝 如今覺得條例分明在 釋得中庸分明與他書別 蓋以章首初大文爲大旨 第二大文以下 皆以釋初大文之義 如以未發 爲天命之性 中節爲率性之道 致中和爲修道之教 章章類此 費隱道不遠人 素位不願外等章 皆用此例 他書固多如此 然未必每章然也."

데, 넷째 구절 "喜怒哀樂之未發 謂之中 發而皆中節 謂之和"에서 미발未發은 천명지성天命之性을, 중절中節은 솔성지도率性之道를 부연 설명한 것이라고 했다. 또 여섯째 구절 "致中和 天地位焉 萬物育焉"의 치중화致中和는 수도지교修道之敎를 부연 설명한 것이다. 이런 양상은『중용장구』12장·13장·14장도 마찬가지이다. 아울러『중용장구』뿐만이 아니라『맹자집주』또한 같은 구조로 이해될 수 있다.

> 『맹자』도 오히려 이와 같으니, 맹자가 말한 첫 번째 화두話頭는 곧바로 아래 장의 대지大旨이다. 매 장章마다 이를 모방하였다고『맹자집주』에서 말했는데, 배우는 자들이 도무지 깨닫지 못한다.[29]

인용문에서 홍여하는『맹자』의 구조가 맹자의 언설을 장의 대지로 제일 앞에 두고 두 번째 구절부터는 첫 구절을 부연 설명한 것이라 했다. 이는 자신의 주장이 아니라,『맹자집주』「양혜왕상梁惠王上」에 "인仁이란 마음의 덕이자 사랑의 이치이다. 의義란 마음의 제어함이자 일의 마땅함이다. 이 두 구절은 1장의 대지이고 아래 장은 상세하게 말한 것이다. 이후도 대부분 이것을 모방하였다[仁者 心之德 愛之理 義者 心之制 事之宜也 此二句乃一章之大指 下文乃詳言之 後多放此]."라고 한 주자의 설에 근거하였다. 즉, 주자는 사서 각 편마다 앞부분에 대지를 제시하고, 본문에서는 대지와 호응이 되게 주석을 진행하고 있음을 주목하였다.

그래서 홍여하는 편제篇題와 제사題辭가 경문經文과 긴밀하게 조응하는 점도 주자의 경서 해석이 우수한 이유 중의 하나로 들었다. 편제篇題란 집주에서 편명篇名과 경문經文이 시작되는 사이에 달아 놓은 주석문을 가리

---

29 같은 곳, "孟子却如此 孟子開口第一頭話 便是下章大旨 每章倣此 集註言之 而學者都不曉得."

키는 것으로, 예를 들어 『논어집주』 「학이學而」 편의 "차위서지수편此爲書之首篇……"과 「위정爲政」 편의 "범이십사장凡二十四章" 등이 여기에 해당한다. 제사題辭는 『소학小學』처럼 텍스트나 편篇의 성격과 핵심 내용을 개략적으로 설명한 글이다. 홍여하는 "『논어집주論語集註』의 편제는 다多 자와 개皆 자로 안목眼目을 삼았다."[30]고 하고, "편제篇題가 없는 곳은 모두 그 가운데 소제사小題辭가 있다."[31]고 하였다. 또 『논어』의 「향당鄕黨」 편과 『맹자』의 「공손축公孫丑 하下」 편의 편제가 유사한 점에 착안하여 "「공손추 하」 편은 『논어』의 「향당鄕黨」과 같고, 만장萬章은 『논어』의 공야장公冶長과 같다."[32]고 하였다. 이러한 언급은 모두 집주에 제시된 편제와 제사의 중요성을 강조한 것이다.

"본심本心의 덕이 없어질 것이다[本心之德亡矣]."는 구절과 "덕행德行은 본本이다[德行本也]."는 구절과 "복례復禮의 근본은 아니다[非復禮之本]."는 구절과 "그러나 '예악의 근본에 통달했다.'고 할 수 있다[然可謂達禮樂之本]."는 구절의 몇 개 본本 자는 모두 편제篇題의 무본務本 자와 호응하며 다른 편도 이것을 모방했다.[33]

인용한 대목은 모두 『논어집주論語集註』 「학이學而」 편에 보이는데, "본심지덕망의本心之德亡矣"는 "교언령색巧言令色 선의인鮮矣仁"의 주석이며, "덕행본야德行本也"는 "제자입칙효弟子入則孝 출칙제出則弟……"의 주석이

---

30 『목재집』 권9 〈讀書箚記 四書發凡口訣〉, "論語篇題 以多字皆字 爲眼目."
31 같은 곳, "無篇題處 其中皆有小題辭 里仁中 自吾道一貫 至此十章 爲曾子門人所記 子罕中 自此以下勉人進學不已之辭 此卽小題辭也."
32 『목재집』 권9 〈讀書箚記 孟子〉, "此篇 猶論語之鄕黨 萬章 猶論語之公冶長."
33 『목재집』 권9 〈讀書箚記 四書發凡口訣〉, "本心之德亡矣 德行本也 非復禮之本 然可謂達禮樂之本 數箇本字 皆照應篇題務本字 他篇倣此."

며, "비복례지본非復禮之本"과 "연가위달례악지본然可謂達禮樂之本"은 "예지용례之用 화위귀和爲貴 ……"의 주석이다. 「학이」 편 편제에 "이 편은 책의 머리 편이 된다. 그러므로 기록한 내용이 모두 근본을 힘쓰는 뜻이 많다[此爲書之首篇 故所記多務本之意]."라는 구절이 있다. 주자는 『논어』 「학이」 편 편제에서 무본務本이라 하여 「학이」 편이 본본에 중점을 두고 있음을 피력하였다. 그래서 「학이」 편의 집주에는 유달리 본本 자가 많다고 하는 것이 홍여하의 주장이다.

홍여하는 편제가 단순히 한 편篇의 핵심 내용을 요약 정리하는 데 그치지 않는다고 했다. 간혹 편제는 앞뒤 편을 연결하는 핵심 어휘를 발췌하여 거기에서 숨어 있는 뜻을 드러내는 기능도 한다고 주장했다.

> 「위정爲政」 편 1장에서 제3장에 이르기까지는 "근본에 힘쓴다[務本]."는 구절의 남은 뜻이다. "배움에 뜻을 둔다[志于學]."는 구절 이하는 모두 도道로 들어가는 문이며 덕을 쌓는 터전이니, 배우는 자들이 가장 먼저 해야 할 일이다. 「위정」 편 말단의 2장章은 예악禮樂을 말했기 때문에 「팔일八佾」 편에서 결국 예악禮樂의 일에 대해 말했던 것이다. 이는 『논어』에서 혈맥血脈이 관통하는 곳이다.[34]

인용문에서 홍여하는 『논어』의 첫째 편부터 셋째 편까지인 「학이」·「위정」·「팔일」의 상관 관계에 대해 설명하였다. 그중에서도 「위정」 편의 기능을 중시하였는데, 「위정」 편은 「학이」와 「팔일」을 연결하는 역할을 한다고 했다. 인용문에서 주장한 홍여하의 설을 부연하면 다음과 같다.

「위정」 편 1장 "爲政以德 譬如北辰 居其所而衆星共之"와 2장 "詩三百 一

---

[34] 같은 곳, "爲政初章 至第三章 務本之餘意也 志于學以下 皆入道之門 積德之基 學者之先務也 爲政末二意 說禮樂 故八佾遂言禮樂之事 此論語血脈貫通處."

言以蔽之 曰思無邪" 및 3장 "道之以政 齊之以刑 民免而無恥 道之以德 齊之以禮 有恥且格"은 「학이」편 2장 "君子務本 本立而道生"과 관련이 있다. 「위정」편 4장 "吾十有五而志于學"은 「학이」편 편제의 '무본務本'과 관련이 있다. 「위정」편의 마지막 두 장 "子張問 十世可知也"와 "子曰 非其鬼而祭之諂也"는 「팔일」편의 핵심 어구인 예악禮樂과 관련이 있다. 그렇기 때문에 『논어집주』에서는 「팔일」편 편제에 "전편 끝의 2장을 통합하여 모두 예악의 일을 논하였다[通前篇末二章 皆論禮樂之事]."고 했다. 이를 종합해보면 「위정」편은 마치 수학의 교집합처럼 「학이」편과 「팔일」편의 가교 역할을 한다고 할 수 있다.

3) 문리文理를 바탕으로 한 어휘語彙의 용례 구분

선행연구자에 따르면, 『논어집주論語集註』에 구현된 주석註釋 방법은 크게 음주音註와 훈주訓註로 양분할 수 있으며, 음주音註는 14가지 훈주訓註는 8가지 유형이 있다고 했다.[35] 아울러 여기에 제시된 음주는 모두 육덕명陸德明의 『경전석문經典釋文』의 음주를 80% 이상 반영한 것으로, 주자가 당대唐代 이전의 어음으로 음주를 단 것은 음운音韻 자체보다 자의字義의 변별을 위해서였다는 주장도 있다.[36] 굳이 선행 연구자의 지적이 아니더라도 주자의 집주는 음주音注-훈주訓注의 형식으로 구성되어 있으며, 말미에 자신의 의견을 부기하였다. 음주音注는 유형이 14가지나 될 정도로 다양한 어휘가 등장한다. 예를 들어 '모위모야某謂某也'나 '모유모某猶某' 등 위謂 자나 유猶 자를 써서 경문에 제시된 어휘를 풀이하기도 한다. 여기에

---

[35] 이영호, 「〈論語集註〉의 註釋方式과 그 經學史的 繼承樣相」, 『동양학』 제35집, 단국대 동양학연구소, 2004, 3~7쪽 참고.
[36] 이재석, 「四書章句集註 音註의 훈고학적 연구」, 성균관대 박사논문, 1995.

쓰인 단어는 주자가 고안해 낸 독특한 것으로, 집주集註의 특징을 잘 드러내 주기도 한다.

홍여하도 주자가 구가한 음주音注와 훈주訓注의 주석 방법을 정확하게 이해하고 있었던 것으로 보인다. 특히 홍여하는 자칫 동의어나 허사로 간주하기 쉬운 글자들도 그 용례의 정밀한 구분을 주문하였는데, 예를 들어 언焉 자와 야也 자가 여기에 해당한다.

> 건괘乾卦 단사彖辭 본의本義에 "건乾이라는 이름과 하늘의 상象이 모두 바뀌지 않은 것이다."라고 한 것
> 건괘에서는 "개불역언皆不易焉"이라 하고 곤괘坤卦에서는 "개불역야皆不易也"라 했으니, 야也 자는 결사決辭로 곤괘가 아래에 있기 때문이다.[37]

인용문은 『주역본의』 건괘와 곤괘를 풀이한 대목이다. 홍여하는 이 대목에서 건괘乾卦는 "개불역언皆不易焉"라 하고 곤괘坤卦에서는 "개불역야皆不易也"라 하여 언焉 자와 야也 자에 주목하였다. 홍여하의 설명에 따르면, 건괘는 곤괘와 짝으로 설명했기에 문장의 끝부분에 연결의 기능을 지니는 언焉 자를 사용하였고, 곤괘는 종결의 뜻을 지니므로 야也 자를 썼다는 것이다. 이는 종결형 어조사의 차이를 명확하게 구분하여 『주역본의』를 정확하게 이해하려는 시도이다. 이외에도 『주역』 해석에서 볼 수 있는 정확한 어휘 구분은 접속사 이而 자의 순·역접 기능, 부否 자의 등을 풀이한 대목에서도 찾아볼 수 있다.

홍여하의 집주 분석은 훈주訓注에 있어 보다 세밀해진다. 주자는 집주를 통해 송대 이전의 고주古注와 정이程頤·여조겸呂祖謙·범조우范祖禹 등 송

---

37 『목재집』 권9 〈讀書箚記 周易〉, "乾彖辭本義 乾之名 天之象 皆不易焉 乾曰 皆不易焉 坤曰 皆不易也 也字 決辭 坤卦在下故."

대 여러 학자들의 설을 다양하게 인용하여 주석하는 방식을 채택하였다. 아울러 '우안愚案', '차언此言' 등의 용어를 사용하여 자신만의 새로운 해석을 피력하기도 했는데, 홍여하는 이 경우에 쓰인 어휘語彙에도 차이가 있음을 주목하였다. 언言 자와 개蓋 자의 경우를 예로서 살펴보기로 한다.

> 구句를 해석할 때는 모두 해석한 곳에 합치하게 했는데, 혹 언言 자를 첫 머리에 쓰기도 하고, 혹 개蓋 자를 첫 머리에 쓰기도 하고, 혹 곧바로 말하기도 했다. 언言 자를 쓴 곳은 억양抑揚과 운절韻折이 대문大文과 흡사하고, 개蓋 자를 쓴 곳은 자기의 견해를 거칠게 제시하였기 때문에 감히 그것이 반드시 그렇다고 확정하지 않았다. 곧바로 말한 곳은 자기의 견해가 정당正堂하기 때문에 언言 자도 없고 또한 개蓋 자도 없다.[38]

인용문은 집주에서 언言 자와 개蓋 자, 그리고 같은 맥락이지만 두 글자를 쓰지 않고 곧바로 설명해 나간 경우를 구분하여 설명하고 있다. 주자는 집주에서 특정 단어의 음주音注를 제시하고 곧바로 이어지는 문장에서 그렇게 설정한 이유를 설명하였다. 이 대목에서 등장하는 글자가 바로 언言 자와 개蓋 자이다. 언言 자는 경문과 주석문의 운절韻折과 억양抑揚이 일치하는 경우에, 개蓋 자는 경문과 주석문에 차이가 있어 주자의 개인적 의견을 제시하였지만 약간 자신이 없을 경우에 썼다고 했다. 아울러 경문과 주석문이 차이가 있지만 자신의 의견에 확신이 있을 경우에는 개蓋 자를 쓰지 않고 곧바로 그 이유를 설명하였다는 것이다.

집주의 훈주는 언言 자나 개蓋 자처럼 문맥과 조리에 관련된 글자 이외의

---

38 『목재집』 권9 〈讀書箚記 四書發凡口訣〉, "釋句 畢合釋處 或以言字起頭 或以蓋字起頭 或直說其下言字處 抑揚韻折 與大文恰似 其下蓋字處 略涉己見 故不敢質其爲必然也 其直說處 却正正堂堂 故無言字 亦無蓋字."

경우에도 관심의 대상이었다. 홍여하는 집주에서 풀이한 글자는 특별한 이유가 있음을 주목하고, 그 이유를 다음과 같은 몇 가지 용례로 밝혔다.

> 자훈字訓의 범례는 한 자에 원래 한 가지 뜻만 있는 경우는 풀이하지 않았으니, 예를 들어 충신효제忠信孝悌의 유이다. 한 가지 뜻인데도 풀이한 경우는 선언善言이나 덕행德行에 근본을 둔 경우이다. 그 나머지 한 글자가 두 가지 뜻을 통용한 경우에는 모두 풀이하였는데, 예를 들면 선鮮 자는 소少 자와 명明 자의 뜻을 겸하기 때문에 풀이하였고, 회懷 자는 염념 자와 포포抱 자의 뜻을 가지고 있기 때문에 또한 풀이하였다. 두 가지 뜻을 모두 가지고 있는 경우에는 매 글자마다 풀이하였는데, 예를 들어 『대학장구大學章句』에서 "도道는 언言이다."라는 유와 『논어집주』에서 "군자는 지위로 말한 것이다."는 유이다.[39]

인용문에서 홍여하는 집주의 훈주 대상은 특정 단어에 풀이가 있는 경우와 없는 경우로 양분할 수 있다고 했다. 먼저 충忠·신信·효孝·제悌 같은 글자는 이견異見이나 오해의 소지가 없기 때문에 풀이하지 않았다고 했다. 굳이 해석이 필요한 글자는 비슷한 의미의 두 가지 뜻으로 통용되거나, 전혀 다른 두 가지 뜻을 다 가지고 있는 경우는 해당 어휘의 용례를 직접 제시하며 풀이하였다고 했다. 후자는 『대학장구』 전문3장 "如切如磋者 道學也"·전문10장 "道得衆則得國 失衆則失國"의 도道 자를 언言 자로 풀이한 경우와 『논어』 「양화陽貨」 편의 "君子學道則愛人 小人學道則易使也"란 구절을 『논어집주』에서 "君子小人 以位言之"로 풀이한 것을 용례로 들었다.

---

39 같은 곳, "字訓凡例 一字元一義者 無釋 如忠信孝悌之類 一義而有釋者 本諸善言德行也 其餘 一字通二義者 皆有釋 如鮮字兼少字明字之義 故有釋 懷字有念字抱字之義 故亦有釋 二義俱有 則逐字每釋 如大學 道言也之類 論語君子 以位言之之類 但有一義 則更無釋 如論語二十篇 更不釋鮮字之類."

4. 홍여하 경서 해석의 특징과 의의

지금까지의 논의를 통해 홍여하는 주자의 경서 해석이 첫째, 선진先秦 이상의 언어를 사용하였으며, 둘째 경문 첫 구절에서 대지를 제시하였고 그 아래 구절부터는 대지를 부연 설명한 구조로 이루어져 있음을 간파하여 편제篇題와 제사題辭를 통해 이를 밝혔으며, 셋째 실사實詞와 허사虛詞 한 자도 그 쓰임을 낱낱이 구분하여 문리文理에 적확한 해석을 내놓았다는 점을 들어 주자 해석을 매우 신뢰하고 있음을 살펴보았다.

그러나 주자의 경서 해석이 어휘나 구절의 상관관계를 잘 조명하였다고 해서 이처럼 상당할 정도의 신뢰를 보인다는 것은 납득하기가 쉽지 않다. 홍여하는 주자의 경서 해석이 공맹孔孟이 말로 드러내지 못했던 언외지의言外之義를 제시하였기 때문에 더욱 존숭의 태도를 보였다. 홍여하는 주자의 사서 해석을 다음과 같이 종합하였다.

> 성학聖學의 연원淵源은 열여섯 글자일 뿐이기 때문에 노선생[朱子]은 『논어』의 인仁 자를 풀이할 때 매 장章마다 반드시 천리天理와 인욕人欲이란 글자를 썼으니, 천리는 바로 도심道心이고 인욕은 바로 인심人心이다. 『대학』의 첫 장을 풀이하면서 "대개 반드시 천리의 지극함을 다하여 조금이라도 인욕의 사사로움이 없도록 한다."라고 했고, 『중용』의 첫 장에서는 "천리의 본연本然을 보존하고 인욕이 장차 싹트려는 것을 막는다."라고 했으니, 모두 경문에서 말로 다 표현하지 못한 뜻을 드러내기 위해서였다. 『맹자』에 이르러서는 더욱 그것을 자세하게 했으니, 이것은 사서四書를 읽는 첫 번째 뜻이다.[40]

---

40 『목재집』 권9 〈讀書箚記 四書發凡口訣〉, "聖學淵源 十六言而已 故老先生釋論語仁字 章章必使用天理人欲字 天理 卽道心 人欲 卽人心也 釋大學首章曰 蓋必有以盡夫天理之極 而無一毫人欲之私也 中庸首章曰 存天理之本然 遏人欲於將萌 皆所以發明經文言外之意也 至孟子尤詳焉 此四書中開卷第一義."

인용문에서 홍여하는 성학聖學의 연원이 『서경書經』「대우모大禹謨」의 "인심은 위태롭고 도심은 은미하니, 정하며 한결같이 하여야 진실로 그 중을 잡는다[人心惟危 道心惟微 惟精惟一 允執厥中]."는 16글자라 했다. 여기서 말하는 인심人心은 바로 인욕人慾이고, 도심道心은 천리天理이다. 그러므로 성학聖學과 관련된 말을 풀이하기 위해서는 천리天理와 인욕人慾이란 말로 대체하여 풀이할 수 있겠는데, 이를 주자가 잘 구현했다는 것이다. 이처럼 홍여하는 주자의 경서 해석이 자구 풀이의 정밀함에다가 성학聖學의 연원을 제대로 조명하고 있으므로 신뢰할 수 있다는 보았다.

　　여기서 조선조 학자들의 주자설 신뢰에 대해 몇 가지 짚어볼 필요가 있다. 선행연구자의 지적처럼 조선의 경학가들 중에는 사서四書를 경문經文에 한정해서 접근한 이는 거의 없으며, 대부분의 경우 주자 해석이라는 1차 프리즘을 통과해서 경문으로 접근하였다는 주장[41]은 설득력을 지닌다. 그래서 지금까지의 경학 관련 연구는 조선의 학자들마다 주자설을 어떻게 인식하였는가에 대한 분석이 1차 과제였다. 그러다보니 주자학/실학 아니면 주자학/반주자학(혹은 탈주자학)이라는 이분법적 구도에서 연구가 진행되기도 했고, 조선의 경학가들은 모두 주자학의 범주에서 벗어나지 못한다는 다소 모호한 결과를 표출하기도 했다. 이러한 경향에 따라 주석註釋에서 저자의 비판적 독창성을 추출하는 데에 지나치게 주력하면서, 경서주석이 그 시기의 사상사를 포괄적으로 구현하거나 저자의 사회정치사상을 내포하지 않는다는 주장도 제기되었다. 게다가 주석註釋에서의 평범한 표현이나 서술 체계마저 주자학 비판을 위한 의도에 의한 것이라고 주장되기도 하였다.[42]

41　류준필,「〈논어(論語)〉 경학에서의 "학(學)" 개념과 그 인식 층위 - 조선 주자학자의 "학이시습지(學而時習之)"장(章) 주석을 중심으로 - 」,『한국한문학연구』45, 한국한문학회, 2010.
42　강지은,「17世紀 經學方法論 硏究 - 獨創性 및 批判性을 尺度로 한 經學硏究를 대신하여 - 」,

선행 연구들을 십분 수용하여 조선 학자들이 공통적으로 주자의 경서 해석을 신뢰하였다고 인정해보자. 그렇다고 해서 주자 해석의 신뢰란 명제가 시원스레 해결된 것은 아니다. 천견淺見으로는 조선 학자들이 주자의 경서 해석을 신뢰 또는 존숭하였다면, 신뢰하게 된 이유나 어떤 구절을 특별히 주목했는지 등에 대해서 보다 정밀한 고찰이 필요하다고 여겨진다.

17세기에 들어와 경서經書 언해諺解의 완성과 보급,『주자대전』·『주자어류』등 주자학 관련 자료들에 대한 이해의 심화, 사서오경대전본四書五經大全本의 정밀한 분석 등으로 주자설에 대한 신뢰가 공고화되기 시작했다. 이러한 경향은 임·병 양란을 겪고 난 뒤에 확립되기 시작한 조선인들의 중화中華 의식 등 사회적 요인도 작용했음은 부정할 수 없다. 하지만 주자설이 신뢰와 공고화되는 무렵 이를 대하는 기호와 영남학자들의 태도는 약간 상이했다고 할 수 있다. 예를 들어 이황의 직전제자인 이덕홍李德弘·조호익曺好益 등을 중심으로 한 영남학자들은 경서의 대전본大全本 주자주朱子註와 소주小註를 바탕으로 해석에 치중한 반면, 송시열宋時烈과 김창협金昌協·권상하權尙夏 등이 중심이 된 노론계열 학자들은 소주小註의 문제점을 인식하고 이를 해결하기 위해 노력하였다. 그렇지만 이황은 주자의 경서 해석에 일부 문제가 있음을 주자의 설을 인용하여 증명하기도 하는 등[43] 주자의 설을 무조건 맹종盲從하는 태도를 보이지는 않았으며, 이는 그의 직전 제자들에게도 그대로 나타난다. 이에 반해 김장생의 학설을 계승한 송시열은 주자의 경서 해석보다 믿을 수 있는 것은 없으며, 후대의

『퇴계학보』128, 퇴계학연구원, 2010.

[43] 李滉,「論語釋義」,「公冶長」편,〈言性與天道〉조, "子의 言ᄒᆞ신 性과 다못 道는 可히 시러곰 듣디 몯ᄒᆞ얏 양이다 今按 此說近之而有未穩 蓋子貢始得聞之而歎曰 文章固學者所可聞 性與天道 學者有不可得而聞者 是可得聞不可得聞 皆非子貢之聞不聞 乃他學者之聞不聞 子貢惟能 己得聞之 故能知學者之未易得聞而發此歎耳 若己未曾聞之 何以知學者之可聞與不可聞邪 說者之意 似以兩聞字 皆爲子貢之聞 又不會可字意 爲此誤說 當云 子의 性과 다못 道를 言ᄒᆞ샤믄 可히 시러곰 聞티 몯ᄒᆞ리라."

학자들이나 소주小註의 오류 등의 이유로 주자의 설이 잘못 인식되었다고 했다.[44] 이를 통해 17세기 주자설이 조선 학자들에게 공고화, 혹은 고착화 되는 양상은 송시열과 그의 문도들이 가장 강렬했다고 할 수 있다.

홍여하는 젊은 시절을 한양에서 보내고 40세가 넘어서 고향으로 돌아 왔으며, 어린 시절 잠시 정경세에게 배운 것을 빼고는 기호학자들과 두루 교제의 폭을 넓혔다. 이런 사실을 통해 홍여하의 학문은 기호와 영남의 그것을 모두 접했다고 할 수 있고, 홍여하의 경서 해석이 주자설의 신뢰와 존숭 양상을 보이는 것도 이런 배경을 간과할 수는 없을 것이다. 하지만 홍여하의 경서 해석은 독서와 궁리를 통한 자득自得의 과정이 보다 더 영향을 미쳤을 것으로 생각된다. 이는 홍여하의 이른바 '독서시讀書詩'를 통해 쉽게 짐작할 수 있다.

홍여하가 주자의 경서 해석에 쓰인 '언言 자와 개蓋 자' '칙則 자와 이而 자' '야也 자와 언焉 자' 등의 차이를 정확하게 구분한 것은 오랫동안 잠심潛心한 결과물이다. 또 사서四書의 주석문이 대부분 선진先秦 이전의 언어를 인용한 점, 편제篇題가 특정 편篇의 대지를 요약하였다는 사실, 경문 첫 구가 아래에 이어지는 구의 대지를 제시하였다는 점 등은 전대의 학자들에게서는 찾아볼 수 없는 홍여하만의 독창적인 주장이다. 이와 같은 주장은 동시대에 활동했던 송시열의 설과 비교가 된다. 송시열은 주자설의 우수성을 강조하기 위해 소주의 오류를 분석하고, 이황李滉의 설 가운데 잘못된 점을 지적하는 등 주자설朱子說과 직접적으로 관련이 없는 데서 그 요인을 찾았다. 즉, 주자설이 왜 좋은지에 대한 깊이 있는 천착은 부족했던 것이 사실이다. 그렇지만 홍여하는 위에서 언급한 것 외에도 주석문의 조리條理가 경서 전체의 맥락과 일치하는 등의 몇 가지 사실을 통해 주자설의

---

[44] 전재동, 「宋時烈과 朴世采의 退溪說 비판 - 退溪四書質疑疑義〈論語〉분석을 중심으로 -」, 『한국한문학연구』 42집, 한국한문학회, 2008.

우수함을 드러냈다. 그러므로 송시열의 주자설 신뢰는 외재적 요소를 바탕으로 하였고, 홍여하의 주자설 신뢰는 주자설 자체에 바탕을 두고 있다 할 수 있다.

홍여하의 경서 해석에 대한 이와 같은 평가는 반대로 왜 주자설에 의심을 두지 않았느냐는 의문이 제기될 수 있다. 서두에서도 지적했듯이, 홍여하의 경서 해석은 철저하게 주자설을 신뢰하는 양상으로 표출되었다. 홍여하가 왜 주자설을 신뢰하였는지에 대해선 이미 밝혔으므로 '맹종盲從'의 혐의는 피할 수 있을 듯하다. 아울러 인조반정을 통한 대명對明 의식 강화, 두 차례의 예송禮訟을 통한 주자설의 확립 등 17세기 중반의 사회적 분위기 또한 위의 질문에 한 가지 답이 될 수 있다고 여겨진다. 다시 말해 17세기 중반의 주자설 신뢰 및 존숭은 단순히 일부 학자들이 주장하던 의견이 아니라, 사회 전반의 추세이자 흐름이었다고 하는 것이 설득력을 얻으리라 생각된다. 따라서 17세기 영남학자들의 경학에서 엿볼 수 있는 주자설 신뢰와 존숭에 대한 명제는 그 정도와 내용의 차이에 논의의 초점을 두어야 할 것이다.

5. 결론

이상의 논의를 통해 홍여하의 경서 해석이 주자설을 신뢰하고 있으며, 주자의 주석이 첫째 선진先秦 이전의 언어를 사용하고, 둘째 경문의 첫 구와 편제篇題에서 대지를 제시한 사실, 셋째 문리文理를 바탕으로 실사와 허사의 정확한 구분 등을 양상을 보이기 때문에 우수하게 여겼음을 밝혔다. 이런 과정에서 홍여하의 경서 해석을 동시대 송시열의 경서 해석과 비교하면, 홍여하가 보다 주자설 자체에 바탕을 두고 신뢰의 모습을 보이고 있다는 특징을 살펴보았다.

이 글은 『목재집』에 수록된 산문·독서시 등과 경학과의 상관관계를 밝혀 홍여하의 궁경관과 경서 해석 양상, 특징을 구명하기 위해 작성되었다. 독서시와 경학과의 관계는 기존의 연구를 통해 거칠게나마 조명하였기에 이 글은 산문과 경학의 연관관계를 주목하여 홍여하의 경학과 경서 해석 등에 논의의 초점을 두었다. 이를 통해 홍여하의 경학은 첫째 『춘추좌씨전』·『사기』등 선진先秦 고문古文에 바탕을 둔 문체를 중시하고 있으며, 이를 궁경관에 그대로 반영하여 문장과 경학을 별개로 여기지 않았음을 조명하였다. 둘째, 주자의 경서 해석이 선진 고문에 근간을 두고 있으며, 경문과 주석문이 매우 논리적으로 호응되고 있으며, 어휘 하나조차 고심 끝에 놓이게 되어 매우 좋은 것으로 인식하고 있음을 밝혔다. 셋째, 이와 같은 홍여하의 주자설 신뢰는 그전의 학자들에게서는 볼 수 없는 독창적인 견해이며, 동시에 활동한 송시열과 비교하여 보다 주자설 자체를 신뢰함을 주목하였다.

　이와 같은 노력에도 불구하고 홍여하의 경서 해석에서 퇴계설을 언급하지 않는 점은 여전히 과제로 남는다. 홍여하가 '대방大方'이라 칭하면서 자주 의문疑問되는 구절을 질의했던 이구李榘는 이황의 경서 해석을 매우 신뢰하여 이를 자신의 해석에 적극 반영하는 태도를 보였다. 그렇기 때문에 홍여하가 이황의 경서 해석을 보지 못했을 가능성은 매우 낮은데도, 그의 경서 해석에는 이황과 직전 제자들의 설에 대한 언급이 전혀 없다. 이황의 『사서석의』가 그의 사후 40여 년이 지나서야 간행된 점, 그의 직전 제자들이 남긴 경서 해석 자료가 온전하게 구명되지 않은 점 등 17세기 퇴계학파의 경학 및 경서 해석에 대한 연구가 아직 미진한 것이 사실이다. 또 홍여하의 경학은 그가 영남학파의 영향에서 비교적 자유로웠다는 최근의 연구가 발표되었지만, 퇴계학파들과의 비교 연구는 빠뜨릴 수 없다는 점을 감안하면, 향후 이에 대한 보다 정밀한 분석이 필요하다고 여겨진다.

| 참고문헌 |

李滉, 「論語釋義」, 『한국경학자료집성 논어1』, 성균관대학교, 1990.
鄭道應, 『無忝齋集』, 한국국학진흥원 소장본.
정여창, 『一蠹集』, 한국문집총간 15, 민족문화추진회.
鄭蘊, 『桐溪集』, 한국문집총간 75, 민족문화추진회.
洪汝河, 『木齋集』, 한국문집총간 124, 민족문화추진회.

권진옥, 「木齋 洪汝河의 散文批評 一考」, 『Journal of Korean Culture』 17, 한국어문학국제포럼, 2011.
김근호, 「목재 홍여하의 경학관에 나타난 성리사상」, 『朝鮮時代史學報』 104권, 조선시대사학회, 2023.
김선화, 「洪汝河의 歷史認識」, 한양대학교 석사논문, 1987.
김영택, 「木齋 洪汝河의 歷史意識과 文學觀 硏究」, 안동대학교 석사논문, 2004.
김현영, 「목재 홍여하의 시대와 그의 역사인식」, 『朝鮮時代史學報』 104권, 조선시대사학회, 2023.
류준필, 「논어(論語) 경학에서의 "학(學)" 개념과 그 인식 층위 - 조선 주자학자의 "학이시습지(學而時習之)"장(章) 주석을 중심으로 - 」, 『한국한문학연구』 45, 한국한문학회, 2010.
박종순, 「木齋 洪汝河 詩文學 一考」, 『朝鮮時代史學報』 104권, 조선시대사학회, 2023.
신항수, 「17세기 중반 洪汝河의 田制認識」, 『한국사상사학』 8, 사상사회연구소, 1987.
양승호, 「목재(木齋) 홍여하(洪汝河)의 한시(漢詩) 창작양상」, 『동방한문학』 83집, 동방한문학회, 2020.
_____, 「木齋 洪汝河의 田園詩에 나타난 정서지향과 표현양상」, 『국학연구』 46집, 한국국학진흥원, 2021.
_____, 「木齋 洪汝河의 저술과 문예의식」, 『영남학』 82권, 경북대학교 영남문화연구원, 2022.
이경동, 「목재 홍여하의 현실인식과 경세론」, 『朝鮮時代史學報』 104권, 조선시대사학회, 2023.
이근호, 「17세기 중반 洪汝河의 정치 활동과 정치운영론」, 『朝鮮時代史學報』 104권, 조선시대사학회, 2023.
이영호, 「論語集註의 註釋方式과 그 經學史的 繼承樣相」, 『동양학』 제35집, 단국대 동양학연구소, 2004.
이인복, 「홍호(1586-1646)의 생애와 현실대응」, 『국학연구』 47집, 한국국학진흥원, 2022.
장윤석, 「17世紀 嶺南 南人 吳澐과 洪汝河의 歷史認識」, 경북대학교 석사논문, 2007.
전재동, 「讀書詩를 통해 본 洪汝河의 經書 解釋」, 『대동한문학』 34, 대동한문학회, 2011.
_____, 「洪汝河의 詩世界 硏究 - 文學論과 作詩 樣相 分析을 중심으로 - 」, 『대동한문학』 37, 대동한문학회, 2012.
최금자, 「목재 홍여하의 '述懷'시에 반영된 사회현실」, 『영남학』 73, 경북대학교 영남문화연구원, 2020.
_____, 「목재 홍여하의 교유 양상 연구 : 교유시를 중심으로」, 『동양한문학연구』 59집, 동양한문학회, 2021.

홍여하의 전원시에 나타난 정서지향과 표현양상*

양승호
경북대학교 한문학과 강사

1. 머리말

사람이 세상을 살아가면서 삶의 터전만큼 중요한 것이 없다. 현재 살고 있는 삶의 터전에서 기본적인 의식주를 해결하며, 그 속에서 생각과 감정을 공유하게 된다. 그렇기 때문에 삶의 터전에 따라 한 인간의 삶과 가치관, 정서 등이 다양하게 나타나게 된다. 현재 우리의 모습만 봐도 도시와 향촌의 삶은 극명하게 갈린다. 도시는 바쁘고 분주하고 화려하지만, 향촌은 한가하고 여유로우며 적막하리만큼 고즈넉하다. 도시가 동적이라면 향촌은 그에 반해 정적이다. 또 향촌의 삶 중에서 산과 숲을 기반으로 살아가는 삶과 바다와 강을 터전으로 살아가는 삶 또한 살아가는 방식이 다르다. 그러므로 그 속에서 살아가는 사람의 생각과 가치관, 정서는 모두 다를 수밖에 없다. 그만큼 한 인간에게 있어 삶의 터전이 미치는 영향은 절대적일 수밖에 없다.

이런 관점에서 보면 삶의 터전은 한 인물의 작품세계에서 고스란히 반영되어 나타나게 된다. 여러 장르에서 다양하게 나타나겠지만 한시에서는

---

* 이 글은 2021년 『국학연구』 46집에 게재된 「木齋 洪汝河의 田園詩에 나타난 정서지향과 표현양상」을 수정·보완한 것임.

전원시田園詩에서 두드러지게 나타난다고 할 수 있겠다. 전원시는 작가가 살고 있는 일상적인 삶의 터전 속에서 보고 느낀 각종 소재를 바탕으로 시를 짓고, 그 속에 작가의 생각과 감정을 투영하여 표현하기 때문이다.

17세기 대표적인 영남학파의 인물로 알려진 목재 홍여하(1620~1674)는 그의 대표적 저서인 『휘찬여사彙纂麗史』·『동국통감제강東國通鑑提綱』때문에 역사가에 초점을 맞추어 많은 연구가 진행되었다.[1] 또, 그의 대표적 저작인 「주역구결周易口訣」·「의례고증儀禮考證」·「사서발범구결四書發凡口訣」·「사서구의四書口義」때문에 경학가에 초점을 맞추어 연구되기도 하였다.[2] 하지만 그는 258제題 391수首라는 당시의 여타 다른 문인들에 비해 비교적 많은 양의 한시를 남긴 문학가이자 시인이었는데, 그의 한시에 대한 연구는 미미한 실정이다. 하지만 다양한 전고와 용사가 동원되어 해박한 역사관이 드러나는 시와 양명학 배척 태도가 보이는 시 위주로 연구가 진행되었다.[3] 또 해박한 역사관을 바탕으로 역사에 관해 읊은 시와 독서를 통해 얻은 지식을 통한 자기반성을 읊은 시 위주로 창작하였고, 그의 시 세계가 주자학적 세계관이 투영되어 영남지역 퇴계학파의 이론을 확립함에 기여하였다는 점을 강조하기도 하였다.[4] 이러한 연구를 통해 목재의 철학

---

[1] 김선화,「洪汝河의 歷史認識」, 한양대학교 석사논문, 1987; 신항수,「17세기 중반 홍여하의 전제의식」,『韓國思想史學』8, 한국사상사학회, 1997; 김영택,「木齋 洪汝河의 歷史意識과 文學觀 硏究」, 안동대학교 석사논문, 2004; 장윤석,「17世紀 嶺南 南人 吳澐과 洪汝河의 歷史 認識」, 경북대학교 석사논문, 2007; 도현철,「목재 홍여하의 역사서 편찬과 고려사 인식」,『韓國思想史學』43, 한국사상사학회, 2013; 박인호,「『동국통감제강』에 나타난 홍여하의 역사인식」,『퇴계학과 유교문화』, 경북대학교 퇴계연구소, 2014; 박인호,「『휘찬여사』〈열전〉에 나타난 홍여하의 역사인식」,『장서각』31, 한국학중앙연구원, 2014.
[2] 홍원식,「목재 홍여하의 생애와 성리설」,『韓國思想史學』43, 한국사상사학회, 2013; 전재동,「讀詩詩를 통해 본 洪汝河의 經書 解釋」,『大東漢文學』35, 대동한문학회, 2011; 전재동,「木齋 洪汝河의 經學觀과 經書 解釋」,『嶺南學』23, 경북대학교 영남문화연구원, 2013.
[3] 전재동,「洪汝河의 詩世界 硏究 : 文學論과 作詩 樣相 分析을 중심으로」,『大東漢文學』37, 대동한문학회, 2012.
[4] 최금자,「木齋 洪汝河의 漢詩 硏究」, 동국대학교 석사학위논문, 2017.

관과 역사관이 반영된 한시에 대한 연구는 어느 정도 진행되었다고 볼 수 있으나, 그의 시에 대한 제재별 구체적 장르에 대한 종합적 연구는 아직 진행되지 않고 있다. 그중에 그가 삶의 터전을 바탕으로 지은 전원시는 45제 51수가 남아 있다. 그가 남긴 시 전체를 봤을 때 전원시 한 장르가 차지하는 비중이 결코 적다고 할 수 없다. 그러므로 이 글에서는 먼저 그의 일생 전반에서 삶의 터전이 어떻게 변해왔는지 알아보고자 한다. 그리고 그의 삶의 터전을 바탕으로 지어진 전원시의 구체적인 분석을 통해 이들 작품에 얼마나 많은 정서와 지향이 반영되어 있는지 살펴보고자 한다. 또, 주목할 만한 표현양상에 대해서도 논의를 전개해 보고자 한다.

2. 목재 홍여하의 삶의 터전

목재는 1620년 4월 10일에 현재 경상북도 상주시 낙동면에 속해 있는 성동리城東里에서 태어났다. 그는 어려서 자질이 뛰어났으며 총명하고 비범했다. 성종과 연산군 시절에 두 차례나 문형에 올랐던 허백정虛白亭 홍귀달洪貴達과 우암寓菴 홍언충洪彦忠으로부터 이어지는 가학의 기풍으로 그의 부친인 무주無住 홍호洪鎬에게 꾸준히 배웠다. 사서공부를 기본으로 주자의 사서집주에 매진하였고, 『주자서절요朱子書節要』를 가까이 두고 자주 읽었다. 조금 더 자라서는 역사에 관심이 많아 그의 나이 20세에 『고려사高麗史』의 초고에서 번거로운 대목을 삭제하고, 『자치통감강목資治通鑑綱目』의 요령을 함께 열거하여 일은 더하고, 글은 줄여 『휘찬여사』를 찬술하였다. 그는 공부를 배우기 위해 다른 지역으로 나가지 않고 고향에 머물며 부친에게 배우고 스스로 공부하며 저술활동과 과거시험 공부에 힘썼다.

드디어 35세가 되던 해에 진사시에 합격하고, 이어 식년 문과에 급제하여 비로소 관직 생활을 시작하게 된다. 이때 그는 태어나서 처음으로 고향을 떠나 타향생활을 시작하게 된다. 상경한 뒤 36세에 예문관검열藝文館檢閱로 처음 벼슬 생활을 시작하였고, 그해 가을에는 대교待敎에 제수되었다. 37세에 봉교奉敎로 자리를 옮겼는데 이때 송규렴宋奎濂의 반대를 무릅쓰고 이상진李象震과 이원정李元禎을 추천하는 내용과 아울러 자신의 건강상의 문제로 파직을 간청하는 소疏[5]를 올리고 나서 잠시 파직되었다. 얼마 후 바로 복직되어 시강원설서侍講院說書 · 성균관전적成均館典籍 · 사헌부감찰司憲府監察을 역임한다.

그해 11월에 사간원정언司諫院正言에 제수되어 다시 상소를 올렸는데 그 내용의 일부를 살펴보면 다음과 같다.

> 아, 말을 내거나 침묵할 때 군자는 조심해야 하니, 길흉과 화복이 조짐으로 먼저 나타납니다. 더구나 왕은 한마디의 말이 법이 되며, 한 가지의 행동이 법칙이 되기에 그 관련됨이 어떻겠습니까. 신이 요즘 여러 대신들에게 내린 비답批答을 보니, 어찌 말을 낼 때 이처럼 심하게 억양에 중도를 잃으셨는지요. 엄준하지 않고 겸양에 가깝지 않기에, 단지 한때의 분노는 풀리겠지만 자신을 가볍게 여기는 지경으로 되돌아 들어감을 깨닫지 못한 채, 위엄을 어그러뜨리고 후중을 훼손함이 이보다 심함이 없습니다. 사신史臣이 기록하면 사방으로 전달될 텐데, 장차 어떻게 하겠습니까. 아마도 전하의 평소 함양의 공부가 미진하여 그렇지 않겠습니까.[6]

---

5 洪汝河, 『木齋集』 권3, 1면, 「上番疏 丙申正月」.

6 洪汝河, 『木齋集』 권3, 4면, 「辭職疏 同年十一月拜正言」, "噫, 辭氣動靜之間, 君子之所愼, 吉凶禍福, 兆眹之先見者也. 況於王者, 一言而爲法, 一動而爲則, 其所係何如也. 臣見近日答諸大臣之批, 何其辭氣之間, 抑揚失中, 若是其甚耶. 不涉於嚴峻, 不近於撝謙, 但快一時之忿 而不覺其反入於自輕之地, 觸威損重, 莫甚於此. 史臣書之, 四方傳之, 將以爲何如也. 豈非殿下平日涵養之功, 有所未盡而然耶."

갓 관직 생활을 시작한 신출내기 관원이 쓴 상소라고는 도저히 생각할 수가 없을 정도로 임금의 잘못을 힐난하는 데 조금의 망설임이나 거리낌이 없다. 심지어 임금의 잘못된 행동을 구체적으로 지적하며, 이런 행동들이 평소 공부가 부족한 탓이라고 혼내고 있는 듯하다. 직언을 아끼지 않았던 선조 홍귀달洪貴達·홍언충洪彦忠·홍호洪鎬로 이어지는 직신直臣의 후예 기질이 그에게는 왜 없었겠는가. 그는 임금과 나라를 생각하며 충언을 올리는 데 전혀 두려움이 없었기 때문이었다.

결국 이 일로 효종의 눈 밖에 나게 되어 이듬해 38세에 강원도 고산도찰방高山道察訪의 외직으로 쫓겨났다가 그해 겨울 임무를 마치고 돌아왔다. 하지만 한번 임금의 눈 밖에 난 신하의 삶은 그리 순탄하지 않았다. 결국 39세에 다시 멀고 먼 북방 함경도의 경성판관鏡城判官으로 제수되어 고향과 완전히 동떨어진 북방에서의 생활을 본격적으로 시작하게 된다. 처음 접해보는 북방의 매서운 날씨와 낯선 환경에 대한 적응도 쉽지 않았을 텐데, 그는 성심을 다해 고을을 다스렸고, 직면해 있는 문제점을 바로 잡기 위해 애썼다. 그러나 이때까지는 그의 인생에서 경성판관의 벼슬이 마지막 관직 생활이 될 줄은 그 누구도 예상하지 못했다.

북방에서의 생활이 어느 정도 적응이 되어 가던 그의 나이 40세에 현종이 내린 구언의 교지가 있었다. 이에 그는 북방 군정의 폐단을 조목조목 열거하고, 당시 붕당의 행태가 심함을 대놓고 지적하였다. 그 내용의 일부는 다음과 같다.

지금 붕당의 폐단은 화禍가 시작되면서 8~90년 동안 이어졌으니, 이 또한 사물이 극에 달하면 장차 변화할 때입니다. 참으로 오늘을 잘 구제한다면, 억만년 무강無疆한 아름다움을 기약할 수 있을 것입니다. 그러나 붕당의 화는 권신의 화보다 강렬하여 제거하기 매우 어렵습니다. 권신은 부귀에 탐닉하고 붕당은 자신들의 견해에 빠져있으니, 부귀에 탐닉하는 자들은 하루아침에

모조리 제거할 수 있지만, 자신의 견해에 빠져 있는 자들은 사람마다 갑자기 깨우치기 어렵습니다.[7]

이 상소에서 붕당의 폐단을 신랄하게 비판하고, 이어서 구체적인 인물로 이후원李厚源을 지목하였다. 이후원은 당시 이조판서였던 우암尤菴 송시열宋時烈의 서인 일파와 긴밀한 관계에 있는 사람이었다. 이 때문에 서인의 영수였던 송시열은 이는 자신을 배척한 것이라고 여겨 상소를 올린 뒤 사직하게 된다. 이 일로 말미암아 그의 삶은 당쟁의 한가운데로 빠져들게 되고, 당시 서인의 득세 속에 힘없는 영남남인 출신이었던 그에게 구원의 손길을 내려줄 사람은 없었다. 이런 소용돌이 속에서 자세를 낮추고 운신에 힘을 쏟아야 했건만, 타고난 강직한 기질은 그를 그대로 내버려 두지 않았다.

이어 병마절도사 권우權堣가 감영의 소금을 빌렸다가 소금값을 과도하게 징수한 일을 알게 되자 불의를 참지 못하고 문제 삼았다가 결국 다시 파직되었다. 이듬해인 41세에 이 일 때문에 결국 충청도 황간으로 유배되었다가 얼마 후 풀려나 고향인 함창咸昌 율리栗里(현재 경상북도 문경시 영순면 율곡리)로 돌아온다.

인생의 가장 큰 목표였던 과거 급제를 이룬 뒤 원대한 뜻을 품고 시작한 벼슬 생활이었지만, 5년 동안의 시간은 그에게 크나큰 시련만을 남겨주었다. 고향으로 돌아온 후 산택재山澤齋를 짓고 학문연구와 저술 활동에만 매진하며 벼슬에 대한 미련을 버리려고 애썼다. 하지만 그 마음이 쉽게 떨쳐질 리 있었겠으랴. 그럴 때면 그는 주변 전원을 거닐며 번뇌에 빠져있는

---

[7] 洪汝河,『木齋集』권3, 17면,「應求言教疏 己亥五月 呈政院因國恤還出給」, "今此朋黨之弊, 自始禍以來, 垂八九十祀, 此亦物極而將變之時也. 誠能善救於今日, 則億萬年無疆之休, 可得以冀也. 然而朋黨之禍, 烈於權臣, 除去之難, 殆有甚焉. 蓋權臣溺於富貴, 朋黨溺於意見, 溺於富貴者, 可以一朝而抔去, 而溺於意見者, 難以人人而遽曉也."

마음을 다잡으려고 부단히 노력하였다.

  51세에 예천의 복천촌福泉村(현재 경상북도 예천군 용궁면)으로 잠시 옮겨 존성재尊性齋를 짓고 생활하였다가 53세에 다시 율리의 산택재로 돌아왔다. 이때 『동국통감東國通鑑』을 산절하여 『동국통감제강』의 범례를 만들고 편찬을 시작하였으나 완성을 이루지 못하였다. 숙종이 즉위한 55세에 병조정랑兵曹正郎과 사간司諫의 관직이 내려졌으나 병으로 나아가지 못하고 그해 겨울 세상을 떠났다.

  이상에서 살펴보았듯이 목재의 삶의 터전은 한 인물의 일대기를 비추어 보았을 때 매우 단조롭기 그지없다. 태어나 벼슬에 진출하기 위해 과거 시험에 몰두했던 35년 대부분은 태어난 고향에서 보낸 시간이었다. 그의 문집에 실린 한시 전체 258제 391수 중에 벼슬 생활을 시작하기 전까지는 과거 공부에 몰두해 있었기 때문에 그 시기에 지은 시는 7제 8수밖에 되지 않는다. 그때 남긴 8수의 한시에는 삶의 터전과 관련된 내용이 전혀 없다. 인생의 가장 큰 목표였던 과거에 급제한 뒤 시작된 벼슬 생활은 그의 일생을 봤을 때 너무나도 짧은 시간이었다. 5년간의 관직 생활 동안 2년 남짓 서울 한양에 머물렀고 나머지 3년은 강원도와 함경도 북방 변경에서의 생활이었다. 그 뒤 관직을 버리고 생을 마감하기 전까지 보냈던 15년 남짓은 다시 고향에서의 생활이었다. 유배 후 낙향해 돌아온 고향에서는 다시 적응하는 일이 문제였고, 관직 생활 동안 상처받은 마음 또한 치유해야 했다. 그래서 그는 이 시기에 고향 전원에 애정과 관심을 많이 가지게 되었고, 그러한 정서는 자연스럽게 전원시를 통해 표출되었다.

3. 목재 전원시의 정서지향

  목재의 전원시는 그가 유배를 마치고 고향 율리로 돌아온 시기부터 집중적으로 지어지기 시작했다. 벼슬하기 전 고향 안동에서의 삶이 그의 삶에 큰 비중을 차지하고 있지만 그때 그는 과거시험 공부에 매진하고 있었기 때문에 자신이 느낀 감회나 서정을 시로 읊을 여유가 없었던 것으로 보인다. 그래서 그 시절 그가 삶의 터전에 대한 감회를 읊은 시는 전혀 찾아볼 수가 없다. 목재의 문집에 남아 있는 전원시 45제 51수의 작품을 살펴보면 다음과 같다.

〈표〉『木齋集』 수록 전원시

연번	권수	작품명	연번	권수	작품명
1	권1	述懷(乙酉避痘在山幕)	24	권2	待趙聞遠 鳴漢 不來 時以后山集見借
2	권1	詠懷(辛丑)	25	권2	四月十七日夜 記所見
3	권1	午睡	26	권2	日出入行
4	권1	次山谷畫寢韻	27	권2	壬寅七月晦晴
5	권1	偶吟	28	권2	八月四日 大雨(四首)
6	권1	閑適	29	권2	故里
7	권1	次退陶先生和東坡韻	30	권2	江上卽事
8	권1	卽事	31	권2	田家卽事(戊申)
9	권1	卽事效韋蘇州體	32	권2	辛亥正月五日 曉起有感
10	권1	海棠之東 野棠花比盛	33	권2	雨中梅未開竹盡枯(辛亥)
11	권1	六月九日 醉賦所見	34	권2	詠曉
12	권1	造桂漿	35	권2	寓居卽事
13	권1	暮煙	36	권2	舟中卽事
14	권1	福泉僑居	37	권2	晨興
15	권1	詠雨	38	권2	七月晦夜雨(己亥)
16	권2	詠晴	39	권2	偶題(七言絕句)
17	권2	老溪寓居	40	권2	偶題(五言律詩)
18	권2	有感	41	권2	晚晴
19	권2	幽居卽事	42	권2	村中絶火見炊煙有感
20	권2	題權君望(東老)雙淸堂韻	43	권2	遣興
21	권2	近看退陶集 倦則諷霽峯詩 作旬朔程課	44	권2	霖雨
22	권2	睡起	45	권2	秋霖
23	권2	四月十六 夜雨朝晴			

이 중에서 첫 번째로 등장하는 전원시는 그가 유배를 마치고 황간으로 돌아온 이듬해에 지어진 시이다. 제목에 시를 지은 간지를 부기해 놓아 창작시기를 정확하게 알 수 있다. 시의 내용을 살펴보면 다음과 같다.

지친 객 장사에서 고향으로 돌아오니	還鄕倦客自長沙
병든 눈엔 옛 물화 희미하게 보이네	病眼依俙舊物華
빈 물가 육칠 리에 꽃다운 풀 자라나고	芳草空洲六七里
가랑비 내리는 두세 집에 살구꽃이 피었네	杏花疏雨兩三家
문에서 기다리던 아이는 울다가 기뻐하고	候門童僕悲兼喜
서가에 가득한 책은 정리했다 다시 펴 보네	滿架書籤整復斜
이웃 사람 술 가지고 와 함께 낚시하며	把酒東隣來釣伴
무슨 일로 귀양을 갔냐며 함께 성을 내어 주네	共嗔何事到天涯[8]

가랑비가 내리는 살구꽃이 핀 봄날의 감상을 노래한 전형적인 칠언율시의 근체시이다. 꽃다운 풀, 살구꽃, 가랑비의 소재를 통해 봄날 다시 돌아온 고향의 계절적인 풍광을 담아내고 있다. 수련에서 나타난 '장사長沙'는 한漢나라 가의賈誼가 장사왕長沙王 태부太傅로 좌천되어 갔던 곳이다. 가의의 고사를 인용하여 목재가 황간黃澗으로 유배되었다가 고향으로 돌아온 일을 표현하였다. 병든 몸으로 지쳐 돌아온 고향에는 반겨주는 아이가 있고, 오래전에 보았던 책들은 서가에 그대로 있으며, 이웃이 찾아와 같이 술을 마시고 낚시하며 목재의 억울했던 마음을 대신해 화를 내주고 있다. 이 시에서는 억울했던 유배 생활을 마치고 고향으로 돌아온 직후에 목재의 심정이 과연 어떠했을지 들여다 볼 수 있다. 얼마나 답답했으며 억울했을까. 오로지 과거시험에 매진해 긴 세월을 보낸 뒤 청운의 꿈을 안고

---

8 洪汝河, 『木齋集』 권1, 25면, 「詠懷 辛丑」.

시작한 5년이라는 관직 생활은 고난과 시련의 연속이었으며 그가 노력한 시간에 비해 기간은 너무 짧았고, 대가는 너무 가혹했다. 그러니 그가 관직에 대한 미련을 쉬 버릴 수 있었겠는가. 하지만 당시 서인이 집권하고 있던 조정에서는 더 이상 그를 불러주지 않았고 함께 벼슬에 나아갔던 동료들조차 그를 찾아주는 이 하나 없었다. 얼마나 허무하고 외로웠을지 짐작이 되지 않는다. 그는 전원에 있으면서 그런 마음을 다잡기 위해 부단히 노력하였다. 고향에서 삶의 즐거움을 찾으려 하였고, 주변의 익숙한 환경에서 안락을 가지려 했으며 이웃의 따스함에 마음의 위안을 얻으려 하였다. 목재의 이런 심정은 다음 두 首의 시에서 연이어 드러난다.

취기에 지은 시는 깨자 다시 지우고	醉裏題詩醒復刪
늦은 시간 지팡이 짚고 가을 산을 보누나	晚來携杖看秋山
한가로운 내 신세 이 같으면 족하니	身世優游如此足
어느 곳에서 한가함을 더 구하려는가	欲於何處更求閒[9]
봄이 와도 마른 가지처럼 안석에 기대었고	春來隱几似枯枝
가을바람이 얼굴에 불어와도 깨닫지 못하네	未覺秋風拂面吹
병 속의 큰 천지는 넉넉히 얻었고	壺中剩得乾坤大
고요한 가운데 세월은 더욱 더디 가네	靜裏添教日月遲
이미 읽은 책을 보니 오랜 친구인 듯	看已讀書如宿契
막 익은 술 대하니 새로운 벗인 듯	逢初熟酒若新知
한적한 백년 일생에 오늘이 가장 좋으니	閑適百年今日最
넉넉한 즐거움 이보다 더 좋으랴	了無餘樂比於茲[10]

---

9   洪汝河,『木齋集』권1, 37면,「偶吟」.
10 洪汝河,『木齋集』권1, 38면,「閑適」.

첫 번째 시는 가을날 취기에 잠이 들었다가 깨고 난 뒤의 감상을 간략하게 표현한 칠언절구이다. 술에 취해 흥이 올라 시를 짓고 잠이 들었다가 다시 보니 부질없고 부끄러워 다시 지우고 난 후, 가을 산을 바라보며 어떤 간섭이나 속박이 전혀 없는 여유롭고 한가로운 생활에 대한 만족을 표현하고 있다. 두 번째 시는 자신의 삶을 관조하고 느낀 감회를 노래한 칠언율시이다. 봄이 오고 다시 가을이 와도 시간의 변화가 그렇게 크게 와 닿지 않는다. 흘러가는 시간이 더 이상 초조하지 않기 때문이다. 함련의 '호중壺中'은 후한後漢 때 비장방費長房이 약장사를 하는 노인을 따라 병 속으로 들어가 화려한 옥당玉堂에서 좋은 술과 안주를 실컷 마시고 즐겁게 노닐다가 나왔다는 고사에서 유래해 별천지別天地를 가리킨다. 별천지도 충분히 경험하였고, 서책을 통해 항상 곁을 지켜주는 오랜 벗도 얻었고, 막 익은 술을 통해 새로운 벗도 곁에 있으니, 이보다 더 큰 즐거움이 어디에 있겠냐고 말하고 있다. 사실은 갈 곳도 없고 친구도 없는 지독히 외로운 삶이었을 것이다. 하지만 주변의 사물에 위안을 삼아 자신의 처지를 위로하며 안분하고 있다. 그의 모습이 가상하기도 하면서 한편으로는 애잔하기도 하다. 이런 노력을 통해 목재는 벼슬에 대한 미련을 확고히 버리고 전원에서의 삶에 완전히 정착하게 되는데 다음 시에서 목재의 이런 변화된 심정을 살펴볼 수 있다.

섣달에 교남이 매화 피는 마을을 떠나	嶠南曾別臘梅村
사 년을 슬피 바라보며 공연히 애끓었네	四年悵望空銷魂
관산 만 리로 누가 매화 꺾어 보내랴	關山萬里誰折寄
차가운 날씨의 역로에 풍진만 자욱했네	天寒驛路風塵昏
꿈속에서 매화는 수죽 곁에 피었고	夢中疎影傍水竹
봄이 깊어 축객은 전원으로 돌아왔네	春深逐客歸田園
서로 만나 한번 웃으니 어제 일 같고	相逢一笑宛如昨

맑은 모습 말쑥하게 옥을 품은 듯하네	冷艷蕭蕭含玉溫
월헌에 지긋이 앉아 그윽한 향 맡다가	月軒凝坐聞暗香
새벽 창 바삐 여니 아침 해가 떠오르네	曉窓忙拓看初暾
생각하니 봉산에서 함께 선경 감상하다	憶在蓬山共仙賞
문득 도리를 따라 금문에 천거되었네	却隨桃李薦金門
맑은 흥취 가져다 진망을 분변하려는데	試把淸興辨眞妄
나는 이미 취해 잠들고 꽃은 말이 없네	我已醉睡花無言
다만 원하노니 지금부터 관직을 사양하고	但願從此謝簪笏
해마다 꽃 아래서 향기로운 술잔 기울이길	年年花下倒芳罇[11]

이 시는 퇴계退溪가 소식蘇軾의 시에 화운한 시에 다시 목재가 차운하여 지은 작품이다. 중국 송대宋代를 대표하는 시인이었던 소식과 조선을 대표하는 학자라 평할 수 있는 퇴계는 평소 목재가 흠모하며 존경했던 인물이었다. 특별히 이분들의 삶과 학문을 동경해 닮기를 바랐던 인물들이 남긴 시에 차운하며 목재 역시 자신의 삶을 돌아보고, 삶에 대한 새로운 목표를 세웠다. 또, 이 시는 그간 자신의 행적과 지금의 심정, 다짐을 읊은 목재의 전원시 중 유일하게 칠언배율로 지어진 작품이다. 아마도 자신이 겪어온 삶의 여정을 대략적으로나마 표현하기 위해서는 짧은 율시로는 한계가 있다고 여겼기 때문에 칠언배율로 지은 듯하다. 과거에 급제하고 난 뒤 매화 피는 고향 마을을 떠나 벼슬 생활을 시작하게 되지만, 북방에서 보낸 4년 남짓의 시간은 생전 처음 겪는 낯선 곳에서의 추위와 적응 때문에 애만 태우는 힘든 생활이었다. 다섯 번째 구절의 '소영疏影'은 북송北宋 때의 은사隱士 임포林逋가 지은 「산원소매山園小梅」시에 "맑고 얕은 물 위에 성근 그림자 가로 비끼고, 황혼녘 달빛 속에 은은한 향기 떠도네."[12]라는 구

---

11 洪汝河, 『木齋集』 권1, 42면, 「次退陶先生和東坡韻」.

절에서 유래해 매화를 의미한다. 붕당이 판을 치는 관직 생활은 매화같이 올곧은 자신이 어울릴 수 없는 곳임을 직감하고 자신이 있어야 할 곳은 매화가 수죽水竹의 곁에 있듯이 자신도 고향으로 돌아와 전원에서 생활하는 것이 더 걸맞다고 말하고 있다. 열두 번째 구절에 나오는 '도리桃李'는 『자치통감資治通鑑』「당기唐紀」에 당대唐代 적인걸狄仁傑이 여러 사람을 천거하여 모두 훌륭한 신하가 되니, 어떤 사람이 적인걸에게 "천하의 도리가 공의 문 앞에 다 모였습니다."[13]라고 한 고사에서 유래한 말로 어진 선비를 가리킨다. 어진 선비로 천거되어 벼슬에 나아가 그릇된 것을 바로잡기 위해 갖은 애를 썼던 자신의 모습을 돌아보고, 이제는 관직에서 물러나 말없이 향기로운 술잔만 기울이며 안분의 삶을 살겠다고 다짐하고 있다. 목재는 이 시를 기점으로 관직 생활에 대한 울분과 미련은 어느 정도 내려놓은 듯하다.

언 기왓장에 비로소 눈이 녹고	凍瓦初融雪
산새들이 언뜻 자던 잠 깨우네	山禽乍喚眠
아침 햇살을 따라 책을 읽고	觀書趁曉旭
방문을 열어 봄 날씨 느끼네	開戶覺春天
동산의 소망은 공허하기만 한데	寥闊東山望
북해의 나이 되어 슬프고 처량하네	悲涼北海年
지난날 경세제민 해 보려던 의지	向來經濟志
백발이 되니 저절로 부질없어지네	白髮任蕭然[14]

---

12 『林和靖集』, 「山園小梅」, "疎影橫斜水淸淺, 暗香浮動月黃昏."
13 『資治通鑑』, 「唐紀」, "天下桃李, 悉在公門矣."
14 洪汝河, 『木齋集』 권2, 31면, 「辛亥正月五日 曉起有感」.

이 시는 목재가 고향으로 돌아와 전원에서 머문 지 10년이 지난 1671년 1월에 지은 오언율시이다. 제목에 시를 지은 간지가 부기되어 있어 정확한 창작 연도를 확인할 수 있다. 고향에서 머문 시간도 어느덧 10년이나 흘렀다. 그동안 얼마나 많은 마음의 고뇌가 있었겠는가. 하지만 흐르는 시간만큼 목재의 마음도 편안해지고 여유로워졌다. 그렇기 때문에 초봄 새벽에 일어나 고향에서 지낸 10여 년의 시간을 돌아보고 문득 느낀 바가 있어 그 마음을 시로 지어 남겨 두었다. 어두운 밤이 지나면 새벽이 오고, 추운 겨울이 지나면 봄이 오듯, 모든 만물은 시련의 시간이 지나야 성장한다. 초봄 새벽에 일어나 생동하는 사물을 보고 깨달은 바를 담담하게 읊조리고 있다.

다섯 번째 구절의 '동산망東山望'은 진쯥나라 사안謝安이 동산에서 20년 동안 한가히 은거하면서 조정의 부름에 응하지 않다가 40세가 되어 벼슬길에 나아갔다는 고사를 인용하여, 목재가 40세까지 품었던 벼슬에 대한 미련이 덧없었음을 나타내고 있다. 여섯 번째 구절의 '북해년北海年'은 「논성효장서論盛孝章書」에서 후한後漢의 공융孔融이 "세월은 기다려 주지 않고 시절은 물 같이 흘러 50세의 나이가 되었네."[15]라고 한 구절에서 인용한 말로 목재의 나이도 어느덧 50세의 나이가 훌쩍 넘어 자신의 신세가 슬프고 처량하다고 말하고 있다. 그러면서 지난 시간 동안 가졌던 경세제민經世濟民의 뜻이 다 부질없음을 깨닫고 출사에 대한 미련을 완전히 벗어던지게 된다. 스스로 마음을 다잡기 위해, 자신의 의지를 더 확고히 하기 위해 그동안 끈질기게 가지고 있었던 관직에 대한 미련을 접어버리니 마음에는 어느새 평안이 찾아들었다. 마음이 편안하니 생활 속에서의 안분을 느끼게 되었고, 그것이 자연스럽게 자신에 대한 수양으로 전환되었다.

---

15 『文選』, 「論盛孝章書」, "歲月不居, 時節如流, 五十之年."

천지가 어두워 낮에도 어두침침하니	晦冥天地晝濛濛
한바탕 바람 불어 쓸어내기 어려워라	快掃難呼一陣風
누가 알겠는가 만 겹의 저 운무 밖	誰識萬重雲霧外
푸른 하늘에는 여전히 둥근 해가 밝음을	碧空依舊日輪紅[16]

상하가 어두침침하고 안개 자욱한데	上下沈冥杳靄邊
푸른 하늘 다시 볼 수 없을 듯하더니	渾疑不復覩靑天
잠깐 사이 비 개고 뜬구름이 걷히자	須臾雨霽浮雲捲
예전처럼 푸른 하늘에 밝은 해 떠 있네	依舊靑天白日縣[17]

  이 시는 전원에서 머물며 비가 내렸다 그친 모습을 보고 느낀 감회를 날을 바꿔가며 연이어 지은 칠언절구의 짧은 시이다. 이 두 시에서는 비가 내려 날이 어둡고 비바람이 몰아치지만, 비구름이 쓸려가고 나면 다시 밝은 해가 반겨 줄 것이라 말하고 있다. 즉, 고난의 시간이 지나고 나면 평안한 시간이 어김없이 찾아온다는 것을 날씨의 변화를 통해 비유하여 나타내었다. 어떻게 생각하면 당연한 이치지만 사람은 고난과 시련의 시간을 겪을 때, 그 시간이 지나가고 나면 행복의 시간이 도래할 것이라는 희망을 생각하기는 어렵다. 왜냐하면 당장 겪는 고난에만 힘겨워하고 괴로워하며 몸과 마음을 상하게 하기 때문이다. 목재는 지난날 자신의 모습을 돌이켜 보고 이 두 마음이 공존하게 되는 당연한 이치를 터득하여 더 이상 고통과 시련에 연연해하지 않는 초월적인 모습을 보이게 된다.

  이 두 작품은 목재의 한시 가운데 특이하게 시를 짓고 난 뒤의 부가적인 설명을 더 하고 있다. 첫 번째 시를 짓고서는 "인욕이 덮고 가릴 때에도 천

---

16 洪汝河, 『木齋集』 권1, 69면, 「詠雨」.
17 洪汝河, 『木齋集』 권1, 69면, 「詠晴」.

리의 본체는 일찍이 없어지지 않았다[人欲掩蔽之時, 天理本體, 未嘗泯息也].”라 하였고, 두 번째 시에서는 “인욕이 소진되고 나면 천리가 저절로 밝아진다 [人欲消盡, 天理自明].”라 하였다. 이 시는 단순히 전원의 날씨와 관련된 풍광을 묘사하고 있는 것처럼 보일 수 있지만, 목재는 날씨의 변화 속에서 큰 깨달음을 얻었고, 그 깨우친 이치를 마음에 새기기 위해 시를 짓고 부언을 더한 것이다. 혹여 다른 누군가가 이 시를 본다면 그 속뜻을 알지 못할까 염려되어 부연의 설명을 달아 놓은 것인지도 모르겠다. 천리는 언제든 소진된 적이 없는데 다만 인욕이 그것을 가리고 있어 알지 못하는 것일 뿐, 그 인욕이 다하고 나면 자연스럽게 천리를 깨닫게 된다는 것이다. 출사 후 입신하겠다는 인욕 때문에 천리를 깨닫지 못한 자신의 모습을 반성하고 있지만, 후회하는 모습은 보이지 않는다. 왜냐하면 인욕이 소진되어야만 그 이치를 깨달을 수 있듯이 인욕에 가리워진 고통의 시간을 겪어야만 한 단계 더 성숙해진 인간으로 나아갈 수 있다는 것을 깨달았기 때문이다. 이 때부터 목재는 인욕을 끊어버리고 내면의 수양을 통한 해탈의 경지로 들어가기 시작한다.

고달픈 전원생활 거의 모두 맛보았지만	艱苦田家幾備嘗
새벽에 일어나 생각하니 즐거움이 더욱 많네	晨興料檢樂偏長
동림에 송아지 풀기를 빨리하라 재촉하고	東林放犢催須早
남쪽 밭에 밭갈이는 종에게 물어야 마땅하네	南畝耕奴問亦當
햇살 비치는 동산 소나무엔 비취빛 모였고	旭射園松團翠色
바람에 흔들리는 걸상 대나무엔 시원한 기운 이네	風搖榻竹韻微涼
옛 책 만 권을 이제 읽지 않노니	舊書萬卷今休讀
부끄럽다 지난 시절 마음만 바빴음이	慙愧當年用意忙[18]

---

18 洪汝河, 『木齋集』 권2, 46면, 「晨興」.

이 시는 새벽에 일어나 바라본 전원의 풍광에 깨달은 바가 있어 그 감회를 칠언율시로 남긴 작품이다. 이 시에서 진정 목재가 깊은 수양을 통해 해탈의 경지로 들어간 것을 명확하게 확인할 수 있다. 자신은 전원생활에서 고달픔을 다 맛보았지만, 이곳에서의 생활은 즐거움이 더 많다는 것을 새삼 깨닫게 되었다. 더 이상의 욕심은 사라지고 안분자족할 줄 알게 된 것이다. 함련의 내용은 『논어論語』「자로子路」에 번지樊遲가 공자에게 오곡과 채소 심는 법을 묻자, 공자께서 "번지가 곡식 농사짓는 법 배우기를 청하자, 공자께서 '나는 노숙한 농부만 못하노라.'라 하였고, 원예 가꾸는 법 배우기를 청자니, 공자께서 '나는 노련한 원예사만 못하노라.'라고 하였다."[19]라 하였는데, 어떤 일을 그에 맞는 적임자에게 맡겨야 함을 말한다. 그 지역에서 과거에 급제한 학자였지만, 겸허한 자세로 신분의 위계에 대해 초월한 모습을 보이고 있다. 전원에 어울려 사는 사람에게 신분이란 있을 수 없고 다만 자신에게 걸맞은 역할에 따라 그 소임을 다하는 것이 합당한 이치임을 터득한 것이다. 당대 그 지역 명문가의 자손에게서는 도저히 찾아볼 수 없는 생각이었다. 그러면서 자신의 소임이 공부를 하여 지식을 넓히는 것이 전부인 줄 알았지만, 그것만이 전부가 아니며 그 지식을 기반으로 내면의 성찰을 통한 수양이 중요함도 아울러 깨닫게 된 것이다. 지식의 축적보다는 자아성찰을 통한 해탈이 더 중요함을 비로소 자각하게 되었다.

목재의 전원시는 유배 후 고향으로 돌아와 15년 남짓 머무르며 지은 시가 전부인데, 고향에 내려온 직후부터 10년 동안 머무르며 지은 시와 이후 영면하기 전 5년 동안에 지은 시는 성격이나 추구하는 지향이 사뭇 다르다. 처음 낙향해 지은 전원시는 어찌 보면 목재가 마음의 평안과 생활 속의 안분을 찾기 위해 부단히 애쓰는 과정에서 지어진 시였다고 본다면, 10년

---

19 『論語』,「子路」, "樊遲請學稼, 子曰, 吾不如老農. 請學爲圃, 曰 吾不如老圃."

이 지나 마음의 안분을 통한 깨달음을 얻은 뒤에 지은 시는 내면의 성찰을 통한 해탈의 경지로 들어가 전원에 머물며 그때그때 느낀 감회가 너무 좋아 넘쳐나는 감정을 억누르지 못하게 될 때 즉흥적으로 지었다고 볼 수 있다. 이 시기에 지은 시들의 제목에 즉卽, 우偶의 글자가 많이 들어가는 것만 보더라도 충분히 알 수 있다. 시의 내용에서도 울분이나 미련의 애상은 느껴지지 않는다. 활기 넘치는 밝은 분위기로 일상의 풍광을 묘사하고, 안분자족하는 생활의 즐거움을 표현한 시들이 많다. 시의 내용처럼 아마 목재는 전원에서 보낸 15년 남짓의 시간 동안 혹독한 시련을 겪은 뒤 한층 더 성장하고 더 단단해져 여생을 고향에서 편안하고 즐거운 마음으로 보내며 미련 없이 세상을 떠난 것이 아닐까.

4. 목재 전원시의 표현양상

목재의 전원시 45제 51수는 모두 오언과 칠언의 근체시로 지어졌다. 그중에 칠언절구가 18수로 제일 많고, 그다음이 칠언율시 10수이다. 또 형식적 제약이 근체시 중에 가장 까다롭다는 배율시도 3수가 있다. 이 와중에 근체시의 형식을 벗어난 시는 단 한 작품만 남아 있는데 그 시를 살펴보면 다음과 같다.

씻은 듯 긴 허공엔 찬 기운 맑게 어리는데	長空如洗湛凝寒
한 조각 검은 구름은 완연히 산과 같네	一片玄雲渾似山
달이 열길 높이 떠올라도 사람들 보지 못하더니	月高十丈人不見
깊은 밤 맑은 빛이 구름 끝에 드러나네	夜半淸光露雲端
마치 지난해 큰 바다를 볼 때처럼	恰如前年看溟渤
푸른 바다 파도 머리로 은 궁궐이 솟아나네	碧海濤頭涌銀闕

금빛 달빛 성대하게 천지를 비추는데	金波瀲瀲盪乾坤
여전히 하늘 남쪽엔 어두운 안개 자욱하네	依舊天南昏霧屯
때때로 마른번개 치고 천둥소리 나니	時看笑電逐雷鼓
팔공산 머리에는 비가 내리는가 보네	知是八公山頭雨[20]

이 시는 고향으로 돌아와 전원에서 머물며 여름밤 비가 막 그친 뒤의 풍광을 생동감 있게 표현한 칠언고시이다. 이 시는 목재의 전원시 중 유일하게 10구의 고시로 지어졌는데, 형식의 제약에서 벗어나 표현의 생동감을 더욱 추구한 작품이다. 구름을 산으로, 바다 위에 비치는 달빛은 은으로 만든 궁궐로 표현한 부분이 가장 생동감 있다. 마치 목재의 눈을 통해 그 풍광을 함께 보고 있는 듯하다. 또, 9번째 구절의 '소전笑電'이라는 표현이 참 재미있다. 이는 『신이경神異經』 「동황경同荒經」의 "지금 하늘에 비는 내리지 않지만, 번갯불이 치는 것, 이것이 천소이다."[21]라는 구절에서 인용해 마른번개를 나타낸다. 비는 내리지 않고 마른하늘에 치는 번개를 '웃는 번개'라고 한 표현이 독특하다.

형식적 제약에서 다소 벗어난 고시의 형태로 시를 지어 표현의 자유로움을 추구하였지만, 이 시를 잘 살펴보면 여전히 매 구절의 맨 끝 운자는 맞추려고 노력한 것을 볼 수 있다. 비록 운자는 환운하여 통일성은 갖추지 못했지만 1-4구, 5-6구, 7-8구, 9-10구는 각각 운자를 맞추어 놓았다. 이는 전원에서 본 풍광을 생동감 있게 읊는 와중에도 형식의 틀에서 벗어나길 지향하지 않는 그의 성격을 확연히 보여준 부분이라고 할 수 있다. 즉, 전원시 전체를 근체시의 형식으로 지었고 그중 한 작품만 칠언고시로 지었지만, 그 시에서도 환운을 써가며 운자를 맞추려고 한 것을 볼 수 있다. 표

20　洪汝河, 『木齋集』 권2, 10면, 「四月十七日夜 記所見」.
21　『神異經』, 「同荒經」, "今天不下雨而有電光, 是天笑也."

현의 아름다움을 추구한 낭만적인 시인의 면모가 보이기도 하지만 일탈과 변형을 추구하지 않는 강직한 선비의 면모 또한 동시에 볼 수 있는 부분이기도 하다. 불의와의 타협에 냉정할 만큼 강직했던 그의 성정 때문에 가혹한 관직 생활의 시련을 겪은 뒤 유배되어 돌아온 전원에서, 마음의 평안을 얻기 위해 지은 전원시에서도 이런 올곧은 면모가 드러나는 것이 아이러니하지 않을 수 없다.

또, 목재의 전원시에 나타나는 표현상의 특징 중의 하나는 전체 전원시 51수 중 24수가 절구로 지어졌다는 점이다. 절반에 가까운 양이 절구로 지어졌는데, 이는 목재가 전원에 머물면서 풍광을 보고 느낀 감회나 특별한 경험을 통해 느낀 감정을 즉시 바로 표현하기 위해 비교적 자구의 편폭이 적은 절구의 형식으로 시를 지었기 때문이다.

술 한 동이 벼루 하나 낚싯대 하나로	一罇一硯一竿竹
홀로 푸른 물결에 일엽편주 띄우네	獨泛滄波一葉船
취하면 절벽 아래에서 시를 짓고	醉裏題詩絶壁下
깨어나면 갈대 가에 낚시질 하네	醒來垂釣蘆花邊[22]

위 시는 제목에서 알 수 있듯이 배 안에서 즉흥적으로 지은 작품이다. 한 동이의 술과 벼루 하나, 한 대의 낚싯대만 가지고 배에 오른다. 홀로 푸른 강물에 배를 띄우는데 더 이상의 물건은 필요하지 않다. 흥취를 돋워 줄 술과 감상에 젖으면 지은 시를 적을 벼루와 지루한 시간을 보내줄 낚싯대만 있으면 더 이상 바랄 것이 없다. 술에 취하면 절벽 아래 파도가 잔잔한 곳에 배를 대어놓고 시를 지으면 되고, 술에서 깨면 물고기가 많은 갈대 가로 가 낚시질하며 세월을 보낸다면 전원에서 은자의 삶에 충분하기 때문이

---

22 洪汝河, 『木齋集』 권2, 19면, 「舟中卽事」.

다. 이때 일어나는 감정들은 순간적이고, 또 배 위에서의 상황은 붓을 쉽게 놀려 글을 편하게 지을 형편이 되지 못한다. 그렇기 때문에 이런 단편적인 감정을 상황에 맞게 효율적으로 빠르고 편하게 짓기 위해서는 짧은 절구로 표현하는 편이 훨씬 용이했다.

전원에 깃들어 살며 성상의 은혜 입었으니	棲息田園荷聖明
구름 갈고 달 낚시하며 남은 생 보낸다네	耕雲釣月送殘生
촌 늙은이 아무 일 없다고 함부로 말하지 말게	莫言野老渾無事
취기에 붓 듬뿍 적셔 태평성대 칭송한다네	醉裏濡毫頌太平[23]

위 시는 목재가 전원에서 아무 의미 없이 구름이나 갈고, 달이나 낚으면서 초연히 시간을 보내다 문득 떠오르는 시상이 있으면 시나 읊조리는 자신을 우연히 반추하고 떠오른 감상을 읊은 작품이다. 하등 쓸모없는 구름을 갈고 달이나 낚시하는 모습을 남들이 본다면 아무 일도 하지 않는 쓸모없는 촌 늙은이라고 비난할 것이 분명하다. 그러면서 자신이 전원에서 이런 편안한 삶을 영유해도 되는 건지 우연히 생각하게 된다. 의미 없어 보이는 자신의 삶에 대한 가치를 문득 생각해 보게 된 것이다. 자신이 이런 여유와 평안을 누릴 수 있는 것은 모두 임금에게 받은 은혜 때문이니, 이 시절 태평성대를 시로 읊어 칭송하는 것이 글을 아는 자신이 할 수 있는 가장 가치 있는 일이라는 생각으로 귀결되었다. 이때도 역시 우연히 고민했던 생각을 잊지 않고 가장 효과적으로 표현하고 기억하기 위해 가장 단순한 형식으로 표현하는 것이 훨씬 용이했다. 그렇기 때문에 앞의 시들과 같이 절구로 지은 것을 확인할 수 있다.

전원에서의 삶은 그때그때 주변 환경과 자연의 풍광이 변하고, 이런 변

---

23 洪汝河, 『木齋集』 권2, 26면, 「偶題」.

화에 맞추어 할 수 있는 경험과 체험 역시 매번 서로 다르기 때문에 떠오르는 감상과 생각도 다양하고 즉흥적이며 우연적일 수밖에 없다. 그러므로 이런 찰나에 떠오르는 느낌을 잊지 않고 바로바로 시로 읊어 표현하기 위해서는 한시의 형식 중에 가장 단순한 절구로 표현하는 것이 가장 효율적인 것은 분명하다. 이런 특징 때문에 목재의 전원시 중에는 제목에 '즉卽'이나 '우偶'가 들어가면서 짧은 절구의 형식으로 표현한 작품[24]이 많다.

  목재의 전원시에서 드러나는 또 다른 특징 중 하나는 당시 전원에서 농사를 지으며 사는 삶에 가장 중요한 요소인 기후에 대한 정보를 정확한 날짜를 기입해 기록의 용도로 사용하고자 한 점이다.

비는 오월에 내려야 마땅하지	雨應葵賓律
팔월의 큰 비는 재앙이라네	浸淫八月凶
모두 하늘이 샐까 근심하고	共愁天欲漏
다시 땅에 가득 찰까 의심하네	更訝地成濃
물결에 붉게 익은 벼 이삭 휩쓸리고	波轉紅芒稻
산에는 흰 소나무가 꺾였네	山摧白甲松
철철 흐르는 물이 연못을 치고 지나가	鳴泉衝沼過
푸른 연꽃을 다 꺾어버렸네	折盡翠芙蓉
엎드려 누운 청산은 어둡고	伏枕青山暗
가을에 비낀 빗줄기 높다네	橫秋雨脚高
연못 열리자 금붕어 달아나 버리고	池開金鯽遯

---

24 洪汝河,『木齋集』권1, 18면, 「偶吟」· 21면, 「卽事」· 권2, 1면, 「幽居卽事」· 11면, 「江上卽事」· 15면, 「田家卽事 戊申」· 15면, 「田家卽事 戊申」· 19면, 「寓居卽事」· 19면, 「舟中卽事」· 26면, 「偶題」.

겹겹 구름 속에 달은 숨어버리네	雲重玉蟾韜
습기를 겁내니 근심이 뼈에 사무치고	怕濕愁侵骨
시절을 근심하니 두려움에 털이 곤두서네	憂時凜豎毛
목화 꽃 벌써 다 떨어졌으니	木綿花落盡
누가 다시 솜옷 보낼 생각이나 해줄까	誰復念綈袍
들판 농사는 가을 물결이 걷어가고	野稼秋濤捲
외로운 마을에는 저녁 안개 이는구나	孤村暮靄生
북두칠성 자루 막 유성에 이르러	斗杓纔揷西
뱃속 창자가 바로 아우성을 치네	囊匱正呼庚
포구 건너편엔 황소가 울고	隔浦黃牛語
숲으로 돌아가는 흰 새들 선명하네	歸林白鳥明
저번엔 보리 베어 물에 떠내려 보내고	向來漂刈麥
이번엔 다시 가을걷이 그르쳤네	今復誤西成
장수 물가에 병들어 누운 나그네	淹臥漳濱客
가을장마에 병든 얼굴 씻어내네	秋霖灑病顔
물결은 용수산 벼랑에 더하고	波添龍首岸
구름은 녹음산에 활발하구나	雲潑鹿音山
시냇가에 나룻터 배는 닻줄 매고	津舸侵溪纜
대나무 곁에 바위 문은 닫혔네	巖扉傍竹關
지난날 나라 걱정하던 귀밑머리	向來憂國鬢
시 짓느라 고뇌하며 쇤 것은 아니라네	不是惱詩斑[25]

25 洪汝河, 『木齋集』 권2, 8면, 「八月四日 大雨 四首」.

위 시는 가을걷이를 준비해야 할 8월에 큰비가 내린 처참한 농촌의 상황을 아주 직설적으로 표현해 놓은 4수首의 연작시이다. 시의 제목에 8월 4일이라는 정확한 날짜를 기입하고 농촌의 절망적 상황을 마치 실제 눈으로 보는 것처럼 적나라하게 표현해 놓았다. 시인의 걱정과 애환, 고뇌가 간간이 드러나지만 마치 실록이나 일기를 보는 것처럼 아주 직접적으로 사실감 있게 표현해 놓았다. 그만큼 농촌 전원에서의 일기日氣는 인간의 생존과 직결될 만큼 중요하고 예민한 부분이었다. 아마 이때 이례적으로 가을장마가 수확을 준비해야 하는 8월까지 이어졌는데, 그 상황이 너무 절망적이고 참혹하여 기록해 둘 필요성이 있었기 때문에 당시의 세밀한 상황을 4수首의 연작시로 지어 남겨놓고 기억하며 사람들에게 알리고자 하였다.

첫 번째 시는 팔월까지 큰비가 내리는 주변의 상황을 전체적으로 묘사해 놓았다. 첫 번째 구절의 '유빈蕤賓'은 십이율十二律 중 일곱 번째에 해당되고 첫 번째 음률인 황종黃鐘이 동짓달을 나타내므로 일곱 번째인 유빈蕤賓은 음력 5월을 가리킨다. 모내기가 한창일 5월에 내리는 비가 단비이지 가을걷이를 준비해야 할 8월의 큰비는 재앙이 됨을 말하고 있다. 하늘에 구멍이 세어 그 빗물이 땅에 가득 넘쳐흘러 들판에는 누렇게 익은 벼가 다 휩쓸리고 산에는 소나무가 꺾이고, 연못엔 물이 넘쳐흘러 물고기가 달아나는 처참한 상황을 묘사하였다.

두 번째 시는 겹겹이 쌓인 구름에 달이 가려져 한참 동안 모습을 보이지 않고, 빗물에 적셔져 내내 어두운 청산의 모습을 인용해 장맛비가 계속 내리는 상황을 묘사하였다. 이런 상황이니 이어진 습기로 울타리가 되어 줄 집도 상하고, 비축해 놓은 양식도 썩어 문드러져 먹지 못할까, 근심이 뼈에 사무칠 정도가 아닌 두려움에 털이 곤두설 수밖에 없다. 목화꽃도 다 떨어져 겨울에 솜옷을 입을 수 없으니 매서운 겨울 추위를 어떻게 견뎌낼 수 있을지 눈앞이 캄캄할 뿐이다. 마지막 구절의 '제포綈袍'는 전국시대戰國時代 위魏의 수가須賈가 그의 옛 친구 범휴范雎가 추위에 떠는 것을 보고 제포

綈袍를 주었던 고사를 인용해 명주로 만든 두터운 솜옷을 가리킨다.

　세 번째 시 역시 두 번째 시와 마찬가지로 늦게까지 이어진 가을장마로 겪게 될 참혹한 상황을 묘사하였다. 들판에 가득해야 할 수확물을 가을 장맛비가 다 걷어가니 먹을 식량이 없어 마을에는 저녁인데도 밥 짓는 연기가 나지 않고 안개만 자욱하다. 이러니 뱃속에선 굶주려 아우성을 칠 수밖에 없고, 사람과 마찬가지로 먹지 못해 굶주린 황소 역시 굶주림에 울 수밖에 없다. 봄에도 큰비가 내려 보리 수확조차 망치더니 가을장마로 벼 수확조차 다 망쳐버리니 앞으로 보내야 할 혹독한 겨울이 암담하기 그지없다. 네 번째 구절의 '낭궤囊匱'는 사람의 뱃 속 창자를 가리키고, '호경呼庚'은 춘추시대春秋時代에 군대의 식량이 다 떨어져 원조를 요청하자 "경계庚癸라 부르면 곧바로 응하겠다."[26]는 고사에서 유래해 몹시 배가 고픈 상태를 나타낸다.

　가을 장맛비로 인한 전원의 참혹한 상황을 직접적으로 묘사하고, 이에 따른 자신의 상황과 심정은 마지막 시에서 읊어 놓았다. 마지막 시 첫 번째 구절의 '장빈漳濱'은 중국 삼국시대三國時代 건안칠자建安七子의 한 사람인 류정劉楨이 위魏의 조비曹丕에게 빨리 찾아와 주기를 간청하면서 보낸 시에 "내가 고질병에 심하게 걸려, 맑은 장수 가에 숨어 산다."[27]라는 구절에서 유래한 시어詩語로 병에 걸려 신음하며 지내고 있다는 의미로 쓰인다. 여섯 번째 구절의 '암비巖扉'는 당대唐代 맹호연孟浩然의 시에 "암비巖扉와 송경松徑은 늘 적요한데, 오직 유인幽人만이 스스로 오고 가네."[28]라는 구절에서 유래한 시어로 자연적으로 만들어진 바위문에 둘러 쌓인 은사隱士의 처소를 나타내는 말로 쓰인다. 마지막 구절의 '시반詩斑'은 당대唐代

26　『春秋左傳』,「哀公13年」, "呼曰庚癸則諾."
27　『文選』,「贈五官中郎將」, "余嬰沈痼疾, 竄身清漳濱."
28　孟浩然,『唐詩選』,「夜歸鹿門歌」, "巖扉松徑長寂寥, 惟有幽人自來去."

이백李白의 시에 "반과산 정상에서 두보를 만났는데, 머리엔 대삿갓 썼고 해는 마침 정오였네. 묻노니 작별한 뒤로 어찌 그리 파리해졌나, 모두가 종전에 괴로이 시 읊조린 때문일세."²⁹라는 구절에서 유래한 시어로 고심하며 시를 짓느라 생긴 흰 머리털을 나타내는 말로 쓰인다. 즉, 이런 자신은 병들어 누워있고, 장맛비로 물이 불어나 배는 움직이지 못해 찾아오는 손님 없으니 나라와 백성, 시절에 대한 걱정에 머리가 하얗게 세어버릴 지경에 이른 것이다. 행여 남들이 좋은 시 짓느라 고심한 것 때문에 머리가 세어버린 것이 아니냐고 오해할까봐 자신의 심정과 상황을 세밀하게 표현해 놓았다.

　위의 4수의 시를 감상해 보면 시를 음미하는 것이 아니라 당시 농촌의 처참한 상황을 유려한 언어로 정리해 놓은 기록물을 보는 것 같은 느낌이 든다. 이런 기록을 평범하게 기록한 글의 형태로 정리해 놓지 않고 시로 표현해 놓아 비유적이고 함축적인 모습 이면의 더 가혹하고 절망적인 상황을 상상하게 되니 더 애달프게 느껴진다. 평범한 형식으로 기록한 글을 보면 생각과 감정이 그 글 안에서 느껴지는 것에서 그치겠지만, 함축적 언어인 시어로 표현해 놓아 그 이면의 상황까지 연이어 상상하게 되는 효과를 발휘해 그 상황을 좀 더 고조적이며 절실하게 전달하고자 하였다. 이런 효과를 생각하여 당시의 처참한 상황에 대한 묘사를 더 적극적으로 연출하기 위해 이렇게 한시의 형식을 빌려 표현한 것이다.

　위의 작품이 특별한 일기日氣로 인해 겪게 되는 처참한 상황을 묘사하고 괴로운 감정을 읊었다면, 다음 작품은 일기로 인해 겪게 되는 평온한 상황과 안도의 감정을 읊었는데, 그 내용을 살펴보면 다음과 같다.

29　李白, 『李太白詩集』, 「戱贈杜甫」, "飯顆山頭逢杜甫, 頭戴笠子日卓午. 借問別來太瘦生, 總爲從前作詩苦."

새벽이 밝아 산창을 열어 보니	曉闢山窓看
들녘에 맥우가 흠뻑 내렸네	郊頭麥雨酣
불 때는 연기 마을 북녘을 덮고	炊煙冪村北
비 개인 햇살 강 남쪽에 새어 비추네	晴旭漏江南[30]

   밤새 내리는 빗소리를 들으며 단잠을 자고 일어나 창문을 열어 보니 보리를 잘 자라게 해줄 단비가 흠뻑 내려 주변을 촉촉하게 적셔 놓았다. 이 단비로 보리가 무성하게 잘 자랄 것을 생각하니 양식 걱정은 사라져 넉넉한 아침밥을 지어 먹어도 괜찮을 것 같다. 눈길을 돌려 아침 햇살이 강 남쪽을 비추는 풍광을 바라보니 모든 근심이 사라져버린 충만하고 아름다운 아침의 단상이란 생각에 감정이 복받쳐 오른다. 그러니 이 행복한 장면과 소중한 기억을 잊지 않기 위해 시를 짓지 않을 수 없었다. 전원의 생활에서는 이런 상황이 가장 축복의 순간이었을 것이다. 그러므로 고향으로 돌아와 전원에서 생활하는 목재에게도 이 순간이 가장 소중하고 특별했기 때문에 이때의 상황을 묘사하고, 느낀 감정을 시로 읊어 기억하기 위해 시 제목에 '사월십육四月十六'이라는 날짜를 특별히 넣어 시를 지은 것이다. 이런 이유 때문에 목재의 전원시에는 위의 세 작품 이외에도 시의 제목이나 시구에 특별히 날짜를 넣어 지은 작품[31]을 많이 볼 수 있다.

   또, 이런 목재의 올곧은 면모를 가장 대표적이면서 함축적으로 나타내주는 소재가 있는데, 그것은 '매화'와 '학'이다. 전원시는 주변에서 일상적으로 볼 수 있는 다양한 소재를 바탕으로 시를 짓게 되는데, 목재의 전원시에서 가장 자주 등장하는 소재는 단연 매화와 학이다. 왜냐하면 정절을 나

---

30 洪汝河, 『木齋集』 권2, 5면, 「四月十六 夜雨朝晴」.
31 洪汝河, 『木齋集』 권1, 1면, 「述懷 乙酉避痘在山幕」· 12면, 「詠懷 辛丑」· 22면, 「六月九日 醉賦所見」· 권2, 5면, 「四月十七日夜 記所見」· 8면, 「壬寅七月晦晴」· 15면, 「田家卽事 戊申」· 15면, 「辛亥正月五日 曉起有感」· 16면, 「雨中梅未開竹盡枯 辛亥」.

타내는 매화와 학을 항상 생각하며 전원에서의 안락한 생활 속에 간혹 흐트러질 수 있는 그의 마음을 다잡기 위한 매개체로 여겨서였기 때문이다.

아득한 봄 물결 맑은 수면에 일렁이니	渺渺春波鏡面開
일엽편주로 홀로 가서 산 매화를 찾네	扁舟獨往訪山梅
그저 동산의 학에게 분부하여	等閑分付園中鶴
문 앞에 속객이 왔다고 알리지 말라 하네	休報門前俗客來[32]

이 시는 「즉사卽事」 2수首 중 두 번째 작품이다. 봄날 전원의 풍광을 묘사했지만, 매화에 대한 간절한 염원이 담겨 있다. 날씨가 맑아 봄날의 햇살이 살랑살랑 물결에 비출 때가 되면 일엽편주를 띄워 매화를 찾아 나서겠다는 것이다. 그리고 동산의 학에게는 손님이 찾아오더라도 알리지 말라며 당부하고 있다. 마지막 구절은 매처학자梅妻鶴子로 자처했던 북송北宋의 은사隱士 임포林逋의 이야기를 인용하였다. 임포는 서호西湖의 고산孤山에 은거하면서 매화를 심고 학 두 마리를 길렀다. 새장 속의 학을 놓아주면 학이 구름 위까지 날아올라 배회하다가 스스로 우리 안으로 들어왔다. 임포가 나룻배를 띄워놓고 서호 가에 노닐고 있다가도 집에 손님이 찾아오면 반드시 이를 알고 돌아왔는데, 이는 동자가 손님이 오면 우리의 학을 놓아주어 임포가 알 수 있게 했기 때문이다. 이 시에서 학에게 한 당부는 손님이 찾아와도 자신에게 알리지 말라는 의미이다. 목재 자신은 손님이 자신을 찾아오는 것보다 매화를 찾아다니는 즐거움이 더 크니 그 즐거움을 누구에게도 방해받고 싶지 않다는 것이다. 이 대목에서 목재가 얼마나 매화를 아꼈고, 매화의 정절을 흠모했는지 알 수 있다.

---

[32] 洪汝河, 『木齋集』 권1, 43면, 「卽事」.

만 그루 소나무 물결 속 빗소리 차가우니	萬松濤裏雨聲寒
강촌에 병들어 누워 시흥이 깊어가네	臥病江村詩興闌
야윈 학은 홀로 적막한 매화 아끼는데	鶴瘦獨憐梅寂寞
봉황 쇠잔하니 누가 대나무 안부 물을까	鳳衰誰問竹平安
한 잔 술 다 마신 뒤 다시 찾기 어렵고	一杯酒盡重難覓
천 권 책 익숙하여 옛 기억이 남아있네	千卷書閑舊讀殘
노파께 내한이라 부르게 하지 마시길	莫遣老婆呼內翰
젊어서의 영화와 벼슬 한단의 꿈이라네	少年榮宦夢邯鄲[33]

이 시에서도 목재가 매화와 학을 얼마나 아꼈는지 확인할 수 있다. 세 번째 구절의 '학수鶴瘦'는 당대唐代 백거이白居易의 「수양구홍정장안병중견기酬楊九弘貞長安病中見寄」에 "누운 용이라 속으로 기대했더니, 학처럼 야윈 모습 더욱 청아하네."[34]라는 구절에서 인용해 병들어 야위어 있는 자신의 모습에 대해 걱정하거나 한탄하지 않고 오히려 하얀 학처럼 더욱 청아하다며 스스로 위로하고 있다. 네 번째 구절의 '봉쇠鳳衰'는 『논어論語』「미자微子」에 "봉황이여, 봉황이여, 어찌 덕이 쇠하였는가. 지나간 것은 간할 수 없지만, 오는 것은 오히려 따를 수 있으니, 그만둘지어다. 그만둘지어다. 지금의 정사에 종사하는 자들은 위태롭다."[35]라는 구절에서 인용해 덕이 쇠하여진 세상에서 벼슬하는 것은 위태로우니 그만두고 은자의 삶을 자처하며 지내는 것이 오히려 현명하다는 의미로 쓰였다. '죽평안竹平安'은 『어정사보御定詞譜』에 "오직 대나무에게 안부 물으니, 머물러 차가운 매화와 벗이 되기 때문이네."[36]라는 구절에서 인용해 사군자의 하나로 매화와

---

33 洪汝河, 『木齋集』 권2, 16면, 「雨中梅未開竹盡枯 辛亥」.
34 『白樂天詩集』, 「酬楊九弘貞長安病中見寄」, "龍臥心有待, 鶴瘦貌彌淸."
35 『論語』, 「微子」, "鳳兮鳳兮, 何德之衰. 往者不可諫, 來者猶可追, 已而已而. 今之從政者殆而."
36 『御定詞譜』, "惟有平安竹, 留得伴寒梅."

짝이 되는 대나무의 모습을 표현하였다. 일곱 번째 구절은 송대宋代 소식蘇軾이 창화昌化에서 한림학사翰林學士의 다른 이름인 내한內翰 벼슬을 맡고 있을 때 큰 바가지를 등에 메고 전원을 오가며 노래를 부르니 어떤 노파老婆가 그에게 내한의 지난날 부귀는 일장춘몽一場春夢이었다고 말한 고사를 인용한 표현이다. 마지막 구절의 '몽한단夢邯鄲'은 당대唐代 심기제沈旣濟가 지은 전기소설「침중기枕中記」에 노생盧生이 도사道士 여옹呂翁의 베개를 베고 잠을 자는 동안 한평생의 부귀영화를 한껏 누렸는데, 잠에서 깨고 보니 아직도 밥이 다 지어지지 않은 찰나였다는 꿈 이야기에서 유래해 젊은 시절 한 때의 부귀영화가 부질없음을 나타내는 말로 쓰인다.

 빽빽한 소나무가 우거진 강촌에 차가운 겨울비가 내리고 있고, 자신은 늙고 병들어 누워있지만, 오히려 시를 짓는 흥취는 더욱 깊어만 간다. 야윈 자신의 모습은 초라하지 않고 오히려 청아해 하얀 학과 같고, 추위에도 홀로 우뚝히 꽃을 피우는 매화를 아끼고 있으니, 대나무에게 안부를 물으며 은자의 삶을 즐길 사람은 자신밖에 없다고 자부하고 있다. 술은 마셔 취하여 흥취만 돋우면 그만이고, 읽었던 책들은 머리에 전부 남아있으니 공부를 통해 다시 무엇인가를 구할 필요도 없다. 한때의 부귀영화도 소식이 창화에서 벼슬했던 것과 노생이 한단邯鄲에서 잠깐 꾼 꿈과 같은 일장춘몽이니 아등바등 집착할 필요가 없음을 깨닫는다. 노년의 목재가 일생을 돌아보고 깨우친 바를 담담하게 읊조리고 있지만, 이 시에서의 단연 핵심 소재는 매화와 학이다. 야윈 학은 자신의 모습을 나타내고, 매화는 자신이 닮고 싶어하는 대상의 모습을 투영해 표현한 것이다. 학과 매화라는 두 가지 소재에서 목재가 자신의 삶에 중점을 두고 있는 가치가 무엇인지 정확하게 확인할 수 있다.

 다음으로 시의 핵심이 되는 소재를 표현하기 위해서 다양한 시어를 인용해서 나타내는 경우가 많다. 그럴 경우, 대부분 전대 시인들이 남긴 유명한 시, 또는 사서四書와 같은 경전에서 인용하는 경우가 많은데, 목재 또한 그 방법을 많이 활용하였다. 하지만 목재의 전원시에서는 시의 핵심이 되는 소재를 직접적으로 드러내지 않고 역사에 기반을 둔 고사를 인용해 우회적으로 표현하는 경우를 많이 볼 수 있다. 이는 아마 그가 올곧은 사관史觀을 갖기 위해 어려서부터 읽었던 역사서를 통한 해박한 지식에서 연유된 것으로 보인다.

언덕 위에 집은 참으로 고니 알 같고	岸上置廬眞鵠卵
계곡 언저리에 그물 놓아 물고기 잡네	溪頭設罩取魚兒
지금처럼 살아감이 풍류 넉넉하니	如今活計風流甚
평생의 뜻을 얻었다고 할 만하도다	可是平生得意時[37]

이 시는 목재가 전원으로 돌아온 뒤 고향 율리에서 10년을 보내고 사정이 생겨 잠시 인근의 복천촌으로 옮겨와 존성재를 짓고 살게 되었을 때 지은 칠언절구이다. 존성재는 임시 우거寓居였기 때문에 소박하고 작게 지었을 것이다. 그런 집에서 머물며 답답함과 서글픔을 느낄 수 있었겠지만, 목재는 오히려 자신의 처소를 고니알 같다고 표현하며 작은 집에 만족하고, 집은 작아도 풍류가 넉넉해 평생의 뜻을 얻었다고 말하고 있다. 이 시의 핵심 소재는 '곡란鵠卵'으로『신증동국여지승람新增東國輿地勝覽』에 고려 이자현李資玄이 청평산 문수사 골짜기 그윽한 곳에 식암息菴을 짓고 살면서, 그 집을 두고 말하기를 "둥글기가 고니알 같고 겨우 두 무릎을 세울 만하였다."[38]라고 한 말에서 유래해 아주 작은 집을 가리킨다. 작은 집을 표현하며 고려 조의 역사서까지 두루 섭렵해 시어로 인용한 것이 인상적이다.

---

37 洪汝河,『木齋集』권1, 66면,「福泉僑居」.
38 『新增東國輿地勝覽』,「春川條」, "團圓如鵠卵, 只得盤兩膝."

초가집 지어 노년을 보내려고	送老結茅屋
산수 좋은 고향으로 돌아왔네	還應山水鄉
백 이랑 맑은 못엔 바람이 불고	淸潭風百頃
천 그루 흰 소나무엔 이슬 맺히네	白甲露千章
대 침상에서 상쾌한 아침 맞이하고	竹榻迎朝爽
목란주 띄워 쓸쓸한 황혼을 즐기네	蘭舟弄晚涼
제일 사랑스럽기는 천 길 바윗돌이	最憐千丈石
서쪽 기슭에서 냇물에 누운 모습이라네	西麓枕滄浪[39]

　이 시는 유배 후에 고향으로 돌아와 산택재를 짓고 난 뒤 얼마 지나지 않아 지은 칠언율시이다. 아마 이곳에서 노년을 보내게 되리란 자신의 처지를 직감했는지도 모르겠다. 그래서인지 누가 봐도 초라하게 여길 것 같은 자신의 집에 대해 도리어 이슬이 맺히는 소나무가 둘러싸고 있고, 대나무로 만든 침상에서 매일 상쾌한 아침을 맞을 수 있는 소탈한 곳이라 자랑하고 있다. 하지만 어떻게 그 점이 자랑이 될 수 있겠는가. 그러나 조금의 주눅 든 모습도 없이, 이 작은 집의 가장 큰 자랑은 아름다운 시내가 둘러싸고 있어 그 위에 목란주를 띄워놓고 뱃놀이를 하며 즐길 수 있다는 점을 더 강조하고 있다. 이런 장점을 알게 되니 이 초가집이 그렇게 초라해 보이지 않는다. 경련의 '난주蘭舟'는 『술이기述異記 하下』에 춘추시대春秋時代 노반魯般이라는 사람이 목란木蘭 나무를 깎아 배를 만든 데서 유래한 것으로 이후 뱃놀이를 나타내는 말로 사용되는데, 이 시에서 시상을 전환 시켜주는 핵심 시어가 된다고 할 수 있다. 『술이기』는 남조南朝의 임방任昉이 편찬한 역사서인데 중국 고대 전설 시대의 고사가 많이 수록되어 있다. 조선 중기 일반의 문인들이 즐겨 읽지 않던 책이었지만, 역사에 관심이 많았던 목재

---

[39] 洪汝河, 『木齋集』 권2, 17면, 「故里」.

에게는 꽤나 흥미로운 책이었을 것이 분명했다. 이런 부분에서 목재가 역사에 조예가 깊었고, 다독을 통한 해박한 역사적 지식을 가지고 있었음을 다시 한번 확인할 수 있다.

이 외에 앞의 「한적閑適」 시에 『후한서後漢書』의 구절을 인용해 별천지別天地를 '호중壺中'이라는 시어로 표현한 것과 「신해정월오일辛亥正月五日 효기유감曉起有感」에 『진서晉書』에 나오는 사안謝安의 고사를 인용해 벼슬에 대한 미련이 덧없음을 나타낸 구절들을 봐도 그가 얼마나 역사에 깊은 조예가 있었고, 그 지식을 바탕으로 시어를 우회적으로 표현했는지 확인할 수 있다.

5. 맺음말

사람이 태어나 살아가는 터전은 매우 중요하다. 왜냐하면 말 그대로 살아가는 곳이기 때문이다. 사람은 그곳에서 기본적인 의식주를 해결하며 날씨와 환경, 풍토에 적응되기 마련이다. 어찌 보면 살아가는 터전이 한 인간의 삶의 전부라고 해도 과언이 아니다. 그러므로 삶의 터전이 한 사람의 의식과 감정, 가치관을 지배하는 것 또한 너무도 당연한 일이다. 그래서 이 글에서는 목재 홍여하 일생의 삶의 터전이 어떻게 변해왔는지 살펴보고, 그 터전을 기반으로 창작된 전원시의 분석을 통해 시 전체에 흐르는 서정과 내면의식, 표현양상에 대해서 살펴보았다.

목재의 삶은 크게 세 시기로 나눌 수 있다. 태어나서 과거에 급제하기 전까지 35년 동안 머물렀던 고향에서의 생활과 과거시험 급제 후 한양과 강원도, 함경도에서 관직 생활을 하며 지냈던 5년, 그리고 유배 후 고향 율리로 돌아와 생을 마감할 때까지 보낸 15년이 전부이다. 선대로부터 내려오는 가풍이 있어 굳이 멀리까지 나가 배움을 기탁할 이유도 없었고, 과거 급제 후 관직 생활은 너무 짧아 이곳저곳을 다녀 볼 수도 없었다. 또, 여타 다른 인물들이 관직 생활을 그만두고 외가나 처가가 있는 곳으로 삶의 터전을 다시 마련하는 경우도 있었지만, 목재는 유배 후 다른 터전을 마련할 여유가 없어 바로 고향으로 돌아오게 된다. 그러므로 그의 삶의 터전은 출사 후 머물렀던 지역을 제외하고는 줄곧 고향 전원에서 머물며 지낸 생활이었다.

목재의 전원시를 살펴보면, 고향에서 과거시험 준비를 하던 시기와 관직 생활을 하던 시기에 지은 시는 전혀 볼 수가 없다. 아마 그때는 과거시험 공부와 관직 생활의 업무 때문에 전원을 돌아보며 시를 지을 여유가 없었기 때문일 것이다. 전원시는 낙향 후 고향에서 머물며 지낸 15년 동안 집중적으로 지어졌다. 다시 고향으로 돌아와서는 전원에 애정을 가지고 적응하기 위한 노력의 일환과 관직 생활에서 겪었던 시련과 번뇌를 떨쳐내고 마음의 평안과 위안을 찾기 위한 수단으로 전원시를 지었다. 10년 남짓의 시간을 고향에서 보내고 난 뒤 비로소 목재는 진정한 마음의 평안을 얻게 되었다. 그 뒤 삶을 마감하기 전까지 보냈던 시간에는 전원의 감상을 통해 자연을 동경하게 되었고 내면의 성찰을 통한 자기 수양의 단계를 넘어 정서적 해탈의 경지까지 이르게 되었다.

전원시에서 나타나는 표현상의 특징은 그의 올곧은 기질과 타고난 바른 성품 때문에 정해진 틀에서 벗어난 한시 창작을 선호하지 않아 형식적 절제를 추구하는 근체시로 지어졌다는 점이 있다. 그리고 그때그때 우연히 느끼는 감정을 신속하게 표현하기 위해 제목에 '즉卽'이나 '우偶'를 넣고, 형식이 단순한 절구로 지은 작품이 많다는 점도 있다. 또, 전원에서 농사를 지으며 사는 삶에 가장 중요한 요소인 일기로 인해 겪게 되는 상황을 상세하게 묘사하고 그때의 잊지 못할 감회를 기억하기 위해 시의 제목이나 시구에 시를 지은 정확한 날짜를 기입해 놓은 작품이 많다는 부분도 주목할 만하다. 또, '매화'와 '학'이라는 소재를 자주 사용한 것에서 참된 군자를 이상향으로 여긴 그의 성향까지 확인할 수 있었으며, 이 외에 시의 핵심 소재의 착안에 있어서 역사에 기반을 둔 고사를 인용해 표현하는 경우가 많다는 것도 눈여겨볼 만한 부분이었다.

이상 목재의 전원시에 대한 논의를 전개해 보았다. 그러나 아직 문학가로서 목재의 면모를 살펴보기에는 부족한 부분이 많다. 그가 남긴 한시 전체를 살펴볼 수 있는 연구가 필요하며, 한시 이외의 문학 작품에 대한 연구는 매우 미진한 실정이다. 추후 계속된 연구와 논의를 통해 조선 중기 영남 지역 문장 또한 주도했던 그의 문학가적 면모 또한 부각 될 수 있기를 기대한다.

| 참고문헌 |

洪汝河, 『木齋集』, 『標點 影印 韓國文集叢刊』 124, 民族文化推進會, 1994.
황위주, 『한시란 무엇인가』, 도서출판 지성인, 2018.

김선화, 「洪汝河의 歷史認識」, 한양대학교 석사학위논문, 1987.
김영택, 「木齋 洪汝河의 歷史意識과 文學觀 硏究」, 안동대학교 석사학위논문, 2004.
도현철, 「목재 홍여하의 역사서 편찬과 고려사 인식」, 『韓國思想史學』 43, 한국사상사학회, 2013.
박인호, 「〈동국통감제강〉에 나타난 홍여하의 역사인식」, 『퇴계학과 유교문화』, 경북대학교 퇴계연구소, 2014.
_____, 「『휘찬여사』 「열전」에 나타난 홍여하의 역사인식」, 『장서각』 31, 한국학중앙연구원, 2014.
신항수, 「17세기 중반 홍여하의 전제의식」, 『韓國思想史學』 8, 한국사상사학회, 1997.
장윤석, 「17世紀 嶺南 南人 吳澐과 洪汝河의 歷史認識」, 경북대학교 석사학위논문, 2007.
전재동, 「讀書詩를 통해 본 洪汝河의 經書 解釋」, 『大東漢文學』 35, 대동한문학회, 2011.
_____, 「洪汝河의 詩世界 硏究: 文學論과 作詩 樣相 分析을 중심으로」, 『大東漢文學』 37, 대동한문학회, 2012.
_____, 「木齋 洪汝河의 經學觀과 經書 解釋」, 『嶺南學』 23, 경북대학교 영남문화연구원, 2013.
홍원식, 「목재 홍여하의 생애와 성리설」, 『韓國思想史學』 43, 한국사상사학회, 2013.

홍여하의
한시를 통해 본 교유양상*

최금자
부산대학교 한문학과 강사

1. 들어가며

　한 인물의 일생을 통한 교유는 당대의 사회적 정황과 문화적 풍토 및 인간적 유대관계를 함축하고 있다는 면에서 나름의 각별한 의미가 있다. 넓게는 당대 지식인들 사이의 인간적인 교분과 정신적인 유대관계를 살필 수 있으며, 좁게는 개인의 사회활동과 삶의 궤적을 살필 수 있는 관건의 하나라고 할 수 있다. 전통시대 문인들 사이의 교유에는 으레 한시나 서간을 주고받는 일이 뒤 따랐는데, 이를 통해 당사자들 사이에 이루어진 교유의 내밀한 실상과 정신적 영향 관계 및 정서적 교감 양상을 살필 수 있다. 그리하여 해당 인물의 지향의식의 단면들을 파악할 수 있기에, 이를 토대로 작품세계의 특징적 면모를 규명할 수 있는 중요한 거점의 하나를 마련할 수 있다. 특히 교유시는 작가의 인간적 풍모와 감정적 형상을 두루 아우르고 있으며, 그가 헤쳐나간 삶의 역정에 관여했던 다양한 요소들을 이해하

---

*　이 글은 2021년 『동양한문학연구』 59집에 게재된 「목재 홍여하의 교유 양상 연구 - 교유시를 중심으로」를 수정·보완한 것임.

는 데에도 긴요하다는 점에서 주목할 필요가 있다.

　목재의 한시는 그가 창작한 문학 작품 가운데 가장 많은 작품이 전한다. 지금까지 전해오는 한시는『목재집』에 총 258제題 393수首로 파악되고 있다. 작품의 내용과 제재를 고려하여 이를 유형별로 나누면, 교유시가 111수로서 전체의 25%에 가까울 만큼 비중을 차지한다. 따라서 그가 이루어 나간 교유의 폭과 깊이는 접어두더라도, 목재의 생애적 궤적 및 문학세계의 특징을 규명하는 데 있어 그의 교유시는 매우 중요한 의미와 가치를 지닌다고 할 수 있다.

　목재의 교유시에 관한 연구는 그의 전기적 배경을 살피는 과정에서 단편적으로 언급되었으나, 교유시에 주목한 독자적인 연구는 아직 이루어지지 않았다.[1] 또한, 기존의 교유관계 분석은 학파적 위치, 사승 관계에 집중되어 있으며[2] 교유 인물들의 개개인과 연계하여 이루어지지 못하고 있다.

---

[1] 목재의 문학에 대한 연구는 꾸준히 진행되고 있다. 김영택,「木濟 洪汝河의 歷史意識과 文學觀 硏究」, 안동대학교 석사학위논문, 2005; 정성운,「木齋 洪汝河의 文章論 硏究」, 경북대학교 석사학위논문, 2017; 권진옥,「木齋 洪汝河의 散文批評 一考」,『Journal of Korean Culture』17, 한국어문학국제학술포럼, 2011; 전재동,「讀書詩를 통해 본 洪汝河의 經書 解釋」,『大東漢文學』35, 대동한문학회, 2011;「洪汝河의 詩世界 硏究 - 文學論과 作詩 樣相 分析을 중심으로 - 」,『大東漢文學』37, 대동한문학회, 2012; 최금자,「木齋 洪汝河의 漢詩 硏究」, 동국대학교 석사학위논문, 2017;「목재 홍여하의「述懷」시에 반영된 사회현실」,『嶺南學』73, 영남문화연구원, 2020; 楊勝皓,「木齋 洪汝河의 漢詩 창작양상」,『東方漢文學』83, 동방한문학회, 2020; 양승호,「木齋 洪汝河의 田園詩에 나타난 정서지향과 표현양상」,『국학연구』46, 한국국학진흥원, 2021; 양승호,「木齋 洪汝河의 저술과 문예의식」,『영남학』82, 경북대학교 영남문화연구원, 2022; 박종순,「木齋 洪汝河 詩文學 一考」,『朝鮮時代史學報』104, 조선시대사학회, 2023.

[2] 퇴계학파 내 홍여하의 사승관계에 대하여 선행 연구는 다음과 같다. ①우인수는 류성룡과 정경세, 김성일 등에게 학문적 영향을 받은 것으로 보았다.(우인수,「木齋 洪汝河의 현실인식과 대응」,『한국사상사학』43, 한국사상사학회, 2013, 27~28쪽) ②추제협은 퇴계학파의 여러 인물들과 교분이 두터웠으며 특정 사승관계가 없다고 보았다.(추제협,「17세기 영남 퇴계학파의 등장과 목재 홍여하」,『동아인문학』27, 동아인문학회, 2014, 377~378쪽) ③전재동은 퇴계학맥에서 다소 벗어나 독자적 학문 영역을 개척하였으며 영남학자와 기호학자들의 영향을 두루 받았다고 보았다.(전재동,「木齋 洪汝河의 經學觀과 經書 解釋」,

글의 진행은 한시에 언급된 인물들을 파악하고, 이를 통해 목재의 교유를 개관하고 교유 양상을 확인하고자 한다.『목재집』에 실려 있는 한시를 연도별로 살펴보면 벼슬을 그만두고 다시 고향으로 돌아오기 전과 후로 나눌 수 있다. 두 시기에 집중하여 사환 시기에 만난 관료 문인들과 교유, 낙향한 뒤에 지역 사족들과의 교유로 나누어 분석하고자 한다.[3] 이를 통해 17세기 중·후반 목재와 동시대에 활동한 인물들을 드러내고 정치적으로, 지역적으로 당면한 현실과 관련하여 어떤 의미가 있는지 살피고자 한다. 이는 목재의 삶을 이해하는 데 도움을 줄 뿐만 아니라 그의 작품을 제대로 이해할 수 있게 되리라 생각된다.

2. 목재의 교유 인물 개괄

『목재집』소재 한시 작품 제목에 명시된 이름을 정리해보니 94명에 이르렀다. 물론 이름만으로 교유관계를 파악하기에는 무리가 있다. 그러나 이들이 최소한 목재와 교유했음을 알 수 있는 단서가 될 수 있으므로 목재의 교유를 살피는 데 무리가 없을 것이다. 따라서 이를 통해 목재의 교유관계의 개괄적인 사항을 표를 통해서 살펴보고자 한다.

『嶺南學』23, 영남문화연구원, 2013, 97쪽) ④김희영은 뚜렷한 사승관계 없이 아버지 홍호에게 직접 학문을 전수 받았는데 류성룡-정경세-홍호로 이어지는 성향을 자연스럽게 이었다고 보았다.(김희영,「목재 홍여하의 양명학비판 일고」,『한문고전연구』39, 한국한문고전학회, 2019, 286~287쪽)

3 수학기 스승에 대한 연구는 정성운(2017)의 논문에 자세하다. 부친인 홍호와의 친분으로 인연을 맺은 조경과 이식에게 공부하였는데 이들은 당대의 문풍을 선도하던 인물들이다. (정성운, 앞의 논문, 2017, 7~26쪽)

〈표 1〉『목재집』의 한시 속 인물 분류[4]

번호	이름	연대	본관	자/호 (시호)	관직	작품 내용[5]	비고
1	郭後昌	1608~1667	현풍	興叔/農圃		會遇	대구
2	權鼈	1589~1671	예천	明仲/松齋		哀挽	예천. 權橃의 증손서이며 권문해의 아들
3	權山立	1568~1663	안동	峻甫/晩翠堂		題後	영양
4	權濡	1628~1681	안동	/龜臺		謝禮	權斗經의 부친
5	權標		안동	公運, 芝窩		留贈	목재의 처남
6	權瑎	1639~1704	안동	皆玉/南谷	사헌부대사헌	賡和	경기. 權大載의 아들
7	金啓光	1621~1675	안동	景謙/鳩齋		投贈, 哀挽, 簡寄, 謝禮 - 4題	상주
8	李大圭	1583~1654	흥양	混成		哀挽	상주. 李埈의 아들.
9	金賓	1621~1694	의성	賓如/葛川		請願	예천. 김성일의 동생인 金復一의 후손, 김응조의 문인, 목재 당시 문경 현령을 역임.
10	金時忱	1600~1670	풍산	終卿/一慵齋		投贈	안동. 김성일의 외손
11	金是樞	1580~1640	의성	子瞻/端谷		哀挽	안동. 김성일의 손자. 목재와 인척관계
12	金應祖	1587~1667	풍산	孝徵/鶴沙, 啞軒	한성부우윤, 옥당	哀挽	안동. 장현광의 문인
13	金千鎰	1622~1696	선산	伯剛/松川	성균관사예	賡和	거창. 鄭蘊의 문인
14	金厦樑	1605~?	선산	長卿/汝任		賡和	구미. 張顯光의 문인
15	金學培	1628~1673	의성	天休/錦翁	현령	簡寄, 哀挽 - 2題	안동
16	南垕	1644~1690	의령	載元/退村	승정원승지	送別	상주

---

[4] 〈표 1〉에서 세거지·관직 등의 항목은 송석현, 「17세기 상주지역 사족의 동향」, 『영남학』 27, 영남문화연구원, 2015, 325~326쪽; 이연숙, 「18-19세기 풍양조씨의 대종중 형성과 족보간행」, 『民族文化』 43, 한국고전번역원, 2014, 341쪽; 채광수·이수환, 「昌寧成氏의 상주 정착과 노론계 院宇 건립 활동」, 『朝鮮時代史學報』 79, 조선시대사학회, 2016, 395~396쪽; 황만기, 「황간 詩 연구」, 『漢文學報』 25, 우리한문학회, 2011, 267~268쪽; 『한국역대인물종합정보시스템』 등을 참고하였다. 그리고 표의 인물순은 가나다순으로 배열하였다.

17	柳元之	1598~1674	풍산	景顯/長卿, 拙齋		題後, 哀挽 - 2題	상주. 류성룡의 손자
18	柳㮨	1602~1662	문화	廷堅/百拙庵		哀挽	이이와 성혼의 성묘에의 종사를 반대하는 상소를 올림.
19	柳千之	1616~1689	풍산	景顯/拙齋	사헌부장령	賡和	상주. 류성룡의 손자
20	柳世哲	1627~1681	풍산	子遇/悔堂		賡和	안동
21	睦兼善	1609~?	사천	達夫/容齋	승정원승지	投贈	경기. 목내선의 형
22	睦來善	1617~1704	사천	來之/睡翁·睡軒	좌의정	簡寄	경기. 허목의 문인
23	睦行善	1609~1661	사천	行之/南磵	이조참의	送別	경기. 목내선의 종형. 부인은 이덕형의 손녀
24	閔點	1614~1680	여흥	聖與/雙梧	찬성, 문형	賡和, 簡寄 2題 - 3題	경기. 閔熙의 동생
25	朴成敏	1603~1666	함양	聖叟/守默齋		投贈	상주
26	朴廷薵	1601~1672	함양	吉予	태안군수	哀挽	예천
27	朴廷薛	1612~?	함양	汝弼/遯愚堂		謝禮	예천
28	徐時立	1578~1665	달성	立之/全歸堂		題後	대구. 정구·장현광의 문하
29	徐必遠	1614~1671	부여	載邇/六谷 시호: 貞毅	병조판서, 한림	送別	경기. 金集·鄭弘溟에게 수학.
30	成後卨	1615~1673	창녕	子許	사헌부집의, 우승지	投贈 - 2題	경기. 김집의 문인
31	申適道	1574~1663	아주	士立/虎溪		哀挽	의성. 정구·장현광에게 배움.
32	安道徵	1616~1678	순흥	泰和/點离窩		賡和	예천
33	俞杺	1605~?	기계	汝柄		哀挽	경기
34	尹鑴	1601~1669	파평	純甫/星溪·夢溪	이조참판	懷思	여주.
35	李榘	1613~1654	선주	大方/活齋		投贈, 哀挽 - 2題	상주. 왕시간의 외손. 목재와 인척관계
36	李溟翼	1617~1687	진보	萬里, 反招堂	충청감사, 옥당	投贈, 送別 - 2題	안동
37	李尙彦	1597~1671	경주	溶叟/城西	공조정랑	哀挽	영천. 김응조·조임도와 교유
38	李世標		진보	季則		哀挽	예천. 이명익의 조카. 李東標의 동생.
39	李崇彦	1592~?	경주			哀挽	영천.

40	李植	1584~1647	덕수	汝固/澤堂·澤癯居士 시호: 文靖	문형	投贈	경기. 목재와 사제관계
41	李英甲	1622~1677	경주	善鳴/野翁		賡和, 投贈 2題 - 3題	상주
42	李元禎	1622~1680	광주	士徵/歸巖 시호: 文翼	이조판서, 한림	簡寄	칠곡. 조부 이윤우 수학, 정구의 문인. 외조부 김시양. 민점이 고모부
43	李元圭	1597~1661	흥양	鉏谷/器擧	승정원주서	哀挽	상주. 이준의 아들
44	李爾松	1598~1665	진보	壽翁/開谷	寺正	題後	의성. 김응조의 문인
45	李晉哲	1591~1664	전주	明叔/雙溪	승정원주서	投贈	경기, 문경. 효령대군 후손
46	李燦	1575~1654	여주	仲明/國窓		投贈	예천. 류성룡의 외조카
47	李馥	1626~1688	선산	勉余/陽溪	승정원승지	投贈	선산
48	李玄逸	1627~1704	재령	翼昇/葛庵 시호: 文敬	이조판서	謝禮	영덕, 1700년 안동
49	李亨復	1627~1710	경주	復元/圓溪		題後	충청(황간)
50	李煥	1582~1661	여주	季明/湖憂		哀挽	예천. 류성룡의 생질
51	李徽逸	1619~1672	재령	翼文/存齋		謝禮, 哀挽 - 2題	영덕. 외조부 장흥효
52	張瑢	1629~1711	안동	錦江/直方齋	현감	會遇	영주
53	張應一	1599~1676	인동	經叔/聽天堂 시호: 文穆	이조참판	投贈 3제, 賡和 - 4題	성주, 구미. 장현광의 양자. 목재와 인척관계
54	張㬦	1614~1678	인동	聖源/南坡	참봉	會遇	구미. 장현광의 문인
55	全克恬	1597~1660	옥천	幼安/滄洲		哀挽	상주. 전식의 아들. 목재와 인척관계
56	全翼耈	1615~1684	용궁	明叟/可庵		會遇, 題後 - 2題	상주. 부친 전이성이 정경세의 문인
57	鄭道應	1618~1667	진주	鳳輝/無忝	諮議	會遇, 懷思, 簡寄, 哀挽, 賡和 - 5題	상주. 조부 정경세, 아들 정석현이 목재의 사위
58	丁昌燾	1623~1687	나원	道元/德巖	감사	會遇	경기
59	鄭世規	1583~1661	동래	君則/東里 시호: 景憲	음서. 이조판서	哀挽	화순. 조경과 교유
60	鄭侙	1601~1633	청주	仲則/愚川·臥雲翁		哀挽	안동

61	趙絅	1586~1669	한양	日章/龍洲 柱峯 시호: 文簡	문형	投贈, 慶賀, 哀挽 - 3題	경기. 목재와 사제관계. 尹根壽의 문인으로 金尙憲·李廷龜 등과 교유
62	趙鳴漢	1615~1666	한양	聞遠/竹林		懷思	영천
63	趙汝松	1602~1651	풍양			哀挽	상주
64	趙又新	1583~1650	한양	汝揖/白潭	성균관학정	哀挽	상주. 정경세의 문인
65	趙威鳳	1621~1675	한양	子羽/鹿門	응교	懷思 - 2題	경기. 조경의 아들
66	趙元胤	1633~1688	풍양	善伯/竹坡		題後	상주. 趙靖의 후손
67	蔡裕後	1599~1660	평강	伯昌/湖洲 시호: 文惠	대제학	投贈	경기.
68	黃德柔	1596~1659	장수	應坤		題後	문경. 목재의 장인. 정경세의 문인 홍여하의 장인
69	黃緬	1600~1670	장수	晚悟		遊宴, 賡和 - 2題	문경. 목재와 인척관계
70	黃霂	1618~?	장수	玉相/于石堂		簡寄	문경. 목재의 처남
71	洪柱三	1621~1682	풍산	鼎卿/月灘	감사, 옥당	投贈	경기. 선조의 부마인 홍주원과 친척. 김집의 문인
72	洪克己	1645~1693	부림			投贈	문경. 목재의 종질
73	洪相民	1654~1727	부림	天卿/鳳岩		懷思	문경. 목재의 아들

※ 崔偶(投贈), 許肅川(送別), 黃德承(會遇-2題) 金萬元(賡和) 黃遠甫(會遇) 安誠甫(賡和, 簡寄), 李錫成(哀挽), 李光洽(哀挽), 權以說(哀挽), 安瑞徵(哀挽), 金履祥(投贈), 金士一(投贈), 沈弘弼(投贈), 權東老(題後), 文得耉(題後), 權仲說(謝禮), 李光鎭(謝禮), 崔基重(簡寄), 金善鳴(投贈), 승려 2명

〈표 1〉에서 전체 교유시의 작품 수는 111수이며, 교유 인물은 모두 94명이다. 그 가운데 73명은 인물에 대한 정보를 확인할 수 있었으며, 확인할 수 없는 경우가 21명이다.

---

5 명나라의 서사증이 시의 내용을 분류한 바에 근거하여 분류하고 별도로 請願, 題後 등을 추가하였다. 서사증의 분류는 投贈, 酬答, 簡寄, 報謝, 送別, 留別, 哀漫, 尋訪, 會遇, 賡和, 慶賀, 遊宴, 懷思 등이 교유시의 범주에 속한다고 보았다.(徐師曾,『文體明辯』, 昕晟社 影印本, 1984, 64~97쪽) 목재의 교유시를 내용에 따라서는 投贈(26제), 哀挽(30제), 賡和(13), 簡寄(10), 題後(10), 送別(7), 會遇(8), 懷思(5), 謝禮(6), 留別(2), 遊宴(1), 慶賀(1), 請願(1) 등으로 분류할 수 있다.

좀 더 상세하게 몇 가지 사항을 살펴보자. 첫째는 시기상으로 출사 전인 35세 이전까지와 35세 이후부터 41세까지 사환기, 41세 이후 낙향한 시기로 삼분三分하여 나눠볼 수 있다. 이와같이 세 시기로 나눠 살필 수 있는 것은 『목재집』에 실린 작품이 대부분 창작년도 순서로 배열되어 있어 가능하다. 교유 인물 수는 출사 전 6명, 사환기 19명, 낙향 후 69명으로 관직을 그만두고 고향으로 돌아온 뒤에 집중되어 있다. 그 이유는 23세부터 시를 지었고 낙향하기 전까지 작품 수는 40여 수에 불과하고, 본격적인 시작은 41세 되던 해 고향으로 돌아온 뒤에 이루어졌기 때문이다. 시기별 교유 인물을 분류하면 다음과 같이 정리할 수 있다.

- 35세 이전(출사전) : 李燦, 崔偶, 李植, 李棐, 李大圭, 黃霝 등
- 35세~41세(사환기) : 趙絅, 尹鑴, 蔡裕後, 李溟翼, 徐必遠, 趙威鳳, 趙威明, 許蕭川, 李元圭, 睦行善, 睦兼善, 張應一, 李元禎, 李亨復, 金萬元, 金善鳴, 張楘, 郭後昌, 黃遠甫 등
- 41세 이후(낙향 후) : 權䴏, 權山立, 權濡, 權標, 權垍, 金啟光, 金寶, 金時忱, 金是樞, 金應祖, 金千鎰, 金廈樑, 金學培, 南壄, 柳元之, 柳稷, 柳千之, 柳世哲, 睦來善, 閔點, 朴成敏, 朴廷蓍, 朴廷薛, 徐時立, 成後嵩, 申適道, 安道徵, 俞杋, 李尙彥, 李世標, 李崇彥, 李英甲, 李爾松, 李晉哲, 李燦, 李馥, 李玄逸, 李煥, 李徽逸, 張瑠, 全克恬, 全翼耈, 鄭道應, 丁昌燾, 鄭世規, 趙嗚漢, 趙汝松, 趙又新, 趙元胤, 黃德柔, 黃紳, 洪柱三, 洪克己, 洪相民, 黃德承, 安誠甫, 李錫成, 李光洽, 權以說, 安ındrz 徵, 金履祥, 金士一, 沈弘弼, 權東老, 文得耈, 權仲說, 李光鎭, 崔基重, 金善鳴, 승려 2명

둘째는 지역별로 영남지역과 그 밖의 지역으로 나누어볼 수 있다. 영남지역이 압도적으로 많으며 그 외 지역 인물은 모두 18명으로 〈표 1〉에 ⑥ · ㉑ 등 별도로 표시했다. 영남지역을 제외한 다른 지역의 인물들과의 교유는 목재가 서울에서 생활하면서 인연이 되었던 인물이나 관직 진출 당시

교분을 맺은 인물들이다.

셋째는 교유의 빈도수로 정도응(6)·조경(4)·장응일(4)·김계광(4)·민점(3)·전익구(3)·이구(2)·조위봉(2)·황덕승(2)·황면(2)·류원지(2)·권중설(2)·이휘일(2)·이영갑(2)·김학배(2) 등이 2회 이상으로 나타나고 있다. 조경·조위봉·민점 등을 제외하면 대부분 영남지역 사족들이다. 교유 빈도수가 가장 많은 인물은 정도응으로 류성룡의 제자인 정경세의 손자이다. 다음으로 목재의 스승인 조경과 장현광의 아들 장응일이 교유의 빈도가 높았다. 이 인물들과의 교유는 4장에서 자세히 살펴보도록 하겠다.

목재의 한시 속 교유는 시의 창작시기, 길지 않은 생애와 열악한 시대적 상황 때문인지 교유 범위는 그렇게 다채롭다고 할 수 없다. 서울에서 생활하고 관직 생활에 나아갔으나 교유 인물은 많지 않았으며, 주로 영남지역의 사족들을 중심으로 이루어졌다. 그러나 삶을 살아가면서 주변 인물과 친소 정도는 달랐을지 몰라도 교류를 소홀히 하지는 않았음을 알 수 있다.

3. 관료문인과의 교유: 위로와 참여의 의지

관료로서 목재의 삶은 1654년(효종 5) 10월 그의 나이 34세 식년문과式年文科에서 을과乙科로 합격하여 이듬해 예문관에서 시작된다. 예문관은 나라의 문한을 담당하는 관서로서 젊고 유능한 문과 출신자들이 임명되던 곳이었다. 그는 예문관의 관서의 정9품 검열檢閱, 정8품 대교待敎, 정7품 봉교奉敎를 차례로 역임하면서 춘추관 기사관도 겸하였다. 출발은 청직으로 순조롭게 시작한 셈이었다. 그러나 1656년(효종 7) 자신의 후임을 천거하는 과정에서 물의를 일으켜 파직된다.[6] 그해 12월 효종이 구언求言하는 전지에 자신의 상소가 조정에서 갈등을 빚었고 결국 고산도 찰방으로 내

쳐지게 된다.⁷

이러한 배경이 된 당시 정국을 살펴보자. 목재가 입사入仕했던 효종 대는 인조 대까지 지속된 서인 정권이 그대로 이어지면서 새로운 정치 질서가 모색되던 시기였다. 효종 초에 효종의 정통성 시비是非문제가 야기되었다. 이렇게 정통성 논란 속에서 불안하게 왕위에 오른 효종은 그를 지지해 줄 세력이 아직 결집되어 있지 못한 상황에서 산림山林을 조정으로 불러들여 정국을 개편시키려 했다. 그런데 정치집단으로 부상하게 된 산당山黨⁸은 오히려 효종에게 소현세자의 아들 중 유일한 생존자였던 셋째 아들 이석견李石堅의 방면 문제와 강빈姜嬪 옥사獄事의 재조사 등을 요청하면서 지속적으로 긴장 관계를 형성했다.⁹

효종은 자신의 종통 문제는 물론이고 청淸으로부터의 간섭과 전쟁 및 각종 재난으로 피폐해진 민생의 안정 등도 고려하여, 산당山黨을 물리치고 한당漢黨¹⁰의 영수領袖인 김육金堉과 제휴했다. 그리고 1651년(효종 2)에

---

6   『효종실록』 卷16, 효종7年(1656) 1月 3日 壬午. "奉敎洪汝河·檢閱宋奎濂罷職【汝河等議新薦不合, 相繼投疏出去, 政院請牌招, 皆不進, 命罷其職.】" 『英祖實錄』
7   李玄逸, 「通訓大夫 司諫院司諫 木齋先生 洪公行狀」, 『葛庵集』 卷26 : 『韓國文集叢刊』 393, 86~86쪽.
8   산당은 인조 초의 金長生에서부터 비롯되어, 尊明事大의 명분론을 내세워 斥和를 주장하다 城下之盟 후 물러났다. 김장생의 아들 金集을 領袖로 宋浚吉·宋時烈·李惟泰·尹宣擧 등의 학자를 앞세워 사승관계에 의한 인적조직을 갖추었고, 金益熙·俞棨·趙錫胤 등을 조정에 포진시켜 의견을 대변하게 하였다. 이로써, 인조 말년에 공신세력과 대항할 수 있는 가장 유력한 정치집단으로 성장하였다.(정만조, 「17세기 중반 한당의 정치활동과 국정운영론」, 『한국문화』 23, 서울대학교 규장각한국학연구원, 1999, 112쪽)
9   산당이 조정으로 부임하려고 할 때, 신면은 그들에게 장차 나와서 무슨 일을 할 것인지 물은 적이 있었다. 이때, 송시열은 '원수에게 복수하여 치욕을 씻는 일'과 '강빈이 원통하게 죽은 것을 푸는 일', 이 두 가지를 먼저 할 일이라고 대답하였다.(李建昌, 『黨議通略』, 「仁祖朝至孝宗朝」; 윤혜민, 「17세기 후반 국왕의 정국운영과 척신의 역할 - 효종·현종·숙종을 중심으로」, 건국대학교 대학원 박사논문, 2020, 198~199쪽)
10 한당에 대한 기록은 李建昌의 『黨議通略』에서 "山黨은 김집이 영수였는데 송준길과 송시열 등이 보좌했으며, 모두 충청도 連山·懷德의 산림 속 사람들이므로 '산당'이라고 일렀

그의 손녀[明聖王后]를 세자빈으로 간택해 인척 관계를 맺었다. 당시 김육의 가문은 산당과 종친 및 남인南人과도 연혼 관계를 맺고 있어 다양한 세력을 아우를 수 있었다.

이후, 효종은 김좌명金佐明과 허적許積 등의 척신과 남인들을 등용하는 유화책을 펼쳤다. 하지만 효종의 정통성을 흔드는 신하들의 발언은 계속되었고, 효종이 추진한 군사 정책의 잇따른 실패와 거듭되는 재이災異로 인한 왕의 실덕失德 논란이 지속되면서, 결국 효종은 정국 타개책으로 다시 산당을 진출시킨다. 이에 송시열宋時烈과 송준길宋浚吉은 각각 이조판서吏曹判書와 병조판서兵曹判書에 제수되어 영향력을 행사하고 있었다.[11] 목재는 이러한 흐름 가운데 있었다.

목재는 좌천되기 전인 1656년(효종 7) 12월 사간원의 정언으로 재직 시에 시사時事를 논하는 응지상소를 처음으로 올렸다.[12] 이 상소는 대신들에게 분노를 거칠게 드러낸 효종의 성정을 지적하면서 마음 수양하기를 곡진하게 아뢴 것이었다. 이는 앞서 효종이 영돈녕 부사 김육이 올린 차자로 인해 대신들을 인견한 자리에서 "오늘날에는 임금 노릇하기 어렵다."라고 한다든지 "나의 행동이 모두 사람들에게 비난을 당하니 이 뒤로 어떻게 감히 다시 대궐 문 밖에 한 걸음이라도 나가겠는가."라고 하면서 쌓인 불만을 거침없이 드러낸 데에 기인한 것이다.[13]

효종이 북벌을 위한 목적으로 추진한 일련의 정책들로 인해 곳곳에서

다. 漢黨은 金堉과 申冕이 영수였는데, 모두 漢江 위에 살고 있었으므로 '한당'이라고 이름하였다."라고 하였다. 한당은 한양을 터전으로 활동하는 세력을 한당으로 소개하고 있다. 실록에서 산당이 '송시열, 송준길에 붙좇는 시류의 무리들'이라(『顯宗實錄』卷16, 현종10년 (1669) 1月 8日 壬寅) 정의하지만 한당에 대한 표현은 보이지 않기 때문에, 한당은 상대적으로 크게 결집된 세력을 이루지 못했다고 추정해 볼 수 있다.(윤혜민, 앞의 논문, 2020, 24쪽)

11 윤혜민, 앞의 논문, 198~199쪽.
12 『孝宗實錄』卷17, 효종7年(1656) 12月 4日 丁丑.
13 『孝宗實錄』卷17, 효종7年(1656) 9月 24日 己巳.

물의가 일어나고 있던 차에 마침 천재지변과 사고들이 겹쳐 일어났다. 이에 효종은 자신의 정책이 잘 시행되지 않던 차에 재해뿐만 아니라 자신이 추진한 정책에 주변의 반발이 일어나 심기가 몹시 불편했다. 그래서 효종은 김육의 상소에 대해서도 평상심으로 대하지 않은 것이다.

목재가 올린 상소는 효종의 마음 수양을 청한 것으로 효종에 대해서 불손한 언사가 있었던 것도 아니고, 서인을 배척하는 내용도 아니었다. 따라서 효종도 진언한 정성을 가상하게 생각한다는 정도의 상투적인 비답을 내렸으며, 서인도 이에 대해 직접적인 반응을 보이지는 않았다. 하지만 직언을 한 목재는 서인의 견제를 받아 외직인 함경도 고산찰방으로 좌천되었다. 그를 그대로 두었다가는 자신들에게 거추장스러운 존재가 될 것을 우려했기 때문이다.[14] 벼슬길에 들어선 지 얼마 되지 않은 신입 관리에게 닥친 첫 시련이었다. 목재는 부임지에서 중앙에 있는 동료에게 시를 보냈다.

태을신선 청려장 짚고 천록각을 찾더니	天祿纔敲太乙藜
보배로운 전적 받들고 서로부터 오셨네.	旋擎寶典路從西
이에 문병을 잡았으니 참 사마온공이요	方持文柄眞司馬
곧 명산에 도착하니 회계산 같으리.	却到名山似會稽
강좌의 풍류객이 우연히 서로 만나	江左風流成邂逅
한잔 술로 눈 내릴 때의 이별을 기억하네.	罇前雪落記分携
못난 이 몸 외람되이 임금을 모셨더니	龍鍾曾忝陪靑瑣
상서로운 날 고릉에서의 일 꿈속 같구나.	瑞日觚稜夢裏迷[15]

---

14 洪汝河,「碣銘 - 權愈」앞의 책 卷11;『韓國文集叢刊』124, 547쪽, "然當路者, 恐公在朝則譏主便私難, 斥補高山察訪."
15 洪汝河,「贈蔡大提學 裕後 李奉教 溟翼 藏史之行 丁酉」, 앞의 책 卷1;『韓國文集叢刊』124, 334쪽.

이 시는 1657년(효종 8)에 사고를 봉안하러 가는[16] 채유후蔡裕後와 이명익李溟翼에게 보낸 시이다. 채유후는 인조반정, 이괄의 난, 정묘호란, 병자호란 등이 이어지던 혼란한 정국 속에서 생애의 절반이 넘는 37년을 관직에 있었다. 그는『인조실록』,『선조 개수실록』,『효종실록』3대의 실록 편수에 참여하였으며, 누차 대제학을 지내며 문형을 쥐고 당시 문풍의 변화를 선도한 인물이다.

다른 인물인 이명익은 5대조가 이황의 숙부가 되며, 관직 초기에는 조경에게 천거를 받기도 했다.[17] 숙종 초에 승지, 대사간에까지 올랐던 인물이다. 1657년(효종 8) 실록을 봉안하는 직무를 수행하게 되었으나, 이듬해 다시 사관 천거에 관한 일로 좌천되기도 했다.[18] 당시 영남지역 출신의 관료들이 점점 줄어들고 있는 상황에 목재와 이명익은 동향 출신으로 긴밀하게 교유했을 것이다.

작품의 전반부는 채유후가 문형에 올랐던 사실과 실록 편찬에 참여하여 사고를 봉안하는 일을 극찬하고 있다. 제1구에서 목재는 실록 편찬에 참여한 채유후를 천제天帝가 인정한 박학한 유향에 비유하고 있다. 유향은 한성제漢成帝 때 인물로 그가 천록각에서 서책을 교정하고 있을 적에 한번은 밤에 황의黃衣를 입은 노인이 청려장을 짚고 찾아와서는 청려장 끝에 불을 일으켜 유향을 비춰 주고, 글을 유향에게 전해 주었다. 이때 유향이 그 노인의 성명을 묻자, 그 노인은 "나는 태을太乙의 정기인데, 천제께서 유씨의 자식 중에 박학한 자가 있다는 말을 듣고 내려가서 살펴보게 하였다.[19]"라고 한 부분이다. 제3구는 채유후가 문형을 맡은 사실을 사마광과

---

16 『宣祖實錄』봉안 기사:『孝宗實錄』卷19, 효종8年(1657) 9月 30日 己巳; 11月 22日 庚申.
17 강주진 역,『영남인물고』, 탐구당, 1967, 304~305쪽.
18 『孝宗實錄』卷20, 효종9年(1658) 5月 25日 辛酉; 5月 27日 癸亥.
19 『三輔黃圖』, "我是太乙之精, 天帝聞卯金之子有博學者, 下而觀焉" 한국고전종합DB.

비유하고 있다. 사마광은 황제의 칙명으로『자치통감資治通鑑』을 저술하고 죽은 뒤에 태사온국공太師溫國公으로 추증된 인물이다.

후반부는 중앙에 있는 동료들과 함께하지 못한 안타까운 심정과 중앙에 대한 그리움을 드러낸다. 그는 중앙에 있는 동료에게 시를 보내는 과정에 중앙과 지방에서 각각 달라져 있는 자신의 모습을 실감하게 되었다. 현실 속 자신의 모습을 실감하게 되니 중앙에서 보낸 생활은 꿈속의 일처럼 멀게 느껴진 것이다. 목재는 부인지에서 충청도 관찰사로 떠나는 서필원에게도 시를 보낸다.

부절 가지고 남으로 오니 고향땅이요	杖節南來是舊遊
이름난 도시 아름다운 호주로 떠나가네.	名都形勝控湖州
상여가 촉 땅에 갔던 영광에 비길 만하고	相如入蜀榮堪比
옹자가 오 땅으로 돌아온 일 비할 데 없네.	翁子還吳事罕儔
산 역참 단풍나무에 매미소리 어지러운 저녁	山驛亂蟬紅樹晚
바다 입구 구름에 기러기 돌아가는 가을	海門歸鴈碧雲秋
못난 이 사람은 이별의 괴로움이 남다르니	龍鍾偏覺離懷苦
시를 담아 자주 배달함을 아끼지 마세요.	莫惜詩筒數遞郵[20]

실록에 따르면 목재가 정언으로[21] 발탁되기 2개월 전에 서필원徐必遠이 1656년(효종 8)에 충청도 관찰사로 임명된다.[22] 따라서 이 작품은 서필원이 1656년(효종 8) 충청도 관찰사로 임명되었고, 작품의 5~6구에서 목재 자신이 역에 있다고 밝힌 것으로 보아 1657년(효종 9) 고산찰방에 있을 때 지은

20　洪汝河,「送徐監司載邇 必遠 赴湖西」, 앞의 책 卷1;『韓國文集叢刊』124, 334쪽.
21　『孝宗實錄』卷17, 효종7年(1656) 9月 18日 癸亥.
22　『孝宗實錄』卷17, 효종7年(1656) 7月 18日 甲子.

것이다.

서필원은 본관이 부여이며, 증조부 서익徐益의 영향으로 서인 계열 가문에서 태어났다. 그는 양녕대군의 후손인 이찬우李贊于의 딸과 혼인하였고, 김집金集과 정홍명鄭弘溟에게 학문을 배웠다는 점에서 서인 출신과 관련이 많은 인물이다. 서필원의 종숙부가 청주한씨 한준겸韓浚謙이며, 한준겸의 딸은 인조의 비 인열왕후이니, 왕실과도 친분을 맺고 있었다. 김육이 서필원을 전라도 해읍海邑 대동법 시행의 실무자로 추천하기도 하였고, 서인계 내부에서는 송시열과 대립하기도 하였다. 목재와의 교유는 시 이외에 직접적으로 보이지 않지만, 관직생활에 있으면서 관계가 형성된 것이다.

목재는 서필원을 '사마상여'와 '주매신' 두 인물과 비유하고 있는데, 사마상여와 주매신은 금의환향하는 대표적인 인물이다. 사마상여는 촉땅 사람으로 촉을 떠나 장안으로 가는 길에 기필코 공명을 이루고 촉에 돌아올 것이라는 말을 하고 뒤에 그의 뛰어난 문장 실력을 한 무제에게 인정받고 출세한 인물이다. 주매신은 집안이 매우 가난했으나, 공부에 매진해 마침내 벼슬길에 올라 회계 태수가 되었다는 고사의 주인공이다. 목재는 두 인물의 뛰어난 문장과 환로에서 높은 지위에 오를 수 있었던 점을 인용해서 서필원을 높이고 있다.

마지막으로 자신이 있는 역참의 풍경을 전하면서 좌천된 자신의 우울한 심정을 밝힌다. 그동안 품었던 포부를 펼치기 위해 부단히 노력해서 관직에 나갔으나, 얼마 되지 않아 외직으로 오게 되었으니 자신의 처지를 받아들이기 어려웠던 듯하다. 그는 좌천된 힘든 상황을 동료들과 교유를 통해 극복하고자 했다.

목재는 고산도 찰방에서 충실히 직무를 수행하고 있으나, 조정은 목재를 불러주지 않고 1658년(효종 9)에 더 벽지僻地인 함경도 경성판관鏡城判官에 제수되었다. 그는 경성판관으로 있으면서 그동안 관직에서 펼치려

했던 치세의 생각을 하나씩 진행해 나갔다.²³ 먼저 백성의 세금 부담을 줄이는 방법을 찾아서 시행했다. 그 일례로 기존에 한 집에서 일 년에 베 10필을 세금으로 내던 것을 줄여서 세 필의 베를 내게 하였다. 백성들은 처음에 너무 적은 것을 의심하여 세금을 더 거둘 때를 대비해 비축해 두기도 하였다. 그러나 그는 비용을 줄이고 절약하며 수입을 헤아려 지출을 시행하고, 한 해가 다 지나도록 다시 세금을 거두지 않았다. 이것은 그가 법을 만드는 것보다 현실에 맞게 적용하고 백성들의 삶을 편안하게 하는 것이 중요하다는 평소 생각을 치세에 적용한 것이다.

목재는 또한 함경도 지역이 도성에서 멀어 배우는 혜택을 받지 못하는 자제들을 위해 재사를 만들어 직접 경사經史를 가르쳤다. 또 임진왜란에 의병 활동을 한 이붕수李鵬壽의 충렬을 기리고, 과부가 되어 시부모를 지극히 모시고 상을 마친 여인을 장려하기도 했다. 그리고 변방에 관한 일을 추진하였는데, 그 사례로 성곽과 해자 및 망루, 병기 등을 수선하고 새로 정비시켜 변방의 위세를 강화했다. 그는 이와 같은 변방에서의 경험을 훗날 「성지설城池說」을 지어 남기기도 했다.²⁴

목재는 외직에 있는 동안 직무를 수행하면서도 꾸준히 중앙의 상황을 놓치지 않고 감지하고 있었다. 그러던 중 1659년(효종 10) 4월 효종의 구언에 응하는 상소를 올렸고, 응지상소가 절차를 밟아 서울에 도착했을 때는 이미 효종이 위독한 상태였기 때문에 전달되지 못했다. 그 상소는 얼마 뒤 즉위한 현종에게 전달되었다.²⁵ 이 상소는 조정에 엄청난 파란을 일으켰다.

---

23 洪汝河,「行狀 - 洪大龜」, 앞의 책 卷11;『韓國文集叢刊』124, 383쪽, "戊戌七月, 拜鏡城判官, 爲政一以輕賦興學襃善爲本. 鏡府一年一夫出布十疋, 府君乃計支供上納容入, 令一夫出布三疋. 民慮其太約, 有加備以待者, 府君省費節用, 不復斂, 民大悅. 城壕頹覆, 器械毀缺, 率皆營繕修造, 而一新之. 旦地僻, 不被文教, 乃聚鄉里儁秀者, 建齋以處之, 授經史而親課之. 府有儒生李鵬壽, 當壬辰之亂, 倡義旅討叛賊, 復九鎭後戰死, 府君爲銘題墓, 以彰其烈. 又有一女早寡, 事姑至孝, 姑歿, 居墓側泣血終喪. 府君捐俸存問, 又至其家, 設宴以奬之."

24 洪汝河,「城池說」, 앞의 책 卷5;『韓國文集叢刊』124, 404쪽.

상소에서 목재는 크게 네 가지 시급하게 해결해야 할 폐단을 들었다. 변방 문제 해결이나 정책 수립과 관련한 기강紀綱의 해이, 상과 벌이 바르게 행해지지 않는 것, 정직한 언로가 막힌 것, 시비是非가 명확하게 분별 되지 않는 것 등이 그가 지적한 바이다. 그리고 이러한 폐단의 해결 방안을 제시했다. 그것은 현명한 인재과 공도公道의 회복으로 요약된다. 누구나 수긍할 수 있는 요목들이라 할 수 있다.

신은 시골에서 나고 자랐으며 벼슬한 지도 오래되지 않아 서울의 물정에 참으로 어둡습니다. 하지만 사람을 등용하는 방법을 대략 살펴보니, 명망 있는 사대부들의 진퇴엔 정해진 법식이 있는 듯합니다. 높은 관직은 이미 정해져 있고 이력의 엄체도 자신의 신분에서 나오기에, 후보를 추천할 즈음에는 이조에서도 또한 순리대로 따르기 어렵습니다. 서관庶官 음직蔭職을 뽑을 때는 태반이 넘게 사사로움을 따르고 공도公道는 거의 없어, 후원자가 없으면 천거되지 않고 촉탁이 아니면 시행되지 않습니다. 관리의 기강이 무너짐은 오로지 이 때문입니다. 대저 하늘이 인재를 낼 때 귀천으로 제한하지 않는데, 우리나라의 제도는 가문으로 제한합니다. 그중에서 만분의 일을 가려도 채용이 넓지 않은데, 당론黨論이 있은 뒤 서너 당파로 나뉘어 그 한쪽에 있는 이를 등용하면 차지할 자리는 더욱 좁아집니다. 가장자리 한 곳에 있는 사람을 등용해도 또한 형세가 두루 미치기 어려워 반드시 친하면서도 오래 아는 사람을 추천하니, 어느 겨를에 재주가 맞지 않다고 정직停職시키겠으며, 마땅한 사람에게 직분을 맡기겠습니까. 인재 선발의 혼란은 여기서 극에 달했지만, 지금은 전형銓衡하여 발탁하기에 해묵은 폐단이 점점 바로잡히리라 기대합니다.[26]

25　『顯宗實錄』卷1, 현종 卽位年(1659) 6月 2日 辛卯.
26　洪汝河,「應求言敎疏」앞의 책 卷3;『韓國文集叢刊』124, 370쪽, "臣生長鄕曲, 筮仕未久, 京國物情, 實所未諳. 然略窺用人之法, 淸流進退, 似有定式. 顯擢旣緣, 履歷淹滯, 固出自取, 當其

특히, 목재가 논척한 것은 인사人事 문제였다. 그는 관리를 등용할 때, 가문과 당파 및 친소親疏 등을 위주로 평가하는 폐단이 자행되고 있다고 보았다. 이는 효종 말부터 송시열이 이조 판서로 재임하면서 인사권을 장악하고 세력을 끌어들이고 있던 상황을 언급한 것이었다.[27] 이처럼 목재에 의해 정관政官의 잘못이 지적되자, 이튿날 송시열은 사직을 청했고, 이조참판 이일상과 이조참의 조복양도 책임을 지고 물러나려 했다.[28]

이러한 와중에도 대사헌 송준길은 널리 현준賢俊을 초빙할 것을 건의하며,[29] 계속해서 자신들의 세력을 확장시키려 했다. 현종은 이를 수락하여, 전전 찬선贊善 권시權諰, 전전 진선進善 윤선거尹宣擧 등을 불러들였다.[30] 송시열이 재차 사직을 청하자, 현종은 영의정 정태화와 상의하여 송시열의 사직을 받아들였다. 그러나 승지 김수항 등이 반대하여, 현종은 수정한 비답을 내려야 했다. 이 일로 인해 정태화를 질책하는 여론이 일어났다.[31] 이에 두려워진 정태화는 태세를 전환하여 목재를 강력하게 공박하는 데 앞장섰다. 좌의정 심지원은 '밖에서는 여하를 모두 괴상망측하다고 합니

注擬之際, 吏部亦難徇意. 至於庶官蔭職之選, 徇私過半, 公道絶少, 無援不擧, 非囑不行. 官方毁亂, 職競由此. 夫天之降才, 不限貴賤, 而我國之制, 以門地爲限. 揀其萬分之一, 則所採不廣, 黨論之後, 分爲三四, 而用其一邊, 則所占尤狹. 就其一邊之中, 度亦勢難遍及, 必須尤親且舊, 得以擬望, 奚暇稱停其才否, 而使之人當其職乎. 名器之混, 於是極矣, 今幸擢授銓衡, 佇見漸釐宿弊.

27 『顯宗實錄』卷1, 현종 卽位年(1659) 11月 4日 辛酉, "宋時烈之秉銓也, 不問賢愚, 惟黨與是崇是長, 至以貪鄙無義, 如宋基厚李翔等濫擬諸議, 旋登臺閣, 駑駘錦幪, 未足以喩其僭也."

28 『顯宗實錄』卷1, 현종 卽位年(1659) 6月 4日 癸巳, "吏曹參判李一相, 參議趙復陽, 亦上疏辭職, 略曰: '臣等聞洪汝河疏中, 論斥政官用人之失, 判書宋時烈旣以此陳章乞免, 臣等亦何敢仍蹲銓衡進退之地乎? 乞賜遞免, 以謝人言'."

29 『顯宗實錄』卷1, 현종 卽位年(1659) 6月 5日 甲午, "且請廣招賢俊, 以裨新化."

30 『顯宗改修實錄』卷1, 현종 卽位年(1659) 6月 7日 丙申, "前贊善權諰, 前進善尹宣擧, 宜先徵召, 而此外在野之人, 亦當退而訪問, 一體徵起矣."

31 『顯宗實錄』卷1, 현종 卽位年(1659) 6月 11日 庚子, "上初以本職勉副答之, 承旨金壽恒等啓以不可遞, 故改下此批. 時上密問時烈遞否於領相鄭太和, 太和對以勉副爲可, 時論譁然咎太和. 太和懼, 於前席, 攻汝河甚力."

다.³²'라고 폄하했고, 우의정 정유성은 "여하가 응지應旨를 핑계 삼아 간사한 말을 올리면서 대신을 모함했는데, 그의 내심은 은근히 양송兩宋을 침범하고 핍박하여 조정에서 불안을 느끼게 하려는 것이었습니다.³³"라고 비난했다.

송준길은 목재의 말이 사특하다며 분명히 시비를 가릴 것을 주장하였고, 동부승지 이은상李殷相은 송시열을 교체하면 목재의 간사한 술책에 말려드는 것이라고 했다.³⁴ 이처럼 목재에 대한 공척이 대대적으로 이루어졌다.³⁵ 현종이 목재의 배척 때문이 아니라 스스로 사직을 원하는 송시열의 마음을 편안히 해 주기 위해 체직을 허락한다고 하자, 비변사에서는 송시열을 비변사 제조로 임명할 것을 청했다.³⁶ 이후, 대신들이 서로 번갈아 가며 송시열을 구제하고, 현종이 특별히 양송兩宋에게 "내가 믿는 것은 두 찬선 뿐이니, 각기 마음을 다하여 나의 부족한 점을 도와 달라.³⁷"라고 언급했던 것에서도 당시 송시열의 영향력을 확인할 수 있다.

결국 목재는 응지상소로 인해 처벌을 받은 것이 아니라 상관인 북병사 권우의 장계로 인해 처벌을 받게 된다. 권우는 목재가 술주정한 실상을 낱낱이 열거하여 조정에 알렸다. 이러한 권우의 행위에 대해 남인 사신은 송시열 일파의 입김이 작용한 결과로 파악하였고,³⁸ 서인 사신은 서인과의

---

32 『顯宗實錄』卷1, 현종 卽位年(1659) 6月 12日 辛丑, "之源曰: '外間皆以汝河爲怪妄矣'."
33 『顯宗實錄』卷1, 현종 卽位年(1659) 6月 12日 辛丑, "維城曰: '汝河假托應旨, 輒進邪說, 以構誣大臣, 而其心隱然侵逼兩宋, 使不安於朝廷也'."
34 『顯宗實錄』卷1, 현종 卽位年(1659) 6月 11日 庚子, "殷相曰: '今若遞改吏判, 正中汝河之奸計, 後弊不可勝言'."
35 持平 姜裕後・正言 呂聖齊・副應敎 鄭萬和・校理 李時術・副校理 金萬基・修撰 金萬均・延陽府院君 李時白 등도 홍여하를 공격하였다.(『顯宗實錄』卷1, 卽位年(1659) 6月 12日 辛丑; 6月 13日 壬寅; 6月 15日 甲辰; 6月 16日 乙巳)
36 『顯宗實錄』卷1, 현종 卽位年(1659) 6月 12日 辛丑, "備邊司請以宋時烈差本司提調."
37 『顯宗實錄』卷1, 현종 卽位年(1659) 6月 16日 乙巳, "上特命時烈, 浚吉近前曰: '孤之所恃者, 兩贊善, 其各悉心, 輔予不逮'."

관련성을 부인하는 상반된 입장을 피력하게 된다.[39] 이후 그는 유배가 결정되어 충청도 황간으로 가게 된다. 목재는 귀양지에서 동료에게 시를 보냈다.

시인은 가을이 되자 느낌이 많으니	詞客逢秋感慨多
장사로 좌천됨을 원망할 게 있으랴.	遷流那用怨長沙
거울 속의 백발은 나라 근심 때문이고	鏡中白髮緣憂國
술통 곁의 국화는 집 생각나게 하네.	罇畔黃花正憶家
귀양 온 곳 멀지만 달을 함께 보고	瘴海絶遙看月共
고향 산 가까워 부형 생각 많을지라.	鄕山雖近望雲賒
우연히 도연명처럼 지방관으로 왔으니	偶然來就陶彭澤
취하여 모자 삐딱해도 바람에 맡겨두오.	一任風前醉帽斜[40]

이 시는 김산(현 김천)군수로 부임하는 장응일張應一[41]에게 보낸 것이다. 장응일은 구미 출신으로 종숙부 장현광張顯光에게 입양되어 가학을 이은 사람으로 목재의 두 아들이 모두 장응일의 사위가 되는 특별한 인연이 있

---

38 『顯宗實錄』卷1, 현종1년(1660) 1月 28日 甲申, "定配前判官洪汝河于黃澗 新豐驛. 以北兵使權堣臚列汝河酗酒之罪, 聞于朝故也. 汝河以疏中言及諸議不擇之弊, 大爲宋時烈所恨怒, 附麗時烈者, 莫不切齒, 故終不免抵罪."

39 『顯宗改修實錄』卷1, 현종1년(1660) 1月 28日 甲申, "定配前鏡城判官洪汝河于黃澗 新豐驛. 汝河嶺南人, 故大司諫鎬之子也. 爲人多氣, 而能文, 由侍從出補邊倅, 鬱鬱不得志, 疏斥李厚源誤國, 蓋意厚源於宋時烈等, 爲助援也, 又斥時烈, 以蔭官爲忝議. 朝廷惡其傾陷而然, 亦不之罪. 至是, 汝河與北兵使權堣相失, 堣馳啓汝河罪狀, 極其狼藉, 坐是編配. 堣亦嘗爲士類擯斥, 憾軻以沒, 其劾汝河, 初非有承望而然也."

40 洪汝河,「奉呈張大成 應一 號聽天 時守金山」, 앞의 책 卷1;『韓國文集叢刊』124, 340쪽.

41 홍여하의 두 아들이 모두 장응일의 사위가 되며, 장응일의 문집에 두 사위에게 지어 준 작품이 있다. 張應一,「示洪相文, 相民兄弟」,『聽天堂集』권1,『韓國文集叢刊』28, 318쪽;「贈二壻洪相文, 相民序」,『聽天堂集』卷3,『한국문집총간』28, 349쪽.

다. 장응일은 1629년(인조 7) 문과에 급제해 벼슬길에 올라 요직을 두루 거쳤는데 1660년(현종 1)에 김산 군수로 나갔다가 1년 만에 돌아왔다.[42] 이후로 12년을 집에서 보냈는데 사실상 관직에서 물러난 것이다. 다시 1673년(현종 14)에 공조 참의로 있을 때 효종의 능인 영릉寧陵에 변고가 생겨 진상을 밝히려다 무고를 당해 황간으로 유배되기도 했다.

장응일의 종숙부 장현광은 퇴계의 고제인 정구를 이은 인물이다. 장현광 이후 인동 장씨 문중은 그의 업적을 정리하면서 학파로서의 모습을 부지하려고 노력했다. 가학을 계승한 인물 중 장응일과 장내범張乃範 - 장경우張慶遇 - 장학張㩻으로 이어지는 3대가 주도적으로 나섰다는데, 목재는 비슷한 연배의 장학과 많은 교유가 있었다. 장학은 영남지역 사족들이 서울 삼천동에서 열었던 계회를 주도한 인물이기도 하다.[43] 1660년(현종 1)에 장학은 충청도 삼산(현 보은), 목재는 충청도 황간으로 유배되어 자주 만났으며,[44] 1661년(현종 2)에 장학은 해배된 목재를 상주에서 만나 시회를 열기도 했다.

목재는 이 작품에서 외직으로 부임한 장응일의 처지를 도연명에 비유하고 있다. 도연명은 젊어서 관직에 올랐으나 미관말직이나 한직에 있다가 낙향했다. 이때「귀거래사」를 지어 고향으로 가는 소회를 적게 된다. 이후 도연명의 삶을 동경하며 세속적인 영달이나 높은 자리를 버리고 자연인으로 돌아가는 처지를 대변하는 인물로 인식되게 된다. 그는 장응일에게 중앙에서 내쳐진 불편한 상황이지만, 잠시 복잡한 현실에서 벗어나

---

42 현종 즉위년에 장응일이 효종의 승하한 뒤 분곡하지 않은 일로 인해 파직해야 한다는 의론이 있었다.(『顯宗實錄』卷36, 현종 卽位年(1659) 7月 27日 丙戌)
43 「三淸洞道會圖帖」은 현재 계명대학교 동산도서관에 소장되어 있다.
44 張㩻,『南坡集』,「白華山頭陀寺與洪伯源汝河會話時公譎報恩洪公譎黃潤」·「頭陀寺歸路贈洪伯源」·「頭陀寺吟贈洪伯源七言律詩」·「洪木齋自黃潤譎所先歸贈別」·「洪木齋汝河書在譎所時」: 장학이 쓴 시와 편지는 모두 유배 중에 쓴 작품이다.(장학 저 · 장재한 역,『국역 남파선생문집』, 대보사, 2011)

자연에 순응하는 삶을 이야기해 주고 있다. 이는 유배를 겪은 목재 자신에 대한 위로이기도 하다.

목재는 당시 유배된 상황에 있었기 때문에 많은 갈등이 일어났을 것이다. 그는 가문의 기대를 받고 있었고, 또한 환로를 통해 자신의 포부를 드러내고자 하였지만, 이는 쉽지 않았다. 힘든 상황에서도 그는 꾸준히 동료들과 연락을 주고받으며 객관적인 시각을 유지하려 했다. 그는 얼마 되지 않아 유배지에서 풀려나 고향으로 돌아와 서재를 짓고 학문에 정진한다. 뒤에 그는 1672년(현종 13)에 영남의 사풍에 대해 다음과 같이 논하고 있다.

> 우리 영남은 수십 년 전부터 유풍이 쇠퇴하고 사류士類들의 추향趨向이 날로 비루해져 나아가는 일에 뜻을 다하는 자가 드물다. 사기가 순순하여 학인을 닮은 자나 걸음을 빨리하여 규거를 따르는 자를 보면 때를 지어 일어나서 비웃는다.[45]

그가 파악한 17세기 중반 영남의 사습士習은 유풍이 쇠퇴하고 사류가 비루하다고 보았다. 이러한 견해는 17세기 전반 영남의 사족들이 영남이 국가의 근본, 인재人才의 부고府庫, 공론재소公論在所라고[46] 자부했던 것과는 큰 대조를 보인다. 이러한 정황은 17세기 중반 영남이 정치적인 침체를 겪었을 뿐 아니라 그 내부에서도 학문적인 침체를 겪고 있었다는 것을 보여준다.

17세기 중반 영남을 대표하던 김응조는 1651년(효종 2) 외직으로 좌천되어 사실상 정치 활동을 마감했고,[47] 천거 문제로 갈등을 빚은 목재와 이명

---

45 洪汝河, 「存齋李公墓誌銘」, 앞의 책 卷7, 『韓國文集叢刊』 124, 464쪽, "吾嶺中自數十年來, 儒風寢衰, 士趨日卑, 鮮克志于向上事者. 見有辭氣恂恂類學人, 步趨蹈規矩, 則曹起而笑之."
46 李埈, 「擬嶺南伸冤疏」, 『蒼石集』 卷5; 『韓國文集叢刊』 64, 293쪽, "以此而稱國家根本者, 必曰嶺南, 稱人才府庫者, 必曰嶺南"; 全湜, 「答趙汝完 光璧」, 『沙西集』 卷4; 『韓國文集叢刊』 67, 72쪽, "吾嶺素稱公論所在, 而吾州又吾嶺之根柢也."

익은 편당으로 지목되어 외직으로 좌천되기도 했다.[48] 또 효·현종 대 산림직을 보더라도 영남 남인계 인사는 정도응이 있을 뿐, 남인계의 산림직 진출은 사실상 봉쇄되어 있었다는 것을 알 수 있다. 또한, 서인계 내에서도 정경세와 장현광 이후 조정에 등용된 인물이 없다고 인식한 것을 통해[49] 사실상 영남의 중용은 어려워지고 있다는 것을 알 수 있다. 서인과의 대립이 계속되는 상황에 남인계의 인사들은 대부분 외직으로 나가는 경우가 많았다. 그는 그들과 꾸준히 관계를 맺으며 적극적으로 일정한 역할을 하고 있었다.

4. 향리사족과의 교유: 존경과 계승의 염원

목재가 활동한 당시 영남은 점점 중앙정계 진출의 기회가 줄어들고 지역 내부에서도 침체를 겪으며 새로운 모색이 절실히 필요했다. 학파적 결속을 강화하고 확장해야 하는 시기로 인식·요구되던 때 목재는 낙향하게 된다. 목재는 서울에서 생활하면서 당대의 문풍을 주도하던 인사들에게 학문을 배운 점과 사환 동안에 다양한 경험 등은 당시 영남지역 사족들의 관직 진출이 줄어드는 상황에서 향리 사족들에게 선망의 대상이 되었을 것이며, 낙향한 뒤 지역에 활동하는 데 유리한 요소로 작용하였을 것이다.

47　金應祖,「年譜」,『鶴沙集』;『韓國文集叢刊』91, 217쪽.
48　『孝宗實錄』卷20, 효종9年(1658), 5월 25日 辛酉, "奉敎李溟翼, 史官新薦之時, 欲引進其黨, 同僚不許, 遂投疏告讦, 同僚亦皆引嫌出去, 史局遂空"; 5월 27日 癸亥.
49　『顯宗改修實錄』卷37, 현종8年(1667) 9월 5日 丙午, "致和曰 '鄭經世, 李埈之後, 遺風善俗, 無有存者. 銓曹用人, 採取一時人才, 故嶺南之人, 罕見收用. 而渠輩則以爲: 召命不踰鳥嶺, 將至三十年.' 以是稱寃云, 一道人情, 槪可見矣."

지역 사족들은 계회를[50] 통하여 혈연·지연·학연 등의 결속력을 강화하고 서로의 연대감을 유지했다. 특히 영남지역은 학문이나 유림의 결속과 관련된 결성 목적이 뚜렷한 계회가 많았다. 이러한 계회는 스승에 대한 학덕 경모, 정자나 서원의 보존관리, 향촌의 교화, 후진 교육, 정치·학문적 동류의식 등의 색채를 띠고 있다.[51]

감천甘泉의 수락대는 자연경관의 빼어남이 영남에서 제일이지만 세상에는 아는 자가 드물다. 신축년 가을 9월에 학사공鶴沙公이 여러 사우士友들과 대臺 위에서 모여 놀기로 약속하여서 나 또한 그곳에 달려갔다. (중략) 이곳은 관청과 촌락이 서로 닿아 있고 초부와 늙은이들이 가깝게 여기면서 노닐기에 지나가는 이들은 비루하게 여기며 돌아보지 않았습니다. 그러다가 하루아침에 대인 선생이 알아주었으니, 청운의 선비를 만나 후세에 전하게 됨은 그 사이에 마치 천지의 운수가 존재하는 것 같았습니다. 게다가 학사공은 만년을 자연에서 속세를 벗어나 여유롭게 노닐면서 동지들을 불러 모았습니다. 돌아보니 이 명구名區는 몇 고을 벼슬아치들을 모이게 하고, 옛 현인들이 남긴 감상을 추억하게 하니, 또한 유림의 성대한 일입니다.[52]

위의 인용문은 계회를 조직하고 기록을 남긴 계첩의 내용을 가져온 것으로 수락대 계첩문이다. 수락대는 지금의 예천에 있는 곳으로 류성룡이

50　김필동, 「조선시대 계의 조직 구조적 성격과 그 변화」, 『인문학연구』 15, 충남대학교 인문과학연구소, 1988, 201~202쪽.
51　권석환, 「조선시대 안동지역 계의 존재 양상과 역할」, 안동대학교 석사논문, 2014, 2쪽.
52　洪汝河, 「水落臺契帖文 辛丑」 앞의 책 卷5; 『韓國文集叢刊』 124, 410쪽, "甘泉之水落臺, 水石之勝, 甲於南中, 而世罕有聞者. 辛丑秋九月, 鶴沙公約諸士友, 遊集臺上, 余亦馳赴焉. (중략) 然其與縣廨村墅相接, 樵夫野老所狎處而遊也, 過者鄙之而不顧. 及一朝知於大人先生, 附靑雲而施後世, 似若有數存焉於其間. 而鶴沙公晩節林泉, 優游塵表, 招携同志. 眷玆名區, 傾數郡之纓弁, 追昔賢之餘賞, 則亦儒林之盛事也."

고향을 왕래할 때, 지팡이와 행장을 풀고 바위에 걸터앉아 자연을 감상하며 쉰 곳이다. 1602년(선조 35) 지역 사족들이 이를 추모하여 '서애선생장구지소西厓先生杖屨之所'라는 명문을 새겼고, 1661년(효종 11) 김응조와 목재 등 25현이 '선유계회'를 만들어 소요하던 곳이다. 수락대 관련 일화에서 서애의 위상을 짐작할 수 있으며 목재뿐 아니라 후학들에게 그의 역량을 발휘하기에 충분한 장소였다. 스승을 경모하고 사족의 유대관계를 공고하게 하여 동류의식을 함양하기 위한 장소였다.

아래 시는 1661년(효종 11) 김응조가 수락대에서 계회를 갖기 위해 여러 사족을 모았을 때 목재가 참석하여 지은 것이다.

물 건너고 구름 지나 길을 몇 번 굽어 도니	渡水穿雲路幾回
가슴 가득히 맑은 흥취는 호연할 사 감당할 수 없어라.	滿襟淸興浩難裁
바람결에 안개는 바로 중양절에 속하니	風煙正屬重陽節
동이 술로 서로 수락대에서 만났네.	罇酒相逢水落臺
나그네 된 기러기는 하늘 끝에 보였다가 차츰 사라지고	天末賓鴻看漸沒
멍에 진 학은 산봉우리에 어이 일찍이 왔었던가.	峯頭駕鶴豈曾來
그예 선백仙伯들과 계재溪齋에서 묵으며	因同仙伯溪齋宿
말하노니, 천추千秋에 멋진 모임 열었다오.	爲說千秋勝會開[53]

목재는 수락대의 상징성에 걸맞게 가슴 가득한 '청흥淸興'과 호탕한 정취를 가감 없이 묘사하고 있다. 전술하였듯이 그의 환로는 순탄하지 않았으며, 당대의 정치적, 사회적 상황은 자신이 꿈꾸던 이상과는 거리가 멀었다. 이로 인해 그의 마음속에는 맑은[淸] 공간을 찾아 세속을 벗어나고픈 마음이 절로 일어났을 것이다. 이 시에는 모처럼 여유를 가지면서 가슴속

---

[53] 洪汝河, 「水落臺」 앞의 책 1권; 『韓國文集叢刊』 124, 345쪽.

의 먼지를 씻어내고 선인의 자취를 지금 모인 이들과 함께 찾으려는 그의 정서가 잘 드러나 있다.

류성룡을 추숭하기 위해 지역의 사족들이 세운 병산서원[54]을 중심으로 '병산회屛山會'가 조직되었다. 병산회는 지역 내의 여러 활동과 밀접한 관련이 있었다. 목재의 작품에서는 직접적인 자료가 보이지 않지만, 목재가 이 계회에서 일정한 역할을 했으리라 추측할 수 있다. 이 계회는 류세철柳世哲을 소두로 목재와 이현일에 의해 기해예송 때에 상소를 주도했던 것으로 보인다.[55] 이 상소는 영남 23개 읍에서 천여 명 이상이 참여하여 지방 사족으로서의 의견표출이었다.

기해예송 때 지역에서 일의 진행 상황을 보자. 1659년(효종 10) 5월 5일 자의대비의 복제가 기년복으로 결정되었다. 남·서인의 경계를 넘어 상대측의 복제를 지지하기도 했지만, 삼년복의 복제 개정을 주도했던 이는 윤선도尹善道와 허목許穆이다. 다만 윤선도가 송시열宋時烈의 주장을 비판하며 '신하됨'까지 거론함으로써 정치적 빌미를 제공했고, 이로 인해 삼년복 측은 수세에 몰리게 되었다. 윤선도는 상소문이 불태워지고 삼수로 유배되는 한편, 허목 또한 삼척 부사로 좌천되었다. 이 과정을 통해 복제 논쟁 또한 자연스럽게 침묵기에 접어들게 되었다.

그런데 1665년(현종 6) 12월 23일 안동 유생들이 '다음 해 1월 7일에 병산

---

[54] 병산서원의 전신은 풍악서당으로 고려 때 사림의 교육기관이다. 1572년 류성룡이 지금의 병산으로 옮겼다. 1607년 류성룡이 타계하자, 정경세 등 지방 유림의 공의로 류성룡의 학문과 덕행을 추모하기 위해 1613년에 존덕사를 창건하고 위패를 봉안하여 1614년 병산서원으로 개칭하였다.

[55] 실제로 소청에 이른 소문은 류원지의「도내의례소」였다. 류세철의 문집에 남아 있는「의례소」는 류원지의「도내의례소」를 조금 수정한 것으로 그의 저술은 아니었다. 목재의「의례소」는 특정 판본에만 존재하며 소청에 제출되었는지 알 수 없다. 갈암의「擬論大王大妃服制疏」또한 소청에 제출되지 않았다. (정명수,「기해 예송과 1666년 영남남인의 상소 - 류원지·홍여하·류세철·이현일의 상소문을 중심으로 - 」,『퇴계학논집』21, 영남퇴계학연구원, 2017, 395~396쪽)

서원에서 모임을 갖는다.'는 통문을 도내에 보내면서 논의가 다시 시작된다.[56] 목재는 이들과 밀접하게 추진하였으나, 정치적 상황과 기년복 측의 반발에 가로막혀 성과를 거두지는 못했다. 이런 종류의 연명 상소는 조정이나 지역의 중요한 문제에 대해 지역의 목소리를 직접적으로 표출하는 방법으로 활용되었다. 특히 지역 사족들은 국정에 직접적으로 참여할 수 없는 입장이다 보니 중앙 혹은 지역의 주요한 일들에 자신들의 의견을 관철하려는 강한 행동으로 지역 사족들에게는 중요한 부분이다. 목재는 당시에 영남 유생들의 의견을 모아 상소했던 일에도 주도적인 역할을 했을 것으로 짐작된다.[57] 아래 시는 수락대에서 계회를 주도한 향리의 선배인 김응조를 생각하면서 지은 작품이다.

산림에나 조정에나 모두 잘 어울려서	山林廊廟摠相宜
자연스럽게 소연한 여윈 학의 자태였네.	自是蕭然瘦鶴姿
천고에 남긴 글로 깨달은 경지 알 수 있고	千古遺篇看自得
평생의 맑은 정조 남이 알까 두려워했네.	一生淸操畏人知
만년엔 자연에서 잔 채워 감상했고	晚從水石陪罇賞
지난 날 승정원에선 붓 들고 따랐었네.	曾向銀臺載筆隨
다시 사장에서 친히 강론하시리라 했건만	更擬沙莊親緖論
산 무너진 오늘 슬픔을 견딜 수 없네.	山頹此日不勝悲[58]

---

56 정명수, 앞의 논문, 2017, 374~376쪽.
57 柳世哲 저·張在釪 역, 『梅堂先生文集』 「翌日陪仲氏曁拙修從兄 赴屛山會 次前韻」, 하회양진당, 2014; 최효술, 「與屛山會中」, 『止軒先生文集』 卷4; 『韓國文集叢刊』 속119, 60쪽. 『梅堂集』, 『止軒集』에서 병산회에 대한 자료를 찾을 수 있다. 류세철은 류성룡의 형인 류운용의 증손이며 홍여하와 친밀하게 교유한 인물이다. 최효술은 외조부인 鄭宗魯의 문하에서 수학하였고, 성리학과 예학에 조예가 깊었으며, 柳致明을 비롯한 영남의 석학들과 학문적인 교유한 인물이다. 병산회는 19세기 중후반까지 지속되었음을 알 수 있다.(정명수, 앞의 논문, 395~396쪽)

이 시는 김응조金應祖에 대한 만사 중 두 번째 작품으로 1667년(현종 8)에 창작한 것이다. 제1~4구는 김응조의 풍모와 학문 성취에 대해 칭송하고 있으며, 제5~6구는 목재와 김응조와의 인연을 밝히고 죽음으로 인한 슬픔을 애절하게 표현하고 있다. 시에서 '승정원에선 붓 들고 따랐었네.'는 김응조는 좌승지, 목재는 예문관 검열로 함께 있었던 때(효종 6)를 추억한 것이다. 제7구의 '사장沙莊'은 김응조가 55세 되던 1641년(인조 19)에 소백산 학가산鶴駕山 아래에 세운 학사정鶴沙亭을 가리킨다. 목재는 이곳에서 김응조와 강론을 계획하며 지역의 학문적 침체를 극복하려 하였다. 그런데 목재는 그와 함께 계획한 강연이 이루어지지 못한 안타까움과 선배의 죽음으로 인해 비통한 마음을 달래 보려 하지만 이겨내기란 쉽지 않음을 '산퇴山頹'를 통해 표현하고 있다.

김응조는 류성룡과 장현광의 문인으로 류성룡의 제자인 정경세와는 10여 년에 걸친 학문적 교류가 있었으며, 류진과도 절친한 관계였다. 그는 1623년(인조 1) 문과에 급제한 이래 중앙에서 활동하였으나, 1651년(효종 2) 지방관으로 좌천된 후에 낙향하였다. 김응조의 증조 김의정金義貞은 이중경李重慶·이황李滉·김인후金麟厚 등 당대의 명현들과 교유하였으며, 형 김영조金榮祖는 김성일의 문인이며 사위였고, 자신은 김성일의 손서孫壻이기도 했다. 김응조는 사승 관계와 혼인 관계를 바탕으로 영남 사족의 핵심층에 있으면서 사족 사회 전반에 영향력을 가지고 있었다. 조경이 정경세의 뒤를 잇는 영남의 영수라고 평가하기도 했다.[59] 또한, 그는 지역의 사족들과 서로 교류하면서 17세기 전·후반을 잇는 가교역할을 하였다. 목재는 물계서원에 김응조를 봉안하는 제문을 짓고,[60] 김응조는 목재의 부

---

58 洪汝河, 「輓金鶴沙 應祖 丁未」, 앞의 책, 354쪽.
59 金應祖, 「誄詞(조경)」, 『鶴沙集』附錄; 『韓國文集叢刊』 91, 236쪽, "嶺南我國鄒魯也, 自愚伏鄭先生之歿後, 皐比之坐, 曠而且絶, 誘掖後進之責, 專歸于公."

친 홍호의 제문을 지었다.[61] 목재는 다른 향리의 선배를 위해 시를 지었다.

비 갠 서재에 가을날이 저물고	書齋晴罷秋天暮
맑은 달빛 머금어 빈방이 훤하네.	月華澄涵虛室素
마음 바탕을 더없이 맑게 할 줄 알아	解敎心地遣纖塵
얼음 병에 찬 이슬을 넉넉히 쌓았네.	贏得氷壺貯寒露[62]

류원지柳元之가[63] 거처하던 졸재拙齋를 읊은 작품으로 3번째 「추재대월秋齋對月」이다. 작품에서 류원지의 인품과 학문적 성취를 스승의 반열에 올려 높이고 있다. '허실虛室'은 『장자』에서 "저 뚫린 벽을 보면 빈방 안에 흰빛이 있고, 거기에는 길한 징조가 깃들어 있다."라는 구절에 사마표司馬彪가 사람의 정신이 맑아 욕심이 없으면 도심道心이 절로 생긴다는 뜻이라 주석한 부분이다. 또 '빙호氷壺'는 등적鄧迪이 주자의 스승인 이동李侗의 고귀한 인품을 말하면서 "마치 빙호추월氷壺秋月과 같아 티 없이 맑고 깨끗하니 우리들이 미칠 수 없다."라고 한 말에서 유래하였다. 목재는 류원지를 지역 내에서 순유醇儒의 모습을 지닌 인물로 인지하고 그의 행적과 학문적 성취에 대한 존경의 마음을 드러내고 있다.

주지하듯이 17세기 초반 영남은 류성룡 문인들이 지역사회를 선도하고 있었는데, 특히 정경세와 류성룡의 셋째 아들 류진이 있었다. 류진은 정경세와 학문적 교류의 편의성 등으로 1620년(광해군 12) 상주로 옮겨 살았다.

---

60 洪汝河,「勿溪書院祔金鶴沙時告上洛公文」, 앞의 책 卷7; 『韓國文集叢刊』124, 455쪽.
61 金應祖,「水落臺次洪百源 汝河 韻」, 앞의 책 卷1; 『韓國文集叢刊』124, 49쪽.
62 洪汝河,「拙齋八詠」, 앞의 책, 346쪽.
63 柳元之의『拙齋集』소재 목재 관련 작품으로「與洪伯源論中庸口義別紙」,「與洪伯源別紙 - 論張敬堂墓誌」,「重與伯源別紙」,「祭洪東洛 - 鎬 - 文」,「附錄/拙齋贊」,「次洪百源 - 汝河 - 德行四子吟」,「拙齋贊」,「輓柳拙齋」등이 있다.

그리하여 안동과 상주의 벗들과 왕래하며 학문 교류를 돈독히 하는 한편 퇴계학풍을 진작시키고자 하였다. 실제로 그는 병산서원에 1662년(현종 3) 종향되기에 이른다.[64] 이런 흐름 속에 류성룡 가학은 조카 류원지에게 전수되어 학문적 깊이를 더해가게 된다. 그는 1636년(인조 12) 병자호란이 일어났을 때 의병장으로 활동하였고 1637~1638년(인조 13~14)에 관직에 나갔으나 이후로는 낙향하여 주로 지역 내에서 활동하였다. 1666년(현종 7) 송시열의 예론에 반대하여 영남 유림 1천여 명의 의례소를 기초한 것으로 밝혀져 있다.[65] 이때 의례소를 작성할 때 목재와 긴밀하게 교유하였다. 목재가 장흥효의 묘지명을 쓸 때 류원지에게 편지를 보내 의견을 묻기도 하고 학문적인 질정을 주고 받았다. 목재는 「서애선생찬西厓先生贊」을 지어 류성룡을 퇴계 문하의 정맥으로 간주하였으며,[66] 애우지문厓愚之門이라는 표현으로 정경세를 류성룡의 학문적 적전嫡傳이라 인식을 하고 있었다. 그리하여 이황 - 류성룡 - 정경세로 이어지는 뚜렷한 학맥을 줄기로 인식하였다. 이는 영남 사족의 일원으로서 퇴계의 학문 계승을 자신의 역할로 인식하고 있음을 알 수 있다.

우복 선생이 세상 피해 살던 곳	愚翁遯世地
오늘에야 비로소 찾아 왔다네.	今日始來尋
오직 빈 산을 비추는 달만	獨照空山月
긴 세월 일편단심이었네.	千秋一片心[67]

---

64 洪汝河, 「屛山書院修巖奉安文」, 앞의 책, 452쪽.
65 류세철의 문집에 남아 있는 「의례소」는 류원지의 「도내의례소」를 조금 수정한 것으로 그의 저술은 아니었다. 실제로 소청에 이른 소문은 류원지의 「도내의례소」였다. 목재의 「의례소」는 특정 판본에만 존재하며 소청에 제출되었는지 알 수 없다. 갈암의 「擬論大王大妃服制疏」 또한 소청에 제출되지 않았다.(정명수, 앞의 논문, 395~396쪽)
66 洪汝河, 「西厓先生贊」, 앞의 책, 447쪽.
67 洪汝河, 「愚伏堂」, 앞의 책, 346쪽.

우복당을 방문하고 감회를 적은 작품이다. 우복당은 정경세의 종가로 손자인 정도응鄭道應이 거주하면서 지역 내의 사족들과 자주 모임을 가졌던 장소이다. 작품에서 달의 형상을 선생의 부재와 대비적으로 드러내 더욱더 쓸쓸한 감정을 드러내고 있다. 목재의 부친은 정경세의 문하에서 배웠으며 목재는 정경세의 손자, 정도응과 절친이었다. 목재에게는 각별한 장소였으므로 늦게 온 것에 더욱 안타까운 마음이 있었다. 빈 산을 비추는 달의 변치 않는 마음에서 정경세의 모습을 찾아내고 있으며 진정한 유자의 모습을 찾고 있다.

정도응은[68] 류성룡의 셋째 아들 류진의 사위이며, 이언적의 외증손이며, 서인의 영수인 송준길이 고모부이다. 정도응의 부친인 정심鄭杺이 목재의 부친인 홍호에게 공부를 배웠으며, 둘째 아들 정석현이 목재의 사위이다. 그는 과시에 응시하지 않고 1648년(인조 26)에 유일로 천거되어 내시부 교관, 대군사부, 세자시강원설서 등 수차례 내·외직에 천거되었지만 실지로 환로에 나아간 적은 몇 해에 지나지 않는다. 환로에 나갈 기회가 있을 때마다 사직소를 올려 세상에 나아가기보다 대부분 은자적 삶을 택한 인물이다.

정도응이 세자시강원설서로 임명되어 한양으로 갈 때 목재가 글을 지어주며 출처를 신중히 하라는 조언을 보태기도 하였다.[69] 이외에도 정도응의 조부인 정경세의 시호가 결정되는 것에 대해 축하의 메시지를 전하고 참석하지 못하는 안타까운 마음을 써서 보냈으며, 역사에 관한 내용을 조언하기도 하였다. 또 정경세가 목재의 5대조 홍귀달의 『허백정문집』의

---

68 鄭道應의 『無忝齋集』 소재 목재 관련 작품은 「次洪伯源汝河贈韻」, 「黃宜寧不換亭次洪伯源韻」, 「九月望携安太和洪伯源崔汝安向仙遊洞」, 「無住洪公鎬挽」, 「祭無住洪公文」, 「送鄭諸議鳳輝序」, 「祭鄭鳳輝文-丁未」 등이다. 「연보」에 의하면 1649년, 1650년, 1651년, 1653년, 1656년, 1662년에 만난 사실을 확인할 수 있다.
69 洪汝河, 「寄丹城倅鄭鳳輝」, 앞의 책, 351쪽.

서문을 쓰고, 뒷날 정경세의 6세손인 정종로가 홍귀달의 행장을 썼다. 그리고 목재의 『휘찬여사』를 교정하고 서문을 지을 만큼 이들은 학연과 혼인으로 맺어진 집안으로 각별한 데가 있었으며, 학파적 전승에 빠질 수 없는 중요한 인물로 목재와는 가장 많은 교유가 있었다. 다음은 교유가 잦았던 인물 중 한 사람인 전익구를 살펴보자.

너무나 반가운 바람이 불어오고	滕喜光風來
곧 비 갠 달 떠오르는 것을 보았네.	旋看霽月上
누구를 잘 형용하였다하랴	疇解善形容
도가 있는 이의 기상이로다.	有道者氣象[70]

위의 시는 가암 팔경 중 8번째 「원통제월圓通霽月」이라는 작품으로 가암은 전익구全翼耈가 거처하던 곳이다. '맑은 바람과 비 갠 날 달[光風霽月]' 등 자연의 형상에서 친구의 모습을 떠올리고 있다. '광풍제월光風霽月'의 출처는 송나라 황정견이 주돈이의 인품을 형용한 말이다. 황정견이 "용릉 땅의 주무숙은 인품이 매우 고상하여 가슴속이 쇄락하기가 마치 비 갠 뒤의 맑은 바람과 깨끗한 달과 같다."라고 했다. 목재는 마지막 구절에서 도학자로서 전익구의 모습을 드러내고 있다. 전익구는 실제로 일생을 출사하지 않고 도학자의 모습을 견지하며 독서와 강학으로 보냈다.

전익구는 만년에 예천에서 정경세가 거처하던 상주로 이주하여 가암可庵을 건립하였고, 정경세의 유풍을 사모하여 봉산서원을 중건하기도 했다. 부친 전이성全以性이 정경세의 문하에 수학하였으며, 정경세가 처외조부가 된다. 목재가 전익구에게 학문에 대해 질정하는 대목이 자주 보여 학문적으로 상당히 신뢰하고 있었던 것으로 보인다. 전익구는 경성 판관으로

---

70 洪汝河, 「可庵八景 - 圓通霽月」, 앞의 책, 352쪽.

부임해 가는 목재에게 안타까운 심정을 담아 전송하기도 했다. 목재가 참석한 계회에는 거의 빠짐없이 전익구가 등장하고 있다. 두 사람이 학문적인 교유뿐만 아니라 영남의 학파적 전승이라는 공통된 과제를 가지고 있었기 때문이다. 다음으로는 세교로 맺어진 김계광金啓光에게 보낸 시이다.

나의 선조와 승지공은	吾祖與承旨
나란히 연방에 급제했었네.	聯翩占榜蓮
나에게 이르러 이제에	四及余方四世代
그대와 다시 같은 해에 급제했네.	得子復同年
어리석은 나는 문자에 서투르고	鹵莽金根誤
향기로운 그대는 자질이 아름답네.	芬芳玉樹姸
오직 돈독하고 후한 교분의 정을	唯將敦厚誼
남겨 자손들에게 전해 주세.	留與子孫傳[71]

김계광[72]은 부친이 정경세에게 수학했으며, 그는 1661년(현종 2) 관직을 시작하여 주로 내직을 역임하다가 1673년(현종 13) 풍기군수로 물러났다가 이듬해 사망했다. 문과에 급제하기 전인 39세 때 삼계서원三溪書院에 대한 사액을 주청하는 경상도 유생의 상소에서 소수疏首를 맡았고, 풍기군수로 재직할 때는 백운서원白雲書院에 사람들을 모아 유풍을 진작시키기도 하였다. 당시 사림에서 목재와 더불어 '구노양노鳩老兩老'로 병칭되었으며 두 사람의 사후에 후인들이 "구재鳩齋와 목재木齋 두 선생의 죽음이 한 시에 일어나니 심히 우리 사림의 횡액이다."라고 하였다. 이를 통해 두 사람이

---

71 洪汝河, 「贈金景謙」, 앞의 책, 346쪽.
72 金啓光의 『鳩齋集』 소재 홍여하 관련 작품은 「丹砂次洪伯源汝河韻」・「次洪伯源溪上吟」・「金溪次洪伯源贈別韻」・「文殊寺次洪伯源韻」・「孤山次洪伯源送心師韻」・「聞李大柔訃感懷寄木齋」・「送洪伯源赴高山」 등이 있다.

후대에 끼친 영향력을 짐작할 수 있다.

목재는 작품에서 자신과의 친분을 드러내기 위해 선조들이 나란히 생원 진사시에 급제한 사실을 언급했다. 여기서 말하는 '나의 선조'는 홍언국洪彦國을 가리키며, '승지공'은 김영金瑛을 가리키는데 좌승지를 역임했기 때문에 '승지'라는 시어를 쓴 것이다. 이들은 모두 1495년(연산군 1)에 생원 사시에 합격했다. 바로 뒤를 이어 김계광과 목재 자신도 1654년(효종 5)에 모두 생원 진사시에 합격한 사실을 말하고 있다. 그러면서 자신은 문장에 서투르다고 겸하한 뒤 김계광의 자질을 칭송했다. 연방蓮榜으로 맺어진 교의는 후대에 기록을 전할 만큼 값진 것으로, 두 사람의 우의는 아마도 상정常情을 벗어나는 특별한 점이 있었을 것이다. 그래서 우리 집안에서 대대로 맺어 온 친분을 후손들에게까지 길이 전하길 바란다며 시를 마무리하고 있다. 이와같이 비슷한 연배의 벗들뿐만 아니라 후배들과도 교유를 이어갔다. 아래 시를 살펴보자.

주역의 깊은 뜻을 풀어낼 길을 열어	羲文奧義闢門途
높은 식견과 담론이 노유를 감복시켰네.	卓識玄談伏老儒
백발에 경전 안고 질정할 곳 없게 되니	白首抱經無訂處
가 날로 황폐해짐을 어이 견디랴.	可堪斯道日榛蕪 斯道[73]

김학배金學培의 죽음을 애도하는 시이다. 김학배는 본관이 의성이며, 1663년(현종 4) 과거에 급제하여 관직이 병조좌랑까지 올랐다. 이단하·김만중·홍기와 함께 경서교정관에 제수되었으니 그가 경서에 정통했음을 알 수 있다. 그는 잠시 벼슬살이를 한 일 외에는 줄곧 문중의 삼종조三從祖인 김시온에게 수학하였고 이현일·이휘일과 교유했다. 1667년(현종 8) 목

---

[73] 洪汝河,「輓金天休 學培」, 앞의 책, 357쪽.

재는 이현일·김학배 등과 함께 안동 경광서재鏡光書齋에 모여서 며칠 묵으며 학문을 강론하기도 했다.[74]

목재는 김학배의 학문적 재능에 대해 감탄하며, 7살 연하의 후배지만 학문적으로 깊은 차원에서 교유한 사실을 밝히고 있다. 그러나 죽음으로 인해 학문을 토론할 수 없으니, 곧 사도斯道가 쇠퇴해질 것이라는 안타까운 심정을 토로하고 있다. 후배 그룹인 이현일·김학배는 목재를 종유從遊했으며, 목재 역시 후배들과 쇠퇴해져 가는 향리의 학문 진작을 위해 강학 활동을 추진하고자 부단히 노력하였음을 알 수 있다.

두 형제가 먼 길을 돌아 나를 찾아주니	二難迂駕荷相尋
일찍부터 풍류를 특별히 흠모했었네.	夙歲風流特地欽
검외의 문장은 소식 소철에 놀랐고	劍外文章驚軾轍
관중의 예의 가에서 방림 형제를 보았지.	關中經禮見防臨
이별주에 해 지고 구름 멀어지는데	離罇落日雲堪遠
필마로 돌아갈 온 산엔 눈 점점 깊어지네.	匹馬千山雪正深
봄이 오면 절을 찾자는 약속 진중하게 여기니	珍重春來蕭寺約
그대들 한 번 승낙이 쌍금에 견줄 줄 알겠네.	知君一諾比雙金[75]

이휘일李徽逸과 이현일李玄逸 형제의 내방에 감사하며 지은 작품이다. 목재는 이휘일과 이현일 형제의 문장과 학문 등을 칭송하며 다시 만날 약속에 대한 기대감을 드러내고 있다. 시어 이난二難·검외劍外·식철軾轍·방림防臨에서 두 사람에 대한 존경의 뜻을 읽을 수 있다. '이난二難'은 난형

---

74 李玄逸,「年譜」,『갈암집 부록』;『韓國文集叢刊』128, 4쪽, "冬 與木齋洪公, 錦翁金公學培, 會鏡光書齋."
75 洪汝河,「謝李參奉仲季 翼文翼升 來訪」, 앞의 책 卷2;『韓國文集叢刊』124, 355쪽.

난제難兄難弟와 같은 말로, 형제가 서로 우열이 없이 덕행이 똑같이 뛰어남을 이른다. '검외劍外'는 문장으로 이름난 소식 형제의 고향이다. 목재는 두 사람을 소식와 소철의 문장에 비유하고 있는 것을 알 수 있다.

목재는 '방림防臨'을 인용해서 이들이 예학에도 뛰어났음을 밝히고 있다. 방임은 송나라 때의 유학자인 여대방呂大防과 여대림呂大臨 형제를 가리킨다. 여대림은 특히 정자程子 문하 사대제자四大弟子의 한 사람으로, 예학禮學에 매우 정심했다. '쌍금'은 약속을 지켜 신의를 잃지 않은 것을 말한다. 초한楚漢 시대에 계포季布가 처음 항우의 부장部將이 되었다가 뒤에 한왕漢王에게 가서 하동 태수가 되었다. 그는 본디 자기가 한번 승낙한 일이면 반드시 그 약속을 지켜서 신용을 잃지 않았으므로, 초인楚人들 사이에 "황금 백 근을 얻는 것이 계포의 한 승낙을 얻는 것만 못하다.[76]"라고 한데서 온 말이다.

이현일李玄逸은 외조부 장흥효의 학문을 이은 영남학파의 거두로, 그의 학문은 아들 이재李栽를 거쳐 외증손인 이상정李象靖에게 이어졌다. 이현일은 목재에게 형 이휘일의 묘지문을 요청하는 편지글 등 여러 편의 편지글을 보낸 적이 있다.[77] 목재의 아들 홍상문洪相文·홍상민洪相民은 이현일에게 김우태金宇泰가 편집한 목재의 언행록을 바탕으로 행장을 지어주기를 부탁하기도 했다.[78] 한편 목재는 이현일의 형과도 긴밀하게 교유하며 이휘일에게 역사서에 관한 참고서적을 부탁하는 편지를 쓰기도 하고 자신의 조언도 아끼지 않았다. 그리고 이현일의 외조 장흥효의 묘지명을 지어주기도 했다.[79] 이들과의 교유로 인해 목재는 이현일로부터 훗날 영남

---

76 司馬遷,「季布列傳」,『사기』, "得黃金百斤 不如得季布一諾."
77 洪汝河,「存齋李公墓誌銘」, 앞의 책 卷7;『韓國文集叢刊』124, 464쪽.
78 李玄逸,「與洪眞卿相文天卿相民昆季」, 앞의 책 卷11;『韓國文集叢刊』128, 33쪽.
79 洪汝河,「敬堂張公墓誌」, 앞의 책 卷7;『韓國文集叢刊』124, 461쪽.

사류들의 영수로 예우받았다.[80] 다음은 이현일이 목재의 문인들에게 보낸 글이다.

> 목재 홍공이 우리 존재 형과 함께 도의와 덕업으로 서로 인정하여 사문을 흥기시키려는 뜻이 있었는데, 불행이 두 분이 연이어 세상을 떠나 우리 영남에 오래도록 인물이 없어 척박하였습니다. (중략) 생각건대 현자는 일찍부터 큰 학문이 있는 분에게 공부하여 그 언론과 지취를 익숙히 듣고 깨달은 바가 있을 것이니, 다시 바라건대 현자는 여기에 뜻을 두시어 한두 동지를 권면하고 이끌어서 뜻을 다해서 헤아리고 힘을 다해서 붙들어서 이 단서에 땅이 떨어지지 않게 해 주십시오.[81]

이현일은 목재가 1678년(숙종 4), 이휘일이 1672년(현종 13) 비슷한 시기에 세상을 떠나게 되어 유풍을 일으키려는 뜻이 이루어지지 못한 아쉬운 마음을 드러내고 있다. 그리고 목재의 제자인 김우태·전오익에게 스승의 유풍을 계승하기를 권면하고 있다.

목재는 지역에만 있던 사족과는 달리 중앙에 진출할 수 있었기 때문에 다양한 경험을 할 수 있었다. 그러나 그는 어려서부터 서울을 기반으로 생활하다가 더 이상 관직 생활을 유지하지 못하고 낙향한 처지로 상주가 아무리 고향일지라도 그 속에서 융화되어 생활하기는 쉽지 않았을 것이다. 다만 이 당시 영남 사족들이 중앙정계에 진출하여 뚜렷한 성과를 보인 경

---

80 『肅宗實錄』卷21, 숙종15年(1689) 10月 5日 戊辰.
81 李玄逸,「答金定叟 宇泰」, 앞의 책, 111쪽, "因竊惟念木齋洪公與吾存齋兄以道義德業相期許, 有興起斯文之志, 不幸二公相繼云亡, 吾嶺中久矣寥寥. (중략) 竊惟賢者早遊大方之家, 習聞其言論風旨而有所契悟焉, 更願賢之留意於此, 勸率一二同志, 極意商量大家扶持, 使此箇端緖不至永墜於地."; 李玄逸,「答全惠仲 五益」, 앞의 책, 112쪽, "仍竊惟念木齋洪公晚生東南, 慨然有興起斯文之志, 不幸云亡, 使此箇端緖幾至泯泯無傳. 竊惟左右與定叟賢契固嘗出入其門, 習聞風旨, 更願益加講磨, 交相責勵, 不至孤負此老."

우가 점점 드물어지는 상황에서 그의 중앙 진출은 영남사족에게는 선망의 대상이 되었을 것이다. 이러한 이유로 그가 낙향 후 사족들을 결집하는 데 주도적 역할을 할 수 있었다.

5. 나가며

지금까지 목재의 교유시를 통해 교유 인물의 개괄적인 부분을 살피고 그의 사회생활에 집중하여 현직에 활동 중인 관료들과 교유와 낙향한 뒤 향리 사족들과의 교유시를 살펴보았다. 논의를 정리하면 다음과 같다.

첫째, 목재는 문과에 급제해 정계에 진출했지만, 당시 정계는 서인과의 정쟁이 계속되고 있었으며 남인에 있던 목재는 외직을 거치며 끝내 유배를 경험하였다. 관직 생활이 길지 않았으므로 정치적 동료로서의 인맥이 제대로 구축되지 않았다. 그러나 동향 출신의 관료들이나 남인계 인사들과 꾸준히 관계를 맺고 있었으며 몇몇의 서인계 인사들과도 교유하고 있었다. 이는 나름의 정치적 인맥 형성을 위해 노력했음을 알 수 있다. 그는 시를 보내 부침을 겪는 동료들과 위로의 마음을 전하고 자신도 위로받으며 현직 관료들과 꾸준히 관계를 맺으면서 현실참여의 의지를 보였다.

둘째, 향리 사족과의 교유를 살펴본 결과 그는 지역에서 유력한 가문들과 인맥을 형성하고 있었다. 그것은 스스로 만들 수 있었던 것은 아니라 그가 문과에 급제한 인물이었고, 선대로부터 내려온 교유가 큰 영향을 주고 있었다. 영남은 퇴계 사후 학통의 전수문제를 두고 고제 간의 경쟁 구도가 본격적으로 진행되면서 월천·서애시비가 일어났으며, 재전 제자들에 의해 서원 제향 문제로 병·호시비가 일어나는 등 영남지역 내부에는 이러한 갈등을 내포하고 있는 상황이었다. 그러나 목재 활동 당시에는 문인들 간의 출입이 자유로웠으며, 퇴계학 전수라는 큰 목표에는 함께 활동하였음을 알 수 있었다. 다만 부친인 홍호의 류성룡 - 정경세로 이어지는 학파적 사승에는 자유로울 수 없었으며 목재의 교유에도 많은 비중을 차지하고 있었다. 이 글에서 교유 빈도수가 많은 인물을 중심으로 논의를 전개하다 보니 폭넓은 교유의 모습을 보여주지 못했다. 그 밖에 인물들은 추후 보완하도록 하겠다.

목재의 한시 속 교유는 시의 창작 시기, 길지 않은 생애와 열악한 시대적 상황 때문인지 교유 범위는 그렇게 다채롭다고 할 수 없다. 주로 영남지역의 사족들이라는 사실은 그의 교유관계에도 나름의 한계가 있다. 이러한 한계는 당시의 정치 상황과 사회현실이 긴밀히 관여한 결과라 할 수 있다. 그러나 이러한 외연적 사실도 그냥 넘기기에는 어려운 점이지만 목재가 교유한 인물들이 정치적, 사회적으로 위상이 있는 인물들이며, 당색이나 학파적 사승을 뛰어넘어 교유한 사실 또한 분명하다. 소략하나마 이 글은 목재와 동시대 활동한 사족들과의 관계를 일정 부분 확인할 수 있었으며, 목재의 삶을 이해하는 밑거름이 되었다는 점에 의의를 둘 수 있다.

| 참고문헌 |

『선조실록』, 한국고전종합 DB.
『효종실록』, 한국고전종합 DB.
『현종실록』, 한국고전종합 DB.
『숙종실록』, 한국고전종합 DB.
『연려실기술』, 한국고전종합 DB.
김계광, 『구재집』, 유교넷.
김성일, 『학봉집』, 한국고전종합 DB.
김응조, 『학사집』, 한국고전종합 DB.
류원지, 『졸재집』, 한국고전종합 DB.
안도징, 『점리와집』, 개인소장.
이 식, 『택당집』, 한국고전종합 DB.
이 준, 『창석집』, 한국고전종합 DB.
이현일, 『갈암집』, 한국고전종합 DB.
조 경, 『용주유고』, 한국고전종합 DB.
장응일, 『청천당집』, 한국고전종합 DB.
전익구, 『가암집』, 개인소장.
채팽윤, 『희암집』, 한국고전종합 DB.
최효술, 『止軒先生文集』, 한국고전종합 DB.
홍여하, 『목재집』, 한국고전종합 DB.
강주진 역, 『영남인물고』, 탐구당, 1967.
柳世哲 저·張在釪 역, 『悔堂先生文集』, 하회양진당, 2014.
장 학 저·장재한 역, 『국역 남파선생문집』, 대보사, 2011.
정도응 저·이지락 역, 『무첨재선생문집』, 한국국학진흥원, 2012.
『한국역대인물종합정보시스템』

권석환, 「조선시대 안동지역 계의 존재 양상과 역할」, 안동대학교 석사논문, 2014.
권진옥, 「木齋 洪汝河의 散文批評 一考」, 『Journal of Korean Culture』 17, 한국어문학국제학술포럼, 2011.
김명자, 「안동 권씨의 문경 松竹里 정착과 사회적 기반의 확대」, 『조선사연구』 27, 조선사연구회, 2018.
김영택, 「木齋 洪汝河의 歷史意識과 文學觀 硏究」, 안동대학교 석사학위논문, 2005.
김필동, 「조선시대 계의 조직 구조적 성격과 그 변화」, 『인문학연구』 15, 충남대학교 인문과학연구소, 1988.
김희영, 「목재 홍여하의 양명학비판 일고」, 『한문고전연구』 39, 한국한문고전학회, 2019.

박종순, 「木齋 洪汝河 詩文學 一考」, 『朝鮮時代史學報』 104, 조선시대사학회, 2023.
송석현, 「17세기 상주지역 사족의 동향」, 『嶺南學』 27, 영남문화연구원, 2015.
楊勝皓, 「木齋 洪汝河의 漢詩 창작양상」, 『東方漢文學』 83, 동방한문학회, 2020.
_____, 「木齋 洪汝河의 田園詩에 나타난 정서지향과 표현양상」, 『국학연구』 46, 한국국학진흥원, 2021.
_____, 「木齋 洪汝河의 저술과 문예의식」, 『영남학』 82, 경북대학교 영남문화연구원, 2022.
우인수, 「木齋 洪汝河의 현실인식과 대응」, 『한국사상사학』 43, 한국사상사학회, 2013.
윤혜민, 「17세기 후반 국왕의 정국운영과 척신의 역할 - 효종·현종·숙종을 중심으로」, 건국대학교 대학원 박사논문, 2020.
이병훈, 「16~18세기 문경 近嵒書院의 변천 - 조선후기 서원 변천의 한 사례 - 」, 『嶺南學』 71, 영남문화연구원, 2019.
이연숙, 「18~19세기 풍양조씨의 대종중 형성과 족보간행」, 『民族文化』 43, 한국고전번역원, 2014.
전재동, 「讀書詩를 통해 본 洪汝河의 經書 解釋」, 『大東漢文學』 35, 대동한문학회, 2011.
_____, 「洪汝河의 詩世界 硏究: 文學論과 作詩 樣相 分析을 중심으로」, 『大東漢文學』 37, 대동한문학회, 2012.
_____, 「木齋 洪汝河의 經學觀과 經書 解釋」, 『嶺南學』 23, 영남문화연구원, 2013.
정만조, 「17세기 중반 한당의 정치활동과 국정운영론」, 『한국문화』 23, 서울대학교 규장각한국학연구원, 1999.
정명수, 「기해 예송과 1666년 영남남인의 상소 - 류원지·홍여하·류세철·이현일의 상소문을 중심으로 - 」, 『퇴계학논집』 21, 영남퇴계학연구원, 2017.
정성운, 「木齋 洪汝河의 文章論 硏究」, 경북대학교 석사학위논문, 2017.
채광수·이수환, 「昌寧成氏의 상주 정착과 노론계 院宇 건립 활동」, 『朝鮮時代史學報』 79, 조선시대사학회, 2016.
최금자, 「木齋 洪汝河의 漢詩 硏究」, 동국대학교 석사학위논문, 2017.
_____, 「목재 홍여하의 「述懷」 시에 반영된 사회현실」, 『嶺南學』 73, 영남문화연구원, 2020.
_____, 「목재 홍여하의 교유 양상 연구 : 교유시를 중심으로」, 『동양한문학연구』 59, 동양한문학회(구 부산한문학회), 2021.
추제협, 「17세기 영남 퇴계학파의 등장과 목재 홍여하」, 『동아인문학』 27, 동아인문학회, 2014.
황만기, 「황시간 詩 연구」, 『漢文學報』 25, 우리한문학회, 2011.

찾아보기

ㄱ

갈암학맥 21
갑인예송 67
거란 140, 148, 159, 162
경국대전 63, 98
경성판관 59
고종후 53
공거제 105
교선론 104
교유시 351, 352, 357, 388
구법 282
구수 283
구준 93
군신공치론 87
궁경관 281
권구 211
권근 179, 190, 194, 195, 196, 199, 202
권유 169
균전제 70, 112, 115
기년복 63
기년설 65
기해예송 27, 73
김규 20

김봉조 20
김부식 173, 179, 180, 194, 195, 196, 199, 200, 205, 206, 207
김선화 168
김성일 54
김육 57, 58
김주 149, 150, 151, 152, 161

ㄴ

남인 361, 369, 388
논어집주 289

ㄷ

대동법 72
대신예우론 36
대전본 280
대학연의보 93
대학장구 289
도신징 67
독서차기 279
동국사 137

동국통감 173
동국통감제강 27, 81, 92, 167
동도회 22
동사제강 55, 169
동사찬요 142, 143, 145, 151, 152

ㄹ

류성룡 19, 53, 54, 73
류세철 64, 65, 66, 68
류원지 65, 66, 279
류진 276
리자도설 252, 260, 269

ㅁ

마한-신라 정통론 176, 185
맹자집주 296

ㅂ

박상 151
반계수록 81
변안렬 146, 152, 153, 161
복제론 64
부세제도 68, 69, 70, 71, 73
붕당 42

ㅅ

사기 284
사서발범구결 277
사서법 283
사서오경대전 280
사서집주법 283

산택재 169
삶의 터전 313, 314, 315, 319, 320, 345, 346
삼국균등 무정통론 185
삼국유사 204
3년복 63
3년설 65
상주 371, 379, 380, 382, 387
서거정 177, 179
서견 149, 150, 151, 152, 161
서애학맥 21
서원 101
서희 156
성체용론 266, 269
성학론 28
소주 280
소중화 137, 140, 141, 162
소현세자 56
송기후 60
송시열 26, 59, 60, 63, 65, 73, 141, 154
송준길 60

ㅇ

안정복 173, 174
양세 71
양세법 90, 100, 118
양세제 70
언외지의 303
엄수안 157
여헌학맥 21
연개소문 199
영정법 96
예송 62, 68
오운 138, 142, 143, 151, 152

왕안석　122
용학구의　278
유년 칭원　172, 179, 180, 197
유형원　72, 80, 81, 88, 91, 99, 104
윤선도　67
윤소종　149, 153, 161
은태사　172, 173, 175, 178, 181, 201, 202, 203
음주　299
응구언교소　82
응제시주　191
의례고증　277
이갑제　97
이경증경　291
이구　169, 170, 210, 211, 283
이상　60
이색　148, 149, 150, 151, 161
이식　19, 247, 259, 260, 276
이양중　151, 152, 161
이원정　67
이재관　276
이종주　211
이준　276
이첨　194
이현일　54, 65, 66
이황　54, 73
이후원　26, 59, 61
이휘일　54, 170

ㅈ

자득　306
자의　59, 60
자훈　302
장윤석　168

장현광　21
장흥효　54
전원시　314, 315, 319, 320, 321, 324, 329, 330, 331, 332, 334, 339, 343, 345, 346, 347
전제　111
정경세　18, 53, 54, 73, 276
정도응　169, 210, 211, 276
정도전　149, 150, 151, 152, 161
정몽주　148, 149, 150, 151, 161
정서지향　319
정여창　293
정전제　70, 89, 91, 111
정종노　139
제사　296
조경　211, 247, 252, 253, 260
조대비　62, 64, 67
조민수　146, 152, 153, 161
조용조　70, 71, 118
조인규　157
조준　149, 150, 151, 152, 153, 161
조천경　211
존덕성　247, 267, 268, 269
존성재　169, 287
주역구결　277
주자 강목　173, 174
주지설　281
중용장구　293
즉위년 칭원　179, 197
진선　60
진한고문　247, 259, 260, 269, 288

ㅊ

찬선　60

찾아보기 | 395

최치원　190
춘추좌씨전　284
춘추필법　181

황덕유　20
효종　56, 63
훈주　299
휘찬여사　55, 81, 167, 169

ㅌ

탕평　42
퇴계 심학　247, 269

ㅍ

편제　296
표현양상　315, 330, 345

ㅎ

한강학맥　21
한백겸　92, 190, 191, 194, 203
한영우　167
해동성원　27
해동잡록　209
행인전　147, 155, 156, 158, 161
허목　63, 65, 67
허적　67
호　53
호포론　100
홍귀달　16, 276
홍대구　169, 208
홍범구주　33
홍석윤　170
홍석주　170, 171
홍언국　16
홍언충　16
홍우원　24
홍호　16, 276, 379, 381, 389

감사인사 드립니다

    목재 홍여하 선생을 현양하는 학술대회를 개최(2022년 7월 15일, 고려대학교)해주시고, 이를 발전시켜 이렇게 단행본을 출간해주신 조선시대사학회의 수고하심에 깊이 감사드립니다. 이 연구서에 직접 원고를 써주신 연구자분들, 서문을 써주신 회장님, 원고를 독려하고 수집하여 편집에 수고해 주신 편집이사님과 간사님들의 수고에도 머리 숙여 감사드립니다.

    그간 『목재가숙 휘찬여사』와 『목재가숙 동국통감제강』의 번역을 총괄해주신 김현영 박사님의 노고에도 깊이 감사드립니다. 또한 『목재집 1,2,3』을 번역해주신 경북대 영남문화연구원의 김영옥, 전재동, 김승호 선생님들께도 감사말씀 전합니다.

    제 선친 어헌 홍하연 선생께서는 안동 봉정사에 보관 중이던 휘찬여사 목판이 6.25 전란 와중에 소실될 위기에 처했다는 기별을 듣고, 동네 일꾼들과 소달구지들을 이끌고, 이를 더욱 안전한 군위군 부계면 한밤(대율)으로 옮긴 일지를 소상히 남긴 바 있습니다. 오늘날 휘찬여사 목판은 국학진흥원에 안전하게 보관 중입니다.

    제 집안의 허백정 홍귀달 할배께선 성종 임금을 도와 조선조를 반석 위에 올려놓은 분이셨고, 목재 할배는 이 책에 드러났듯이 다양한 방면에서 실사구시적 경세론을 펼치신 분이신데, 학계에서 제대로 조명받고 있지 못하고 있다는 안타까움이 후손들 가운데 늘 있었습니다.

    조선시대사학회에서 호란 이후 역사가, 성리학자, 문학가, 어문학자, 경세가 등으로 활동하신 목재 홍여하 선생의 역사적 업적을 단행본으로 냈으니, 더욱 감개무량하고 후손으로서는 기쁘고 고맙기 그지없습니다. 중국사는 알고 우리 역사는 알려고 들지 않은 세태를 꾸짖고, 후손들을 위하여 직접 역사서를 찬술하신 목재 선생을 연구자들께서도 계속적 탐구를 해주실 것을 부탁드리오며, 집안에서도 목재 선생의 업적 탐구에 작은 보탬이 될 것을 약속드립니다.

    다시 한번 책 출간에 축하와 감사의 말씀드립니다. 고맙습니다.

2025. 11. 6.
허백정 홍귀달 선생의 18세손 후조厚祚 감사 인사 드림

〈학회 개최와 단행본 출간을 후원하신 분〉 (존칭 생략)

석일	관식	명희	태락	기	정수	만귀	영일	길천	명숙	수덕
봉조	학조	후조	범조	종희	유진	순희	대조	엽	병우	

조선시대사학회연구총서 **23**

木齋 洪汝河 硏究

초판1쇄 발행 2025년 12월 1일

지은이 이근호 · 우인수 · 이경동 · 신항수 · 도현철 · 박인호
　　　　홍원식 · 김근호 · 전재동 · 양승호 · 최금자

주간 조승연
편집 · 디자인 오경희 · 조정화 · 오성현 · 신나래 · 박선주 · 정성희
관리 박정대

펴낸이 홍종화
펴낸곳 민속원
창업 홍기원
출판등록 제1990-000045호
주소 서울 마포구 토정로25길 41(대흥동 337-25)
전화 02) 804-3320, 805-3320, 806-3320(代)
팩스 02) 802-3346
이메일 minsokwon@naver.com
홈페이지 www.minsokwon.com

ISBN 978-89-285-2185-2
SET 978-89-285-0894-5 94380

ⓒ 이근호 · 우인수 · 이경동 · 신항수 · 도현철 · 박인호
　홍원식 · 김근호 · 전재동 · 양승호 · 최금자, 2025
ⓒ 민속원, 2025, Printed in Seoul, Korea

이 책은 저작권법에 따라 보호를 받는 저작물이므로 무단전재와 복제를 금지하며,
이 책의 전부 또는 일부를 이용하려면 반드시 저작권자와 출판사의 서면동의를 받아야 합니다.